Hans Falkner



# Wie viele Pinguine passen in einen Fahrstuhl?

## Neues Sachrechnen in der Grundschule

Oldenbourg

PRÖGEL PRAXIS 209

Die Deutsche Bibliothek – CIP-Einheitsaufnahme

**Falkner, Hans:**
Wie viele Pinguine passen in einen Fahrstuhl? : neues Sachrechnen in der Grundschule / Hans Falkner. [Zeichn.: Günter Wankmüller]. - 1. Aufl. - München : Oldenbourg, 1999
(Prögel-Praxis ; 209)
ISBN 3-486-98735-6



1. Auflage 1999 R
Druck 03 02 01 00 99
Die letzte Zahl bezeichnet das Jahr des Drucks.

Umschlagkonzept: Mendell & Oberer, München
Umschlagzeichnung: Jan Birck, München
Lektorat: Antje Glimmann, Silvia Regelein
Herstellung: Fredi Grosser
Zeichnungen: Günter Wankmüller, Gröbenzell
Satz: Greipel-Offset, Haag/Obb.
Druck und Bindung: Schneider Druck GmbH, Rothenburg ob der Tauber

ISBN 3-486-**98735**-6

# Inhaltsverzeichnis


## 1. Zur Problematik des Sachrechnens in der Grundschule

### 1.1 Sachrechnen – eine Disziplin aus zwei Unterrichtsfächern
Rechnen an und mit Sachen ... 10
Schwierigkeiten des Sachrechnens ... 11
Wie viel Mathe braucht der Mensch? ... 13
Was ist Sachrechnen? ... 15

### 1.2 Ziele des Sachrechnens
Ziele des Mathematikunterrichts ... 18
Allgemeine Ziele des Sachrechnens ... 20
Lernziele im Wandel ... 21
Sachrechnen im Klassenlehrplan ... 22
Lernzielkatalog für den Bereich des Sachrechnens ... 23

### 1.3 Hemmungen gegen das Sachrechnen überwinden
Vorurteile über die Schulmathematik ... 24
Der Umgang mit Defiziten ... 25
Das methodische Stiefkind Sachrechnen ... 26
Das Sachrechnen und die Realität ... 27
Probleme, die Realität umzusetzen ... 30
Fantasievolle Lebensnähe oder fantastische Kindgemäßheit ... 33
Akzeptierte Sachbereiche ... 35

### 1.4 Herausforderungen des Sachrechnens annehmen
Die Mathematik ist eine eigene Sprache ... 35
Zweisprachigkeit des Sachrechnens ... 37
Abstraktionsvorgang ... 38
Die Komplexität des Sachrechnens ... 39

## 2. Die Einbindung des Sachrechnens in den Unterricht – Grundlagen und methodische Schritte

### 2.1 Verknüpfung der Lehrpläne
Beispiel für eine Lehrplanverknüpfung im 3. Schuljahr ... 43
Verknüpfung Sachunterricht – Sachrechnen im 2. Schuljahr ... 46
Verknüpfung Sachunterricht – Sachrechnen im 3. Schuljahr ... 47
Verknüpfung Sachunterricht – Sachrechnen im 4. Schuljahr ... 48

### 2.2 Sinnentnahme aus der Sprache
Zahlbegriffe entwickeln sich später als sprachliche Begriffe ... 49
Zur Leselernmethode ... 51
Fehlertypen – Fehler im Lösungsprozess ... 52
Vom schriftlichen (gelesenen) zum mündlichen (gesprochenen) Text ... 54
Druckfehler als Motivationsgag ... 56
Vom Text zur Gleichung ... 56

Ähnliche Texte – gleiche Operationen? ........ 58
Eingekleidete Aufgaben ........ 59
Unterrichtsstil ........ 60

**2.3 Die nötigen arithmetischen Kenntnisse**
Der Zahlenraum als Begrenzung ........ 60
Sachaufgaben im zweiten Schuljahr überschreiten die Hundertergrenze ........ 61
Fehlendes Beherrschen der entsprechenden Grundrechnungsart ........ 64
Die Zwölf auf der Uhr und im Kalender ........ 64
Über den Tausender im dritten Schuljahr ........ 65
Rechnen mit Hunderter- und Tausendermaßen ........ 66
Runde Zahlen erleichtern das Sachrechnen ........ 67
Nötige Grundrechenarten und Normalverfahren ........ 68
Die arithmetische Dominanz umgehen ........ 69

**2.4 Motivation für die Sachrechnenstunde**
Der Einstieg als Begegnung mit einer Sache – Beispiele: 1. Regenwürmer
2. Das Leder rollt ........ 70
Die Gestaltungsidee für die Unterrichtstunde ........ 72
Zwei verschiedene Arten von Motivation ........ 77
Zehn Gebote für die Mathe-Stunde ........ 80

**2.5 Der Lösungsweg bei Sachaufgaben**
Schlüsseltext ........ 82
Analoge Aufgabenpaare ........ 83
Lösungsschritte ........ 84
Das Abstraktionsproblem ........ 85
Die Simplexdarstellung: Einfache Rechenpläne helfen denken ........ 86
Unterrichtsskizze: Einführung eines Rechenplanes ........ 87
• Einfache Rechenpläne (AB 1) ........ 90
Zusammengesetzte Rechenpläne erschließen längere Sachaufgaben ........ 91
Einsatz von Rechenplänen für eingekleidete Aufgaben ........ 95
• Rechenpläne für Sachaufgaben (AB 2) ........ 96
Verwendung von Rechenplänen für alle Grundrechnungsarten ........ 97
Verkürzte Darstellung von Rechenplänen ........ 99

**3. Aufgaben zum Addieren**

**3.1 Die Analyse der Rechensituation**
Verschiedene Unterrichtssituationen – Sachsituation, Bildsituation, Aufgabentexte ........ 100
Für jede Rechenoperation brauche ich mindestens zwei Zahlenangaben ........ 101
Aufgabentext – Frage – Rechnung – Antwort
• Suchspiel (AB 3) ........ 102
Addieren mit zwei Summanden – Kauderwelschtexte, Eine besondere Aufgabe, Benennung, Tauschaufgaben ........ 103
• Kraut und Rüben zusammen? – addieren und richtig benennen (AB 4) ........ 105
• Kraut und Rüben zusammen? Aufgabenblatt zur Freiarbeit (AB 5) ........ 106
• Gesucht sind: Aufgabe-Frage-Rechnung-Antwort (AFRA) (AB 6) ........ 107

Operation herausfinden – Sachsituation Kleider vertauschen,
Bildsituation Spielzeugkatalog ........................................ 108
Aufgabentexte kürzen – Quasseltanten-Aufgaben ........................ 110
Sachsituation und Rechenpläne zum AB
• Meine Klasse – deine Klasse (AB 7) .................................. 111

3.2 **Addieren mehrerer Summanden**
Sachsituationen im Zahlenraum bis 20 .................................. 113
Sachsituationen im Zahlenraum bis 100 ................................. 114
Sachsituationen und Bildsituationen im Zahlenraum bis 1000 ............ 114
• Einkaufen mit einem Geldschein – Rechnen mit DM und Pf (AB 8) ...... 116
In der Frage steckt die Antwort ........................................ 117
Dumme Antworten und dumme Fragen ....................................... 118
• So eine dumme Frage! (AB 9) .......................................... 119

3.3 **Zwei gleiche Summanden**
Ein Verdoppelungs-Märchen .............................................. 120
Doppelt so viele – Verdoppeln in der Geometrie ........................ 122
• Doppelt so viele, halb so viele (AB 10) .............................. 123
Wer alles einen Umfang hat ............................................. 124
Länge – Breite – Umfang beim Rechteck .................................. 125
• Eine Aufgabe mit dem Löschblatt – zum Falten und Rechnen (AB 11) ..... 126
• Quadrate ineinander geschachtelt (AB 12) ............................. 127

3.4 **Die Addition im Schaubild**
Unterrichtsskizze: Addieren ohne zu rechnen ............................ 128
Beispiele zum Addieren mit dem Schaubild ............................... 129

4. **Aufgaben zum Addieren und Subtrahieren**

4.1 **Subtrahieren zweier Zahlen – Die Differenz**
Der Unterschied als zentraler Begriff additiver Aufgaben – Hinzuzählen,
Ergänzen, Abziehen, Wegnehmen, Vergleichen ............................. 131
• Aufgaben zum Wegnehmen oder Hinzuzählen (AB 13) ....................... 133
Der Größenunterschied .................................................. 134
Spielsituationen: Preiswürfeln, Leseratten ............................. 135
• Wegnehmen, Ergänzen, Vergleichen (AB 14) ............................. 137

4.2 **Addition und Subtraktion in einer Sachaufgabe**
Unterrichtssituation zum einfachen Rechenplan .......................... 138
Zusammengesetzte Rechenpläne – Komplexdarstellung ....................... 139
Die Zeichnung als dritter Lösungsschritt – AFZRA:
A(ufgabe) – F(rage) – Z(eichnung) – R(echnung) – A(ntwort) .............. 140
• Rechenpläne richtig zusammensetzen zum Addieren und Subtrahieren
(AB 15) ................................................................ 141

4.3 **Mehrere additive Aufgaben werden verknüpft**
Aufgabentypen .......................................................... 142
Unterrichtssituation Schuhschachtelbus ................................. 142

Drei verschiedene Darstellungsformen der Zeichnung .................. 143
Analyse der Sachsituation .................................... 144
Reversible Operation ........................................ 144
• Eine alltägliche Schulbusgeschichte (AB 16) ........................ 145
Erweiterung der Sachsituation (Variation) ......................... 146

**4.4 Kardinalzahl oder Ordinalzahl**
Die Zahl als Größe und als Ordnungszahl ........................... 146
• Vom Ersten bis zum Letzten (AB 17) ............................ 148

**4.5 Dezimalzahlen beim Addieren und Subtrahieren**
Die Kommaschreibweise der Hundertermaße ........................ 149
• Das Komma trennt Mark und Pfennig, Meter und Zentimeter (AB 18) .... 150
Dezimalzahlen der Tausendermaße .............................. 151

**5. Aufgaben zum Malnehmen (Multiplizieren)**

**5.1 Anwendung der Einmaleinsreihen**
Unterrichtssituation: Asterix lernt bei den Römern das Zählen ............ 153
Faktoren vertauschen ........................................ 154
Einmaleins als Feld .......................................... 155
Schwierigkeitsstufen der Multiplikation ............................ 156
• Einmaleins mit 5, 2, 4, 8 (AB 19) ............................. 157
• Einmaleins mit 5, 2, 4, 8 (AB 20) ............................. 158
• Einmaleins mit 3, 6, 9, 7 (AB 21) ............................. 159
Eine Bastelgeschichte für den Osterhasen – zum Neunereinmaleins ........ 160
Addition gleicher Summanden .................................. 161

**5.2 Verknüpfung der Einmaleinsreihen**
Einmaleinsreihen mit 2, 4, 8 –
Spielsituation mit Spielwürfeln; Spielsituation „Machet auf das Tor" ....... 162
Viele Fächer entdecken – das Vielfache ........................... 164
• Wenn die Einmaleinsreihen sich treffen (AB 22) .................... 165
• Immer drei Rechnungen (AB 23) ................................ 166
Das Cartesische Produkt ...................................... 167
Der erweiterte Rechenplan – vereinfachte Darstellung ................. 168
Der Affengesicht-Rechenplan ................................... 169

**5.3 Malnehmen mit Zehnerzahlen**
Das Einmaleins mit sechzig .................................... 170
Malnehmen mit zehn, das Zehnfache ............................. 170
• Wettflüge – frei erfunden (AB 24) ............................. 171
• Fleisch und Wurst – Wie teuer ist ein Kilogramm? (AB 25) ............ 172

**5.4 Multiplizieren mit mehrstelligen Faktoren**
Malnehmen mit ZE .......................................... 173
Nebenrechnungen .......................................... 174
Die Nebenrechnung beim Malnehmen und Teilen ..................... 175
• Eier und Milch frisch vom Bauernhof (AB 26) ...................... 176

## 6. Aufgaben zum Teilen (Dividieren)

**6.1 Zweierlei Teilaufgaben**
Das Dividieren im Sinne des Verteilens ... 177
Das Dividieren im Sinne des Einteilens (Enthaltenseins) ... 179
Beispielaufgabe für das Einteilen ... 180
Die Nebenrechnung als Hilfe ... 180

**6.2 Dividieren durch Zehner und Einer**
Arithmetische Voraussetzungen ... 181
Sachsituation: Umverpacken; Billiger Bus fahren mit der Streifenkarte ... 182
Dividieren durch reine Zehnerzahlen ... 184
Vom Umverpacken zum Zweisatz ... 184
Der Durchschnitt ... 186
• Meine Tempo-Tabelle (AB 27) ... 187
Telefonkosten im Durchschnitt ... 188

**6.3 Dividieren durch Zehner-Einer-Zahlen und Größere**
Rechenhilfe Malzahlenturm ... 190
Gliederung der Sachaufgaben nach Grundrechnungsarten ... 191
Entfremden von „Sach“aufgaben ... 192
• Kannst du durch Zehner-Einer-Zahlen teilen? (AB 28 + 29) ... 193
Lösungsseiten (AB 30 + 31) ... 195

## 7. Geometrische Aufgaben und Größen im Sachrechnen

**7.1 Normen für unser Maß-System**
Handlungseinheiten Fußlängen, Doppelschritte und Daumenbreite ... 197
Erdmeridian – Meter – Längenmaße ... 199
Vom Meter zum Liter – Handlungseinheit Dezimeterwürfel ... 199
Wie viele Liter Wasser passen in das Wasserbecken? ... 201
Vom Liter zum Kilogramm ... 202
• Wie viele Liter passen hinein? (AB 32) ... 203
Der Gewichtsvergleich ... 204

**7.2 Geometrische Grundformen**
Einordnung in den Lehrplan ... 205
Rechteck und Quadrat: Länge, Breite, Umfang –
Handlungsorientierte Unterrichtssituation: Löschblatt ... 206
Weiterführung zum Quadrat ... 208
Bilderrahmen – Das Quadrat wird halbiert ... 208
Verhältnis von Fläche zu Umfang ... 210
Vom Quadrat zum Dreieck ... 211
Rundfahrten ... 212

**7.3 Hundertermaße und Kommaschreibweise**
Meter und Zentimeter – Wenn der Meter zu groß ist ... 213
Hundertertafel und Bandmaß ... 214
Zeigt her eure Füße – zeigt her eure Schuh ... 215

Kommaschreibweise: Das Komma trennt – Meter und Zentimeter, Mark und Pfennig, Hektoliter und Liter ... 216
Die Spielgeldbank ... 218
Immer noch Hektoliter ... 218
Handlungseinheit: Wie viel Wasser passt in eine runde Wassertonne? ... 219

**7.4 Tausendermaße und Stellenwertsysteme**
Längenmaße erschließen den Zahlenraum ... 220
Der Tausend-Gramm-Würfel, das Kilogramm ... 222
Ungewöhnliche Gewichtseinheiten – Nägel als Gewichte ... 224
Tausendermaße in der Grundschule ... 225
- Millimetergenau (AB 33) ... 227
- Kilometerweit (AB 34) ... 228
- Schwere Brocken (AB 35) ... 229

Kraftfahrzeugschein (Abbildung) ... 230

**7.5 Zeit – Entfernung – Geschwindigkeit**
Zeitpunkt und Zeitspanne ... 230
Handlungssituation: Wie die Minuten verstreichen ... 231
Handlungssituation: Wir falten den Stundenkuchen ... 232
Eine Million Sekunden Ferien ... 234
Zeitdauer und Zeitpunkt berechnen ... 234
- Eine Woche voller Minuten (AB 36) ... 235
- Eine Woche voller Sekunden (AB 37) ... 236

Unterrichtsskizze: Wie weit komme ich bis zwölf Uhr? ... 237
Abfahrt ... in alle Himmelsrichtungen ... 239
Spitzengeschwindigkeit ist nicht gleich Durchschnittsgeschwindigkeit ... 240
Tempo-Aufgaben bei Tieren ... 240
Wettrennen zwischen Mensch und Tier ... 242

## 8. Unterrichtseinheiten und -projekte

**8.1 Unterrichtseinheit: Zeigt her eure Füße** ... 244
**8.2 Unterrichtsprojekt: Wir trocknen Apfelringe für den Winter** ... 246
**8.3 Unterrichtseinheit: Wer hat den Teig vernascht?** ... 251
**8.4 Unterrichtseinheit: Volle und leere Gurkengläser** ... 255
**8.5 Unterrichtseinheit: Eine Spaghetti-Geschichte** ... 258
- Eine Spaghetti-Geschichte (AB 38) ... 259

**8.6 Unterrichtsprojekt: Wie viele Nadeln hat unser Adventskranz?** ... 261

## 9. Leistungsmessung und Klassenarbeiten

**9.1 Leistungsmessung bei Sachaufgaben**
Sachrechnen ist Vorhersage ... 265
Messbare Ergebnisse bei Sachaufgaben ... 266

**9.2 Klassenarbeiten entwerfen**
Lernzielkontrolle oder Klassenarbeit? ... 267
Lernzielkontrolle für Sachaufgaben ... 268

Klassenarbeiten ... 270
Punkteskala oder Fehlerskala ... 270
Von den Bewertungspunkten zu den Noten ... 271
Punktewertung einer Sachaufgabe ... 272
Leistungsdiagnose für die Klasse und für einzelne Kinder ... 275
Diagramm ... 276
Tabelle ... 277

**9.3 Beispiele für Klassenarbeiten**
Leistungsprofil zu Beginn des 3. Schuljahres ... 278
• Rechnen bis 100 (AB 39) ... 280
• Sachaufgaben – Zahlenraum bis 100 (AB 40 + 41) ... 281
Lösungen und Punktezuteilung ... 283
Lösungsdiagnose zu den beiden Klassenarbeiten ... 284
• Klassenarbeit 3. Schuljahr Juni/Juli Zahlenraum bis 5000 (AB 42 + 43) ... 285
Lösungen und Punktezuteilung ... 287
• Klassenarbeit 4. Schuljahr Oktober Zahlenraum bis 5000 (AB 44) ... 288
Lösungen und Punktezuteilung ... 289
Klassenarbeit 4. Schuljahr November Zahlenraum bis 5000 ... 291
• Klassenarbeit 4. Schuljahr Juni/Juli – 1. Arbeit (AB 45) ... 293
Lösungen und Punktezuteilung ... 294
• Klassenarbeit 4. Schuljahr Juni/Juli – 2. Arbeit (AB 46) ... 295
Sachrechnen statt Textaufgaben ... 296
• Einfache Rechenpläne (AB 47) ... 297
• Zusammengesetzte Rechenpläne (AB 48) ... 298
Grundlagenliteratur ... 299

**Der Autor**

*Hans Falkner,* Grundschullehrer in Dechsendorf. Seit 30 Jahren in der Lehrerfortbildung und als Multiplikator für Mathematik tätig, lange Zeit betraut mit der praktischen Ausbildung der Lehramtstudenten.

# 1. Zur Problematik des Sachrechnens in der Grundschule

## 1.1. Sachrechnen – eine Disziplin aus zwei Unterrichtsfächern

### Rechnen an und mit Sachen

Sachunterricht, Sachkunde oder auch Heimatkunde ist der eine anschauliche, zentrale Unterrichtsbereich in der Grundschule, um den sich einst in der Zeit der Arbeitsschule, aber auch heute unter dem Schlagwort des *Projektunterrichts* die sprachlichen, mathematischen und musischen Inhalte lagern, ihn gewissermaßen umgeben und einbetten. Ihm gegenüber steht, immer etwas isoliert und als eigenwillige Disziplin abgegrenzt, der Mathematikunterricht. So lange er – bis in die sechziger Jahre hinein – noch als *Rechnen* bezeichnet wurde, war seine Verbindung zu den Aufgaben des Sachunterrichts signifikant ausgedrückt. Nachdem aber nun in allen Lehrplänen von *Mathematik in der Grundschule* gesprochen wird, wäre der Terminus *Sachmathematik* oder *Mathematik an Sachbezügen* durchaus zutreffender. Es handelt sich bei den Sachaufgaben eben nicht nur um das Rechnen mit den Grundrechnungsarten, sondern zuvor um logische Erschließung eines Sachverhaltes, ob es sich dabei um das Wechselgeld an der Kasse oder um zweieinhalb Runden um den Sportplatz dreht. Vor dem Rechnen steht das Denken, vor dem Denken steht die differenzierte Wahrnehmung des Sachverhaltes.

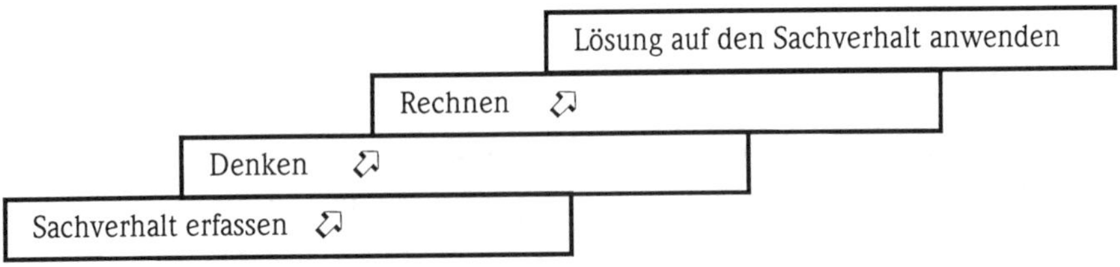


Damit wird deutlich, wie fragwürdig eine ausschließliche Zuordnung des Sachrechnens zum Mathematikunterricht ist. Die erlebnisbetonten, handelnd zu begreifenden Inhalte des Sachunterrichts werden ihrer Anschaulichkeit entkleidet, in Worthülsen gesteckt und im Mathematikbuch schwarz auf weiß abgedruckt. Dort ist Gewicht nicht mehr etwas Schweres, Höhe nicht mehr etwas zum Emporblicken und Zeitdauer nicht mehr die Langeweile des Wartens oder einer Autofahrt, sondern gemessene, abstrahierte Norm. Der Zugang ist dadurch für viele Kinder erschwert. Auch der Erwachsene kann dies nachvollziehen, denn Kapitalverluste, die mich nicht selbst betreffen, haben für mich wesentlich geringeren Ansprechwert als eine hohe Rechnung der Reparaturwerkstatt meines Kraftfahrzeugs. Kindern geht es aber fast immer so, wenn sie die Sachaufgaben des Herrn X oder der Frau Y lösen sollen. Es sind nicht ihre Aufgaben – und die Motivation ist entsprechend schwach.

| Sachrechnen bedeutet nicht folgende Textvorgabe: Thomas kauft sich fünf Schreibhefte zu je 80 Pfennig. | Sachrechnen findet so statt: Auf einem Schreibheft wird das Preisschild gesucht und ein Stapel von fünf solchen Heften wird auf den Tisch gelegt. |
|---|---|

**Schwierigkeiten des Sachrechnens**

***1. Der Fachbereich liegt außerhalb des alltäglichen Gebrauchs.***

Man kann einen Tag verbringen, ohne gerechnet, ein Lied gesungen, einen Handstand gemacht, ein Bild gemalt zu haben – nicht aber, ohne Konversation betrieben, Informationen mittels Sprache mündlich oder schriftlich aufgenommen, eine Meinung geäußert oder eine mündliche Mitteilung weitergegeben zu haben. Auch das Bedienen von Geräten, Ausfüllen von Vordrucken, Schreiben von Adressen, Fahren eines Kraftfahrzeuges sind unumgänglich. Sprachliche und motorische Inhalte und Abläufe füllen also unseren Alltag, Fernsehen eingeschlossen. Mit ihnen läuft jederzeit ein funktionales Üben, das bedeutet, dass wir ohne Übungsabsicht diese Fertigkeiten ständig trainieren und ihre Abläufe verbessern.
Doch wie ist es mit dem Einkaufen? Mit den Reklamebeilagen der Tageszeitung, die einem schon am Kaffeetisch entgegenknallen mit Sonderangeboten und sensationellen Preisstürzen? Die Tastatur am Telefon, die Uhrzeit am Wecker, das Tempolimit auf der Nebenstraße, der Kontostand auf der Bank – das sind doch Zahlen, Größen.
Richtig, allerdings sind es nur Speicherkapazitäten, abzulesende Einheiten, deren Berechnung uns schon längst abgenommen wurde. Moderne Kommunikationstechnik erspart uns den Umweg über selbstständige Rechnerei und Gedankengänge, die Mathematik ist schon vollzogen, wir brauchen nur noch zu bedienen. Und im Notfall macht dies der Taschenrechner.

***2. Das Abstraktionsniveau der mathematischen Strukturen ist relativ hoch.***

Je mehr Abstraktion gebraucht wird, desto mehr Vertiefung in die Sachlage ist nötig. Rasch wechselnde Situationen, oberflächliche Betrachtungsweisen, kurzfristiges Reagieren verdrängen die Muße zum gründlichen Durchdenken.

***3. Die Lösungen sind schonungslos nachprüfbar.***

Ein Ausdiskutieren von Meinungen, das Zulassen von verschiedenen Ansichten, auch das taktvolle Verschleiern eines Irrtums oder einer Fehleinschätzung sind nicht möglich. Bei falschen Überlegungen und Berechnungen ist man schonungslos bloßgestellt, es gilt jederzeit: Mit Fehlern muss gerechnet werden. (vgl. D. Jost, 1992)

***4. Die mathematischen Lösungswege sind nicht leicht nachvollziehbar.***

Eine Art Ausgeliefertsein an diejenigen, die Mathematik verstehen, begründet natürlicherweise eine Abneigung. Dazu kommt die Komplexität der Lösungsstruktur der Sachaufgaben. Nachdem es oft verschiedene Lösungswege gibt, müssen alle Möglichkeiten und alle Informationen bedacht werden.

***5. Das Einwirken logischer Abläufe nach mathematischen Strukturen auf das alltägliche Leben wird nicht erkannt.***

Der Tagesplan einer vierköpfigen Familie mit einem Kindergartenkind, einem Schulkind, einer teilzeitbeschäftigten Mutter und einem vollzeitbeschäftigten Vater hat durchaus mathematisch strukturierten Charakter. Nur bringt niemand die anzustellenden Planungsvarianten in Zusammenhang mit dem, was man in Mathematik in der Schule hat lernen sollen.
Das Rechnen mit Sachverhalten wird durchaus als Not-Wendigkeit im wörtlichen Sinne erkannt. Die Not des Verstehens, Beherrschens und raschen Berechnens bedrängte die Menschen schon immer – und daher wurden Abakus und Zahlenbrett, Rechenschieber und Taschenrechner erfunden. Sie können mit der nötigen Wendigkeit und Schnelligkeit zu einem Ergebnis kommen. So versuchen wir mit unseren Hilfsmitteln, den Anforderungen der ganz alltäglichen Sachaufgaben aus dem Weg zu gehen. Durch die Kennzeichnungspflicht und genaue Angaben bei den Warenangeboten wird das Rechnen weitgehend den Herstellern überlassen.
Wie stellt sich dazu die Schulmathematik? Warum sollen wir überhaupt Sachaufgaben üben? Ist dieser Bereich des Mathematikunterrichts nicht weitgehend überholt und überflüssig geworden? Immer wieder einmal wird das „Entrümpeln“ der Lehrpläne gefordert um die Kinder zu entlasten und neuen Inhalten Raum zu geben. Gehört das Sachrechnen im Computerzeitalter nicht auch zu den veralteten Schuldisziplinen? Auch Eltern stellen oft im vierten Schuljahr diese Fragen an mich.

### Wie viel Mathe braucht der Mensch?

Mathematik ist auch in der Grundschule mehr als Rechnen. Der MU wird erst dann erfolgreich und motivierend, wenn er unnötiges Rechnen erspart. Gerade die Fähigkeit, umständliche Rechenverfahren durch vorausgehendes Zusammenfassen, durch Rechentricks und das Anwenden mathematischer Gesetze zu vereinfachen, lässt den Wert des Mathematikunterrichts offenbar werden. Stumpfsinniges Üben ist der Feind mathematischen Denkens. Trainingsphasen im Lernprozess müssen auch logische Zusammenhänge und Bezüge offenbaren. Immer leichter wird den Kindern der Zugang zu Taschenrechner und PC gemacht. Wer rechnet heute noch 876543 : 365 auf dem Papier aus? In der Rechenfertigkeit können wir wertvolle Unterrichtszeit einsparen, wenn wir die Einsicht in das Verfahren fördern.

*Lehrplanbeispiel: Das mündliche Addieren und Subtrahieren im Zahlenraum bis tausend mit Hundertern, Zehnern und Einern wird im dritten Schuljahr ausführlich geübt. Seitenweise sind Übungspäckchen in den Mathematikbüchern abgedruckt. Flotte Rechner beherrschen dieses Lernziel relativ rasch, viele Kinder aber erreichen nie ein flüssiges und fehlerfreies Rechnen. Ein halbes Jahr später kann derselbe Rechenvorgang schriftlich und für alle Kinder sicher erfolgen.*

Das Tempo der Berechnung ist nicht mehr so wichtig wie zu Zeiten des kaufmännischen Rechnens in Kontobüchern und Listen. Um so mehr steigt die Anforderung an das logische Durchdringen der Sachsituation. Das Finden der richtigen Aufgaben, das Formulieren der treffenden Fragen, das Erstellen des Rechenplanes, das Aufstellen des Gleichungsansatzes, also die Erschließung des Problemgehalts werden bedeutungsvoller. (vgl. G. Müller/E. Wittmann, S. VI)

*Wo begegnet uns Mathematik im Alltag? (nach D. Jost, S. 11)*

- *Wir studieren Fahrpläne und Vorschriften an Fahrkartenautomaten.*
- *Wir lesen die Uhrzeit ab und berechnen Zeitspannen im Tagesverlauf.*
- *Wir führen einen Terminkalender und ordnen Datumsangaben die Wochentage zu.*
- *Wir deuten den Schilderwald der Verkehrszeichen.*
- *Wir messen und wiegen.*
- *Wir kaufen und verkaufen bargeldlos.*
- *Wir bezahlen und bekommen Wechselgeld.*
- *Wir schätzen Entfernungen, Höhen, Geschwindigkeiten und Gewichte.*
- *Wir zählen Gegenstände und ordnen sie.*
- *Wir deuten Grafiken und Tabellen.*

- *Wir führen mit diesen Größen Rechenoperationen aus.*
- *Wir erklären und klären Sachverhalte und sagen Ereignisse voraus.*

*Die Mathematik fasst das Gemeinsame der gezeigten Situationen auf einem abstrakten Niveau zusammen und gliedert sich in folgende Bereiche:*

- *Zahlen und Zahlenoperationen*
- *Größen*
- *Variable und Terme*
- *Gleichungen und Ungleichungen*
- *Relationen und Funktionen mit ihren Anwendungen im Alltag (Sachrechnen)*

Das Behandeln des dekadischen oder nichtdekadischer Zahlensysteme und der Rechenverfahren verlangen die logische Durchdringung und die Einsicht in die arithmethischen Grundlagen, z. B. der Stellenschreibweise. Die Bereiche des Mathematikunterrichts stützen sich also gegenseitig, sind daher füreinander fundamental.

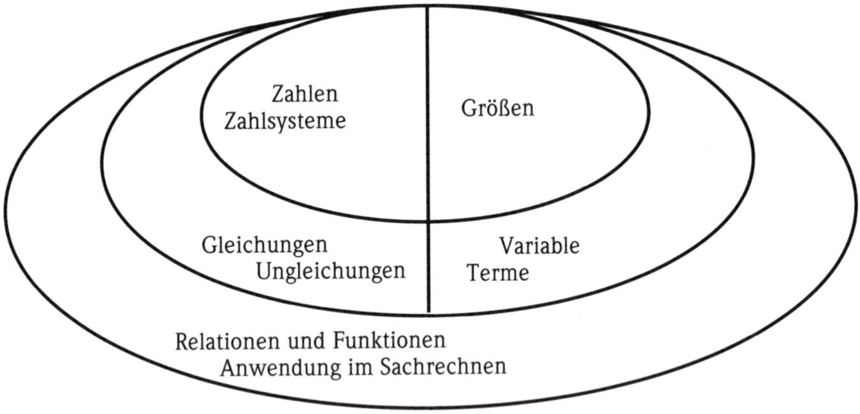


Der Erwachsene braucht zur Bewältigung seines Alltages ein bestimmtes Zahlengefühl, ein Einschätzen der Größenordnung, die z. B. ein Gegenstand kosten darf, eine gewisse Rechenfertigkeit, aber auch die Fähigkeit, eine Rechnung zu überschlagen. Darüber hinaus ist solides Vertrauen in den eigenen gesunden Menschenverstand nötig, der lieber noch einmal in Zweifel zieht und nicht autoritätsgläubig nachbetet, der Mut zum notfalls verbohrten Nachfragen *warum?*

| *Das Fragen steht am Tor zur Mathematik, nicht das Antworten.* |
|---|

Für Sachsituationen, Sachaufgaben, Textaufgaben ist das selbstständige Finden der Frage bereits der halbe Lösungsweg. Wer dagegen rasch mit dem Antworten beginnen möchte, meidet den gedankenvollen Weg durch den Garten der Mathematik, er umgeht diesen und holt auf der Outputseite die Ergebnisse ab, von denen er nicht weiß, ob sie die Antworten auf seine Fragen sind.

*Wie viel Mathematik braucht der Mensch?*
Eben so viel, dass sie seine Selbstachtung in der Auseinandersetzung mit seiner Umwelt stützt und sichert, dass sie das Selbstvertrauen bestärkt und Abhängigkeit von Fremdbestimmung reduzieren hilft.
*„Mathematik ist eine Geistesverfassung, die man handelnd erwirbt, und vor allem die Haltung, keiner Autorität zu glauben, sondern immer wieder >warum?< zu fragen." (H. Freudenthal, S. 140).*

> Nicht die Erfolgsoptimierung allein ist die Motivation für den MU, sondern sich trotz der Misserfolge mit den Inhalten zu beschäftigen und in sie einzudringen.

**Was ist Sachrechnen?**

1. Sachrechnen ist angewandte Physik, auch in der Grundschule. Von dort her bezieht Sachrechnen oft seine Rechtfertigung, seine Motivation. Es ist eine Form der Lebens- und Umweltbewältigung mit Maßsystemen wie Entfernungen, Gewichten, Zeiten, Raummaßen (Hohlmaßen).
2. Sachrechnen ist geometrische Weltsicht, auch wenn es sich nur um Quadrat, Rechteck, Dreieck und deren anschaulichen Erscheinungsformen handelt.
3. Sachrechnen ist kaufmännisches Rechnen, Kontoführung, Umgang mit Geld, ist Lebensbewältigung.
4. Sachrechnen ist das Lösen von fiktiven oder vorhandenen logischen Problemen. Es fordert den Homo ludens heraus und hilft Probleme zu lösen, bevor sie eingetreten sind. Die Motivation kommt aus dem Anreiz zur Problembewältigung. Es handelt sich daher um primäre Motivation (= intrinsische Motivation).
5. Sachrechnen ist das Anwenden von Relationen auf Situationen.
6. Sachrechnen ist auch das Lösen von in Textform vorliegenden Aufgaben, aber nicht nur eine Bearbeitung von Textaufgaben.

Sachrechnen im MU der Grundschule ist gekennzeichnet durch
1. Sachbezogenheit: Die Sachverhalte bergen die Aufgaben in sich. In den Sachverhalten muss das Problem, die Frage gefunden werden. Das Problem ruft nach Lösung, nicht die Schulleistung.

2. Lebens- und Umweltnähe: Gewichtung und Bedeutung des Sachrechnens sollten im Lebensalltag des Kindes begründet sein. Je weiter sich die Sachsituationen räumlich entfernen, desto dringender muss eine Beziehung zum Lebensumfeld des Kindes hergestellt werden.

| | |
|---|---|
| Beispiel: | Die Großstadt hat 600 000 Einwohner. |
| Beziehung herstellen: | Die nächstliegende Kleinstadt hat 25 000 Einwohner. Die Großstadt ist also 24 mal so groß wie die Kleinstadt. |

3. Medienangebote als Aufgabenpaket: Die Bedeutung der Medien im Leben des Kindes ist einzubeziehen, denn ihr Aufforderungscharakter kann motivierend wirken für Denkprozesse und Lösungsstrategien, obgleich es sich oft nur um eine Quasi-Lebensnähe handelt.
4. Spielendes Lernen: Die fiktiven Sachverhalte von Brettspielen, Kartenspielen, logischen (Denk)Spielen verwenden die soziale Motivation, um mathematische Substanz zu gewinnen.

Die Sachaufgaben im MU müssen aus den Dingen und Situationen entstehen. Ob dabei mehr der Sachunterricht oder mehr der MU betont wird, ist nicht vorrangig. Es wird durch den Stoff selbst, durch die Präsentation durch den Lehrer und die Interaktionen der Kinder bestimmt.

Sachrechnen verlangt als Voraussetzungen

1. Sprach- und Begriffskompetenz
2. Gesicherte Zahlbegriffsbildung und Zahlvorstellung
3. Ausreichende Rechenfertigkeit
4. Fähigkeiten zum Verknüpfen und Strukturieren
5. Das Beherrschen der Größen und Maßeinheiten
6. Die Fähigkeit der Reflexion bei Nachvollzug und Ergebniskontrolle

Die Sachverhalte, die uns in ihrer Vielfalt, Variationsbreite, in ihrer Flexibilität und Veränderbarkeit umgeben und bestimmen, bergen in sich Qualität und Quantität, Bedeutungen und Größen, Mächtigkeiten und Ordnungseigenschaften, denen sie unterliegen. Durch ihre Subsummierung werden sie greifbar, arithmethisch erfasst und auswertbar. Je geringer die Anzahl, desto grundlegender die Zahlbegriffsbildung, aber auch um so deutlicher sind die nicht mathematischen Anmutungen.

Beispiel: „Ein Mädchen der 2. Klasse“. Diese Aussage ist in ihren Zuordnungen „weiblich“, „2. Schuljahr“ attraktiver als in ihrer Mächtigkeit „1“. „1000 Mark gefunden“ dürfte weniger durch die Erscheinungsform der Banknoten als durch die Wertzuordnung zu Gegenständen (was man dafür kaufen könnte) oder im Geldwert einprägsam sein.

Sachrechnen ist also Basis und Gipfel des Mathematikunterrichts, der Bereich, an dem sich die Geister scheiden, der aber die Probe aufs Exempel sein soll. Hier hat das Rechnen seine Möglichkeiten zur Anwendung, hier steht die Mathematik auf dem Prüfstand. Zu oft besteht sie die Prüfung nicht. Darum die Aufforderung: Rettet dic Mathematik – macht Sachunterricht!

(Jürgen Reichen, Rettet die Mathematik - macht Sachunterricht, in: Die Grundschulzeitschrift, Heft Mai 1994, S. 28 ff.)

Die mathematischen Grundbegriffe entstehen im Unterricht des ersten Schuljahres und sollen alle aus konkreten Handlungen erwachsen. Sie werden also in Situationen erfasst, die näher beim Sachunterricht, als beim MU liegen. Wenn sich die Schulklasse in der ersten Schulwoche in verschiedener Anordnung aufstellt, im Gänsemarsch, zu zweien oder zu dreien über den Hof geht, in der Turnhalle je vier Kinder an einer Matte ihren Purzelbaum schlagen, geht man von einer sozialkundlichen Betrachtung aus und schafft dabei die mathematischen Grundlagen für das Sachrechnen.

Antwort und Rückführung in die Situation
Lösung der Sachrechenaufgabe
Strukturieren des Rechenweges
Erfassen der Zahlen, Größen, Relationen und Verknüpfungen
Begegnung mit einer Sachsituation: Fragestellung Problemstellung durch Bilddarstellung und Text
Handelnder Umgang mit den Größeneinheiten Umrechnung der Größen
Festigen des Zehnerüberganges
Sichern des Zahlsystems
Üben der Einmaleinsreihen
Sichern der Grundrechnugnsarten
Bildung des Zahlbegriffes durch konkrete Sachsituationen Einführung der Grundrechnungsarten durch handelnden Umgang mit Material

## 1.2 Ziele des Sachrechnens

### Ziele des Mathematikunterrichts

Wozu soll letztlich die Beschäftigung mit Mathematik in der Grundschule führen? Kann ich meinen Kindern deutlich machen, wozu sie Mathematik betreiben müssen? Kann ich das Ziel in den Interessenhorizont des Kindes rücken?
Ich versuche es so: Mathematik ist die Kunst der Faulheit. Der Beste ist nicht, wer am meisten schreibt und am längsten über der Hausaufgabe sitzt, sondern wer am wenigsten macht und so raffiniert, dass er das Ergebnis dennoch erreicht. Damit ist das Ziel gleichzeitig Motivation zum Erlernen der wenigen Wissensinhalte, mit denen ich relativ viel erreichen kann.

Beispiel: Zahlenmengen aufschreiben

Alle geraden Zahlen von 20 bis 40 sollen in diese drei „Körbe" gesteckt werden. Die Situation mit drei ineinander stehenden Körben ist im Unterricht durchgespielt worden.

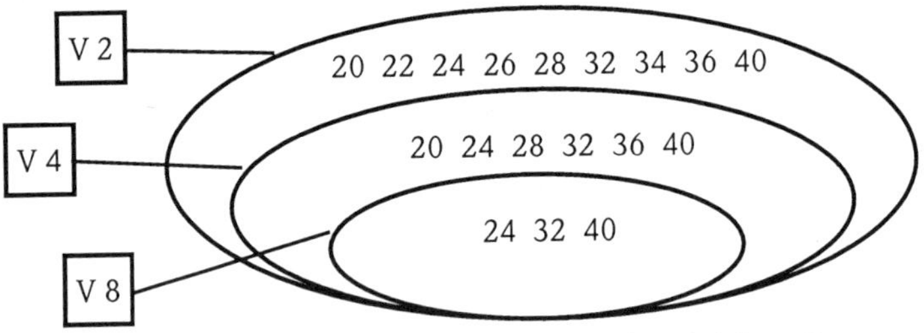


Einige Kinder haben manche Zahlen dreimal aufgeschrieben. Das war nicht nötig!

Leider war hier der Fleiß nicht zu loben. Es genügt ja, die Vielfachen von acht und von vier nur in die inneren Mengenschleifen zu schreiben, damit gehören sie ja auch zu den Vielfachen von zwei.

Wer so klug ist, an der richtigen Stelle faul zu sein, kann sich viele Mühe ersparen. Derjenige, der erst überlegt und in Gedanken den Lösungsweg oder den Arbeitsumfang durchläuft, erspart sich das Durchstreichen, das Nochmal-Anfangen, das Ausradieren. Das Herangehen an ein Problem, an eine Aufgabe, an einen Widerstand, an die Übung soll nicht hektisch und geschäftig erfolgen, sondern bedächtig. Die Bearbeitung soll gewissermaßen gleich ins Reine geschrieben werden. Dazu gehört auch der Mut, am Ende eines Rechenvorganges den Fehler einzugestehen.

Auch das Grundschulkind erlebt zu Ende geführte Gedankengänge als beglückenden Machtzuwachs; wie groß ist die Freude, wenn es mit seiner klaren Logik die Argumente der Erwachsenen durcheinander bringt? Kinder denken sich gerne etwas - mehr als die Großen es ihnen zugestehen wollen - und auch leistungsschwächere Schulkinder sind oft kritischer, als wir es ihnen zutrauen.

Beispiel: Reicht das Geld?
Im Mathematikbuch steht eine Aufgabe, in der verschiedene Geldbeträge zu addieren sind. Außerdem ist angegeben, dass 50 DM zum Kaufen mitgenommen wurden. Die vorgegebene Frage heißt: Reicht das Geld?
Im Heft eines Kindes steht als Hausaufgabe die Antwort: Ja.
(Durch Überschlagen war diese Lösung sicher zu erreichen.) Das Problem ist kraftsparend gelöst.

Das Ziel des Mathematikunterrichts? Die Neigung und Fähigkeit zum Hinterfragen nicht zu verschütten, die Kinder nicht mit „Nachplapper-Wissen" zuzudecken, ihre Gedanken nicht in den Untergrund zu drängen, weil sie gerade nicht gefragt sind. Natürlich hat das auch Konsequenzen für den Unterrichtsstil!
Der Spaß, die vorgefundene Welt zu hinterfragen, sollte gepflegt werden. Nicht nur *Wissen ist Macht,* auch *Denken ist Macht.* Das Entdecken der Zusammenhänge lässt das Kind aufspringen und sein Aha-Erlebnis herausrufen. Wissensballast dagegen wirkt eher erdrückend und fesselt das Kind zum Pauken auf den Stuhl.

Lehrplanaussagen

*Im MU lernen die Kinder, Sachverhalte ihrer Umwelt mit Hilfe von Zahlen zu erfassen, einfache räumliche Vorstellungen aufzubauen, und erwerben grundlegende mathematische Denkweisen. (Bayerischer Lehrplan für die Grundschule von 1981)*
*Der MU in der Grundschule soll grundlegende mathematische Bildung vermitteln und dabei dem Grundschüler spezifische Möglichkeiten der Selbsterfahrung eröffnen. (Lehrplan für die Grundschule, NRW)*
Die leicht abrufbaren und in Lernzielkontrollen genau überprüfbaren Fertigkeiten werden vorrangig als Ziel des MU angesehen – und auch immer zuerst genannt. Das flüssige Anwenden von Normalverfahren, der sichere Umgang mit den Symbolen, der ergebnisorientierte Rechenweg garantieren dem Schulkind eine gut kontrollierbare Einstufung in den Schulerfolg. Zu unterstützen

sind diese Fähigkeiten durch einen Grundbestand an rasch verfügbarem Wissen, z. B. in Form der Einmaleinssätze oder des Umrechnens von Größen. Schon beim Training dieser anwendungsrelevanten Inhalte des MU ist Denken zum *Rechnen in Relationen und Strukturen* unbedingt erforderlich. Dieses Denken wird aber nur in seiner Dienstbarkeit für einen raschen und flüssigen Ablauf der Rechenprozesse gesehen. Algebraische Einsichten ersetzen Übungsfleiß.
Die Formulierungen *Sachverhalte erfassen* und *Selbsterfahrung* nennen darüber hinaus Werte, also Zielvorstellungen, die in sich ihre Bestätigung finden. Das denkende Durchdringen einer beobachteten Konstellation, das Variieren von Blickwinkel und Standpunkt, die der Bearbeiter im Laufe der Aneignung einnimmt, verändern seine Sicht auf den Sachverhalt. Die Denkerziehung verändert das Subjekt. So entsteht grundlegende Bildung und nicht nur Wissenstransport und Fähigkeitsoptimierung.

## Allgemeine Ziele des Sachrechnens

*Schlussfolgerndes Denken wird vor allem beim Lösen von Sachaufgaben angebahnt und geschult. Der Mathematikunterricht fordert die Erziehung zu Genauigkeit, Sachlichkeit und Selbstkontrolle. (Bayerischer Lehrplan)*

Dementsprechend ist die Denkerziehung als Bereich des MU in ihren Zielen nur grob zu beschreiben, nicht exakt messbar und nicht immer bis zu einem Zielpunkt verfolgbar. Bildung ist nicht abschließend zu erwerben. Den Weg zu begehen bedeutet bereits, das Ziel wenigstens teilweise erreicht zu haben.
So sollten wir das ungute Gefühl deuten, das uns beschleicht, wenn das Ergebnis einer Sachaufgabe so kümmerlich aussieht und keinesfalls als perfekt betrachtet werden kann. Dies ist bekanntermaßen oft die Situation des Sachrechnens. Es kann nicht aller anhaftenden Phänomene dermaßen gründlich entkleidet - also abstrahiert – werden, dass die gefundene rechnerische Lösung automatisch die sachgerechte Antwort darstellt.

Beispiel: Wenn ein Mittelklassewagen etwa 40 000 DM kostet und 1 200 kg wiegt, ist leicht auszurechnen, wie teuer 1 kg Auto ist. Die Arithmetik stimmt, der Unsinn aber ist offenbar. Dass ich diesen Unsinn aber zusammen mit den Kindern im Unterricht erkenne und belache, rückt die Angelegenheit wieder in den Bereich der grundlegenden Bildung, die mit Einsicht und Sinndeutung zu urteilen hat.

Erkenntnis: Nicht jedes Ergebnis, das ich errechnen kann, muss sinnvoll sein.

Einen Teil einer Sachrechensituation erfasst und gelöst zu haben ist bereits ein Erfolg. Es kann nicht jeder zu jedem Problem die vollständige Lösung erreichen, das Lernziel hundertprozentig erfüllen.

### Lernziele im Wandel

Das schlussfolgernde Denken, das Trainieren der Logik durch Definieren, Katalogisieren, Operationalisieren, also generell die stärkere Förderung des Kognitiven im Curriculum der Grundschule war das explizite Ziel der *neuen Mathematik* in den Jahren 1968 bis etwa 1978. Durch die Mengenlehre sollte diese Disziplin in die Schulen gebracht werden. Man verstieg sich dabei allerdings in dermaßen unkindliche Sprachungetüme wie „Die Menge der Mädchen mit blonden Haaren geschnitten mit der Menge der Schüler mit rotem Pulli ..." und erreichte dadurch das Gegenteil des anvisierten Zieles:

- Worthülsen verhinderten den Zugang zur Arbeit.
- Es wurde letztlich doch wieder mehr gelehrt und weniger erdacht.
- Die Chance, das Kind unabhängig von seiner Sprachkompetenz denken zu lassen, wurde vertan.
- Das Spiel mit strukturiertem Material lenkte vom Umgang mit Sachzusammenhängen ab. Der Lehrplan vernachlässigte das Sachrechnen.

Mit der Änderung der Lehrpläne nach dem öffentlichen Aufschrei über die unverständliche Mengenlehre wurde die Denkerziehung weitgehend mit der Mengenarbeit zusammen über Bord geworfen und das schwierige Geschäft des schlussfolgernden Denkens, des Herstellens der logischen Zusammenhänge wurde wieder dem Sachrechnen allein aufgebürdet. Damit rückte man diesen Bereich des MU wieder näher an Sachkunde, Heimatkunde und Umwelt heran, die sich aber stets verwandeln und sich immer abstrakter und unkindgemäßer darstellen.
Selbst der Bereich der Relationen, der durch die neue Mathematik mehr Gewicht im MU erhalten hatte, wird wieder vernachlässigt.

**Eine Rechenaufgabe im Wandel der Zeiten**

**1950:** Ein Bauer verkauft einen Sack Kartoffeln für 20 Mark. Die Erzeugungskosten betragen 4/5 des Erlöses. Wie hoch ist der Gewinn?

**1960:** Ein Bauer verkauft einen Sack Kartoffeln für 20 Mark. Die Erzeugungskosten betragen 16 Mark. Berechne bitte den Gewinn!

**1970:** Ein Bauer verkauft eine Menge Kartoffeln (K) für eine Menge Geld (G). G ist die Menge der Elemente g, für die gilt: g ist eine Mark. In Strichmengenform müsstest du für die Menge G „zwanzig" (///// ///// ///// /////) Strichlein machen, für jede Mark eines. Die Menge der Erzeugungskosten (E) ist um „vier" Strichlein weniger mächtig als die Menge G. ... Gib die Lösungsmenge (L) an für die Frage: Wie mächtig ist die Gewinnmenge?

**1980:** Ein Bauer verkauft einen Sack Kartoffeln zum Preis von 20 Mark. Die Erzeugungskosten betragen 4/5 gleich 16 Mark. Der Gewinn beträgt 4 Mark. Unterstreiche das Wort „Kartoffeln" und diskutiere mit deinem Nachbarn!

**1990:** Plane in deinem Wochenplan eine Aufgabe mit Bauern und Kartoffeln ein. Sei beim Lösen dieser Aufgabe aktiv und entdecke etwas!

**2000:** Früher verkauften Bauern Kartoffeln, den Sack für 20 Mark. Dabei machten sie einen Gewinn von 4 Mark. Bestimme die Erzeugungskosten mit Hilfe deines Taschenrechners.

(nach Hendrik Radatz, Vom Zeitgeist beim Sachrechnen, in: Die Grundschule. Heft 3/1994, S. 28)

## Sachrechnen im Klassenlehrplan

Mit der Rückbesinnung auf den Wert des Sachrechnens sind also Bedeutung und Gewicht dieses Bereiches wieder gestiegen. Problematisch gestaltet sich der Unterricht aber deshalb, weil das Sachrechnen oft erst nach dem Bearbeiten der arithmetischen Lehrplanziele eingesetzt werden kann. Innerhalb des Lehrplangefüges eines Schuljahres stehen dann die Sachaufgaben im letzten Monat auf dem Programm, wenn erfahrungsgemäß durch die Gestaltung des Schullebens manche Unterrichtsstunde verdrängt wird. Das Zusammenwirken aller mathematischen Fähigkeiten darf aber nicht angehängt werden, sondern gehört in die Mitte der Jahresplanung. Das Lernziel *Lösen von Sachaufgaben* muss in den Vordergrund gerückt und von Anfang des Schuljahres an gegenwärtig sein. So, wie etwa das Schreiben von Aufsätzen nicht erst erfolgt, wenn das Rechtschreiben sicher ist. Im Stoffverteilungsplan der Klasse ist für das Sachrechnen jede passende Gelegenheit in anderen Fächern oder im Schulleben aufzuspüren und zu nutzen. Projektunterricht fördert diese Streuung der Lernziele besonders.

Überlegungen beim Ausarbeiten des Lehrplans:

1. Welche Sachaufgaben können aus dem Bereich des Sachunterrichts in den Lernzielkatalog des MU übertragen werden?
   Beispiele: Schülerzahlen an unserer Schule
   Wasserverbrauch im Haushalt
   Grundriss des Klassenzimmers
   Mein Pausenapfel ist zwanzig Wochen alt
2. Welche arithmetische Voraussetzung oder Begrenzung ist gegeben?
   Beispiele: Zahlenraum bis 100, ... bis 200, ... bis 1000
   Addieren und Subtrahieren nur mündlich
   Multiplizieren und Dividieren nur bis 100
   Das Einmaleins mit sieben
3. Welche Größen und Maßeinheiten werden benötigt?
   Beispiel: Messen mit Zentimeter, Umrechnung in Meter
   Rechnen mit Litern

## Lernzielkatalog für den Bereich des Sachrechnens

Auf vier Begegnungsebenen werden Aufgaben des Sachrechnens an das Kind herangeführt. Die Lernziele der ersten Ebene sind in den folgenden analog nötig, ergänzt durch weitere Ziele.

1. Begegnungsebene: Situationen, die der Erlebnisfähigkeit des Kindes entsprechen

Das Kind soll:
(1) alle Größenangaben entnehmen können.
(2) Größer-Kleiner-Relationen richtig erkennen.
(3) erkennen, welche Größenangaben nicht bekannt sind.
(4) die nichtmathematischen Inhalte eliminieren können.
(5) eingeübte Lösungsmodelle anwenden können.
(6) entscheiden können, ob es die unbekannten Größen selbstständig bestimmen kann.
(7) bei Verständnisschwierigkeiten die nötigen Informationen erfragen lernen.
(8) die Situation in eigenen Worten darstellen können.
(9) die Antwort genau auf die gestellte Frage hin beziehen können.
(10) überdenken, ob die errechnete Lösung sachlich sinnvoll ist.

2. Begegnungsebene: Situationen, die der Umwelt entstammen (also nicht mehr kindbezogen sind)

Zusätzlich zu den genannten Teilzielen gilt hier:

Das Kind soll: (11) bekannte Situationen durch Erfragen aufschließen können (verstehen).

(12) für unbekannte oder unverständliche Situationen Informationshilfen suchen.

3. Begegnungsebene: Situationen, die durch Medien in Bild, Ton und Schrift dargestellt sind

Das Kind soll: (13) die Sinnentnahme aus der Vorlage beherrschen.

(14) die Vorlage grafisch bearbeiten und gliedern lernen.

4. Begegnungsebene: Situationen, die nur in Textvorgaben dargestellt sind (Aufgabentexte)

Das Kind soll: (15) die nötige Sprachkompetenz erwerben.

(16) die Textvorlage in eine konkrete Situation zurückführen können.

Absichtlich wurde bei dieser sicher unvollständigen Liste einzelner Ziele im Sachrechnen die Bearbeitung der sogenannten Textaufgaben ans Ende gestellt. Damit soll noch einmal der Weg von der Handlungseinheit zur Textbearbeitungsmathematik vorgezeichnet werden. Bei fächerübergreifenden *Unterrichtsprojekten* ist diese Abfolge am besten zu erreichen, denn dort steht der Text, d. h. der Projektbericht, am Ende der Einheit und (hoffentlich) nicht am Anfang. Dennoch kann natürlich auf den Lehrgangsaufbau für die gesamte Arithmetik nicht verzichtet werden, eine reine Zufallsmethodik zugunsten des Sachunterrichts wäre sicherlich für den gesamten mathematischen Unterrichtserfolg fragwürdig.

## 1.3 Hemmungen gegen das Sachrechnen überwinden

### Vorurteile über die Schulmathematik

Die Vorurteile, dass die Inhalte des MU zu schwierig, zu lebensfremd und im späteren Leben kaum mehr zu verwenden sind, werden Kindern zu oft auf den Lebensweg Schule mitgegeben. Die Ziele des MU werden dabei völlig verkannt. So ist den Erwachsenen nicht mehr gegenwärtig, was sie von ihrem erfahrenen MU als Bildung behalten haben; die Situationen des Versagens sind noch allgegenwärtig und man war am Ende der Schulzeit froh, ihnen entkommen zu sein. Wurde die Mathematik einfach zu weit getrieben?

Also sind die Vorurteile doch Nachurteile aufgrund schlechter Erfahrungen, die aber erst mit fortschreitender Schulzeit immer gravierender wurden und deshalb rückblickend stärker im Gedächtnis haften geblieben sind.

Überwindung: Der Konsens über den Wert der Lernziele des MU in der Grundschule und die Anwendbarkeit derselben im Leben ist recht groß; es wird wenig angezweifelt, dass elementare Rechenfertigkeit und anschauliche, lebensnahe Sachbewältigung wertvoll und brauchbar sind. Für viele waren die Anforderungen nur verfrüht. Ein, zwei Jahre später wäre ihnen der Mathematikstoff der Grundschule wesentlich leichter gefallen und einsichtiger angeeignet worden. Durch die in Erinnerung gebliebenen übersteigerten lebensfremden Anforderungen in späteren Schuljahren darf die Grundschulmathematik nicht diskreditiert werden.

Die Leistungsbezogenheit des Faches, seine Einbindung in den sozialen Auslesemechanismus, belastet die Lernsituation, lässt Ängste und Sperren entstehen. Durch „Pauken" erzwungene Noten steigern keinesfalls Aufnahmefreudigkeit und Lernoffenheit für die Inhalte selbst.

Überwindung: Die Benotung ist weitgehend zurückzunehmen. Sie wird ohnehin eher von den leistungsstärkeren Kindern und deren Eltern gefordert. Der Leistungsstand kann auch mit kurzen Kommentaren signalisiert werden und bei gutem Kontakt zwischen Elternhaus und Schule ist die Ziffernbeurteilung als Informationsträger auf dem Arbeitsblatt oder im Heft unnötig. Dem Kind gegenüber ist eine Bemerkung wie „prima, viel besser, noch zu wenig, etwas zu langsam, sehr fleißig" adäquat und aussagekräftig. Kritische Bemerkungen bauen dann keine Ängste auf. Niemand kann weitersagen, sein Nachbar hätte „wieder einen Sechser". Aus der Zahl der erreichten Punkte ist die Leistung genau genug abzulesen, die Skalierung kann Sache der Erwachsenen bleiben.

## Der Umgang mit Defiziten

Nachhilfeunterricht zum Aufholen der Defizite, welcher die Freizeit des Kindes dezimiert, verschafft dem Fach kein gutes Image. Dennoch ist nicht zu leugnen, dass manche Kinder einfach mehr Übungszeit und variable Motivationsmöglichkeiten benötigen, um die Lernziele im Sachrechnen wenigstens annähernd zu erreichen.

Überwindung durch Differenzierung: Differenzierte Lernangebote und individualisierte Übungsphasen – auch mit Lernspielen in der Freiarbeit - können eine Erfolgssicherung auf niedrigerem Level herbeiführen. Jedes Kind soll sein eigenes, ihm mögliches Pensum erreichen dürfen. Überzogene Leistungsansprüche führen zu den oben geschilderten Vorurteilen über das Fach.

Jedem Kind ist in jeder Mathematikstunde ein Erfolgserlebnis zu ermöglichen.

Auch wir Lehrerinnen und Lehrer sollten eigene ungute Schulerfahrungen über Bord werfen können. Wir haben den Beruf „Grundschullehrer" nicht deshalb gewählt, weil wir uns in unserer Schullaufbahn einseitig für das Fach Mathematik begeisterten.

Überwindung: Versuchen wir, unseren Schulkindern gut gestalteten MU, den wir selbst erlebt oder beobachtet haben, weiterzuvermitteln oder uns bei anhaftender Negativerinnerung das Ziel zu setzen: Mein Mathematikunterricht muss anders werden! Gewiss sind dazu Erfahrungsaustausch im Lehrerkollegium und bei Fortbildungen nötig.

*Eine qualifizierte Lehrerfortbildung kann eine neue Motivationsbasis für den MU schaffen.*

## Das methodische Stiefkind Sachrechnen

Wenn wir das Sachrechnen als Basis und Gipfel des MU betrachten, wird es von den genannten Hemmungen noch stärker betroffen als die anderen Bereiche, deren Inhalte in Portionen verpackt angeeignet werden können. Leider ist auffällig, dass in pädagogischen Zeitschriften, die das gesamte Spektrum der Unterrichtsfächer in der Grundschule abdecken, der MU seit Jahren einen defizitären Anteil einnimmt, entschieden weniger als Deutsch oder Sachunterricht. Selbst die musischen Fächer sind stärker vertreten, sie lassen sich wohl auch besser und gefälliger darstellen. Was uns als mathematische Kost oder Köstlichkeit angeboten wird, zielt dann in weitaus größerem Maße auf Probleme im arithmetischen Bereich, will das Üben der Grundrechnungsarten motivieren und abwechslungsreich gestalten. Das *Fördern des Entdeckens von Gesetzen und Regelmäßigkeiten* ist ein mathematisches Anliegen und Grundlage für die Weiterführung im Sachrechnen. Wir sollen „die Kinder bei ihren alltäglichen Aktivitäten auch ein Stück Mathematik entdecken lassen, wenn wir sie forschen und fragen lassen". (M. Schmassmann, S. 32) Die bessere Akzeptanz des Mathematischen müssen wir sowohl im Bereich der Zahlen als auch im Rechnen an Sachverhalten anstreben. Oft werden Lernstörun-

gen in Mathematik auf Rechenschwäche eingeengt. Ist Denkschwäche nicht zu behandeln?
Da das Fördern des Denkens und das Sachrechnen fächerübergreifend geschehen müssen, ist die Vernachlässigung einer Didaktik der Logik durch zu starke Verfächerung auch des Grundschulunterrichts programmiert. Das Unterrichten einzelner Fächer während des Vorbereitungsdienstes separiert die Lernziele; durch ein Vernetzen müssen erst die Einzelthemen wieder verknüpft werden, sonst „hat man die Teile in der Hand, fehlt leider nur das geistige Band."

## Das Sachrechnen und die Realität

Können wir in einer verplanten und organisierten Kommunikationsgesellschaft noch Sachsituationen finden, die zwingend zum Berechnen hinführen? Sachrechnen sollte sich nicht aus verschulten Textkonstruktionen und gestellten Rechenfragen nähren, sondern aus erlebbaren, nachvollziehbaren und überprüfbaren Situationen leben. Wir müssen die Realität aufsuchen oder aufbauen, die das Rechnen an sachlichen Gegebenheiten erzwingt.
Wie ist Mathematik überhaupt erlebnisnah und kindgemäß *begreifbar* zu machen, wenn die ferngesteuerte Erwachsenengesellschaft ihr Erleben durch Übermittlung und ihre Versorgung durch Handhaben von Fertigpackungen konsumiert? Was wir erleben, erfahren, mitgeteilt (also an Information zugeteilt) bekommen, ist fertig verpackt, vermessen, sortiert, berechnet, gewogen, bezahlt, überwiesen, abgebucht ..., ist nummeriert, vorbestellt, reserviert, gebucht, ausgebucht ...

Beispiele aus dem Bereich des Einkaufens zeigen die Problematik auf:

1. Die Verpackungen von Lebensmitteln sind mit **Gewicht und Preis** ausgezeichnet. Sie müssen nicht mehr abgewogen und entsprechend berechnet werden. Der Kaufmann mit der Schüttekelle, der das halbe Pfund Zucker abwiegt und in die Tüte füllt, kann nur noch in nostalgischen Filmen beobachtet werden. Genormte Gewichtsklassen erleichtern dem Kunden den Preisvergleich, er hat den gleichen Artikeln von verschiedenen Herstellern in der Hand.

   Möglichkeit: Kostet das Kilogramm Zucker wirklich das Doppelte des 500-g-Pakets? Wir erstellen eine Preisliste für 100 g, 200 g, 300 g ... Zucker aus dem Kilopaket:

Zum leichteren Rechnen brauchen wir eine runde Zahl:
Ein Kilogramm Zucker kostet ungefähr 3 DM oder 300 Pf.

Für unseren Kuchen sollen wir 60 Gramm Zucker nehmen.

Preistabelle für Zucker im Haushalt

| *1000 g* | *100 g* | *200 g* | *300 g* | *400 g* | *500 g* | *50 g* | *10 g* |
|---|---|---|---|---|---|---|---|
| *300 Pf* | *30 Pf* | *60 Pf* | | | *150 Pf* | *15 Pf* | *3 Pf* |

Wir müssen also die Frage aufspüren: Wie viel kostet der verbrauchte Zucker?
Nach dem Erstellen der Tabelle rechnen wir: 15 Pf + 3 Pf = 18 Pf
Demnach ergibt sich die Antwort: Der verbrauchte Zucker kostet 18 Pf.

2. Manche Lebensmittel müssen neben den Angaben über Gewicht und **Verkaufspreis** auch noch den **Kilopreis** aufweisen. Unser Rechnen erscheint unnötig, der Ladencomputer konnte es besser.
   Möglichkeit: Da wir nicht über den Dreisatz den Kilopreis errechnen müssen, können wir leicht den Preis für verschiedene Portionen bestimmen. Auch hier bietet sich wieder eine Tabellenberechnung an. Schließlich sollten wir das Rechenergebnis wieder in die Sachsituation einbetten:
   Kann eines der Kinder am nächsten Tag nochmals zum Metzger gehen und von der gleichen Leberwurst nicht 150 g, sondern 200 g oder 300 g kaufen? Hat unsere Rechnung gestimmt?

3. Der **Kassenzettel,** der sich im 3. Schuljahr beim Einführen und Üben der schriftlichen Addition als Arbeitshilfe anbietet, ist immer schon ausgerechnet. Die Kasse oder der Kaufhauscomputer hat sich bestimmt nicht verrechnet. Sogar die Zuordnung der Sortimentszugehörigkeit ist angegeben, z. B. Garten 19,80 DM, Haushalt 8,95 DM.

   Möglichkeit: Realistisch ist es nicht, die Addition nachzurechnen! Rechenfehler sind ausgeschlossen, Tippfehler aber nicht. Um der Sachaufgabe gerecht zu werden, müssten die Zahl der eingekauften Posten und die eingetippten Preise verglichen werden. Für den einfachen Kassenbon lautet dann die Frage: Welcher Preis gehört wohl zu welcher Ware?
   Oder: Wie man sich täuschen kann! Addiere nur die DM-Beträge. Runde dann alle Preise auf ganze DM auf oder ab und addiere wieder. Vergleiche.

4. Ist es interessant, die **Gewichtsangaben zu addieren,** um herauszubekommen, wie viel Frau Z. „schleppen" muss, wenn der Einkaufskorb 1 kg 500 g wiegt?

Der Einkauf wird normalerweise in den Einkaufswagen gelegt, zum Auto gefahren und dort in den Kofferraum umgeschichtet. Selbst wenn der Kofferraum überladen werden sollte, wird wohl kaum nachgerechnet.

Möglichkeit: Ergäbe sich etwa die Frage, wie viel Müll aus dem Einkauf weggeworfen wird, dann bekommt die Gewichtsberechnung einen Umweltbezug, der durchaus zum Kontext des Sachrechnens passt. Dabei liefert man sich aber dem Vorwurf aus, schwierige Sachaufgaben gezielt auszusuchen. Bei einer Projektarbeit über Müllvermeidung könnte ich mir diese Berechnung dennoch vorstellen. Eine weitere sachliche Kritik entsteht: Eigentlich wäre aber die Feststellung des Volumens des Abfalles sachbezogener, da es in der Familie sicher um das Fassungsvermögen des Mülleimers geht.

5. Sind die im Lehrplan geforderten **Raum- oder Hohlmaße** relevant, wenn es um den Einkauf geht? Manche Getränke werden wohl in Litern verkauft. Die handelsüblichen 0,7-l-Flaschen übersteigen die in manchen Grundschullehrplänen geforderte Rechenfertigkeit. Andere Flaschen geben als Menge 500 ml, 250 ml oder 750 ml an, auf Trinkgläsern oder Krügen findet man die Bezeichnung 0,5 l oder 0,2 l. Es sind anschauliche Größen, in der Küche nachlesbar. Der Lehrplan aber beschränkt sich nur auf Liter und Hektoliter, diese Größenordnung ist nicht kindgemäß.

   Möglichkeit: Aus Literflaschen wird der Inhalt in kleinere Gefäße umgegossen. Die Bezeichnung „Schoppen" für den Viertelliter wäre durchaus gut verwendbar, ist allerdings einseitig auf den Weinkonsum fixiert, die Bezeichnung „Halbe" in manchen Gegenden auf den Bierverbrauch. Durch eine lustige Panscherei beim Umfüllen von Leitungswasser aus Literflaschen in verschiedene andere Flaschen entsteht eine spielerische Rechnerei: Wer kann die drei Liter restlos in kleinere Flaschen umfüllen?

Voraussetzung für das Rechnen mit diesen anschaulichen Flüssigkeitsmengen ist die Unterteilung des Liters, seine Darstellung als Tausenderwürfel und die Verwendung der Bezeichnung **Milliliter.**

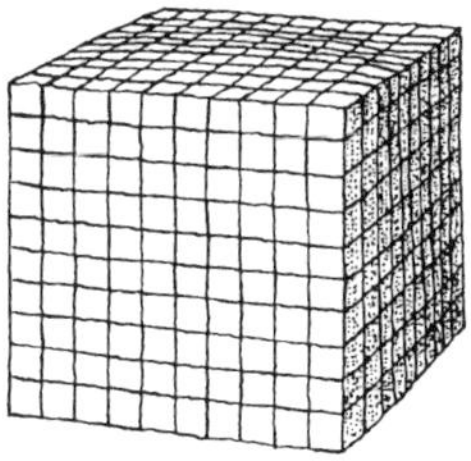

Der Dezimeterwürfel
enthält 1000 Zentimeterwürfel.
Ein Liter enthält 1000 Milliliter.

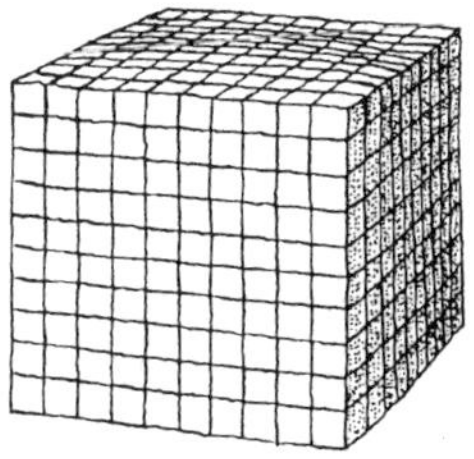

Wie realistisch ist überhaupt **die Maßeinheit Hektoliter?** Nur bei Bierfässern aus alten Dorfbrauereien hat der Hektoliter noch eine Überlebensberechtigung. Längst müssten die Lehrpläne berücksichtigen, dass heutzutage in **Kubikmetern** gemessen wird, z. B. beim Wasserverbrauch am Wasserzähler in jedem Wohnhauskeller.

> Möglichkeit: Die Raummaßberechnung ist der anschaulichste Weg, den Tausender und die Million einzuführen, weil nachvollziehbar ist, dass der „Meterwürfel" aus 1000 „Dezimeterwürfeln" besteht, diese wiederum aus 1000 „Zentimeterwürfeln".

Nachdem das digital gesteuerte Ausrechnen der Grundrechnungsarten immer zuverlässiger ist als die Bleistift-Papier-Methode oder gar das Kopfrechnen, ja selbst ein Nachprüfen dieser Ergebnisse wertlos erscheint, stellt sich grundsätzlich die Frage, mit welchen Mitteln Sachaufgaben ausgerechnet werden können. Unbestritten ist aber doch, dass unser Augenmerk zusehends auf das

**Schätzen, Überschlagen, Kontrollieren**

der Angaben gerichtet werden muss, um Bedienungsfehlern durch den Menschen nicht hoffnungslos ausgeliefert zu sein.
Die angeführten Beispiele zeigen, dass gerade in der marktwirtschaftlich durchorganisierten Umwelt des Kindes einerseits viele schulmeisterlich angestrengte Berechnungen nicht mehr der Lebenswirklichkeit entsprechen, aber aus der Vielfalt der vorgefundenen Umweltsituationen sich immer wieder neue Rechenfragen stellen. Es gehört die Phantasie des Lehrers dazu, diese aufzuspüren. Es ist eine Genugtuung, zwar zu wissen, dass der Computer keinen Rechenfehler macht, dass er aber manchmal für die einfachsten Dinge zu dumm ist.

## Probleme, die Realität umzusetzen

Nachdem die für das Kind mathematisch verwertbare Lebenswirklichkeit oft zu weit entfernt liegt, müssen wir in der Schule danach drängen, eine Realität suchen, welche die Prinzipien **(Er-)Lebensnähe, Kindgemäßheit, Umweltbezogenheit** vereint. Der gedruckte Text als Endstufe einer didaktischen Fossilienbildung ist hart wie Stein und schon durch seine Lagerstätte dem Leben, den Sachen entrissen. Er riecht so sehr nach versteckten Vertracktheiten, dass man am besten nicht genau über ihren Sach-Verhalt nachdenkt, sondern darüber reflektiert, was „der" (Autor) wohl hier gerechnet haben will.
Mathematikbuch und Arbeitsblatt können das Kind an interessante Sachverhalte heranführen und dazu die nötigen Größenangaben liefern. Die Begegnung mit der Realität können aber beide nicht ersetzen.

*Möglichkeit:*
*Lies die Wasseruhr in eurem Keller ab, täglich um die gleiche Zeit.*
*Notiere die Zahlen mindestens eine Woche lang.*
*Kannst du etwas voraussagen?*
*Wo kannst du erfahren, wie viel 1000 Liter Wasser kosten?*
*Schreibe den Preis auf.*

Die Ausdrucksweise „Erlesen der Sachaufgabe“ in der unterrichtsmethodischen Handreichung für Lehrer drückt den Widerspruch aus, der sich hier auftut. Zunächst ist das vorliegende Geschriebene eine T e x t aufgabe. Ob sie für das Kind zur Sachaufgabe werden kann, entscheidet in erster Linie der Einstieg in die Stunde, eventuell auch der Unterrichtsverlauf.
Die Realität kann nicht nur erlesen werden, sondern muss wenigstens teilweise erfahren sein. Dieser Weg ist unbequem, weil er Mobilität verlangt. Wir müssen das Klassenzimmer verlassen, einen mathematischen Unterrichtsgang machen, um Anschauung und Nähe als Ausgangsbasis des *Begreifens* zugrunde zu legen. Ein Teil der Realitätsferne im Unterricht ist hausgemacht, abgeschrieben, kopiert. Im gleichen Atemzug kann abgefragt werden, was vorher *behandelt* worden war. Wir haben aber behandelt, ohne die Hände einzusetzen!
Statt des vorgefertigten „Aufreißmenüs“, das nur nachgewärmt werden muss, brauchen wir den Mut zu selbstständigem Aufsuchen der geistigen Nahrung: Echte Fragen finden, wissen wollen, sich informieren können, und am Ende das Produkt des Denkens wieder in die Wirklichkeit einpassen und auf seinen Sitz prüfen.

Möglichkeit:
Wenn Thomas in den ...fluss spuckt und dem Davontreiben seines Speichels zusieht, taucht aus der gelebten Realität die Frage auf: Wann kommt die Spucke bei mir zu Hause vorbei?
Um nicht jederzeit das Klassenzimmer verlassen zu müssen, werden die nötigsten Informationen bereitgestellt – für einen fiktiven Fluss in einer fiktiven Stadt. Oder wagt es die Lehrerin, die Hausaufgabe als Versuchsreihe vor der Berechnung zu stellen?

Unsere alltäglichen Informationen, die wir dem Mathematikunterricht zufließen lassen möchten, bewegen sich in Größenordnungen und Maßeinheiten, welche die rechnerischen Fähigkeiten und die Vorstellungskraft des Grundschulkindes übersteigen. Der Stromverbrauch, gemessen in Kilowattstunden, ist kaum vermittelbar, obgleich das Thema *Energie sparen* auch in die Grundschule gehört. Am Beispiel nachfolgender Zeitungsmeldung möchte ich zeigen, wie diese unterrichtlich verwertbar wird:

Nachlass in Höhe von 6 Mio. Mark

## Müll wird billiger

### Teil des Überschusses geht zurück

**... Sechs Millionen Mark des bei der Müllabfuhr erzielten Überschusses soll die Stadt an die Erlanger Haushalte zurückgeben.**
Zu diesem Votum kam der Haupt- und Finanzausschuss des Stadtrates im Rahmen seiner Haushaltsberatungen. Insgesamt haben die Bürger der Stadt in den letzten beiden Jahren acht Millionen Mark zu viel an Gebühren entrichtet, eine Folge des Engagements bei der Abfallbeseitigung und -wiederverwertung.

(Erlanger Nachrichten vom 1.12.1995, Nr. 278, S. 1)

Die Angaben können am Ende des 4. Schuljahres direkt in den Unterricht einfließen.

Frage: Wie viel Geld müsste jeder Bürger zurückbekommen, weil er weniger Müll weggeworfen hat?

| | | |
|---|---|---|
| In 2 Jahren | 8 Millionen DM | bei ca. 100 000 Einwohnern |
| in 1 Jahr | 4 Millionen DM | bei ca. 100 000 Einwohnern |
| in 1/4 Jahr | 1 Million DM | bei ca. 100 000 Einwohnern |
| in 1/4 Jahr | 10 DM | je Einwohner |

Was der Viertklässer als Rechenergebnis herausfindet, verwende ich für den Drittklässer als Vorgabe:

Die Erlanger Bevölkerung hat viel weniger Müll weggeworfen. Die Stadtkasse hat zu viel Geld für den Müll kassiert und könnte daher mit dem übrigen Geld an jeden Bürger in diesem Jahr 40 DM zurückzahlen.
1. Frage: Wie viel Geld müsste deine Familie zurückbekommen?
2. Frage: Wie viel Geld muss deine Familie im Monat oder im Vierteljahr für die Müllabfuhr bezahlen? Frage zu Hause nach.

Hier zeigt sich wieder die Problematik im Detail: Industriebetriebe, Geschäfte und die Kommune selbst haben ja auch die überhöhten Müllgebühren entrichtet und werden anteilmäßig eine Rückzahlung erhalten. Tatsächlich bekommt dann Familie Huber mit vier Familienmitgliedern doch nicht die erwarteten 160 DM zurück. Es ist also problematisch, Zahleninformationen aus der Umwelt in den Unterricht zu transferieren. Oft ist dazu so viel Information für die Lehrerin oder den Lehrer nötig, dass diese Verwendung des Zahlenangebotes unterbleiben muss.
Dennoch sollte eine solche Mitteilung zum Rechnen herangezogen werden. Die Kinder werden auf den Informationsträger Zeitung hingewiesen, an kon-

krete Situationen herangeführt, und das Sachrechnen wird mehr auf das Finden und Aufsuchen von Aufgaben abgestellt als auf das Ausrechnen. Die Lebensnähe ist nicht zu übersehen, wenn die Enttäuschung eintritt, dass die Rückzahlung geringer ausfällt als angenommen. Gleichzeitig wird aber das Kind an die Sachsituation herangeführt, das Rechnen ist in die Umwelt eingebettet.

## Fantasievolle Lebensnähe oder fantastische Kindgemäßheit

Ich bin mir bewusst, dass folgende Beispiele (aus H. Falkner 1979, S. 8 ff.) kritische Fragen nach der Berechtigung derartiger „Sachaufgaben" provozieren:

Märchen zum Lachen
Die sieben Zwerge aus dem Märchen trugen jeden Wochentag eine andere Zipfelmütze, aber nachts immer dieselbe Schlafmütze.
*Wie viele Mützen fand Schneewittchen vor? (Die Zwerge waren gerade nicht zu Hause.)*
Till Eulenspiegel saß wieder einmal einige Tage hinter Gittern. Er fror, weil die Gitterfenster nicht verglast waren. Aus Langeweile zählte er die Gitteröffnungen. Er konnte im Gefängnis vier große und neun kleine Fenster erspähen.

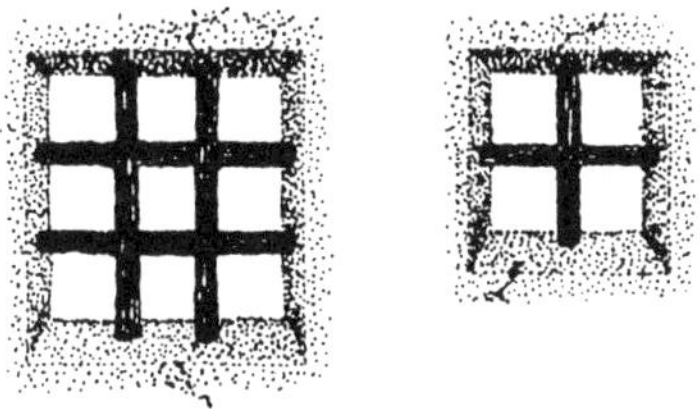

*Wie viele Öffnungen zählte er?*
*Weißt du es, ohne alle einzeln zu zählen?*

Lösung: 3 · 3 = 9; 4 · 9 = 36 (bei den großen Fenstern) 2 · 2 = 4; 9 · 4 = 36 (bei den kleinen Fenstern) 36 + 36 = 72 (Öffnungen insgesamt)

Das Burggespenst von Burg Wackelstein schwebt am Turm empor, rutscht auf dem Mondschein schräg nach unten und eilt zurück zum Fuß des Turmes.

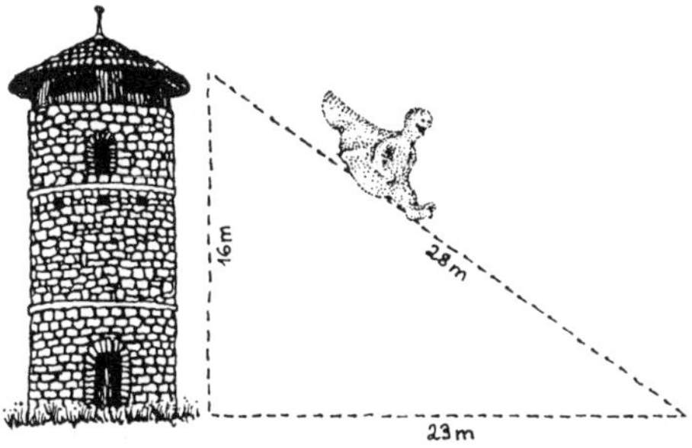


*Wie weit war die nächtliche Reise des Gespenstes?*

Fantasie statt Realität ermöglicht dem Kind den Zugang zu einem fiktiven Geschehen. Hier wird die Kindgemäßheit über den Realitätsbezug gesetzt, obgleich der Sachverhalt durchaus der Wirklichkeit entnommen ist. Es handelt sich um sieben mal sieben Mützen, um Fensterscheiben und um den Umfang eines Dreiecks. Die Handlung des Geschehens ist aber der Realität entrückt, dadurch auch von störenden Ausführungsproblemen entkleidet, denn das Gespenst kann natürlich nach Belieben in jede Richtung schweben. Dieses Spiel mit Vorstellungen ermöglicht den Zugang zur Logik besser als Problemstellungen aus dem Alltag, die mit ihren Verflechtungen und Zusammenhängen die Fassungskraft des Kindes überfordern. Die fantastischen Rechengeschichten sind unrealistisch, aber mathematisch tragfähig.

Ein anderes Beispiel:
Unsere Klassensprecherin ist toll. Wir sollten sie mal in Gold aufwiegen. Eine Unze Gold kostet ... und wiegt etwa 28 g.

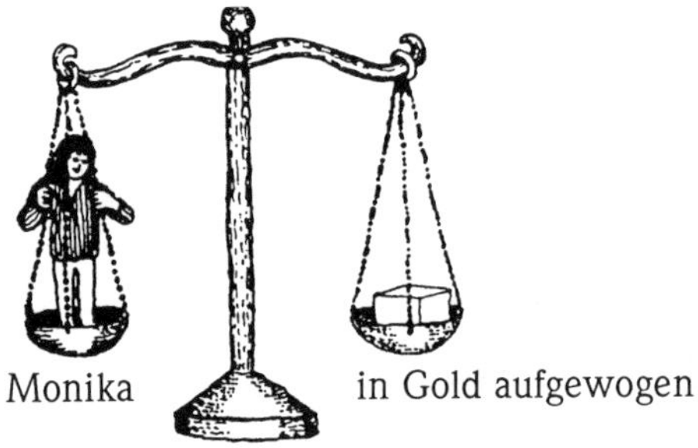


Wie viel ist Monika in Gold wert?
Wir überwinden also die Realitätsproblematik durch den mutigen Sprung ins fantasievolle Handeln und befolgen dabei durchaus die Erkenntnisse der Lernpsychologie, wenn sie *Denken als verinnerlichtes Handeln* begreift. Entscheidend ist dabei, dass unsere Schulkinder in die Situation schlüpfen und das Vorstellungshandeln gerne nachvollziehen, ja durchleben können. Natürlich sind wir dem Vorwurf ausgeliefert, die Rechnung oder die Aufgabe sei „gestellt" und daher am Ziel des MU vorbeigeplant. Dem halten wir entgegen, dass die gedankliche Beschäftigung im MU nicht immer so lange warten kann, bis die genau passende Realität eingetroffen ist, um daran die Lösungsstruktur zu entwickeln. Ich verpacke den Stoff so kindgemäß wie möglich, um an ihm die Lösungsstrategie losgelöst von den nicht betreffenden Problemen zu trainieren. Beim Aufwiegen in Gold in obiger Aufgabe muss ich also nicht fragen: Woher das Geld nehmen, um die Menge Gold zu kaufen?
Im übrigen ist ein Großteil der angebotenen Aufgabentexte aus dem Alltag dermaßen unrealistisch, täuscht in der Fragestellung oft aber Echtheit vor,

dass mir das gelegentliche Beschäftigen mit Fantasieaufgaben aufrichtiger erscheint – und den Kindern immer mehr Spaß macht. Soll tatsächlich der Ratenkauf von Möbeln oder Kraftfahrzeugen das Kind stärker motivieren als der Wettlauf zwischen Hase und Igel, bei dem der Hase nach vielleicht achteinhalb Feldlängen erschöpft zusammenbricht, während der Igel und seine Frau in dieser Zeit nur ein paar Schritte zurückgelegt haben?

### Akzeptierte Sachbereiche

Was in der öffentlichen Diskussion und im politischen Leben aktuell ist, was an Bedeutung für jeden Einzelnen gewinnt, was von niemandem ignoriert werden kann, ist hoffähig für die Anwendung beim Sachrechnen. Seit geraumer Zeit und wohl auch noch auf Jahre oder Jahrzehnte hinaus trifft dies auf den Bereich des Umweltschutzes zu. Inzwischen wird vereinfacht vom *Thema Umwelt* gesprochen. Es hat das Thema Bildung und Bildungsnotstand verdrängt und könnte in Zeiten äußerster Finanzknappheit etwa vom Thema Konsumverringerung ersetzt werden. Wenn es uns gelingt, aus diesem jeweils in den Medien favorisierten Informationskuchen die richtigen Stücke für unseren Unterricht herauszuschneiden, kann dem Vorwurf der Realitätsferne begegnet werden. Problematisch bleibt immer noch die Umsetzung in den Fragehorizont des Kindes. Mit einigem didaktischen Geschick muss dies aber möglich sein, denn die Kinder von heute sind der Bildungssituation von morgen, den Umweltschäden der Zukunft oder den Sparhaushalten des nächsten Jahrzehnts ausgeliefert. Betroffenheit kann also geweckt werden; an die Kunst der Umsetzung sollten wir uns wagen, haben wir bei diesen Themen doch die Sympathie der Öffentlichkeit und der schulfremden gesellschaftlichen Kräfte. In einzelnen Unterrichtsprojekten wird diese Möglichkeit aufgezeigt.

## 1.4 Herausforderungen des Sachrechnens annehmen

### Die Mathematik ist eine eigene Sprache

Unsere umgangssprachlichen Redeweisen sind nicht ohne weiteres in den MU zu übernehmen. Dies müssen die Schulneulinge erst erfahren, Pädagogen sollten es nicht vergessen. Dass Kinder diese neue Sprachregelung im ersten Schuljahr durchaus erlernen, zeigt folgendes humorvolles Beispiel:

***„Papi plus Mami sind minusgegangen“,***

sagt kein Kind, nachdem es die Bezeichnungen plus und minus (für *und* und *weg*) gelernt hat. Daher keine unnötige Angst vor der mathematischen Terminologie! Sie hat den Vorteil der Definiertheit. Die Bezeichnung *plus* für den

Vorgang des Addierens unterliegt nicht dem sprachlichen Missverständnis, welchem die Konjunktion *und* ausgesetzt ist. *Alle roten und schwarzen Früchte* wird identisch gebraucht mit alle *rotschwarzen* Früchte und verlangt keine mathematische Operation. *Alle roten und alle schwarzen Früchte* dagegen verlangt die Addition der Anzahl der roten mit der Anzahl der schwarzen Früchte.
Deutlich wird der Übersetzungsfehler von der Wörtersprache in die mathematische Sprache bei der Formulierung: *Stelle den Unterschied zwischen 380 DM und 650 DM fest.*
Immer wieder lassen sich Kinder durch das *Und* fehlleiten und übersetzen es wörtlich in das *Plus*. Vielleicht hilft ihnen die obige Formulierung von Mami plus Papi?
Ein anderes Beispiel ist die umgangssprachliche Formulierung: Alle Sechserzahlen. Oft sollen damit die Vielfachen von sechs gemeint sein. Missverständlich ist dabei, ob die Zahlen 26, 46, 61, 62 usw. eingeschlossen sind. Schließlich enthalten diese Zahlen ja auch Sechser.
Die nötigen mathematischen Begriffe plus, minus, mal (multipliziert mit), geteilt durch (dividiert durch), (ist) gleich, ist ungefähr, ist größer als, ist kleiner als, addieren, subtrahieren, (malnehmen) multiplizieren, (teilen) dividieren, aufrunden, abrunden, Summe, Unterschied (Differenz), Malergebnis (Produkt), Teilergebnis (Quotient) sind konsequent zu verwenden und nicht durch Umschreibungen wie *Ergebnis, was herauskommt*, zu bezeichnen.
Die mathematischen Zeichen und Begriffe sind zahlenmäßig gering, in den amtlichen Lehrplänen auf zwei Seiten leicht darzustellen und insofern übersichtlich und gut zu merken. Die Abgrenzung und Definition ist das Problem. Sie zwingen zu genauer Ausdrucksweise und zu klaren Denkstrukturen. Mathematische Zeichen kennen keinen Konjunktiv!

Aber es gilt auch:

> Mathematische Zeichen sind wie Verkehrszeichen.
> Nichtbeachten ist strafbar.

Verkehrszeichen

mathematisches Zeichen

Piktogramm

## Zweisprachigkeit des Sachrechnens

Dichter schreiben ein Werk meist nur in einer Sprache, auch wenn sie zwei oder mehrere Sprachen völlig sicher beherrschen. Unsere Kinder müssen im Sachrechnen stets zwei Sprachen nebeneinander gebrauchen. Dabei liegen die Besonderheiten der *Fremdsprache Mathematik* weiter von der Auffassungsgabe des Kindes entfernt als die Muttersprache, die Körpersprache, die Schriftsprache. Die mathematische Symbolsprache kann mit den Verkehrszeichen oder mit den Piktogrammen verglichen werden und ist dieser Mitteilungsform näher verwandt als der Wörtersprache.
Allerdings: Die Mathematik muss die Kinder in ihrer Sprache, also auf ihrem Sprachniveau, abholen. *„Einen Bruch auf dem Weg von der Muttersprache zu mathematischen Formulierungen“* (H. Köhler, 1994, S. 9) darf es durch übertriebene Exaktheit nicht geben. Wo daher Sachrechnen vorwiegend auf bloßen Text aufgebaut ist, errichtet der Unterricht zwei Sprachbarrieren vor dem Verstehen der Sachaufgabe:

Erste Barriere:
Sprachliche Formulierung
Zweite Barriere:
Umsetzen in die mathematische Sprache

Wer die sprachlichen Grundlagen nicht besitzt, sich einen Sachverhalt erklären lassen zu können, wird an die mathematischen Gehalte einer Sachrechensituation nur schwer herankommen. Dabei ist es für viele Kinder möglich, der mündlichen Worterklärung zu folgen, also eine Arbeitsanweisung im Unterrichtsverlauf zu befolgen. Die abstraktere und weniger ansprechende schriftliche Darstellung schreckt die Kinder ab, die sich in der konkreten Situation zurechtfinden, das Vorstellungshandeln aber nicht nachvollziehen können. Daher gilt es, die erste Barriere vor dem Zugang zum Sachrechnen so weit wie möglich zu öffnen, also nicht zu viele Wörter vor die Sache zu setzen.
Man sollte bei einer neuen Klasse, die man übernimmt, besonders die Fähigkeit zur Sinnentnahme aus Arbeitsanweisungen überprüfen. Nicht die Vorlesefertigkeit allein garantiert genügend Sprachkompetenz, wie andererseits ein unsicherer Vorleser durchaus in der Lage sein kann, die Sinnentnahme aus einem Text treffend vorzunehmen.
Die Begegnung mit einem Sachverhalt kann von manchen Kindern leichter in die mathematische Fassung gebracht werden als in eine niveauvolle sprachliche Formulierung. Der Umweg über die Wörter erschwert diesem Kind den Zugang zur Operation. Dies trifft natürlich besonders auf Kinder mit nichtdeutscher Muttersprache zu.

Bei einem hohen Ausländeranteil in der Klasse muss noch häufiger als sonst mit konkreten Handlungen, bildlichen Darstellungen oder Skizzen gearbeitet werden als mit deutschsprachigen Kindern.

**Abstraktionsvorgang**

Da im Sachrechnen stets ein Abstraktionsvorgang beschritten werden muss, suche ich für den Einstieg die anschaulichste Möglichkeit und vermeide dadurch Übersetzungsprobleme. Auch das Wort des Lehrers sollte dabei zurückhaltend eingesetzt werden, weil die Aufnahme des Sachbestandes (im Krimi würde man sagen: des Tatbestandes) durch Auge und Hand zuerst ungestört erfolgen muss. Beim Betrachten dieses Bildes ist möglicherweise jede weitere Erklärung überflüssig.

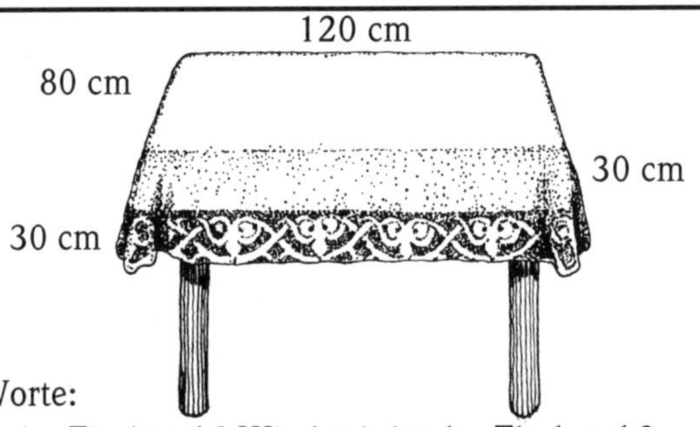


Bild ohne Worte:
Wie lang ist das Tischtuch? Wie breit ist das Tischtuch?

Besser wäre natürlich die Handlungssituation:
Ich lege ein Tischtuch über einen Tisch, ziehe es nach links und rechts, bis es an allen Seiten gleich weit herunterhängt. Dann messe ich die Tischlänge, die Tischbreite und das herabhängende Stück. Nach diesem konkreten Handeln dürfte sogar die Frage von selbst kommen. Lediglich die Zahlenangaben und der Fragesatz sind sprachlich festzuhalten.
Die Sprachbarriere einer Sachrechenaufgabe ist am geringsten, wenn nur die Frage verbalisiert werden muss. Mit folgender Überzeugung sollte ich an eine Handlungssituation herangehen:

> Aus jedem Stoff ist für jedes Auffassungsniveau ein mathematischer Inhalt herauszulesen.

Wie weit ich mit dem Kind je nach individueller kognitiver Kompetenz auf dem Lösungs- oder Erforschungsweg voranschreite, ist von vorneherein nicht immer abzusehen. Auch wenn ich mit einigen Kindern nur das einfachste Lernziel erreiche, z. B. die Länge des Tisches in Zentimetern zu messen, begebe ich mich mit ihnen zusammen in Richtung Lösung. Jeder Schritt zum

(Lern)Ziel ist wertvoll und zu würdigen und hat immer vom Konkreten zum Abstrakten zu gehen. Manch einer macht tausend kleine Schritte, ein anderer hat mit wenigen Sprüngen das Ziel erreicht. Der müsste dann eigentlich sehen, wie es nach dem Ziel weitergeht. Die folgende Abbildung soll zeigen, dass die Abstraktion behutsam vorzunehmen ist, damit möglichst viele Kinder möglichst lange dabeibleiben können.

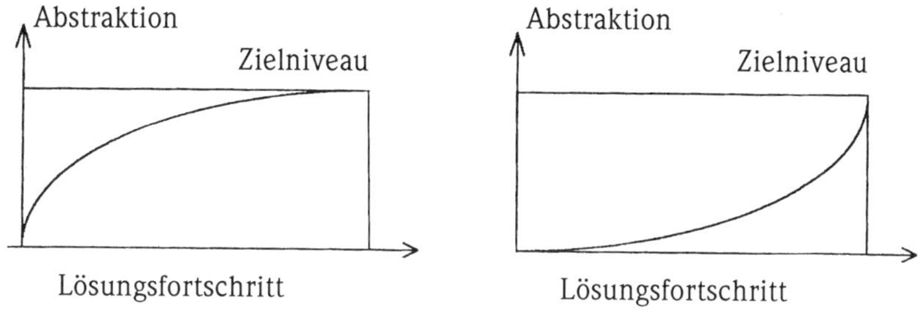


Zu rasche Abstraktion lässt die Aufgabe zu schwierig erscheinen.

Langsame Abstraktion lässt die Aufgabe leichter erscheinen.

**Die Komplexität des Sachrechnens**

Jedes Herangehen an das Sachrechnen verlangt wenigstens eine grobe Übersicht über den zu reflektierenden Sachverhalt. In irgendeiner Form muss das Kind mit den Begriffen, Bezügen und Eigenheiten aller beteiligten Sachgebiete schon einmal Kontakt aufgenommen haben - oder der Unterricht muss erst die nötigen Sachinformationen liefern und eine Einführung in die Hintergründe des mathematisch zu bearbeitenden Geschehens geben.

*Beispiel:*
Anschaulich nachvollziehbar ist, dass ein Holzspielzeug bei der Herstellung Kosten für das Holz, die Farben, das Bearbeiten, das Verpacken und Versenden verursacht.

| Wir stellen Klanghölzer zum Musizieren selbst her. | |
|---|---|
| Rundholz kaufen: Durchmesser 2 cm, Länge 1 Meter | Preis ......... |
| farbloser Lack | Preis ......... |
| Absägen (sechs Stück) und Schmirgeln | kostet uns nichts |
| Verpackung | kostet uns nichts |
| Versand | brauchen wir nicht |
| *Wie teuer ist ein selbst gemachtes Paar Klanghölzer?* | |
| *Wie teuer wäre das gekaufte Paar? Wie viel haben wir gespart?* | |

Der Fertigungsvorgang eines Kunststoffspielzeuges von der Rohstoffumwandlung, Verarbeitung, Formgebung bis zum Versand enthält Arbeitsschritte, die nicht in der Vorstellung des Kindes verankert sind oder nachvollzogen werden können. Der Produktionsvorgang ist zu komplex, um für eine anschauliche Sachrechenaufgabe zu taugen.
Ist erst ein neuer Sachverhalt vorzustellen, um daraus die mathematischen Extrakte zu filtern, welche in die Rechenoperation einfließen sollen, so ist das eine Überforderung. Daher erfolgt im Unterrichtsalltag rasch der Rückgriff auf einen vorliegenden Text, der für viele Kinder zu oft Worthülsen enthält und daher nicht selbstständig umgesetzt werden kann.
Der Unterricht verlangt also, vorrangig Sach- und Erlebnisfelder aufzuspüren, die für die Kinder beobachtbar und nachvollziehbar sind. Anregungen dazu ergeben sich in

> Tageszeitungen, Werbeanzeigen (keine Werbung für eine Firma!), Programmzeitschriften, Reiseprospekten, Kinderzeitschriften, Bastelanleitungen, Rezepten, Befragungen, Beobachtungen, reflektierten Eigenerlebnissen, Erzählungen, Unterrichtsgängen, Veranstaltungen des Schullebens ...

Bei der Auswahl der Sachaufgaben ist immer darauf zu achten, dass der Unterricht nicht einseitig wird. Die Gewichtung der vier Einflussbereiche muss ausgewogen sein, Sprache, Sache, Logik und Arithmetik müssen gleichwertig zusammenwirken können (vgl. Abb. unten). Sachaufgaben können nicht einseitig angesiedelt werden, sie zielen immer auf einen umfassenden Wissens- und Erfahrungszuwachs ab. Darin liegt ihr Bildungswert, aber auch die didaktische Problematik.

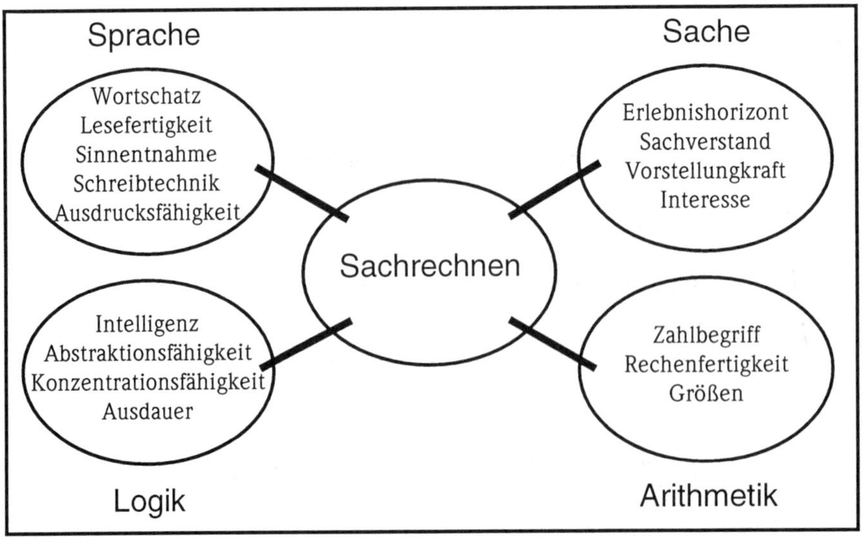

Ein Schulbeispiel:
Christian beteiligt sich besonders im Sachunterricht und auch in Mathematik gern am Unterricht, liefert dabei wertvolle Beiträge und vor allem gute Ideen. Er tritt mit seinen neun Jahren selbstbewusst und freundlich den Erwachsenen gegenüber auf und kennt sich im Dorf aus. Er weiß, wo die Straße aufgerissen wurde und wie der Fußballverein letzten Samstag gespielt hat. Er geht zur Freude seiner Eltern gern für sie einkaufen und handelt dabei geschickt und umsichtig. Bei den Arbeiten mit Sachaufgaben dagegen gelingt ihm nur wenig. Die sind nicht sein Fall, obwohl er sich in seiner Welt auskennt. Gewiss, sehr viel Fleiß auf das Üben der Rechenaufgaben verwendet er nicht, aber er kann sie. Woran liegt es also?
Hat aber ein Mitschüler Christians Fußball ruiniert, muss der Ball ersetzt werden. Neu war er zwar nicht mehr, aber es muss wieder einer gekauft werden. Einigt man sich auf den halben Preis? Den Preis von heute oder von damals? Unversehens steckt Christian mitten in einer Sachrechenaufgabe, die er unbedingt lösen will. Diese Rechengeschichte holt Christian dort ab, wo er mit seiner Frage steht: *Wie viel Geld musst du mir bezahlen?*

Hier handelt es sich um die Motivationslage, um die Einsicht in die oben beschriebene Notwendigkeit des Sachrechnens und seiner Anwendung im täglichen Leben.
Die interdisziplinäre Bestimmung des Sachrechnens veranlasst uns, oftmals mit Projektunterricht oder Gelegenheitsunterricht den Lehrplanfortgang zu überlagern, um direkt an der Schülerwirklichkeit anknüpfen zu können. Verzichten können wir auf eine systematische curriculare Behandlung des Sachrechnens jedoch nicht. In den beiden nächsten Kapiteln sollen daher Motivationsgrundlage und Beziehungen zu den anderen Fächern und Fachbereichen einerseits und der facheigene Lehrplan des Sachrechnens andererseits dargestellt werden.

# 2. Die Einbindung des Sachrechnens in den Unterricht - Grundlagen und methodische Schritte

## 2.1 Verknüpfung der Lehrpläne

Fehlerhaftes Bearbeiten von Sachaufgaben beruht häufig auf Kontextproblemen. Um diesen vorzubeugen stelle ich zwischen den Unterrichtseinheiten der verschiedenen Fächer und dem Sachrechnen entsprechende Verbindungen her und erreiche dadurch eine Informationsbasis für anwendungsbezogenes Rechnen. Zum Beispiel wird im Sachunterricht beim Besuch der Berufsfeuerwehr über den Tages- und Wochenplan des Feuerwehrmannes gesprochen. Gilt für ihn die 38-Stunden-Woche? Wie verteilen sich die 169 wöchentlichen Dienststunden auf die einzelnen Wochentage? Werden die 24 Stunden Dienstzeit von sechs Uhr morgens bis zum nächsten Morgen um sechs Uhr voll angerechnet? Grundlage ist die Sachinformation, weiterführen kann das Sachrechnen. Über die Wochenarbeitszeit der Eltern sind unsere Schulkinder wenig informiert, denn eine teilzeitbeschäftigte Mutter ist ja mittags zu Hause, wenn die Kinder von der Schule heimkommen.
Im Sportunterricht ist gerade Bockspringen an der Reihe. Wie viele Zentimeter ist der Bock hoch? Welche Höhen können eingestellt werden? Vergleiche mit deiner Körpergröße!
Es empfiehlt sich, im Wochenplan der Klasse eine Sachrechenstunde einzuplanen, die ihre Thematik aus einem anderen Unterrichtsfach bezieht. Verbindungen werden schon bei der Erstellung des Stoffverteilungsplanes aufgesucht.

| Fachbereich | Verknüpfung | Anwendungen im Sachrechnen |
|---|---|---|
| Deutsch | Seitenumfang der Kapitel | Addieren und Subtrahieren |
| Lesen einer Ganzschrift | Anzahl der Textseiten | bis 100 mit Zehnern und Einern |
| Rechtschreibtext | Anzahl der Wörter je Zeile<br>Anzahl der Wörter<br>Länge der Rechtschreibtexte | Überschlag: Zehn Zeilen mit je sechs Wörtern; malnehmen mit Einern<br>Schaubild:<br>Die Rechtschreibtexte werden immer länger |
| Diktat | Fehlerwörter heraussuchen | Schaubild:<br>Ordnen nach Fehlerhäufigkeit |
| Religion | Pfingsten ist der 50. Tag nach Ostern | Nachzählen am Kalender<br>Kardinalzahl oder Ordinalzahl<br>der fünfzigste Tag |

| Fachbereich | Verknüpfung | Anwendungen im Sachrechnen |
|---|---|---|
| Sport | Grundriss der Turnhalle<br>Geräteaufbau im Plan<br>vgl. auch Sachunterricht | Maßstabsrechnen M 1:100<br>Meter und Zentimeter |
| Werken | Tonarbeiten werden gebrannt<br>Materialschwund beim<br>Brennen | Messen in Millimetern<br>Abwiegen in Gramm<br>Umkehren des Rechenvorganges<br>*Wie lang war das ungebrannte Tonstück?* |

## Beispiel für eine Lehrplanverknüpfung im 3. Schuljahr

(Auswertung einer Arbeit in Heimat- und Sachkunde)
Fragestellung: Welche Aufgabe haben wir am besten gelöst?
Zahlbereich bis 1000

Mit einem kindorientierten Beispiel soll aufgezeigt werden, wie Sachrechnen aus dem Unterricht anderer Fächer erwachsen kann und wie den Kindern offenkundig wird, dass ihr rechnerisches Können für sie selbst im Schulalltag wertvoll angewendet werden kann. Häufig wird bei der Rückgabe einer Arbeit, die im Sachunterricht meist nach Punkten bewertet wird, nur die Zuteilung der Punkte zu den richtigen Aussagen erläutert. Gelegentlich müssen Rückfragen der Eltern beantwortet werden, wieso es hier und dort keinen Punkt mehr gegeben hat. Die Summe der Punkte kann und sollte jedes Kind ab dem Ende des 2. Schuljahres überprüfen, dazu haben wir das Addieren im Kopf gelernt. Ohne die Diskretion über die einzelnen Schülerleistungen aufzugeben, kann die ganze Klasse feststellen, welche der Aufgaben von allen Kindern zusammen am besten gelöst wurde. Dazu gibt jedes Kind seine Punktzahl für diese Aufgabe bekannt und es wird immer weiter addiert. Ist eine Aufgabe mit acht Punkten bewertet worden und besuchen 25 Kinder diese Klasse, dann ist die maximale Punktzahl 200, wir bewegen uns also im überschaubaren Zahlenraum.
Nachdem wir nicht mit Prozentsätzen arbeiten, wären - mathematisch ideal - die gleichen Punktzahlen je Aufgabe anzustreben. Da dies nicht immer erfüllbar ist, wähle ich vergleichbare Punktzahlen für die verschiedenen Aufgaben, also etwa Aufgaben mit vier, acht oder zwölf Punkten. Dann ist festzustellen, ob wenigstens die Hälfte der Punktzahl erreicht wurde. Für jedes einzelne Kind lässt sich dieses Erfolgsergebnis am besten in einem Schaubild darstellen. Die Zahl der erreichbaren Punkte wird in einer Säule von leeren Rechenkästchen durch einen Rahmen sichtbar gemacht. Daneben werden die erreichten Punkte mit der gleichen Einheit (□ = ein Punkt) ausgemalt. Jedes Kind erstellt also sein eigenes Erfolgsdiagramm und stellt dadurch auch die Wissenslücken fest.

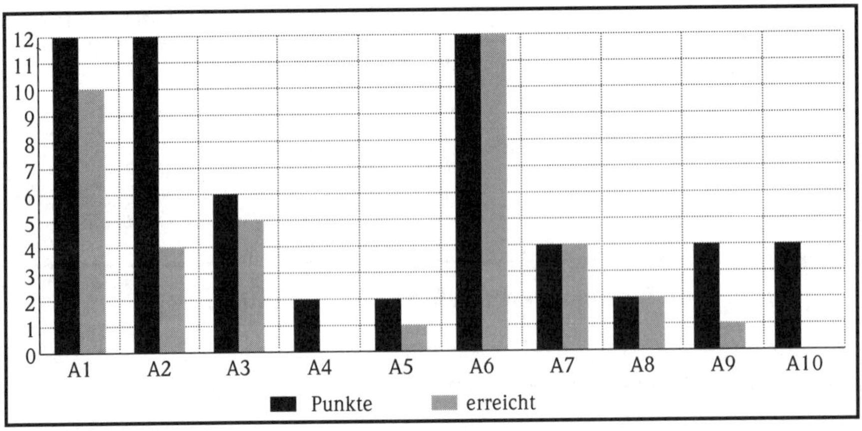


Das Schaubild für die ganze Klasse hefte ich je Aufgabe in Papierstreifen an die Pinnwand. Erst wird die Länge für die erreichbaren Punkte sichtbar gemacht. Bei 25 Kindern und acht Punkten für die Aufgabe ergäbe dies eine Streifenlänge von 200 cm für die errechneten 200 Punkte. Daneben ist für die erreichte Punktzahl ein andersfarbiger Papierstreifen mit der entsprechenden Länge von z. B. 156 cm zu befestigen.
Wir sind gewohnt, Schaubilder von unten nach oben aufzubauen. Hängt jedes Ergebnisband mit einer Büroklammer an einer Wäscheleine im Klassenzimmer, dann sind die Ergebnisse durch die nach unten hängenden Bänder zu erkennen. Das Schaubild füllt sich also von oben nach unten. Diese dekorative Veranschaulichung erinnert möglicherweise Besucher des Klassenzimmers an eine Faschingsdekoration, hat meine Schüler zugleich recht begeistert.

Die nachfolgende Ergebnisdiskussion lenkt auch davon ab, wer der Beste oder der Schlechteste war und ist insofern wesentlich integrativer für die Klassengemeinschaft als die unvermeidliche Benotungsskala. Zur Verdeutlichung ist das gesamte Ergebnis meiner Klasse dargestellt, das in dieser Form nie veröffentlicht wird.

| Aufgabe | | A1 | A2 | A3 | A4 | A5 | A6 | A7 | A8 | A9 | A10 | Su |
|---|---|---|---|---|---|---|---|---|---|---|---|---|
| Punkte | | 12 | 12 | 6 | 2 | 2 | 12 | 4 | 2 | 4 | 4 | 60 |
| Kind | A | 10 | 4 | 5 | 0 | 1 | 12 | 4 | 2 | 1 | 0 | 39 |
| | B | 2 | 10 | 2 | 1 | 1 | 3 | 2 | 0 | 3 | 4 | 28 |
| | C | 9 | 10 | 5 | 0 | 0 | 5 | 3 | 2 | 0 | 0 | 34 |
| | D | 8 | 9 | 2 | 1 | 0 | 1 | 1 | 0 | 1 | 0 | 23 |
| | E | 9 | 11 | 4 | 0 | 1 | 12 | 0 | 2 | 4 | 2 | 45 |
| | F | 10 | 10 | 4 | 2 | 0 | 12 | 1 | 2 | 3 | 3 | 47 |
| | G | 9 | 12 | 5 | 1 | 1 | 5 | 2 | 0 | 4 | 4 | 43 |
| | H | 10 | 5 | 6 | 1 | 1 | 5 | 4 | 3 | 4 | 4 | 43 |
| | I | 9 | 12 | 4 | 1 | 1 | 12 | 4 | 2 | 4 | 4 | 53 |
| | J | 10 | 11 | 5 | 2 | 2 | 12 | 4 | 2 | 4 | 4 | 56 |
| | K | 8 | 10 | 3 | 1 | 1 | 7 | 3 | 0 | 0 | 0 | 33 |
| | L | 9 | 12 | 4 | 1 | 0 | 12 | 4 | 2 | 4 | 4 | 52 |
| | M | 10 | 12 | 4 | 2 | 1 | 12 | 2 | 1 | 4 | 2 | 50 |
| | N | 8 | 5 | 4 | 2 | 2 | 12 | 2 | 1 | 1 | 2 | 39 |
| | O | 10 | 4 | 5 | 1 | 1 | 12 | 4 | 2 | 4 | 4 | 47 |
| | P | 9 | 6 | 4 | 1 | 0 | 8 | 0 | 0 | 0 | 0 | 28 |
| | Q | 7 | 12 | 2 | 2 | 1 | 12 | 4 | 2 | 4 | 4 | 50 |
| | R | 8 | 5 | 2 | 1 | 2 | 4 | 3 | 0 | 1 | 2 | 28 |
| | S | 9 | 4 | 3 | 1 | 2 | 12 | 4 | 2 | 4 | 4 | 45 |
| | T | 9 | 5 | 4 | 2 | 2 | 2 | 0 | 0 | 0 | 0 | 24 |
| Aufgabe | | A1 | A2 | A3 | A4 | A5 | A6 | A7 | A8 | A9 | A10 | Su |
| Punkte | | 173 | 169 | 77 | 23 | 20 | 172 | 51 | 25 | 50 | 47 | 807 |
| von | | 240 | 240 | 120 | 40 | 40 | 240 | 80 | 40 | 80 | 80 | |

Die Erfolgsquote für jede Aufgabe auf die ganze Klasse bezogen stellt sich dann folgendermaßen dar:

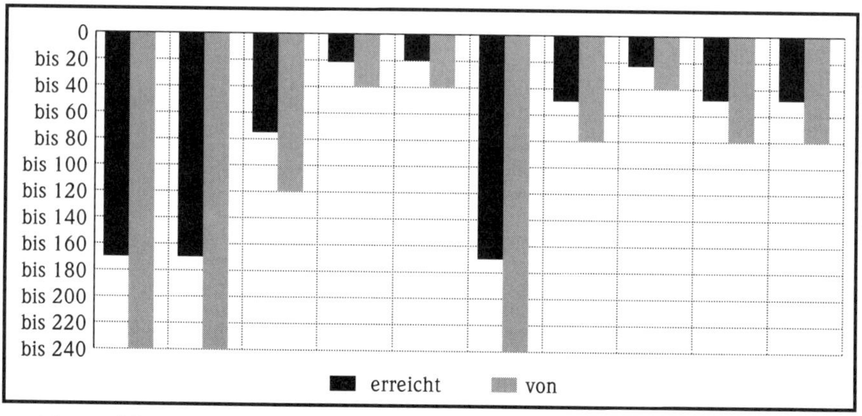


| | | | | | | | | | | |
|---|---|---|---|---|---|---|---|---|---|---|
| erreicht | 171 | 169 | 77 | 23 | 20 | 172 | 53 | 25 | 50 | 47 |
| von | 240 | 240 | 120 | 40 | 40 | 240 | 80 | 40 | 80 | 80 |

## Verknüpfung Sachunterricht - Sachrechnen im 2. Schuljahr

| Beispiele für Lehrplanziele | Verknüpfungen | Sachrechnen |
|---|---|---|
| 1. Kind und Familie | Geburtstage in der Familie<br>Wie viele Tage oder Wochen dauert es vom einen zum anderen Geburtstag? | Zählen am Kalender<br>Rechnen mit Zehnern und Einern |
| 2. Kind und Zeit (Kalender) | Tage in der Woche und im Monat<br><br>Die zwölf Monate | Zahlenraum bis 31<br>Einmaleins mit sieben (7,14,21,28)<br>Zwei Monate haben zusammen 62 Tage, 61 Tage, 59 Tage, 60 Tage |
| 3. Uhrzeiten ablesen | 24 Stunden hat der Tag<br><br>Das Zifferblatt der Uhr<br>Stunden, Minuten<br>halbe Stunden, Viertelstunden | Addieren bis 24 für Tag und Nacht<br>Hinzuzählen<br>12 mal fünf Minuten<br>60 Minuten hat die Stunde<br>Rechne, bis die Stunde voll ist. |
| 4. Kind und Heimat | Feste im Jahreslauf | Hinzuzählen am Jahreskalender |
| 5. Einkaufen | Umgang mit Geld | Additives Gliedern des Hunderterraumes<br>Wie kann ich 60 Pf bezahlen?<br>Malnehmen und Teilen, z.B.<br>4 Kinder erhalten je fünf Mark,<br>20 DM für zwei, drei, vier Kinder |
| 6. Gesunde Ernährung | Nahrungsmittelpreise<br><br>Art der Verpackung<br><br><br>Obst | Preis für 1 kg Brot in DM und Pf<br>Preis für 1 l Milch mit/ohne Pfand<br>Eierschachteln als Sechser und als Zehner<br>Die Felder auf der Schokoladetafel<br>Gewichtsvergleich schwerer als, leichter als, > <<br>Spitztüten für Obst sind Dreiecke<br>Zerschneiden oder falten |
| 7. Kind und Natur (Biologie) | Die Jahresuhr<br>Frühjahr, Sommer, Herbst und Winter<br>Wie Pflanzen wachsen | Zählen und Rechnen am Kalender<br><br><br>Messen in Zentimetern, Schaubild |
| 8. Kind und Natur (Luft und Wasser) | Das Thermometer misst die Temperatur | Darstellung von über Null und unter Null<br>Temperaturkurve durch Ausmalen von Thermometern |

## Verknüpfung Sachunterricht - Sachrechnen im 3. Schuljahr

| Beispiele für Lehrplanziele | Verknüpfungen | Sachrechnen |
|---|---|---|
| 1. Kind und Gemeinschaft | Einkauf für eine Gemeinschaftsarbeit | Kosten gerecht verteilen<br>Teilen durch die Zahl der Kinder |
| 2. Leben in der Familie - früher | Zeittafel von heute bis zur Geburt der Großmutter oder des Großvaters | Rechnen im Bereich eines Hunderters, Jahrzehnte vorwärts und rückwärts 2000, 1990, 1980 1970, 1960, 1950, 1940, 1930 (?) |
| 3. Das Kind und seine Zeit | Lebensjahre des Kindes | Jahre und Monate<br>neun Jahre sind 108 Monate<br>neun Jahre sind über 450 Wochen |
| 4. Kind und Heimatgeschichte | Zeitleiste des Heimatortes ggf. bis 1000 Jahre zurück<br>Zeitpunkte feststellen | Das zweite Jahrtausend von 1000 bis 2000 in Hundertern darstellen<br>Zeitdauer berechnen (plus wie viel?)<br>Alter berechnen |
| 5. Orientieren im Heimatraum | Plan und Wirklichkeit<br>Karte der Schule<br>Karte des Ortes oder Wohngebietes<br>Mein Schulweg auf dem Plan | Maßstab: 1 cm entspricht 10 m<br>Maßstab: 1 cm entspricht 100 m<br>Tabellen zum Umrechnen anfertigen |
| 6. Warenherstellung (Handwerk) | Was der Bäcker backt und verkauft | Verkaufspreis addieren<br>Gewicht von Brot und Brötchen<br>Kuchen: Halbe, Viertel, Achtel... |
| 7. Dienstleistungen | z.B. Polizei | Tagesplan in Stunden, Minuten<br>Entfernungen in Kilometern von der Polizeistation<br>Tägliche Fahrstrecken |
| 8. Wasserversorgung | Wasserverbrauch im Haushalt | Tägliche, wöchentliche, monatliche Wassermenge, Ablesen der Wasseruhr, Unterschied berechnen<br>Gefäße und ihr Inhalt in Litern |
| 9. Gesundheit | Kosten für Arznei, Körperpflege, Arzt im Monat | Rechnen mit DM und Pf<br>Schriftliches Addieren |
| 10. Kind und Natur<br>Obstbäume | Von der Blüte zur Frucht | Unser Pausenapfel ist fünf Monate alt |
| 11. Kind und Natur<br>Getreide | Getreide von der Saat bis zur Ernte<br>Vom Korn zum Brot (Bäcker) | Aus einem Kilogramm Saatgut wachsen ... Kilogramm Getreide<br>Für ein Kilogramm Brot braucht man ... Kilogramm Getreide<br>Umrechnen von Gramm in Kilogramm |
| 12. Kind und Natur<br>Gewässer | Pflanzen an einem Gewässer bestimmen | Messen von Länge und Höhe<br>Gewässertiefe (Vorsicht!)<br>Längenmaße: Meter und Zentimeter |
| 13. Kind und Natur<br>Einheimische Vögel | Wir beobachten ein Meisenpaar beim Füttern der Jungen | Flughäufigkeit stoppen und Flüge pro Stunde berechnen<br>Minuten und Sekunden umrechnen |
| 14. Verschiedene Brennstoffe | Die Kerze als Uhr<br>Heizölkosten | Brenndauer einer Kerze<br>Minuten und Zentimeter in Relation bringen |

## Verknüpfung Sachunterricht - Sachrechnen im 4. Schuljahr

| Beispiele für Lehrplanziele | Verknüpfungen | Sachrechnen |
|---|---|---|
| 1. Erleben von Gemeinschaft | Mitgestalten einer Schulfeier | Ausmessen des Pausenhofes<br>Maßstabszeichnung<br>Trödelmarkt - Verkauf Addieren<br>Spendensammlung organisieren |
| | Schulwanderung planen<br>Schullandheimaufenthalt planen | Lesen von Fahrplänen<br>Berechnen der Fahrtkosten<br>Berechnen der Heimkosten<br>Wanderkarten lesen, umrechnen (1 cm entspricht 50 000 cm)<br>Wie teile ich mein Taschengeld ein? |
| 2. Gemeinschaftsaufgaben in Schule und Gemeinde | Wer bezahlt das Schulhaus? | Heizkosten im Jahr, im Monat, täglich<br>Stromkosten für die Schule |
| 3. Kind und Zeit | Schulzeit und Freizeit<br>Schultage und Ferientage | Mein Wochenplan hat 168 Stunden<br>Mein Tag hat 1440 Minuten |
| 4. Geschichtliche Entwicklungen | Die Geschichte der Eisenbahn in unserem Ort | Geschwindigkeiten von der Postkutsche bis zum ICE<br>Lesen des Fahrplanes |
| 5. Heimatgeschichte | geschichtliche Ereignisse | Geschichtsfries bis zur ersten Urkunde zurück<br>Rechnen in Jahrhunderten (Zahlenaufbau des 2. Tausenders) |
| 6. Orientieren im Heimatraum | Verkehrswege kennenlernen | Entfernungen nach der Wanderkarte bestimmen<br>Entfernungen nach der Autokarte bestimmen (1:200000)<br>Entfernung - Zeit - Geschwindigkeit |
| 7. Warenherstellung | Beispiel: Ziegelei | Produktionszahlen<br>Wir wiegen einen Ziegelstein<br>Transportgewicht in t |
| 8. Dienstleistungen | Die Müllabfuhr<br>Müllsortierung | Wie schwer ist unser Wochen-Müll?<br>Kosten der Müllabfuhr |
| 9. Kind und Natur Botanik | Lebensraum Wald | Strecke eines Waldlehrpfades messen<br>Wachstum und Alter von Bäumen |
| 10. Kind und Natur Wasserkreislauf | Niederschläge | Niederschlagshöhe messen<br>Wasserschöpfen bei einem Gewitter<br>Jährliche Niederschlagshöhe des Ortes darstellen<br>Wie viel Wasser fließt aus der Quelle? (Liter pro Minute) |
| 11. Kind und Natur Stromversorgung | Strom kommt ins Haus | Auch Strom muss man kaufen<br>Stromkosten pro Jahr |

Diese Beispiele zeigen, wie Sie vom Sachunterricht aus Möglichkeiten für das Sachrechnen nutzen können. Je nach dem Stand des arithmetischen Lehrganges wird nur im eingeführten Zahlbereich gearbeitet. Das Einführen und Üben von Größen aber kann durchaus an den Sachunterricht gekoppelt werden, weil dann die Anschauungsgrundlage besser gegeben ist. Beim Thema *Was-*

*serversorgung* ist das Einführen des Liters und das Aus- und Einschöpfen mit Literbechern angezeigt. Dadurch entsteht die Beziehung vom Kind zum täglichen Wasserbraucht etwa in der Dusch- oder der Badewanne. Zugleich ist das Rechnen mit Litern anschaulich und bedeutungsvoll.
Ein anderes Beispiel: Das Tempo des ICE-Zuges bei 220 km/h sollte in Metern pro Minute und Metern pro Sekunde umgerechnet werden. Anschließend kann das Kind mit der Skala seines Fahrradtachos vergleichen! Rechenfragen können von selbst entstehen und formuliert werden. Auch beim Strom kann auf den Stromzähler hingewiesen werden, von dem die Strommenge abgelesen wird. Die Darstellung von zehn Glühbirnen mit je 100 Watt oder von 25 Glühbirnen mit je 40 Watt, die eine Stunde brennen, kann den Kilowattstundenpreis anschaulich machen und löst Überraschung aus, wie billig so viel Licht ist.

Wenn so viele ganz helle Glühbirnen eine Stunde lang brennen, musst du 25 Pfennige für den Strom bezahlen.

## 2.2 Sinnentnahme aus der Sprache

Die mathematische Zahlbegriffsbildung tritt in der kindlichen Entwicklung wesentlich später ein als die Aneignung der Muttersprache. Letztere geschieht durch Nachahmung und Übernahme, Zuordnung und selbstständige Analogiebildung, die dann besonders in der Flexion zu erheiternden kindlichen Ausrutschern führt. Doch auch dies wird im Kontext verstanden, leider zu oft gleich korrigiert.
Flexionsausrutscher im mathematischen Denken und im Rechnen führen zu falschen Ergebnissen, weil eben drei *plus* sieben nicht einundzwanzig ist. Erst das fünfjährige Kind malt zuverlässig die fünf Finger der Hand, lange nachdem es sinnvolle Sätze sprechen und richtig anwenden kann, die Vokabularstufe also überwunden hat.

### Zahlbegriffe entwickeln sich später als sprachliche Begriffe

Die Sprache des Kindes erfasst bei der Begegnung mit einem „begreifbaren“ Objekt zuerst solche Begriffe, die eine starke Anmutung ausüben, das Kind besonders ansprechen durch Farbe, Form, Gewicht, Geruch, Handlichkeit, Essbarkeit. Entsprechend sicher werden die Eigenschaften grün, rund, schwer, „stinkt“, fest, (schmeckt) sauer verwendet. Die Anzahl als Qualitätsmerkmal für eine Menge von Dingen erlangt erst auf einer höheren, späteren

Stufe Bedeutung. Sie ist nicht simultan, also augenblicklich zu erfassen, wenn es sich um mehr als vier Elemente handelt. Dann lässt sich eine Anzahl wie z. B. *sieben* nur durch Zuordnung bestimmen. Diese Zuordnung kann bei Vorschulkindern durchaus mit dem Aufzählen der Zahlwörter durchgeführt werden. Ordnet ein Kind aber folgendermaßen zu:

Eins, zwei, drei, vier, fünf, sechs, sie- ben, acht, neun usw.

dann ist die Zuordnung nicht zum Zahlbegriff erfolgt, sondern zum Bewegungsrhythmus der Hand oder der Sprechsilben.
Eine gewisse Verweildauer ist also bei diesem Begriffsbildungsvorgang gefordert, ein systematisches Vorgehen, das auch dem Lösungsweg bei Sachaufgaben eigen ist. Konzentrationsfähigkeit sehe ich als eine wesentliche Voraussetzung für das Sachrechnen.
Von diesen Überlegungen aus schlage ich den Bogen zum Rezipieren von Textvorlagen zwecks Berechnen der unbekannten Größen. Das Erfassen muss hier sukzessive und systematisch geschehen, nicht einfach summarisch wie bei der Aufzählung der Eigenschaften einer Süßspeise. Beim Lesen eines Textes im Sachrechnen muss über die gestalterische Leistung des Erlesens hinaus noch das Strukturieren der Aussagen vorgenommen werden. Nicht das sinnfindende Nacheinander der Aussagen allein genügt uns hier, sondern das Aufspüren des Beziehungsgeflechtes zwischen allen Aussagen.

## Sprache bezeichnet - Mathematik begreift

Kinder, die schön und betont vorlesen können, müssen nicht automatisch sehr erfolgreich im Bearbeiten von Sachaufgabentexten sein. Umgekehrt können Kinder, die nur holprig vorlesen, durchaus die Struktur der Aussagen sofort erkennen. Ihr Überblicken der verschiedenen Angaben ist dem wohlklingenden Gestalten beim Vorlesen hinderlich. Sie überspringen auch manchmal die exakte Ausformulierung von Fragen, weil für sie die Unbekannte offensichtlich und in die Aufgabe bereits hineingedacht ist.

Textbeispiel

| **Gliederung in Sprecheinheiten** | **Gliederung in mathematischen Bezügen** |
|---|---|
| Zehn Brötchen | 10 (Stück Brötchen) |
| zu je 42 g | Je (d.h. 10 mal, siehe oben!)<br>42 g (Gewicht eines Brötchens) |
| habe ich gestern gekauft. | (keine relevante Aussage) |

| | |
|---|---|
| Heute | (Zeitunterschied zu gestern, erweist sich später als unrelevante Aussage) |
| habe ich festgestellt, | (keine Aussage) |
| dass sie nur noch | (Ungleichrelation <) |
| 378 g wiegen. | 378 g (Gewicht, verbunden mit <), daraus folgt: 378 g < □ |
| Wie viel Gewicht | (378 g; 42 g sind bekannte Gewichte) |
| ging verloren? | (Substraktion) (Notwendigkeit, das Anfangsgewicht zu errechnen, wird erkannt) |

Das ständige Hin- und Herspringen im Text kennzeichnet die mathematische Seite der Sinnerfassung. Man kann es auch als Speichern und Verknüpfen bezeichnen. Doch muss das Speichern gleichzeitig mit einem löchrigen Sieb vorgenommen werden, durch welches solche Aussagen fallen, die sich im Verlauf des Lesens als nicht betreffend erweisen. Im angeführten Beispiel sind dies die Zeitbestimmungen gestern und heute. Sie können aber nicht von Anfang an ignoriert werden, weil sie ja auch zur Berechnung herangezogen werden könnten. Möglicherweise soll vorhergesagt werden, wie groß der Gewichtsverlust von heute bis morgen sein könnte.

## Zur Leselernmethode

Trotz aller Bemühungen, die Ausgangswerte für eine Berechnung so nahe wie möglich am konkreten Objekt oder Vorgang zu gewinnen, kann in der Schule auf Aufgabentexte nicht verzichtet werden. Also muss das Kind die Sinnentnahme aus Texten trainieren, bevor ihm „Textaufgaben" zugemutet werden. In diesem Zusammenhang eine Überlegung zur Methode des Lesenlernens: Es gab Zeiten, in denen das Lesen oder Einüben von einzelnen Lauten und Buchstaben verpönt war, als Gängeln des kindlichen Geistes betrachtet wurde und die Ganzsatzmethode an das Lesenlernen heranführte. Die Sinneinheit der Aussage stand im Vordergrund. Die Kinder „lasen" den Text gar nicht, sondern erzählten ihn, stellten den Kontext in der Geschichte her. Die Sinndeutung stand vor dem Entziffern. Umgekehrt wird bei der Methode des Lesenlernens über das Buchstabieren die exakte Aufnahme der Grapheme geübt, beim Umsetzen in Laute tritt aber schon der Bruch auf, denn nicht jedem Graphem entspricht ein und nur ein Phonem. Die Sinndeutung muss nachgeschoben werden, wenn das Ergebnis der Entzifferung so fremd klingt wie: Wirr wareen nicht vertick (Wir waren nicht fertig). Beide Leselernmethoden müssen wir für das Erlesen von Aufgabentexten verwenden: Einerseits muss

mit jedem Erlesen das Sinnerfassen einhergehen, auch das Ausdenken von möglichen Beziehungen zwischen den gegebenen Werten, andererseits muss exakt entnommen werden: keine Aussage wie z. B. das Wörtchen je darf übersehen, keine Ziffer und keine Benennung dürfen verändert werden.
Viele Fehler beim Bearbeiten von Texten sind also primär keine mathematisch-logischen, sondern entstehen aus falschem Erlesen der Vorgaben. Dies ist auch aus den verschiedenen Versuchen ersichtlich, die Fehler im Lösungsprozess zu typisieren.

**Fehlertypen - Fehler im Lösungsprozess**

(nach Uta Bremer/Eberhard Dahlke, Schwierigkeiten im Prozess des Lösens von Sachaufgaben, in H. Vollrath, S. 13 ff.)

1. „Fehlerhafte Verkürzungen des Lösungsplanes"
   Bei mehrgliedrigen Aufgaben werden einzelne Glieder ausgelassen.
   Der Sachzusammenhang wird unvollständig erfasst.
   Der Sachzusammenhang wird erfasst, aber nicht vollständig in den Lösungsplan eingearbeitet mangels mathematischer Umsetzungsfähigkeit.
   Das Kind ignoriert eine Teilaufgabe mangels logischer Erfassung.

2. „Modifikation einer Zahlenangabe durch den Text."
   Der Text wird nicht voll erfasst.
   Ein verbal gefasster Operator wird übersehen: *„Wöchentlich* 1000 DM" statt *„monatlich* 1000 DM"; „Peter mit seinen *drei* Freunden" (also sind es vier Personen).

3. „Fokusierungsfehler"
   Die jeweils zuletzt ermittelte Größe wird mit einer weiteren im Text stehenden Größe verknüpft. Dieses Durchlaufen einer Aufgabe wie mit einer Lupe, die nur einen eng umgrenzten Teil einer Aufgabe hervorhebt, wird mit dem Begriff „Fokusierung" treffend beschrieben. Der gesamte Text wird also nicht überblickt.

4. „Identifikationsfehler"
   Statt Umfang wird Länge berechnet, weil die Begriffe verwechselt werden.
   Die Begriffe sind wohl bekannt, aber eine falsche Formelzuordnung erfolgt.

5. „Interferenz zweier Lösungswege"
   Es wird nicht ein komplett falscher Lösungsweg gewählt, sondern Elemente aus zwei Lösungsansätzen werden fehlerhaft kombiniert.

6. „Fehler durch direktes Übersetzen einer Sachhandlung in eine Operation." Beispiel: „Als Fritz sechs Jahre alt war, war er halb so alt wie heute. Wie alt ist er heute?" (W. Breitenbach, Methodik des Mathematikunterrichts in Grund- und Hauptschule, Hannover 1969, S. 183)

   Aus der Formulierung „halb so alt" wird auf Halbieren geschlossen. Es handelt sich also um ein Wörtlichnehmen von sprachlichen Formulierungen. Das Vorlesen erweckt beim Zuhörer den Eindruck der sinnvollen Gestaltung des Textes. Es ist damit aber nicht gesichert, dass auch das logische Beziehungsgeflecht erkannt wurde.

7. „Fehler im Strukturieren des Lösungsplanes bei mehrgliedrigen Aufgaben"

   Der Lösungsplan wird von der Basis her richtig aufgebaut und dann abgebrochen. Der Text ist also weitgehend sprachlich erfasst.

   Ausgehend vom Ziel des Lösungsplanes, also von der Fragestellung, wird gerechnet. Die Basis wird aber nicht richtig erfasst. Hier entsteht besonders das Problem der Punktezuteilung bei Folgefehlern. (Vgl. dazu Kap. 9)

8. „Zufallsstrategien"

   Durch die Zahlendominanz wird der Text völlig außer acht gelassen. Besonders die größten Zahlen springen ins Auge und werden verwertet. Eine willkürliche Wahl von Operationen erfolgt. Das Kind rechnet hier irgendetwas, wofür es Punkte erhalten kann. Es bemüht sich nicht oder nicht gründlich um die Sinnentnahme, da es sich für den Sachverhalt ohnehin nicht interessiert. Die rein sekundäre Motivation versperrt den Weg zur richtigen Strategie.

9. „Fremdstrategien"

   Bei der „Fixierung auf Standardansätze" ist die Arbeit der Kinder gekennzeichnet durch „Fixierung auf Lösungsschemata, die kurz zuvor im Unterricht behandelt wurden." Die Auseinandersetzung mit dem Text wird also umgangen.

   Beim „kalkulierten Rechenaufwand" schätzen die Kinder, ob die Aufgabe so leicht oder so schwer sein kann. Die erste Aufgabe einer Arbeit wird als leicht eingestuft und entsprechend angegangen, ohne sich also mit den Aussagen auseinanderzusetzen.

10. „Scheinstrategie"

    Grundschulkinder neigen dazu, große Zahlen zu addieren (subtrahieren) und kleine zu multiplizieren (dividieren). Unterstützt werden ihre Urteile durch die Größenangaben. Große Zahlen mit gleicher Benennung werden also leicht einer Addition oder Subtraktion zugeordnet, einstellige Zahlen ohne Benennung werden leichter zur Multiplikation oder Division mit Einern verwendet.

Das Überraschende an der in der Literatur aufgestellten Fehlertypisierung ist, dass es in den häufigsten Fällen und bei den angeführten Beispielen um einen „Prozess des Lösens von Sachaufgaben“ geht, der auf *Aufgabentexte* bezogen ist. Sachrechnen in der Schule scheint fast identisch gesetzt zu werden mit dem Behandeln von Textaufgaben.
Entsprechend provokativ sehe ich den Titel eines Aufsatzes von Josef Gorgosch: „Das Schulbuch - Störfaktor oder Hilfe beim Mathematiklernen?“ Dort wird darauf verwiesen, dass die Repräsentationsstufen enaktiv - ikonisch - symbolisch (nach Bruner) bei der Handhabung des Schulbuches nicht von Anfang an durchlaufen werden können. Das Buch oder das Arbeitsblatt kann nicht mit allen Sinnen an die Aufgabe heranführen, sondern bestenfalls erst auf der ikonischen Stufe einsteigen. Gute Grafik und ansprechende Gestaltung der Papiervorlage bewirken allerdings immer noch einen besseren Anreiz und höhere Anschaulichkeit als der reine Aufgabentext. Bei diesem erfolgt der Einstieg bereits in der Symbolstufe. Vom Kind wird dann das Umsetzen von einer Symbolebene in eine andere verlangt.

| Aufgabentexte | – | Textaufgaben |
|---|---|---|
| Ikonische Ebene | Symbolebene | Symbolebene Mathematik |

**Vom schriftlichen (gelesenen) zum mündlichen (gesprochenen) Text**

Es macht einen großen Unterschied, ob ich dem Kind erkläre, für wie viele Tage ich wie viel Geld ausgegeben habe oder ob das Kind diese Information einem Text entnehmen muss. Allein die Ansprache in der Bedeutung von „Angesprochenwerden“ ist eine qualitativ andere Informationsübermittlung als das Lesen-Lassen. Um das Eindringen in den geschriebenen Text zu erhöhen, lasse ich ihn unvollkommen und zwinge dadurch zum Rückfragen und Antworten.

Beispiel (aus Walter Fuchs, Rechenfuchs 4, Bamberg 1992, 1. Aufl., S. 73)

> Einem Fahrradhändler werden drei neue Fahrräder geliefert. Auf der Rechnung steht ein Gesamtpreis von 1095 DM. Was kostet ein Fahrrad?

(Ob diese Aufgabe kindgemäß gestellt ist, möge der Leser selbst beurteilen.)

Lücken im Text zwingen zur Informationsbeschaffung und zur Beschäftigung mit der Aufgabe, bevor an ihre Lösung herangegangen wird. Als Differenzierungsmöglichkeit bietet sich an, diesen Text mit Platzhaltern an verschiedenen Stellen zu versehen und in der Klasse arbeitsteilig und gleichzeitig oder arbeitsgleich und nacheinander einzusetzen.

Aufgabe 1: Einem Fahrradhändler werden □ neue Fahrräder geliefert. Auf der Rechnung steht ein Gesamtpreis von 1095 DM. Was kostet ein Fahrrad?

Aufgabe 2: Einem Fahrradhändler werden drei neue Fahrräder geliefert. Auf der Rechnung steht ein Gesamtpreis von □ DM. Was kostet ein Fahrrad?

Aufgabe 3: Fahrradhändler □ werden □ neue Fahrräder geliefert. Auf der Rechnung steht ein Gesamtpreis von □ DM. Was kostet ein Fahrrad?

Indem ich in einen beabsichtigten Text verschiedene Platzhalter einfüge, mache ich die Aufgabe für das Kind beziehungsreicher. Der Text wird besprochen. Wenn nach dem Namen des Fahrradhändlers gesucht wird, ergeben sich bestimmt mehrere Vorschläge aus der Klasse. Jedes Kind darf dann natürlich den Namen seines Fahrradhändlers eintragen – und hat die Aufgabe schon etwas mehr zu seiner Aufgabe gemacht. Kann jemand, der erst ein neues Fahrrad bekommen hat, nachfragen, wie viele dieser Art beim Händler vorrätig sind? Oder ein Kind erfährt, dass an diesem Tag drei von der gleichen Sorte verkauft wurden. Den Einkaufspreis wird der Händler wohl kaum mitteilen. Hier ist notfalls der Lehrer gefragt. Bei einem Verkaufspreis von 500 DM könnte der Einkaufspreis durchaus bei der Hälfte liegen. Die ganze Aufgabenstellung bekommt einen anderen Bezug und wird mit Leben gefüllt. Von der Symbolstufe der geschriebenen Wörter steigen wir immer wieder herab in die konkrete Situation.

Die Platzhalter können eingesetzt werden

| | | |
|---|---|---|
| für Namen der Personen | Subjekt, Objekt | Fahrräder |
| für Zahlenangaben | Attribut | drei |
| für Größen | Objekt | 1095 DM |
| für Vorgänge | Prädikat | kauft, verkauft, mietet |

Gleiche Texte werden dadurch zu verschiedenen Aufgaben, können differenzierend behandelt und abschließend gemeinsam diskutiert werden. Vielleicht ist irgendwo auch eine irritierende Information eingeflossen? Am sterilen Text des Mathematikbuches ist bekanntlich nicht zu zweifeln. Er ist kontrolliert und lehrplankonform konzipiert. Lehrer(in), Kinder und Eltern wissen genau, was nicht gefragt werden darf. Im eigenbearbeiteten Text treten dann Probleme auf, die nicht bearbeitet werden können, weil die arithmetischen Grundlagen nicht ausreichen oder warum auch immer. Es ist aber ersichtlich, warum diese Aufgabe nicht gerechnet werden kann. Diese Erkenntnis ist eine mathematische Aussage.

## Druckfehler als Motivationsgag

Eine einfache Verfremdung einer vorgegebenen Aufgabe kann ebenso zu kritischer Sinnentnahme führen und damit das Herauslesen der nötigen Angaben fördern. Verwenden wir doch die Grundsätze der Zeitungswerbung:
„Hund beißt Mann“ ist kein Verkaufschlager, aber die Nachricht „Mann beißt Hund“ wirkt.

Also schreiben wir:

> Moritz gibt seinem Papa jeden Sonntag 5 DM Taschengeld. Damit kann der anfangen, was er will. Er soll aber nicht alles für Süßigkeiten ausgeben. Weil Papa protestiert, bekommt er nun sein Taschengeld monatlich. An jedem Ersten im Monat erhält er 20 DM. - Als das Jahr vorbei ist, lacht Moritz. Er hat 20 DM gespart. Warum?

Oder wir vermischen zwei Rechnungen:
Eine Rechnung aus der Kasse des Metzgerladens (Fahrradgeschäftes) und eine Rechnung aus der Kasse des Bäckerladens (der Gärtnerei), die jeweils die Verkaufsprodukte angegeben haben, schneide ich in einzelne Streifen und klebe diese kreuz und quer auf ein Arbeitsblatt. Eine Folie für den Projektor genügt auch. Was wurde nun vom Bäcker gekauft und was vom Metzger? Diese Frage stellt sich ganz von selbst, wenn die Kinder das Durcheinander entdeckt haben. Bei jedem Lesen wird kritisch mitgedacht und zugeordnet.
Muss der Einwand entkräftet werden, dieses Vorgehen sei wirklichkeitsfremd? - Dann ist das wiederholte Vorlesen eines Textes im Sachunterricht oder aus dem Lesebuch auch nicht gerechtfertigt. Kindgemäß ist ein solches Puzzlespiel jedoch, wie an der Sortierfreudigkeit der Kinder leicht feststellbar.

## Vom Text zur Gleichung

Vorgefundener Text:

> Auch für Hunde muss eine Steuer gezahlt werden. Jede Stadt und jede Gemeinde kann die Höhe selbst festlegen. In Regensburg kostet die Steuer für einen Hund im Jahr 80 DM, in Erlangen 168 DM, in Köln 276 DM.

1. In jedem Text sind wie in jeder Sachsituation zu viele unnötige Informationen enthalten. Ich muss die unnötigen von nötigen Informationen trennen,

also die Aufgabe von Sprachballast befreien. Kindgemäß ausgedrückt: *Aufgabe kürzen!*

Dazu kann ich unnötige Wörter durchstreichen oder auch nur die wichtigsten Angaben abschreiben. Dieser Vorgang verlangt Sprachkompetenz und logisches Durchdringen, spart dafür aber beim Abschreiben des Textes aus dem Lehrbuch oder von einer anderen Arbeitsvorlage unsinnige Schreibarbeit.

> ~~Auch für~~ Hunde ~~muss eine~~ Steuer ~~gezahlt werden. Jede Stadt und jede Gemeinde kann die Höhe selbst festlegen~~. In Regensburg ~~kostet die Steuer für einen Hund~~ im Jahr 80 DM, in Erlangen 168 DM, in Köln 276 DM.

Abgeschrieben:

Hundesteuer, in Regensburg im Jahr 80 DM, in Erlangen 168 DM, in Köln 276 DM.

2. In jeder Aufgabe sind verschiedene Fragestellungen möglich.
   Das Kind muss die sinnvollen Fragen aussuchen. Mit „dummen Fragen", die sinnlos, aber lustig sind, kann ich den Spaß erhöhen.

Beispiele:

> Wie heißt der älteste Hund in Köln?
> Kostet ein Bernhardiner mehr als ein Dackel?
> Muss für einen Hund, der nicht bellt, auch Hundesteuer bezahlt werden? Warum?

Fehlende Fragen bewirken ein tieferes Eindringen in die Aufgabenstruktur. Reizwörter können dazu helfen.

Beispiel:

> Schreibe in die Frage das Wort *teurer* hinein!
> Drei verschiedene Fragesätze sind damit möglich!

Die Ausweitung der Aufgabe zur Differenzierung für leistungsfähigere Kinder ist leichter durchzuführen, wenn die Frage noch nicht gestellt ist.

Beispiel:

> Wie viele Jahre alt ist dein Hund? (Wie alt ist der Hund deines Freundes?)
> Rechne nun die Steuer aus, wenn du in Erlangen wohnen würdest.

Gleichzeitig haben wir hier die Fragestellung des fremden Aufgabentextes in die Nähe des Kindes gerückt. Eine mathematische Ich-Aufgabe ist entstanden. Meiner Meinung nach sollte das Exzerpt der Aufgabe *vor* der Fragestellung vorgenommen werden. Das direkte Lossteuern auf die Fragestellung engt den Blickwinkel ein und provoziert rasche und unkritische Lösungen.

3. Nun erst ist die Vorarbeit geleistet, sich nach dem Vertrautwerden mit der Textvorlage an eine Gleichung oder an einen Rechenplan zu wagen. In jeder Aufgabe kann jedes Kind wenigstens *Aufgabenteile* erkennen. Es muss die Aufgaben gut gegliedert aufschreiben und Zwischenergebnisse unterstreichen. Dann zeigt sich leichter ein Weg zum Weiterrechnen. Aber auch mit Teillösungen muss ich mich zufrieden geben. Nicht jedes Kind kann in jeder Sachaufgabe alle Lösungen selbstständig erreichen. Von diesem Idealziel rücke ich ab.

4. In jeder Aufgabe soll das Kind zunächst mögliche Rechenoperationen suchen und das entsprechende Rechenzeichen (Operationszeichen) notieren. Erst dann kann es feststellen, ob es die Rechenart beherrscht. Mit dem Erstellen einer Gleichung, d. h. dem Aufschreiben der „Aufgabe“, ist der Weg der Textanalyse beendet und die Reise auf dem Rechenweg kann beginnen.

## Ähnliche Texte – gleiche Operationen?

Einen vorgefundenen Text kann ich nach Belieben und Fantasie so verändern, dass die Rechenoperation die gleiche bleibt.

| |
|---|
| Hundesteuer<br>im Jahr<br>in Regensburg 80 DM,<br>in Erlangen 168 DM,<br>in Köln 276 DM |
| Schokoladen-Dessert<br>für 0,5 l Milch<br>Firma A 1,29 DM,<br>Firma B 1,69 DM,<br>Sonderangebot 0,99 DM |

Der Übergang von der Textverwendung zur selbstständigen Textgestaltung bietet sich an. Wenn dem Kind die Möglichkeit eröffnet wird, nicht nur aus dem Buch herauszudenken, sondern auch in ein Heft oder Buch hineinzudenken, entsteht der subjektive Bezug zu Sachaufgaben, die das Kind selbst texten kann. „Alltagssituationen und lustige Erzählungen bieten Stoff für individuelle Rechengeschichten. Kinder können zu erlebten und erfundenen Situationen Zeichnungen und Texte anfertigen." (Herbert Hagstedt, „Mathematik ist überall", in: Die Grundschulzeitschrift Nr. 92/1996, S. 10)

### Eingekleidete Aufgaben

Streng genommen dürften die eingekleideten Aufgaben nicht zum Sachrechnen gezählt werden.
Beispiel: (aus Walter Fuchs, Rechenfuchs 4, Bamberg 1992, S. 67)

> Das zehnfache Produkt aus den Zahlen 326 und 208 bildet den fünften Teil einer gesuchten Zahl. Wie heißt sie?

Es handelt sich dabei um Zahlenspielerei, bei der die Gleichung oder der mathematische Ansatz in die verbale Aussage übertragen wurde. Für manche Kinder wäre wohl der reine Gleichungsansatz übersichtlicher.

$$10 \cdot 326 \cdot 208 = \square : 5$$
$$678\,080 = \square : 5$$

Ohne Gleichungsumformung wird sich nun das Kind wieder am Text orientieren müssen. Das erhaltene Produkt ist der fünfte Teil der unbekannten Zahl. Wie schon oben erwähnt entsteht leicht der Schluss, es müsse nun geteilt werden. Erst das Bedenken der sprachlichen Formulierung führt zu dem Ergebnis, dass 678 080 der fünfte Teil von etwas Gesuchtem ist. Daraus ist auf die Multiplikation zu schließen.

Also ergibt sich $678\,080 \cdot 5 = \square$ $\square = 3\,390\,400$

Das exakte Zerlegen eines von unnötigem Ballast befreiten Textes schult allerdings die Sinnentnahme hervorragend, weil die relevanten Aussagen äußerst konzentriert dargeboten sind. Die Texte dieser Aufgaben sind kurz und übersichtlich und daher leicht zu gliedern oder in einzelne Teile zu zerschneiden. Befindet sich der Text auf einem Wortband, so ist dieses operationsgerecht zerschnitten anzuordnen. Das Kürzen durch Ausstreichen ergibt, dass kaum ein Wort überflüssig ist:

| | | |
|---|---|---|
| ~~Das~~ zehnfache | Produkt aus ~~den Zahlen~~ 326 und 208 | |
| bildet | den fünften Teil | einer gesuchten Zahl. |
| Wie heißt sie? | | |

Diese eingekleideten Aufgaben zwingen zum Überblicken aller Aussagen. Keinesfalls kann der Reihe nach gerechnet, d. h. das Ergebnis der ersten genann-

ten Operation mit der nächsten Aussage verknüpft werden. Vgl. dazu die Ausführungen über die Fokusierung (siehe S. 52)
Reihenfolge: Produkt aus den Zahlen 326 und 208 * Zehnfaches * Fünffaches
Allerdings überfordert die Abstraktion dieser Textform Kinder, die noch anschauungsgebunden denken. Irreführend ist zusätzlich, dass die Satzglieder nicht den Rechenschritten entsprechen. „Das zehnfache Produkt" als Subjekt des Satzes kann vorerst nicht zum Berechnen verwendet werden. Solche Aufgabenstellungen sind im 4. Schuljahr recht beliebt, wenn es um die Auslese zum Gymnasium geht. Hier können sie eine bestimmte Aussage über die kognitiven Fähigkeiten eines Kindes machen. Um Sachrechnen, bei dem die Sache und ihr mathematischer Gehalt begriffen sind, handelt es sich dabei nicht.

### Unterrichtsstil

Den mathematischen Gedankengang, dem ein Kind folgt oder den es selbstständig weiterverfolgt, das damit verbundene Vortasten und Vermuten, Verwerfen und Durchspielen von Möglichkeiten, kann nur während des Unterrichtsverlaufes beobachtet werden. Ist der Unterrichtsstil lehrerzentriert und/oder autoritär, werden Zwischenrufe, „lautes Denken" aus disziplinären Gründen unterbunden, bleibt von den heimlichen Denkprozessen wenig sichtbar. Ich kann es manchmal am Aufblitzen im Gesicht des Kindes erkennen, andererseits auch in seinem Verschlossensein, wenn das Kind gar keinen Weg findet, auf den es seine Gedanken schicken kann. Enttäuschend ist es, wenn dem Denken die Fertigkeiten fehlen, schreibtechnisch, rechnerisch, gestalterisch (!) die Spur seines Gedankenganges zu Papier zu bringen oder wenigstens sprachlich zu übermitteln. Bei Klassen mit 30 Kindern ist letzteres auch nicht mehr möglich.
Das Behandeln von Sachaufgabentexten im Unterricht muss also auch individuell oder differenzierend vollzogen werden. Das Kind muss genügend Verbalisierungsmöglichkeiten haben, über „die Geschichte" zu sprechen.

## 2.3 Die nötigen arithmetischen Kenntnisse

### Der Zahlenraum als Begrenzung

Häufig scheint der in der Klasse eingeführte Zahlenraum die Möglichkeiten für Sachaufgaben zu stark einzuengen. Dazu teile ich den gesamten Mathematikunterricht in der Grundschule in Rechenfelder ein, die einerseits durch den Zahlenraum, andererseits durch die Rechenoperation gekennzeichnet sind.

Übersicht über die Rechenfelder ⊕⊖⊙⊙

| | | Operation | | | | |
|---|---|---|---|---|---|---|
| Zahlenraum | Rechnen mit ... | ⊕ | ⊕⊕ | ⊕⊖ | ⊕⊖⊙ | ⊕⊖⊙⊙ |
| 1,2,3 ... 10 | E im 1. Zehner | | | | | |
| 1,2,3 ... 20 | E im 1. und 2. Zehner | | | | | |
| 10,20,30 ... 100 | Z im Hunderter | | | | | |
| 11,12 ... 20 | E in einem Zehner | | | | | |
| 1,2,3 ... 100 | E im Hunderter | | | | | |
| 100,200 ... 1000 | H im Tausender | | | | | |
| 10,20 ... 1000 | Z im Tausender | | | | | |
| 1,2,3 ... 1000 | E im Tausender | | | | | |
| 1,2,3 ... 2000 | E im 1. u. 2. Tausender | | | | | |
| 1000,2000 ... 10000 | T im Zehntausender | | | | | |
| 1,2,3 ... 10000 | E im Zehntausender | | | | | |
| 1000,2000 ... 100000 | T im Hunderttausender | | | | | |
| 1000,2000 ... 1000000 | T bis zur Million | | | | | |
| 1,2,3 ... 1000000 | E bis zur Million | | | | | |
| E = Einer, Z = Zehner, H = Hunderter, T = Tausender | | | | | | |

Aus der Vielzahl der Felder ist die jeweilige Begrenzung sowohl durch den Zahlenraum als auch durch die eingeführte Operation erkennbar. Dabei sollte jeweils die Grenze behutsam überschritten werden. Im zweiten Schuljahr kann auch einmal über 100 gerechnet werden, selbst wenn ein Lehrplan das noch nicht vorsehen sollte. Die Wirklichkeit lässt sich nicht genau an die erreichte Lernstufe anpassen, zu dieser Erkenntnis sollten die Kinder rechtzeitig geführt werden. Gerade das Überschreiten der „Rechengrenze“ ist eine Eigenheit kindlichen Lernzuwachses. Wir sollten uns dabei nicht zu sehr von Lernzielkontrollen, Arbeiten und Minimalanforderung leiten lassen.

## Sachaufgaben im zweiten Schuljahr überschreiten die Hundertergrenze

Das Überschreiten der Hundertergrenze im zweiten Schuljahr trainiert bereits die Lesetechnik, zu der uns die deutsche Sprache zwingt, die uns nach dem Lesen des Hunderters erst zum Einer und dann zum Zehner springen lässt.

Die Rechnung 97 + 26 = ? lässt sich leichter gliedern in 97 + 3 + 23 = ? als vergleichsweise die Rechnung 37 + 26 = ? in 37 + 3 + 23 = ? So gesehen muss also die DM-Grenze nicht eingehalten werden; mit Spielgeld lässt sich diese Hürde leicht und zur Freude der Kinder überspringen.
Wo die arithmetische Grundlage fehlt, muss die Anschauung helfen.

Beispiel:
Das handelnde Rechnen mit Spielgeld im Zahlenraum bis 10 DM und darüber.
Frage: Wie viel Geld ist das zusammen?

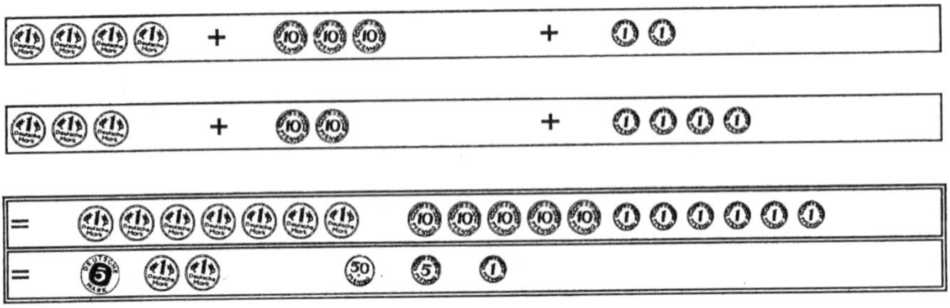

Durch das Zusammenlegen der Beträge und das Umwechseln in andere Münzen kann die Summe von 7,56 DM in der Form 7 Mark und 56 Pfennige erarbeitet werden.
Auch ein Wegnehmen oder ein Unterschied ist anschaulich vollziehbar und bereitet damit das schriftliche Subtrahieren im dritten und vierten Schuljahr vor.

Spielsituation:
Aus einem Geldsack wird ein beliebiger Betrag entnommen und ausgelegt oder an der Flanelltafel befestigt:

Davon darf sich ein Kind vier Mark und fünfzig Pfennige für einen bestimmten Einkaufswunsch wegnehmen. Dies kann mit Schwierigkeiten verbunden sein, wenn vor dem Wegnehmen erst gewechselt werden muss. Gerade diese Sachrechensituation ist lebensnah und erst dann sinnvoll, wenn über den Hunderter, also über die Mark, hinweggerechnet wird.

Ich wechsle das Fünfmarkstück 

Ich wechsle ein Markstück 

Ich nehme 4 DM und 50 Pf weg (durchstreichen). Es bleiben drei Mark und 80 Pfennige übrig.

Das Malnehmen lässt sich in der Form des wiederholten Addierens durchführen. Beim Teilen ist das wiederholte Wegnehmen eines Geldbetrages möglich, allerdings erst, wenn möglichst viele kleine Münzen eingetauscht sind:

Jeder darf von 6 DM 60 Pf 1 Mark und 2 Zehner nehmen.

(5) (1) (10)(10)(10) (5)(5)(5)(5)

Frage: Für wie viele Kinder reicht das Geld? Bleibt ein Rest übrig?

Zuerst wird das Fünfmarkstück gewechselt:

(1)(1)(1)(1)(1)(1) (10)(10)(10)(10) (5)(5)(5)(5)

Drei Kinder wurden schon ausbezahlt:

(1)(10)(10)   (1)(10)(10)   (1)(5)(5)(5)(5)

Wir schauen das restliche Geld an. Nun reichen die Zehner nicht zum Verteilen, also muss ein Markstück gewechselt werden. So viel Geld ist noch da:

(1)(1) (10)(10)(10)(10)(10) (10)(10)(10)(10)(10)

Das Verteilen geht also weiter:

(1)(10)(10)   (1)(10)(10)

werden ausgeteilt.

Nun haben fünf Kinder je 1 DM 20 Pf bekommen, 60 Pfennige sind noch übrig.

Die Überschreitung des Hunderters ist auch möglich, wenn mit den Längenmaßen Meter und Zentimeter gearbeitet wird. Sinnvoll ist es dazu, die Hunderter in Form von Meterstäben „griffbereit" zu haben. Für die Zentimeterabschnitte wie etwa 35 cm, 48 cm besorge ich mir Meterpapierstreifen mit Zentimetereinteilung von Möbelgroßmärkten. Diese Streifen können beliebig geknickt oder abgeschnitten werden. Bewegt man sich beim Addieren oder Subtrahieren der Zehner-Einerzahlen innerhalb des Hunderters, so ergeben sich für das Kopfrechnen keine Probleme, sobald das Rechnen im Hunderterraum geübt ist.

3 m 45 cm + 2 m 20 cm = 3 m + 2 m + 45 cm + 20 cm = 5 m + 65 cm

| Meterstab | 1 Meter |
|---|---|
| Meterstab | 2 Meter |
| Meterstab | 3 Meter |
| Meterstab | 1 Meter |
| Meterstab | 2 Meter |
| 45 cm | |
| 20 cm | |

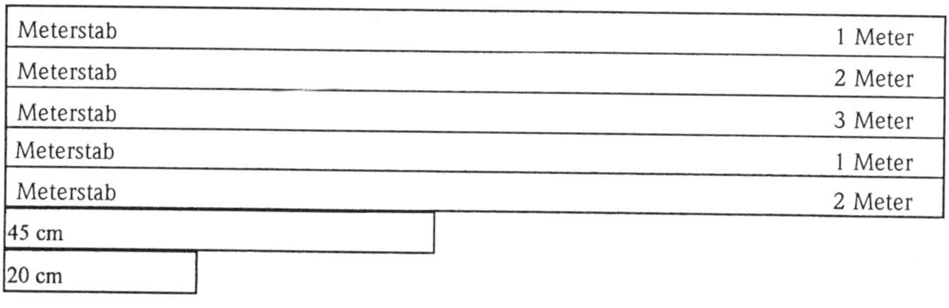

## Fehlendes Beherrschen der entsprechenden Grundrechnungsart

Sachrechenaufgaben, welche das Teilen in der Form des *Verteilens* durchführen, müssen auf andere Anschauungsmittel zurückgreifen. Hier kann nicht fortgesetzt subtrahiert werden wie beim Einteilen. Nicht ohne Grund werden nach den Einmaleinsaufgaben mit der Zehn und der Fünf die Vielfachen von 2, 4 und 8 eingeführt. Durch diese Zahlen lässt sich ein Zahlenfeld auch anschaulich teilen.

Sachsituation:
48 Kinder kommen vor dem Tiergarten an. Es gibt vier Eingangstore. Also können sich die Kinder verteilen und müssen nicht lange warten.

Frage: Wie viele Kinder treten durch jedes Tor ein, damit es möglichst rasch geht?

Rechnung: Hier siehst du einen Streifen mit 100 Punkten. Schneide ihn so ab, dass noch 48 Punkte zu sehen sind!

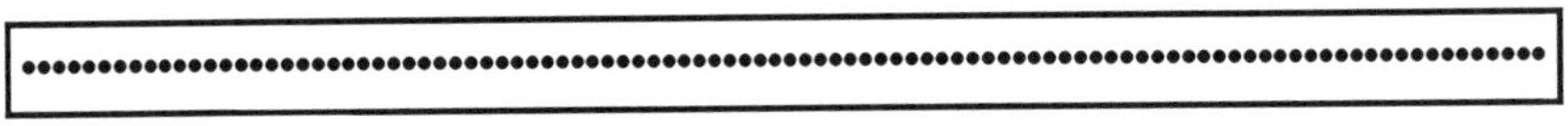

Nun kannst du alle 48 Kinder auf vier Tore verteilen.
Der Streifen mit den 48 Punkten sollte genau in der Mitte geteilt, also halbiert, und dann jede Hälfte nochmals halbiert werden.

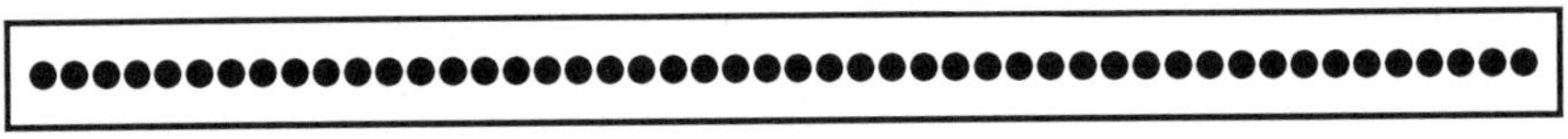

Mit der Doppelreihe lässt sich das Halbieren und nochmaliges Halbieren leicht durchführen. Vom Hunderterstreifen schneidet man die überzähligen Punkte ab, der Rest ist leicht durch zwei oder vier teilbar.

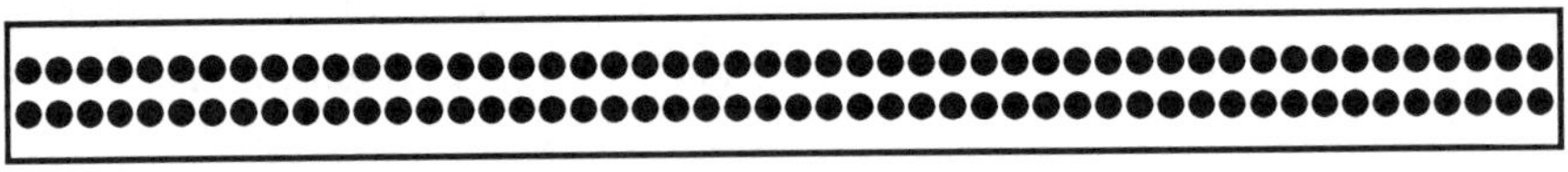

## Die Zwölf auf der Uhr und im Kalender

In vielen Sachaufgaben ist das Malnehmen oder Teilen mit zwölf nötig, da Jahresbeträge auf Monatsbeträge umgerechnet werden müssen. Auch die Stundeneinteilung der Uhr (2. Schuljahr) bereitet rechnerische Schwierigkeiten. Daher sollte rechtzeitig das Viertel eingeführt und verwendet werden. Jedes Zifferblatt lässt sich leicht durch zweimaliges Falten in die Viertel (Viertelstunden) einteilen, so rechnet man auch 60 Minuten : 2 = 30 Minuten, 30 Minuten : 2 = 15 Minuten.

60 Minuten = 30 Minuten + 30 Minuten  15 Minuten + 45 Minuten = 60 Minuten

Die Jahresuhr
Analog ist das Jahresrad aus zwölf Monaten zu halbieren und nochmals zu halbieren, dann ist der Wert für ein Quartal oder Vierteljahr sichtbar:

Januar Februar März April Mai Juni

Juli August September Oktober November Dezember

Wenn die Jahresuhr voll ist, sind 12 Monate vorbei. Ein Betrag von monatlich 5 DM Taschengeld kann als Malaufgabe eingetragen werden; die Hundehaftpflichtversicherung – diese ist zu erklären – über etwa 120 DM im Jahr kann gut in der Jahresuhr verteilt werden. Durch Malnehmen mit drei und Verdoppeln wird einerseits der Jahreswert erreicht, durch Halbieren, nochmaliges Halbieren und dann Teilen durch drei kann der Jahresbetrag auf ein Vierteljahr (Quartal) und einen Monat umgerechnet werden. Damit sind häufig auftretende Sachrechenprobleme ab dem Ende des zweiten oder Anfang des dritten Schuljahres anschaulich lösbar.

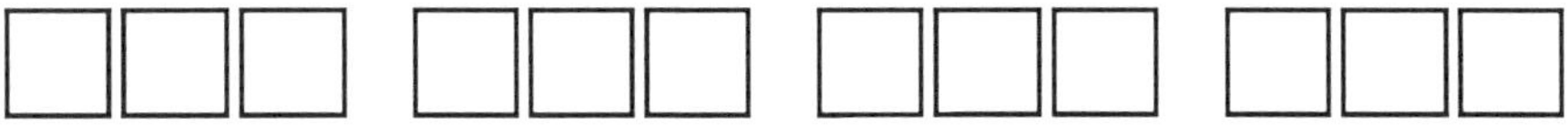

**Jan Feb Mär Apr Mai Jun Jul Aug Sep Okt Nov Dez**

Dieses Jahresblatt ermöglicht ebenfalls ein Umrechnen bei Sachaufgaben.

## Über den Tausender im dritten Schuljahr

Das Überschreiten der Tausendergrenze im dritten Schuljahr ist ebenfalls sehr sachdienlich, da die für uns gültigen Jahreszahlen dies erzwingen. Im Sachunterricht kommt die Zeitleiste über die Vergangenheit des Schulortes ohne die Zahlen bis 2 000 nicht aus. Außerdem ist die Sprechweise für historische Zahlenangaben arithmetisch sinnvoll:

| | | | | |
|---|---|---|---|---|
| 800 | 900 | 1 000 | 1 100 | 1 200 .... |
| achthundert | neunhundert | (zehnhundert) | elfhundert | zwölfhundert |
| 1 900 | | | | |
| neunzehnhundert | | | | |

Wir brauchen also die historischen Zahlenangaben im zweiten und dritten Jahrtausend wenigstens zum Erlesen, ebenso sollten wir die Jahreszahlen dem zwanzigsten oder dem einundzwanzigsten Jahrhundert zuordnen können. Es ist die Fortsetzung der Zahlbegriffsbildung im Dienste am Sachrechnen.

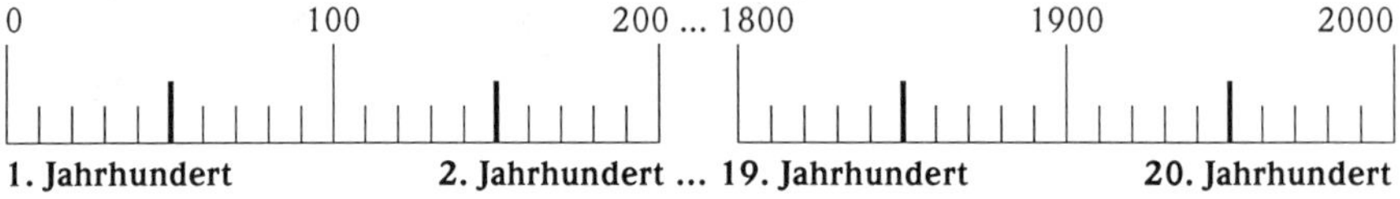


## Rechnen mit Hunderter- und Tausendermaßen

Die Verwendung der Hundertermaße DM und Pfennig, Meter und Zentimeter verlangt ein Überschreiten der Hundertergrenze. Anschaulich vollzogenes, praktisches Lernen ermöglicht oder erzwingt sogar eine Ausweitung der Rechenkompetenz. Es macht wenig Sinn, die Bündelungsstufe Mark = Hunderter einzuführen und anschließend nicht durch Verwendung des darüber hinausführenden Zahlenraumes zu verwenden. Ebenso ist der Meter als Hunderterbündel am besten in Form mehrerer Meterstäbe nur sinnvoll einzusetzen, wenn ich einige Meter zu messen habe.

Beispiel:

> Zu einer Spielvorführung wollen wir einen Vorhang längs und quer in unser Klassenzimmer hängen.
> Länge und Breite des Klassenzimmers können mündlich addiert werden, wenn die beiden Messergebnisse lauten: Länge 8 m 70 cm Breite 7 m 50 cm
> Dazu sollten die ganzen Meter mit Meterstab oder Zollstock (zwei Meter) ausgelegt werden. Dadurch vereinfacht sich die Rechnung auf 8 + 7 = 15 (Meter).
> Die übrigen 70 cm und 50 cm lassen sich mit zwei Maßbändern aus dem Nähkästchen legen und ragen dann um 20 cm über den Meterstab hinaus. So kommen wir auf 16 Meter und 20 Zentimeter.

Für das Hundertermaß Hektoliter entfallen Beispiele praktischen Lernens, da dieses Maß nur noch bei der Mengenangabe für Bier verwendet wird. Der Hektoliter ist durch den Kubikmeter ersetzt, z. B. beim Wasserverbrauch, den die Wasseruhr anzeigt. Dieses Tausendermaß ist anschaulich darstellbar, wenn ich den Liter als Dezimeterwürfel betrachte und im Rahmen des Tausenderaufbaues im dritten Schuljahr der *Meterwürfel* als Tausendermaß begriffen wird. Vier Badewannenfüllungen entsprechen einem solchen Meterwürfel Wasser.

Die Verwendung der Tausendermaße verlangt ein Überschreiten der Tausendergrenze. Wird im Lehrplan die Einführung des Kilometers oder des Kilogramms gefordert, so kann unmöglich bei 1000 m oder bei 1000 g Halt gemacht werden. Geläufige und täglich erfahrbare Entfernungen und Gewichte bewegen sich im Bereich bis zu zwei, drei Kilometern oder bis zu einigen Kilogramm.

## Runde Zahlen erleichtern das Sachrechnen

Trainieren wir rechtzeitig bei jeder Ausweitung des Zahlenraumes und bei Einführung einer neuen Größe das Auf- und Abrunden! Mit diesen vereinfachten Zahlen ist leichter Übersicht über die Sachaufgabe zu bekommen – und die übertriebene Genauigkeit von 1257 m Schulweg oder 45,392 km Entfernung von A nach B muss uns und den Kindern nicht den Weg zu einer rascheren, aber dennoch logisch richtigen Lösung verbauen.
Das Rechnen mit gerundeten Zahlen kann den Sachaufgaben den Schrecken nehmen, der ihnen durch umständliche Rechnerei anhaftet. Wesentlich leichter ist der Rechenverlauf zu erfassen, wenn ich erst einmal mit zwei Kilometern oder neun Kilometern rechnen kann und nach Klärung des Rechenplanes die genauere Rechnung – eventuell mit dem Taschenrechner – durchführe.
Als Lehrerin oder Lehrer muss ich natürlich auch manchmal die in der Wirklichkeit vorgefundenen Zahlen rechengefällig machen, bevor ich sie den Kindern im Unterricht anbiete. Sinnvolles Runden von Größenangaben ist didaktische Voraussicht und pädagogische Fürsorge, weil die Sachrechensituation dadurch gefälliger wird.
Beispiel:
Tatsächlich kostet mich die Hundesteuer jährlich genau 126,80 DM. Hier ist das Abrunden auf 120 DM gerechtfertigt, weil dadurch das Verteilen auf die monatliche Belastung leichtfällt. Mit der korrekten Rundung auf 127 DM (ganze Mark) oder 130 DM (ganze Zehner) würde das Rechenproblem („Das kann ich nicht.“) die sachbezogene Lösung verhindern. Das Beherrschen einer Sachrechensituation ist wichtiger als Erbsenzählerei!
Allerdings sollte beim Rundungsverfahren die Größenordnung in etwa eingehalten sein, da jede Zahlenangabe ja immer auch als Information zu gelten hat. Wie aus dem genannten Beispiel mit der Hundesteuer ersichtlich wird, umgehe ich mit dem geschickten Runden das Problem des Restes bei Teilaufgaben.

## Nötige Grundrechenarten und Normalverfahren

Die Aufzählung der Operationsstufen in der Tabelle der Rechenfelder legt eine Abfolge fest, die nicht beliebig übersprungen werden kann. Das Teilen durch beliebige Teiler ist erst möglich, wenn Multiplikationsaufgaben sicher gerechnet werden können. Also muss ich bei Unterrichtsprojekten, die mathematisch genützt werden sollen, genau auf die Fertigkeiten der Kinder Rücksicht nehmen.
Dennoch gibt es auch hier Möglichkeiten, sich aus dem Korsett des arithmetischen Lehrganges zu befreien, nützt man nur alle Regeln der (algebraischen) Kunst aus.

*Beispiel:*
Von 28 Schülern werden je 6,95 DM für eine Klassenlektüre bezahlt. Wenn ich nachrechne, ob die eingegangene Summe stimmt, möchte ich meine dritte Klasse beteiligen und nicht erst bis zum Ende des Schuljahres damit warten, wenn wir „das gehabt haben".
Da ergibt es sich doch gut, dass 28 gerade so viel ist wie 4 mal 7!

1. Weg:
Rasch hole ich vier Kinder an einen Tisch und stelle ihnen die Aufgabe, die Kosten für ihre vier Bücher zu berechnen.

2. Weg:
Inzwischen kann ich natürlich auch sieben anderen Kindern den Auftrag geben, ihre Kosten zu addieren.

Dies ist kein Problem, denn das schriftliche Addieren ist gerade eingeführt: Danach wird das Ergebnis der ersten Gruppe siebenmal untereinander geschrieben, weil wir sieben Vierergruppen sind, und addiert. Das Ergebnis der zweiten Gruppe addieren wir viermal.

| | | | | | |
|---|---|---|---|---|---|
| 1. Weg: | 6,95 DM | 27,80 DM | 2. Weg: | 6,95 DM | 48,65 DM |
| | 6,95 DM | 27,80 DM | | 6,95 DM | 48,65 DM |
| | 6,95 DM | 27,80 DM | | 6,95 DM | 48,65 DM |
| | + 6,95 DM | 27,80 DM | | 6,95 DM | + 48,65 DM |
| | **27,80 DM** | 27,80 DM | | 6,95 DM | **194,60 DM** |
| | | 27,80 DM | | 6,95 DM | |
| | | + 27,80 DM | | + 6,95 DM | |
| | | **194,60 DM** | | **48,65 DM** | |

3. Weg:
Wie wäre es mit runden Zahlen?
Rechnen wir 28 mal 7 DM! 10 · 7 DM = 70 DM     20 · 7 DM = 140 DM
8 · 7 DM = 56 DM
Zusammen sind es also 196 DM.

| | | |
|---|---|---|
| Wir haben dabei zu viel kassiert! | Wie viel? | $28 \cdot 5$ Pf |
| | Oder: | $14 \cdot 10$ Pf |
| | Das ist ein Betrag von | 1,40 DM. |

Die letzte Rechnung können wir „im Kopf“ 196 DM - 1,40 DM = 194,60 DM
oder auch schriftlich durch Subtrahieren:

$$\begin{array}{r} 196{,}00 \text{ DM} \\ -\quad 1{,}40 \text{ DM} \\ \hline 194{,}60 \text{ DM} \\ \hline \end{array}$$

Es müssen also 194,60 DM in der Kasse sein. Alle drei Wege führen zum gleichen Ziel – und das Ergebnis ist nachzählbar! Es darf gejubelt werden, wenn es stimmt!

**Die arithmetische Dominanz umgehen**

Mit einigen Beispielen versuchte ich zu zeigen, dass
- durch fantasievolle Anordnung der Größenangaben
- durch Rechnen mit runden Zahlen
- durch Anwenden des Kopfrechnens in einer übersichtlichen Darstellung an der Tafel und im Schülerheft

das Sachrechnen auch ohne die Beherrschung einer Grundrechnungsart auskommen kann. Sind die Sachthemen kindgemäß gewählt, bergen sie in sich genügend Anschauung, mit der Sache und ihren Größenverhältnissen umzugehen. Ein besseres Eindringen ist dabei gewährleistet als im schematischen Herunterrechnen vieler Textaufgaben, die nach dem gleichen Schema gelöst werden können.
Die arithmetische Dominanz wird sichtbar in der Meinung, wer ein schwacher Rechner ist, braucht sich an die Sachaufgaben gar nicht heranzuwagen. Vor diesem Problem stehen Kinder mit Rechenschwäche oder solche mit sozialer Benachteiligung, bei denen oft die Hausaufgaben und die nötige Übung fehlen. Gewiss sind solche Defizite immer wieder aufzuholen, aber sie dürfen nicht als Mauer aufgebaut werden, die den Zugang zum gedanklichen Durchdringen der Sachrechenaufgabe verschließt.

## 2.4 Motivationen für die Sachrechnenstunde

Um die Schwierigkeiten und Hindernisse zu überwinden, die das Sachrechnen mit sich bringt, muss ich eine entsprechend starke Motivation an den Anfang der Unterrichtsstunde stellen. An Beispielen will ich aufzeigen, wie ich eine knappe Information so verändere, dass sie als Motivationsschub dienen kann. Besonders wertvoll und fruchtbar wird dieser Einstieg dann, wenn er die ganze Stunde hindurch weiterwirkt und sich wie ein roter Faden durch den gesamten Stundenablauf zieht. Dann können nämlich die Kinder selbst den Fortgang des Unterrichts forcieren oder bremsen, auf jeden Fall nach ihren Einfällen mitsteuern. Bewusst soll die Sachbegegnung oder eine Gestaltungsidee und nicht das Arbeitsblatt in die Sachrechenstunde einführen. „Zuerst muss sich Neugier entzünden und in einer verständlichen Form artikulieren. Was bei diesem subtilen Vorgang Gestalt gewinnt, nennen wir Kernidee." (Peter Gallin/Urs Ruf, in: Mathematik lehren, Heft 64, Velber 1994, S. 51)

> Das Arbeitsblatt verschafft – wie schon der Name sagt – Arbeit.
> Interesse wecken kann ich nur mit der Sache selbst.

**Der Einstieg als Begegnung mit einer Sache**

**1. Beispiel: Regenwürmer**

Textinformation für mich: *Die Regenwürmer in einem Hektar fruchtbaren Ackerbodens wiegen so viel wie eine Kuh.* (vgl. Christa Erichson, Von Lichtjahren, Pyramiden und einem regen Wurm, Verlag für pädagogische Medien, Hamburg o. J. S. 3f)

Meine Analyse:
**Hektar** ist als Begriff nicht bekannt, muss hier als Flächeneinheit auch nicht verwendet werden.
Für $100 \text{ m} \cdot 100 \text{ m} = 10\,000 \text{ m}^2$ suche ich eine ähnlich große und bekannte Fläche, das Fußballfeld mit etwa $120 \text{ m} \cdot 80 \text{ m} = 9\,600 \text{ m}^2$ Flächeninhalt.
*Gewicht einer Kuh* ist mir nicht geläufig. Ich werde also einen Landwirt anrufen oder in der Zeitung bei „Schlachtviehmarkt" nachschauen oder – noch besser – ein Kind beauftragen. Vielleicht findet sich eines, dem eine Interessenssteigerung in Mathematik gut tut und das auch noch einen Landwirt in der Familie hat. Regenwürmer wiegen können wir in der Klasse selber. Wenn ich die Aufgabe nicht unbedingt bei Bodenfrost bearbeiten will, kann ich aus dem Garten leicht einige Regenwürmer mitbringen (lassen).

| | |
|---|---|
| Mein Einstieg: | Ich lege einige Regenwürmer auf die Waage. |
| Kinder: | Sie lesen das Gewicht der Regenwürmer ab. |
| Tafelanschrift: | Das Gewicht aller oder jedes einzelnen Wurmes wird notiert. Unterschiedliches Gewicht wird eventuell erörtert. Ein Mittelwert könnte errechnet werden. |
| Tafelanschrift: | Ein Regenwurm wiegt etwa .... Gramm. |

Gegebene Information:

| | |
|---|---|
| Tafelanschrift: | Die Regenwürmer auf einem Acker, der so groß ist wie unser Fußballplatz, wiegen so viel wie eine ausgewachsene Kuh. |
| Kind ergänzt: | Eine Kuh wiegt ungefähr 900 kg. |

Hier ist der Einstieg beendet, die Sachinformationen sind gegeben, die Frage steht im Raum und soll nun nach einiger Diskussion von selbst gestellt werden:
*Frage: Wie viele Regenwürmer sind so schwer wie eine Kuh?*
Zur Gestaltung des Lösungsweges siehe die Anregungen weiter unten!

**2. Beispiel: Das Leder rollt**

Vorinformation zu meiner Beobachtung:
Vor einigen Schuljahren hatte ich in meiner vierten Klasse einen Jungen, der sich nur für Fußball interessierte und für nichts anderes. Er war ein ganz guter Kopfrechner, aber auch diese Fähigkeit nützte er wenig, da sie ja nichts mit seinem heiß geliebten Fußballspiel zu tun hatte.
Meine Überlegung:
Aufgaben des Enthaltenseins müssen im vierten Schuljahr besonders geübt werden. Die Antwort verlangt dabei jeweils die treffende Bezeichnung, wie oft oder wie viele Male sich die kleinere Größe in die größere messen lässt. Als Gleichung ausgedrückt: 50 cm in 30 m = ? mal

| | |
|---|---|
| Mein Einstieg: | Ich lasse einen Fußball einige Male über einen Tisch rollen, stoppe ihn jedes Mal vor der Tischkante und rolle ihn wieder zurück. |
| Kinder: | Sie wollen dies auch tun.<br>Sie fragen, ob ich den Ball nicht runterfallen lasse. Sie überlegen evtl. schon, wie oft er sich dreht, d. h. abrollt. |
| Mein Impuls: | Ich habe für den Ball einen Gürtel dabei, einen Fußballgürtel.<br>Um den Ball lege ich ein gut sichtbares Band und schneide es so ab, dass genau der Umfang gemessen wird. |
| Kinder: | Sie bekommen den Fußballgürtel. Die Länge (der Umfang) ist für die Kinder überraschend groß. Wie lang ist der Gürtel eigentlich? |
| Meine Information: | Ich überreiche den Kindern ein Bandmaß oder einen Zollstock oder den Meterstab. Außerdem biete ich die Textinformation an: *Ein Fußballfeld ist von einem Tor bis zum anderen 120 m lang.* |

Hier ist der Einstieg beendet. Zwischen den Parametern „Fußballgürtel", „Maßband" und „Länge eines Fußballfeldes" sollen die Kinder Beziehungen herstellen. Im offen gehaltenen Unterrichtsgespräch wird erörtert, wann der

Ball rollt und wann er fliegt, also durch die Luft geschossen wird. Dabei kommt auch einmal die Fragestellung auf, wie oft sich der Ball dreht, wenn er rollt. – Und er rollt immer über den Umfang, so lange er geradeaus rollt. Drehen kann der Ball sich allerdings auch in der Luft und viel öfter als auf dem Boden – oder auch gar nicht. Bei der Erdkugel ist es übrigens anders: Sie dreht sich immer, aber sie rollt nie. Das wäre ja eine Katastrophe!
Meine Beobachtung: Der oben erwähnte Junge war in der ganzen Unterrichtsstunde höchst motiviert.

## Die Gestaltungsidee für die Unterrichtsstunde

Konkreter Mathematikunterricht (vgl. P. Baireuther, Konkreter Mathematikunterricht, 1990) steht im Gegensatz zum papierenen Mathematikunterricht, ist schon am Einstieg über behandlungsfähige Begegnungen zu erkennen und wird für die gesamte Unterrichtsstunde fruchtbar, wenn er unter einem Gestaltungsgedanken steht. Wie bei einem gelungenen Erlebnisaufsatz führt der Spannungsbogen der Stunde vom Endergebnis zur anfänglichen Begegnung zurück, die nun aber nach einer Gedankenreise ganz anders erfahren wird als zum Beginn der Stunde. Es gilt, mit einem Gestaltungsgedanken das Fortfahren in der Stunde nicht als Anschieben zu erleben, sondern als weiteres Wissenwollen. Es wäre zu hoch gegriffen, jeder Mathematikstunde diese Spannung zuzutrauen, aber investierte Ideen erwecken das Kind und ermüden es nicht. Die Kunst ist es, die Ideen im Interessenniveau des Kindes anzusiedeln. Wie sehr freuen sich Kinder, wenn zufällige Ergebnisse wie 444 oder 888 oder 222 herauskommen! Vielleicht kann man die Sachlage so verändern, dass wir in einer Unterrichtsstunde nur witzige Ergebnisse bekommen?

## Wie finde ich Gestaltungsgedanken?

### *1. Die Szene*

Kinder spielen eine Situation vor.
Mit zwei oder drei Kindern der Klasse wird eine Situation vorbereitet und vorgespielt. Während des Stundenverlaufes werden Zahlenangaben und/oder Sachgrundlage immer wieder verändert und von jeweils anderen Kindern nachgespielt.
Beispiel:

> Zwei Kinder setzen sich auf zwei verschieden hohe Stühle. Ein drittes Kind misst ihre Sitzgröße. Die Szene wird stumm vorgespielt. Die unterschiedliche Stuhlhöhe wirkt als Provokation. Die Klasse wird die ungerechte Sitzordnung kritisieren und gleiche Stühle verlangen. Es wird neu gemessen. Es

kann sich auch jedes Kind erst auf den einen Stuhl und dann auf den anderen Stuhl setzen. Natürlich kommt der Vorschlag, den Unterschied der Stuhlhöhen – nein: der Sitzhöhen – zu bestimmen. Dann braucht man wiederum nur eine Messung durchzuführen, das andere Ergebnis ist durch Addieren oder Subtrahieren zu ermitteln. – Einige Kinder wollen vielleicht auf dem Tisch sitzen?
So entwickelt sich das Thema: Der Unterschied in Zentimetern.

***2. Die Textprovokation***

Es wird eine offensichtlich völlig falsche Behauptung durch Plakat, Tafelanschrift oder Overheadfolie dargeboten.

Beispiel:

| | |
|---|---|
| Kaiserschmarrn | 75 |
| Spaghetti bolognese | 8500 |
| Crêpe | 15 |

Des Rätsels Lösung: Da haben drei Kinder aus dem Urlaub an ihre Oma geschrieben und Lire, Schilling und Franc vergessen. Beim Euro-Geld brauchen wir nicht mehr so oft umzurechnen.

***3. Ein Vorhaben (Projekt)***

Wir fahren nach ... mit dem Zug

***4. Vorgewärmte Fragestellung***

Vor der geplanten Unterrichtsstunde erfragen die Kinder zu Hause die nötigen Werte, etwa Preise oder Gewichte. Durch die unterschiedlichen Frageergebnisse entstehen ganz von selbst Rechenfragen und gleichzeitig Rechenreihen.
Beispiel: Wo sind die Schreibhefte am billigsten?
Diese vorbereitende Hausaufgabe läuft eine Woche lang. Dann vergleichen wir und rechnen den Vorteil für fünf oder zehn Hefte aus.
Beispiel: Ist unsere Klasse schwerer als Meiers Personenauto? Verschiedene Autogewichte werden verglichen, der Unterschied zwischen Leergewicht und zulässigem Gesamtgewicht ist zu beachten. Wiegt sich jedes Kind zu Hause? Mit Kleidung oder ohne? Wie schwer ist ein Viertklässer im Durchschnitt?

***5. Handlungsablauf***

Beobachten, notieren, vorausberechnen, zurückrechnen lassen!
Beispiel:
Der Bäcker will die Brötchen ab 7.00 Uhr verkaufen. Zeitdauer des Backvorganges, der Zubereitung? Wann muss die Arbeit begonnen werden?

### *6. Bildliche Darstellung*

Gemeinsam wollen wir einem Schaubild Zahlenangaben entnehmen. Dadurch angeregt werden wir ein neues Schaubild nach einer selbst erfragten Zahlenreihe erstellen. Wenn sich Probleme der Umrechnung bei größeren Zahlen ergeben, sollten wir zur vereinfachten Darstellung runde Zahlen bilden.
Beispiele:
Längenwachstum einer Pflanze im Frühling
Bevölkerungswachstum des Schulortes

### *7. Lösungsweg*

Der Rechenweg wird durch Zeichnung oder Grafik (vgl. die Verwendung von Rechenplänen) auf dem Boden des Klassenzimmers dargestellt. Die Sachangaben sind lückenhaft und müssen erst erfragt werden.

### *8. Unterrichtsmittel*

Das Unterrichtsmittel ist für einen Vorgang ungeeignet, verfremdet, defekt, umfunktioniert.
Beispiele:
Ein zerbrochener Zollstock misst nicht mehr 2 m, sondern nur noch 1,41 m.
Für die Kaufmannswaage haben wir nur Gewichte von insgesamt 2 kg, wollen aber 40 Äpfel wiegen.

Die Möglichkeiten, Gestaltungsgedanken für Unterrichtsstunden zu finden, sind nicht erschöpfend dargestellt und lassen sich untereinander verbinden. Ich „mogle“ etwa in ein Schaubild unpassende Zahlen hinein, die vertauscht oder auch falsch benannt sind. Diese Veränderung kann ich wiederum ankündigen oder auch nicht. Genau diese Situation entspricht dem Sachrechnen im täglichen Leben, wo ich ständig überprüfen muss, ob die gegebenen Größen auch in sinnvoller Relation zueinander stehen oder so nicht stimmen können. Ehrlicherweise kündige ich aber meinen Kindern an, dass ich eine Zahl verändert, weggelöscht oder absichtlich falsch geschrieben habe, um ihren Spürsinn zu prüfen. Wer ist die beste Spürnase? Oder ist die Falschangabe so offensichtlich, dass es jeder gleich merken kann? Dann sollen die Kinder mir ihre Vermutung ins Ohr flüstern und sich ein Spürnasensternchen ins Heft zeichnen. Die Kritik, der Lehrer wolle seine Kinder dadurch nur ärgern, lasse ich mir gefallen. Sie ist falsch. Ich vermittle meinen Kindern das Selbstbewusstsein, dass ich es ihnen zutraue, mir auf die Schliche zu kommen. Im Unterricht geschieht dies spielerisch – in der Wirklichkeit konstruktiv kritisch. Ich möchte meine Kinder nicht ohne Kritiktraining im Schonraum Schule auf den Lebensraum Umwelt, Werbung und Profit loslassen.

Beispiel für einen sich durch den Unterricht ziehenden Gestaltungsgedanken: (Gekürztes Unterrichtsprotokoll aus einem vierten Schuljahr)

**Die Waage ist zu klein zum Wiegen**

Materialien: Eine Briefwaage (bis 500 g), ein leeres Joghurtglas, ein volles Joghurtglas derselben Sorte, später noch ein Glasschälchen, ein Löffel.

1. Ich stelle die drei Gegenstände zentral sichtbar in die Klasse. Die Kinder suchen die Frage:

   Mögliche Kinderäußerungen:

   Da soll bestimmt etwas gewogen werden.
   Es sind die gleichen Gläser.
   Wie schwer ist das volle Glas?
   Das eine Glas ist schon leer gegessen.
   Wie schwer ist das leere Glas?
   Wie viel Joghurt ist in dem Glas?
   (Zum Lösungsweg:) Man muss dann nur subtrahieren.

Man beachte: Die Fragestellung erfolgt vor der Angabe der gegebenen Größe.

2. Ich fordere die Kinder auf, erst einmal aufzuschreiben, was sie feststellen können:

   Wir können das leere Glas wiegen. Leeres Glas (Glas 1) ... 285 g.
   Wir können das volle Glas (Glas 2) wiegen.
   Wir können auf den Aufkleber schauen. Da steht „E 500“ g. Wenn dies der Inhalt ist, können wir es überprüfen.

3. Problemstufe: Wenn man das volle Glas auf die Waage stellt, macht der Zeiger eine ganze Umdrehung bis zum Anschlag bei 500 g.

   Wir können mit dieser Waage das volle Glas nicht wiegen.

Nachdem der Lehrer versichert, es gebe durchaus einen Weg, auch mit dieser Waage die Lösung herauszubringen, beginnt das Überlegen:

> Die Hälfte in das leere Glas füllen! Wie viel aber ist die Hälfte?
> Einfach einen Teil ins leere Glas (Glas 1) füllen. Dann das volle Glas (Glas 2) mit dem Inhalt wiegen.
> Man muss aber dann die beiden Gläser abziehen. (Gemeint: Das Gewicht der beiden Gläser)

Lösungsweg als Zeichnung:

Vorher — Nachher

Glas 1 Glas 2 — Glas 1 Glas 2

Durchführung und gleichzeitig mitschreiben:

*Glas 1 wiegt nach dem Umfüllen 445 g. Glas 2 wiegt jetzt ... g.*

> Wenn Glas 2 nun mit Inhalt wägbar ist, also weniger als 500 g wiegt, lässt sich so die Aufgabe lösen. Dies muss ich aber bei der Vorbereitung überprüfen. In unserem Fall war aber nun Glas 2 immer noch zu schwer. Beim Halbieren des Inhaltes waren aber beide schwerer als 500 g. So ging es nicht.

Neues Problem: *Glas 2 ist noch zu schwer.*
Ich zeige ein Glasschälchen.

Kinder: Einen Teil des Inhalts füllen wir in das Schälchen. Dann muss man aber vorher das leere Schälchen wiegen, nachher das Schälchen mit Joghurt.

Durchführung: Aus Glas 2 wird so viel Inhalt entfernt, dass es wägbar wird (485 g).
Dieser Inhalt kommt ins Glasschälchen. Jetzt kann alles gewogen werden.

| Glas 1 | Glas 2 | Schälchen | | Glas 1 | Glas 2 | Schälchen |
|---|---|---|---|---|---|---|
| 445 g | 485 g | 220 g | | 285 g | 285 g | 140 g |

☐ + ☐ + ☐ = ☐ ☐ + ☐ + ☐ = ☐

Glas 1 + Glas 2 + Schälchen leer = Gesamtgewicht
Glas 1 leer + Glas 2 leer + Schälchen leer = Leergewicht

| | | |
|---|---|---|
| 475 g | 285 g | 1180 g |
| 485 g | 285 g | - 710 g |
| + 220 g | + 140 g | |
| 1180 g | 710 g | 470 g |

Antwort: Der Inhalt des Glases betrug 470 g, obwohl 500 g draufsteht. Beim Umfüllen ist allerdings etwas verlorengegangen.

## Zwei verschiedene Arten von Motivation

„Die Schülerin folgt mit großem Interesse dem Unterricht", lautet ein Satz aus den Bemerkungen eines Zwischenzeugnisses im 3. Schuljahr. Oft tun Kinder dies grundsätzlich, weil sie erwarten, dass ihnen wirklich etwas angeboten wird, an dem sie wachsen können. Neugier und Interesse können wir als sichere Grundvoraussetzungen bei unseren Grundschulkindern voraussetzen, wenn diese ihnen nicht von unvernünftigen Erwachsenen verleidet wurden. Zu oft werden meines Erachtens die Inhalte des Mathematikunterrichts nur als notwendige schulische Lernmasse angesehen, die man schlucken muss und jedenfalls wenigstens in ausreichendem Maße zu reproduzieren hat, damit schulisches Fortkommen nicht ungünstig beeinträchtigt wird. Die Bereitschaft, die Offenheit zum Lernen kann ich den meisten Kindern in der Grundschule unterstellen, oft sogar die Begierde, immer mehr zu können und zu beherrschen. Wie hoffnungsvoll ist die Aussage einer Grundschülerin am Ende des 2. Schuljahres: „Lesen, schreiben und rechnen kann ich ja jetzt schon ... und das Übrige werde ich sicher bald gelernt haben."
Wir sollten diesen Optimismus nicht vergessen und nicht verschütten.
Zu oft und zu früh werden aber die Beurteilung, die Benotung und der schulische Erfolg (im Zeugnis) vorrangig gesehen und die eigentliche, ursprüngliche Antriebskraft des Kindes wird vernachlässigt. Wir unterscheiden zwischen den beiden Arten der Motivation, die für den schulischen Lernprozess bedeutungsvoll sind, aber grundverschiedene Ausgangspositionen haben.

### 1. Die intrinsische Motivation (auch primäre, originäre Motivation)

Antriebskraft für den Lernzuwachs, für das Nachdenken, Suchen, Aufschreiben, Notieren, Ablesen, Ausrechnen ist das Wissen-Wollen. Ein selbst vollzogenes oder miterlebtes Erlangen eines Ergebnisses ist befriedigend, weil originär. Lösungen sind die Frucht von Spannungen. Daher ist der Aufbau eines Spannungsfeldes („Da bin ich aber gespannt, wie das gehen soll.") Voraussetzung dazu, Zeit und Konzentration einzusetzen, um ein Ergebnis zu erreichen. Kennzeichen für die intrinsische Motivation ist der Aufbau einer Fragehaltung. Bei den Sachaufgaben heißt dies:

Wie komme ich in dieser Frage weiter?
Gibt es einen Trick, auf einem möglichst einfachen Weg das Ziel zu erreichen?
Schaffe ich es, das Problem zu lösen, wenn es lösbar ist?
Brauche ich Hilfe, um auf dem Weg zur Lösung weiterzukommen?

Eine wesentliche Quelle intrinsischer Motivation besteht in der Einsicht, dass mathematisches Denken eine durchzuführende Arbeit erleichtert, verkürzt, vielleicht sogar überflüssig macht. „Was man nicht im Kopf hat, muss man in den Beinen haben." Diese Lebensweisheit wird oft bei Vergesslichkeit strapaziert, doch weitaus treffender wäre ihre Anwendung auf unterlassene Vorüberlegungen.

*Beispiel:*
Mein Freund Michael geht täglich neun Minuten zur Schule, montags bis freitags. Am Nachmittag hat er keinen Unterricht.
Wie lange ist er jede Woche auf dem Schulweg unterwegs?

| | | |
|---|---|---|
| Lösungsweg a: | Mo, Di, Mi, Do, Fr = 5 Tage; | $5 \cdot 9$ Min. = 45 Min. |
| | Hinweg und Rückweg | 45 Min. $\cdot\ 2$ = 90 Min. |
| Lösungsweg b: | Mo, Di, Mi, Do, Fr = 5 Tage; Hinweg und Rückweg | $2 \cdot 5 = 10$ |
| | Er geht zehnmal den Weg. | $10 \cdot 9$ Min. = 90 Min. |

Der Lösungsweg b ist leichter zu rechnen.
Antwort: Michael ist jede Woche 90 Minuten auf dem Schulweg unterwegs.

Mathematisches Denken stellt sich hier wiederum als die *Kunst der Faulheit* dar. Wer am wenigsten rechnen oder schreiben muss, ist der Beste. Dies trifft besonders auf das Sachrechnen zu, weil hier die logische Struktur wie ein Netz über die Sachsituation zu breiten ist, so dass mit möglichst geringem arithmetischen Werkzeug und geringem Schreibaufwand das Ziel erreicht werden kann.
Denken als intrinsische Motivation ist im Heranwachsenden angelegt. Aufgabe meines Unterrichts ist es, das Kind an seiner Denkschwelle abzuholen; nicht zu tief darunter, sonst fühlen sich die Kinder unterfordert und gelangweilt; nicht zu weit darüber, sonst treten die bekannten Frustrationen auf, die dem Mathematikunterricht oft seinen abschreckenden Stempel aufdrücken.
Wenn ich jedes Kind an seiner Denkschwelle abholen muss, dann ist zwangsweise Individualisierung oder zumindest Differenzierung in den Unterrichtsanforderungen geboten.

Nicht jedes Kind kann auf jeder Schwierigkeitsstufe in jede Ausdauerleistung geschickt werden.

## 2. Die extrinsische oder sekundäre Motivation

Erfolg ist sichtbar zu machen und hat damit immer eine personale und eine soziale Funktion. Dies gilt auch in der Schule. Einerseits ist die Selbstbestätigung nötig, die jedem Kind rückmeldet, was es kann, wie es wächst und zunimmt. Nicht das Interesse an der Sache ist die Triebfeder, sondern der Wille zur Beherrschung. Auch wenn es für das Grundschulkind noch keine Bedeutung hat, wie teuer Mamas Einkauf im Supermarkt war, so freut es sich,

ebenso wie die Erwachsenen eine längere Zahlenreihe schriftlich addieren zu können. Für das Kind, dem schon früh Gelegenheit gegeben wurde, sich an allem Möglichen zu versuchen, und das immer wieder kleine Erfolgserlebnisse hatte, sind Ansprüche Herausforderungen, die es auszuprobieren gilt. Drohungen vor der Schule im Allgemeinen und vor zu schwierigen Aufgaben entmutigen das Kind von vorneherein, und beim Versagen sieht es sich oder die Warnungen der anderen nur allzu rasch bestätigt.
Wie steht es aber mit den Kindern, die schon bald gemerkt haben, dass sie wirklich große Schwierigkeiten in der Mathematik haben? Denen das Rechnen im ersten Schuljahr schwerfällt? Das Vergleichen mit Mathematikgenies ist Gift für die Selbsteinschätzung dieser Kinder, Vergleiche mit (besseren) Geschwistern und Mitschülern ebenfalls. Nur der eigene Leistungszuwachs muss oft genug herausgestellt werden und der ist in der Grundschule auch bei schwächeren Leistungen doch immer respektabel!

Ein *persönlicher Erfolgskalender* kann dem Kind anzeigen, wie viele Aufgaben es täglich gelöst hat.

| **Mein Erfolgskalender** | Montag | ☺☺ |
|---|---|---|
| Datum | Dienstag | ☺☺☺☺ |
| Name | Mittwoch | ☺☺☺☺ |
| | Donnerstag | ☺☺☺☺☺☺ |
| Klasse | Freitag | ☺☺☺☺☺☺☺ |
| | (Samstag?) | ☺☺☺ |

Erfolgsvergleiche in der Klasse sind aus sozialer Sicht problematisch und sollten nicht öffentlich zu Schau gestellt werden.
Die Einsicht, dass sich Fleiß beim Üben lohnt, muss durch Anerkennung geringster Fortschritte gestützt werden. Vor allem dürfen wir nicht in den Fehler verfallen, von schwacher Rechenfertigkeit auf Versagen im Sachrechnen zu schließen. Wer eine komplexe Aufgabe mit vier Rechenoperationen noch nicht durchblickt, kann dafür vier Sachaufgaben mit je einem Rechenschritt lösen.

Weit gewichtiger und leider auch einseitig überbetont wird allerdings die *soziale Komponente der sekundären Motivation.* Gelernt und verstanden wird, um den anderen überlegen zu sein und in der Gesellschaft Ansehen zu gewinnen. Schulerfolg wird mit dem Erreichen von guten Noten gleichgesetzt, die Grundschule als Rennstrecke auf die weiterführende Schule hin gewertet. Kinder erfahren über die öffentliche Diskussion, welchen Wertzuwachs ihre Person durch gute Leistungen bekommt. Oft meinen sie, die Lehrerin oder der

## Zehn Gebote für die Mathe-Stunde

(Die Gebote richten sich an Lehrerinnen und Lehrer, nicht an die Kinder!)

1. **Du musst selbst glauben, dass wichtig und interessant ist, was du lehrst!**
   Schon meine Mimik sollte zeigen, dass ich diese Aufgabe für wichtig halte.
2. **Beginne mit deinem Unterricht, nicht mit einer Arbeitsseite!**
   Allein der Blickkontakt zwischen mir und den Kindern kann die Unterrichtssituation richtig einschätzen und als persönliche Beziehung aufbauen.
3. **Probleme sollen aufgespürt, nicht aufgegeben werden.**
   Offener Unterricht schützt vor Stumpfsinn.
4. **Lass kein Kind die ganze Unterrichtsstunde sitzen!**
   Körperliche Bewegung beim Ablesen von Ergebniskontrollen oder Aufsuchen von Informationen und beim Arbeiten in Gruppen hält auch geistig in Bewegung.
5. **Lass die Kinder bei der Unterrichtsplanung mitreden!**
   Mitreden ist wertvoller als Schwätzen.
6. **Rechnen im Spiel ist besser als Schwitzen beim Arbeiten!**
   Phasen der Freiarbeit einschließlich der Spielangebote können Trainingszeiten sein.
7. **Mache dich überflüssig, indem du Selbstkontrolle für die Kinder bereitstellst!**
   Rasche Rückmeldung verhindert Leerlauf, erhöht die Motivation, beschleunigt das Arbeitstempo.
8. **Verlange Leistung – und honoriere sie!**
   Kinder wollen für voll genommen werden, indem man ihnen etwas zutraut.
9. **Verlange nie, dass jeder alles schafft!**
   Biete immer einen Minimal- und einen Maximalkatalog an! Raschere Arbeiter sollen nicht warten müssen, bis der Letzte fertig ist. Sie sollen auch nicht merken, wer der Letzte ist.
10. **Entlasse kein Kind aus der Unterrichtsstunde ohne (s)ein persönliches mathematisches Erfolgserlebnis!**
    Ein kleiner Erfolg am Anfang, den jeder schafft, beflügelt die Weiterarbeit. Der große Erfolg am Ende der Stunde wäre, die Hausaufgabe überflüssig zu machen.

Lehrer „mögen sie nicht, weil sie in einem Fach schwach sind." Das Feilschen um Punkte und Berechtigungen verdrängt das Interesse an der Mathematik. Meine Beobachtungen haben gezeigt, dass sehr gut begabte Kinder kein Aufhebens von ihren Fähigkeiten machen. Die soziale Komponente ist ein Teil der Motivation, aber nicht der wesentliche. Das Herausstellen von guten Leistungen in der Klasse ist daher problematisch zu sehen, weil es besonders die auf Prestige Bedachten stärkt und die Schwachen demütigt. Demut ist aber nie ein Nährboden zu selbstständigem Durchdenken.
Im Bereich der rechnerischen Fertigkeiten, wenn es um die Einmaleinsreihen geht und um die Grundrechnungsarten, können Fleiß und Eifer entsprechen belobigt werden. Sachaufgaben erschließen sich nicht aus Sozialprestige, sondern aus der Haltung, in einen Vorgang einzudringen und ihn zu durchdenken. Kinder dürfen dabei nicht irregemacht werden, Misserfolge und Fehlschlüsse sind wie im Berufsleben der Erwachsenen alltägliche Erfahrung.

## 2.5 Der Lösungsweg bei Sachaufgaben

Jeder Lehrplan legt Zielvorgaben fest, die verbindlich sind und von den Kindern in jedem Schuljahr in einer graduell abgestuften Perfektion erreicht werden sollen. Auch das Sachrechnen als Teildisziplin kann dabei nicht ausgeschlossen werden. Es gehört zur Kunst des Unterrichtens, einen sicheren Weg zu den Zielen zu finden, also Methode zu gebrauchen. Bei der großen Unterschiedlichkeit der sachlichen und mathematischen Grundlagen, aber auch der differenzierten Problematik in jeder Sachaufgabe ist es schwierig, ein bestimmtes Vorgehen einzuführen und zu trainieren, welches als Königsweg gelten kann. *Es existiert kein Normalverfahren zur Lösung von Sachaufgaben.* Für alle praktizierten Schemata gilt der Vorwurf, den Kindern, die beim Bearbeiten größere Probleme haben, helfe dieses Verfahren nicht viel – und die andern bräuchten es nicht.
Anhand einer Glosse soll das Querdenken aufgezeigt werden, dem findige Köpfe ausgeliefert sind, wenn sie an eine Aufgabe herangehen und einen Lösungsweg suchen.

**Schlüsseltext**
**zum Verfertigen des Lösungsweges beim Lesen (Lösen) von Textaufgaben**

analog zu H. v. Kleist: „Verfertigen der Gedanken beim Reden." (vgl. Grundschulzeitschrift Nr. 42/1991, S. 8 ff.)

Beispielaufgabe aus einem Mathematikbuch (aus: Textaufgaben leicht gemacht, 3. Jgst., Oldenbourg, München 1981, S. 32)
Ein Arbeiter meldet: Es sind nur noch 137 Abflussrohre da. Der Bauführer rechnet aus, dass 189 Rohre tagsüber verbraucht wurden.
Wie viele Rohre waren morgens da?

Der Arbeiter musste also am Abend die restlichen Rohre zählen. War das noch ein ganzer Stapel mit hundert und der Rest lag verstreut herum? Nein, hundert sind viel zu schwer. Ich bin einmal durch so ein Abflussrohr geklettert, auf dem Bauch. Die Knie habe ich mir dabei aufgeschürft.
Wie lange hat er gebraucht, bis er die 137 alle gefunden hat? – Lagen die vielleicht an der Straße entlang. Das habe ich schon mal gesehen, im Vorbeifahren. Vielleicht waren sie aber doch nicht so groß. Es gibt auch so kleine, rote. Da passt gerade eine Flasche hinein oder ein Pfosten für ein Vogelhäuschen.
Also, ein langer Graben war das bestimmt. Es waren ja auch schon viele hineingelegt.
Wie viele? Da steht es: 189 Stück! Aha, an *einem* Tag verbraucht.
Verbraucht? – Wieso? Werden die denn zerbröselt? Naja, weggetan oder so.
Das waren ja mehr als noch da sind!
Dann werden sie sicher am nächsten Tag fertig! Sollen wir etwa ausrechnen, ob sie reichen?
Ach so: Sicher sind sie dann *früher* fertig und können eher nach Hause gehen.
Oder: Wie lange die Leitung dann ist. – Ach nein, die Frage steht ja schon da: „Wie viele Rohre waren es am Morgen?"
Hatten sie die denn nicht gezählt, bevor die Arbeit begann?
Ach so, das hatten sie vergessen. – Aber die Firma, die diese Rohre lieferte, die weiß doch sicher, wie viele es waren. Naja, die können auch behaupten, es waren mehr. Is ja klar, damit man nicht beschummelt wird, muss man nachzählen.
Und das hat so ein Trottel vergessen. Also rückwärts rechnen.
Geht ja auch.

Warum sagt er aber: „Nur noch ...“?
Reichen die etwa nicht? Wie viele braucht man denn dann, bis man fertig ist?
Das muss doch der Architekt vorher wissen, sonst müssen sie bei der Firma anrufen und sagen: „Die Rohre reichen nicht. Bringt uns mal noch ein paar. Aber dalli!“
Also gut, dann müssen wir bloß ausrechnen, dass heute früh die verbrauchten Rohre und die anderen alle noch dalagen. –
Im Lauf des Tages sind wohl keine neuen hergefahren worden?
Hm. – Wahrscheinlich nicht, sonst hätten sie es schreiben müssen. Oder haben sie das auch vergessen?
Glaube ich nicht, sind ja keine Bauarbeiter.
Also jetzt p l u s oder m i n u s? Es sind ja weniger geworden, 189 verbraucht?
137 – 189 muss ich schriftlich rechnen, untereinander. Rechnung: 137
– 189
(Dazu kommt nun noch ein Rechenfehler: Also 7 und **2** ist neun, 3 und **5** ist acht.) 52

52 heißt die Antwort.

Eine solche Textaufgabe verstärkt im Leser den Eindruck, „Sachaufgaben haben häufig mit echter Anwendung von Mathematik nichts zu tun.“ (P. Baireuther, a.a.O., S. 214)
Nun sollen wir also die Kinder vom Querdenken zum Längsdenken verführen. Der Aufgabenschreiber oder Aufgabenerfinder (Aufgabenfinder?) hatte wohl schon sein Schema im Kopf und ummantelte nun mit Worten das mathematische Skelett, damit es lebendig wird und das Kind anspricht. Auch wir Lehrer tun dies, wenn wir passende Aufgaben für unseren Unterricht suchen. Für das erwähnte Beispiel zielte der Autor auf Aufgabentexte zum Addieren und Subtrahieren im Zahlenraum bis 1000. Damit sind wir nun schon dem trockenen Text auf der Spur und ich hoffe, wir entdecken für unseren Unterricht nicht nur eingekleidete Aufgabenskelette, sondern gewachsene Rechensituationen.

## Analoge Aufgabenpaare

Aufgaben aus verschiedenen Sachgebieten, die jeweils nach dem gleichen Lösungsweg gerechnet werden können, motivieren die Kinder sehr wohl zu einer gezielten Analyse. Dabei ist der Rätseleffekt gegeben, wenn aus einer Reihe von Aufgaben die passende Parallelaufgabe herausgesucht werden muss.

Weniger motivierend und mathematisch anspruchsloser ist die Vorgabe, bei der jeweils zwei aufeinanderfolgende Texte nach dem gleichen Lösungsplan gerechnet werden.

**Lösungsschritte** (nach P. Baireuther, a.a.O., S. 223 ff.)

1. Textanalyse
a) Eine gegebene Sachsituation muss erst noch sprachlich erfasst werden.
Der entstehende Text enthält nur Zahlenangaben und Größen.
Der entstehende Text enthält Zahlen, Größen und Stichwörter.
Der entstehende Text ist mit den Zahlen und Größenangaben ausformuliert.
b) Ein vorgegebener Text muss beim Abschreiben verändert werden.
Nicht relevante Wörter oder Satzteile werden gestrichen. Ausdrücke werden durch andere, bekanntere ersetzt. Der Text wird umsortiert.

2. Sachanalyse
a) Die enthaltene Sachinformation wird geklärt.
Ist die Information kindgerecht gegeben?
Ist der Sachhintergrund bekannt?
b) Ein Informationsdefizit wird geklärt.
Ein Kind kann uns dazu etwas erzählen.
Ich ergänze die Angaben.
c) Die Motivationsnähe wird überprüft.
Warum muss das gerechnet werden?
Interessiert mich die Frage oder eine andere?

3. Datenanalyse
a) Die Zahlenwerte werden überprüft.
Sind die Größen vorstellbar?
Sind die Werte antiquiert?
Sind die Werte veränderungsbedürftig?
b) Die Zahlenwerte werden umgewandelt.
Können die Werte gerundet werden?
Ist die Genauigkeit nötig?
Welche Maßeinheit verwenden wir?

4. Mathematische Analyse
a) Lösungsweg ist ohne Lösungsplan möglich.
Ist es eine eingliedrige oder eine zweigliedrige Aufgabe?

b) Darstellung für den zu suchenden Lösungsweg wählen:
   Zahlenstrahl von links nach rechts
   Zahlenstrahl nach zwei Seiten
   Zahlenstrahl in die Höhe
   Rechenplan zusammensetzen
   Zahlenfeld (Hunderterfeld)
   Relationspfeile zwischen Zahlen
   nur die Rechenzeichen
c) Analogie zu bekannten Aufgaben (Parallelaufgaben) suchen.
   Kennen wir Parallelaufgaben mit gleichen Benennungen?
   Kennen wir Parallelaufgaben mit anderen Zahlen?

5. Arithmetische Analyse
a) Rechenfertigkeit klären:
   Kann im Kopf gerechnet werden?
   Ist eine Rechenart verlangt, die oft falsch gerechnet wird?
b) Können wir den Umfang der Rechnung abschätzen?

6. Durchführung der Rechnung(en)
a) Gliederung der Darstellung:
   Sind Lineal und Farbstift verwendet?
b) Kennzeichnen der Zwischenergebnisse:
   Sind Zwischenergebnisse farbig unterstrichen oder ist eine „Wolke" herumgemalt?

7. Selbstkontrolle
a) Bezug der Antwort auf die Frage:
   Wurde wirklich beantwortet, was gefragt wurde?
   Ist nur eine Teilantwort erreicht?
b) Ist der Wert des Ergebnisses realistisch?

**Das Abstraktionsproblem**

Die Voraussetzung für die Erstellung eines Lösungsplanes durch das Kind ist die Entwicklung des Planverständnisses. Dazu sollten der Plan des Klassenzimmers im zweiten Schuljahr oder der Ortsplan im dritten Schuljahr eingeführt sein. Diese „Vogelschau", die „Grundrissperspektive" ist eine wichtige Bedingung für das Rechenplanverständnis.
Kann sich das Kind nicht aus der Erlebnisebene, in der es selbst agiert, hinausbegeben, gewinnt es auch keine Übersicht. Es sitzt also gleichsam im Auto und fährt durch den Dschungel der Informationen, es verfolgt nicht den Weg des Autos aus dem Blickwinkel des Verkehrshubschraubers. Für den in der

Anschauung gefangenen Betrachter liegt das Ziel vor ihm, der Ausgangspunkt hinter ihm. In der Rechenplandarstellung aber liegen beide unter ihm!

Beispiel:
So lange du dem Schnellzug auf dem Bahnsteig stehend entgegenblickst, hast du keinen Begriff von seiner Geschwindigkeit. Er ist lange Zeit fast unbeweglich und unveränderlich, bis er dann plötzlich überraschend schnell an dir vorüberbraust, um wieder in den vorigen Zustand, diesmal mit umgekehrtem Vorzeichen, überzugehen.
Gefühlsmäßig und sinnlich rezeptiv gesehen gibt es hier keine Geschwindigkeitskonstanz, also ist die Durchschnittsgeschwindigkeit auch keine erlebbare Größe. Sie ist eine vorgegebene (und nachgesprochene?) Gleichungsgröße.
Noch schwieriger ist es, wenn sich das Kind nicht einmal in die Erlebnisebene begeben kann, geschweige denn in die Abstraktionsebene. Dann bleibt es im Text hängen und kann evtl. nur nach Formalbegriffen („je – also malnehmen“) arbeiten.

Abstraktionsstufen
Eintauchen
1. Erleben eines Sachverhaltes vor Ort, möglicherweise ohne die nötige Übersicht.
2. Sprachliches Erfassen eines Textes und das Zuordnen zu einem Erlebnishorizont (es sich vorstellen können).
3. Inhaltliches Erfassen des dargestellten Vorganges, „als ob man dabei gewesen wäre“.

Auftauchen
4. Herausfiltern der mathematischen Aussagen.
5. Erkennen der ungeklärten mathematischen Werte (Frage).
6. Strukturieren der gegebenen Werte und feststellen, ob sie zur Klärung des unbekannten Wertes hinreichend sind. Gegebenenfalls die Aufgabe als unlösbar qualifizieren.

Schwimmen
7. Die nötigen gegebenen Werte zielgerichtet in den Lösungsweg einbauen.
8. Den Lösungsweg begehen, notfalls unterwegs korrigieren.
9. Die Lösung auf ihren Aussagewert hin begutachten und ggf. auf die Erlebnisphase zurückdeuten, etwa: „Was, so viele Meter fährt der Zug, bis ich meinen Namen gerufen habe!“

## Die Simplexdarstellung: Einfache Rechenpläne helfen denken

Die Simplexdarstellung als Verknüpfung zweier Zahlen in Form eines Planes mit verschiedenen Platzhaltern für Zahlen und Operationszeichen muss ein-

geführt werden, bevor schwierigere Sachaufgaben auf das Kind zukommen.
Kritik an den Rechenplänen:

1. Kinder, die die Rechenpläne zur Lösungshilfe einsetzen können, haben dies meistens nicht mehr nötig, denn sie haben die Aufgaben bereits verstanden.
2. Kinder, die die Aufgabe nicht lösen können, erfahren durch die Anwendung von Rechenplänen auch keine Hilfe.

Diese Kritik kommt zustande, wenn Rechenpläne erst dann in den Unterricht eingeführt werden, wenn der Lösungsweg kompliziert und nicht mehr auf Anhieb überschaubar wird. In dieser Situation können ungeübte Hilfsmittel nicht unterstützend wirken. Daher plädiere ich mit Nachdruck dafür, einfache Rechenpläne so bald wie möglich einzusetzen. Sie haben einen Sinn, wenn noch weitgehend mündlich gerechnet wird, denn dann ersetzen sie die Notation in Form der Gleichung, verdeutlichen aber bereits das Zusammenhängen zweier Rechnungen.

**Unterrichtsskizze: Einführung eines Rechenplanes**

Benötigtes Material:
Zwei offene Sparbüchsen oder rechteckige Geldbeutel, zwei runde oder ovale Kartonscheiben mit Durchmesser ca. 20 cm, eine rechteckige Dose.

Die Handlung:
Zwei Kinder, Annelie und Moritz, gehen am Weltspartag zur Sparkasse und zahlen ihr Geld ein. Auf dem einen Stuhl vorne im Klassenzimmer steht die Spardose von Annelie, auf dem anderen Stuhl die Spardose von Moritz. Der dritte Stuhl in der Mitte des Raumes ist die Kasse in der Sparkasse, dort wird das Geld abgegeben. Hier bräuchten wir noch ein Eingangstor zur Sparkasse. Dazu stellen sich zwei Kinder gegenüber und bilden mit den Händen ein Tor. Sie bekommen ein rundes Schild in die Hand. Die drei Stühle und das Eingangstor werden nun vereinfacht ins Heft gezeichnet:

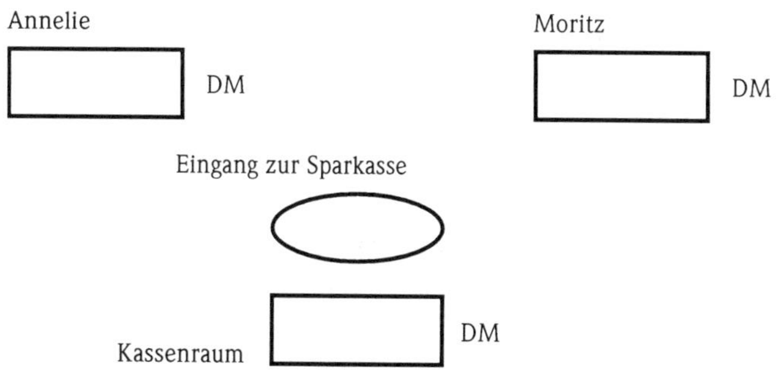

Wenn Annelie und Moritz sich auf den Weg zur Sparkasse machen, malen wir diesen Weg mit nasser Kreide auf dem Fußboden des Klassenzimmers nach, und auch im Heft wird dieser Weg eingezeichnet. Die Laufrichtung können wir durch Pfeile festlegen.

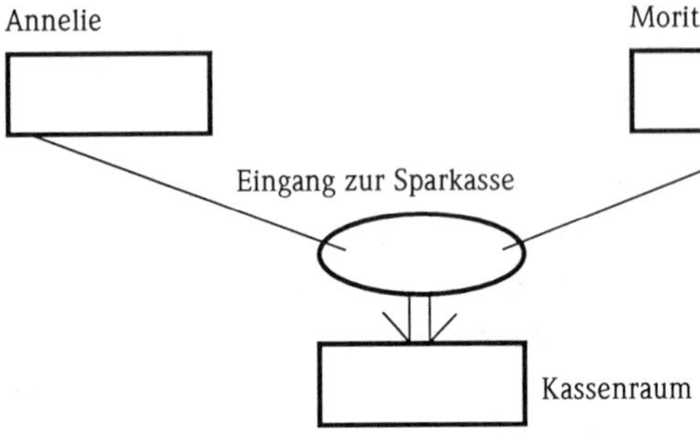


Die Markierung auf dem Boden des Klassenzimmers sollte nach dem Unterricht mit Klebestreifen ersetzt werden. So ist jederzeit der Rechenvorgang *begehbar.* Ein Kind stellt sich mit einem Zahlenschild in das entsprechende Rechteck und *beschreitet* den Rechenweg.
Wenn wir von den Kindern noch abfragen, wie viel sie denn zur Bank bringen, können diese Beträge eingetragen werden:

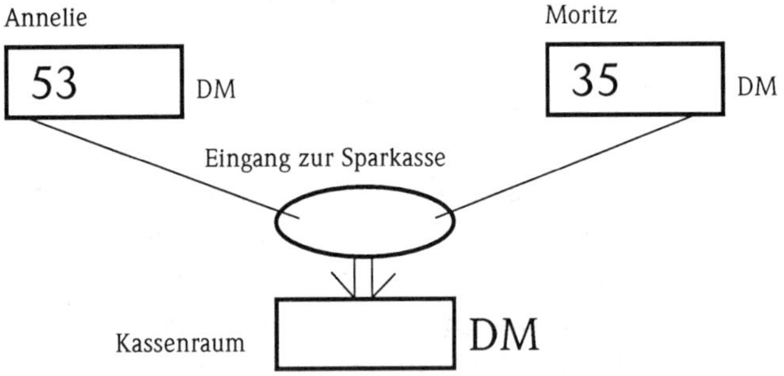


Der Eintrag in das Rechteck für den Kassenraum wird von den Kindern spontan vorgeschlagen. Es kann sich die Diskussion ergeben, ob in dieser Kasse schon Geld war. Hier müssen wir uns auf unsere Sparkassendose im Klassenzimmer beschränken. Unser Eingangstor zur Sparkasse bekommt auch ein besonderes Zeichen, das zu der Rechnung passt, die die Kinder schon durchgeführt haben.
Wir vergleichen mit dem Plan des Klassenzimmers – von oben gesehen – und mit dem Plan des Schulhauses und geben diesem Plan nun den Namen **Rechenplan.**

Die Geschichte zur Einführung des Rechenplanes kann natürlich auch anders ablaufen, aber gelaufen sollte dabei wirklich werden. Der Weg als Methode ist sichtbar zu machen und handelnd zu durchlaufen.

Andere Sachsituationen:
Gemeinsames Einzahlen für ein gemeinsames Spielzeug
Zwei Personen legen je eine Spende in eine Spendenbüchse.

Neben der Markierung des Weges ist noch bedeutsam, zwischen den rund eingerahmten Operationszeichen und den rechteckigen und leicht im Heft einzuzeichnenden Rahmen für die Zahlenangaben zu unterscheiden. Die Benennung (hier: DM) lasse ich neben das Kästchen schreiben. Beim Multiplizieren wird dann gleich deutlich, wo eine Größenangabe vorhanden war und wo nicht. Die erste Hilfestellung für einen Lösungsweg bietet dieser einfache Rechenplan bereits, wenn die Sparkassenangestellte in einer Parallelaufgabe zu der obigen Geschichte sagt:
Ich habe von den beiden Kindern 88 DM bekommen.
Katharina verrät ihren Geldbetrag, es waren 51 DM. Thomas lässt die andern „raten".
In diesem Fall, wenn umgekehrt gerechnet wird, kann der Lösungsweg als „Plus-wie-viel-Aufgabe" verstanden werden, der zum dritten Rechenkästchen führende Pfeil kann bleiben.

Sachsituation:
Geld wird ausbezahlt. Es sind 100 DM in der Kasse, heute können 44 DM verbraucht werden, morgen der Rest. Der Rechenplan (siehe unten) ist jetzt von unten nach oben verwendbar, die Pfeile werden entsprechend anders gesetzt; aber der Plan kann auch mit der größten Zahl beginnen und die Pfeilrichtung nach unten beibehalten.

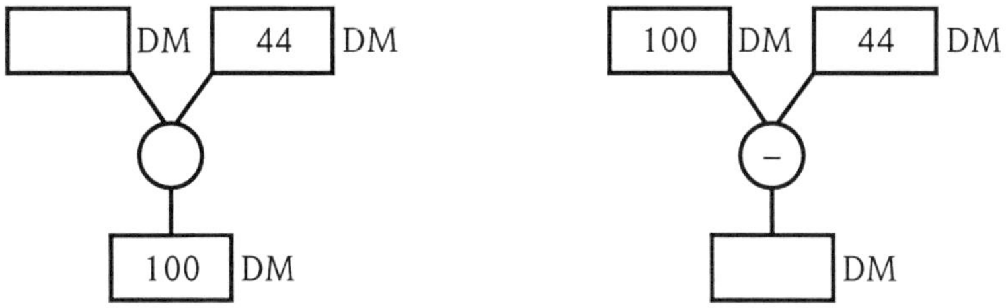


Bereits in dieser einfachen Form zeigt sich die Umkehrbarkeit der Operationen anschaulicher als in der Darstellung der Gleichung. Der Handlungsvorgang wird nachvollziehbar und legt damit den Grund zu komplexeren Lösungswegen.
Im Verlauf des Sachrechnens werden diese Rechenpläne immer wieder anders arrangiert und Diskussionsgrundlage über Lösungsstrukturen. Sie sind anschau-

| Name | Datum | **AB 1** |
| --- | --- | --- |

## Einfache Rechenpläne

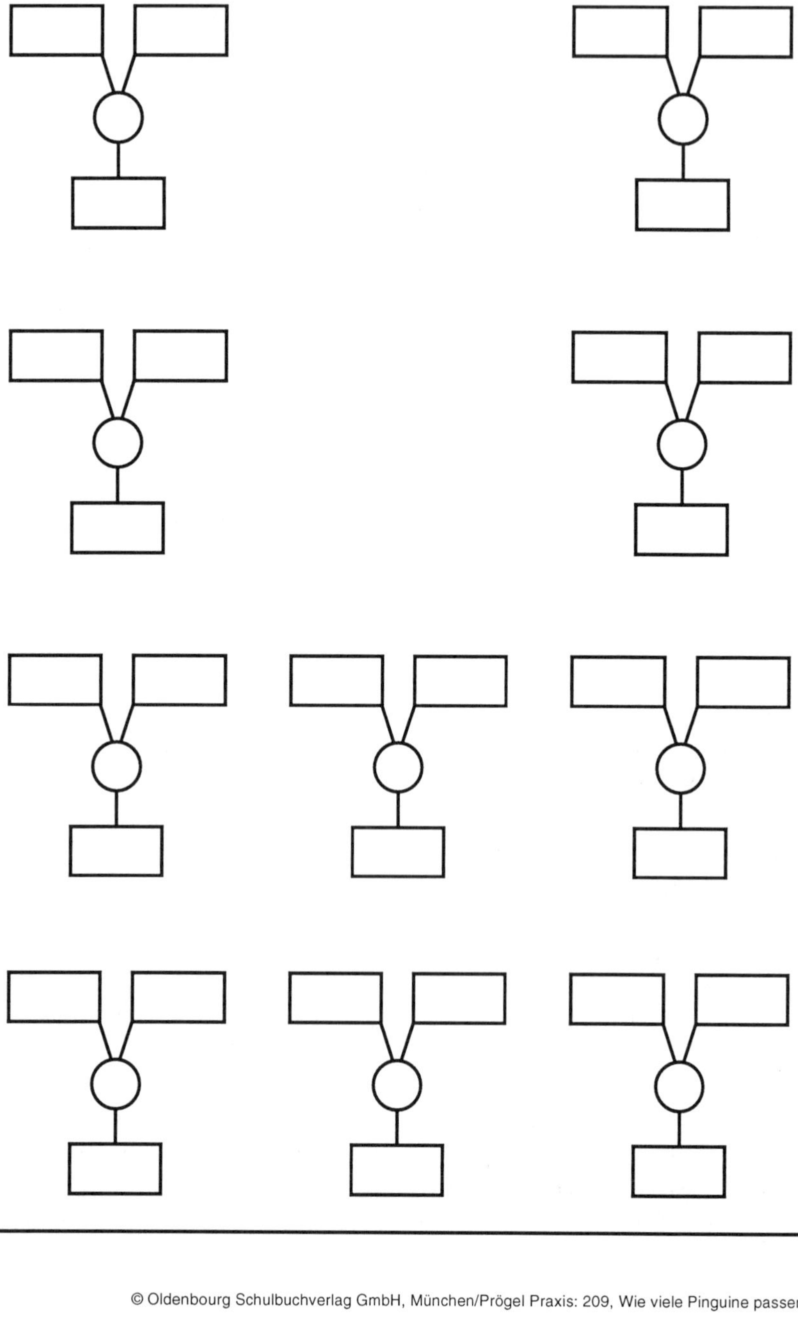

lich genug, um sich die Verknüpfungen zwischen Zahlen vorstellen zu können und sind abstrakt genug, um gleiche oder ähnliche Lösungsstrukturen in einem Plan darstellen zu können.
Entscheidend ist dabei, dass verschiedene Rechenpläne jederzeit griffbereit als Arbeitsunterlage bereitliegen. Sie bilden die Basis der Anschauung über die Denkvorgänge im Sachrechnen wie Dingmengen im ersten Schuljahr die Basis der Anschauung für die Zahlbegriffsbildung darstellen.
Die manchmal verwendete Bezeichnung *Rechenbaum* erachte ich als nicht zutreffend und irreführend, ist diese Zeichnung doch nicht organisch gewachsen und sich weiter verzweigend, sondern Darstellung von Zusammenhängen vorgegebener Größen. Die gesuchte Zahl findet sich am Ende des Rechenweges, sie ist meist das *untere* Zahlenkästchen.

## Zusammengesetzte Rechenpläne erschließen längere Sachaufgaben

Langsam arbeiten wir uns zu den als schwierig bekannten und gefürchteten Sachaufgaben vor, die der Lebenswirklichkeit oft genug entsprechen. Auch beim alltäglichen Umgang mit Münzen und Geldscheinen werden wir auf die zwei- oder mehrgliedrigen Sachrechenaufgaben verwiesen. Eine Summe beim Einkaufen heißt möglicherweise 28,62 DM. Ich lege einen Zwanzigmarkschein und einen Zehnmarkschein auf die Einkaufstheke. Das Addieren hat die Kasse übernommen, nun aber fragt die Kassiererin: *Hätten Sie wohl zwölf Pfennige?* Die habe ich.

Damit entsteht für mich als Käufer insgesamt folgender Rechenvorgang:
20 DM + 10 DM = 30 DM
30 DM + 0,12 DM = 30,12 DM
(auf der Kasse sichtbar)
30,12 DM – 28,62 DM = 1,50 DM

Für die Verkäuferin entsteht folgender Rechenvorgang:
28,62 DM + ? = 30,00 DM
28,50 DM + 1,50 DM = 30,00 DM
28,62 DM – 0,12 DM = 28,50 DM
(12 Pfennige fehlen ihr zum Herausgeben.)

Das ist meine Rechnung:

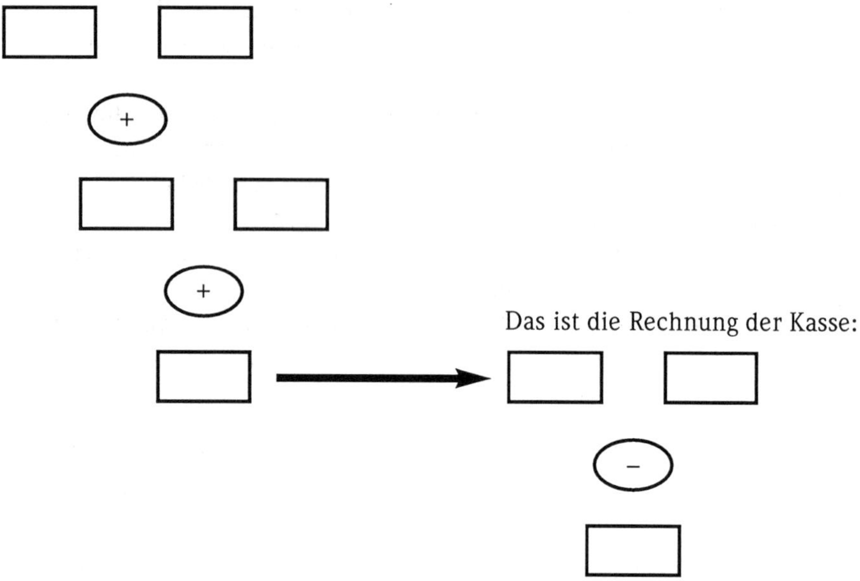


Die beiden Platzhalter mit der gleichen Zahl können aufeinandergelegt werden, wenn wir beide Rechenpläne ausschneiden und zurechtschieben. Dadurch entsteht folgender Plan:

Das ist meine Rechnung:

Das ist die Rechnung der Kasse:

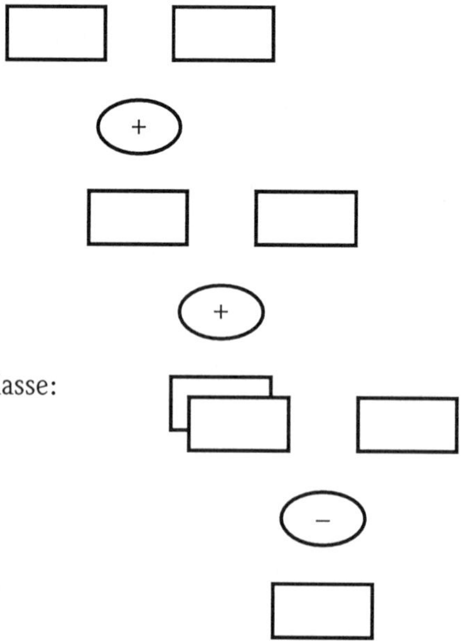

Die Verbindungslinien von den Zahlen zu den Operationszeichen müssen nicht vorgegeben sein. Sie können vom Kind entsprechend seiner Denkrichtung gezeichnet werden.
So entwickeln sich nach und nach die zusammengesetzten Rechenpläne, sog. Komplexdarstellungen. Um sie nicht zu groß und unübersichtlich werden zu lassen, kann man z. B. Geldbeträge aus Scheinen und Münzen im Kopf addieren und als *eine* Größe eintragen. Der Rechenplan für das Addieren mehrerer Werte gleicher Benennung würde sich recht umständlich darstellen, er kann auch vereinfacht gezeichnet werden oder die errechnete Summe wird als Anfangszahl eingetragen.

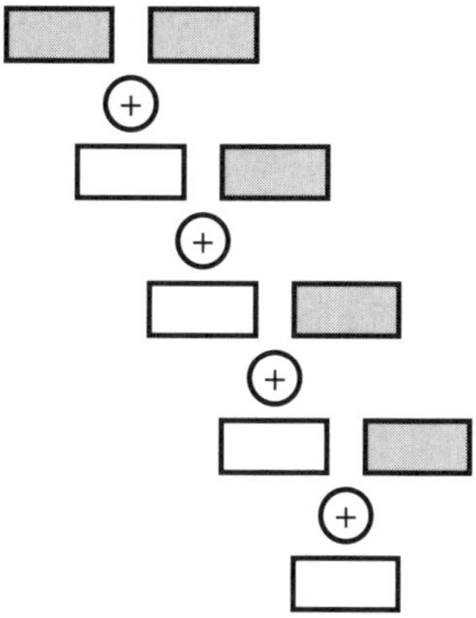

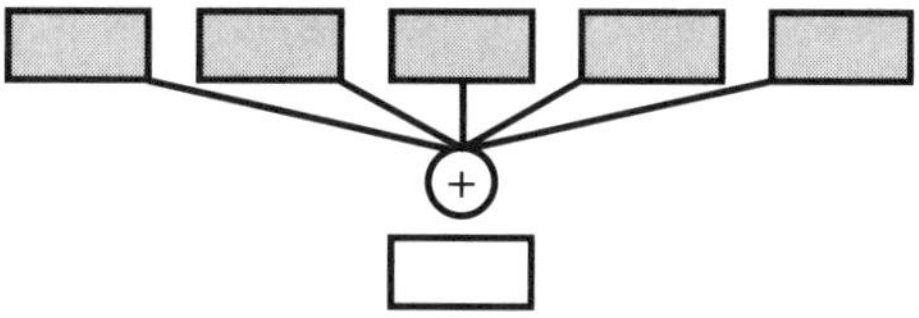

Rechenpläne zum Addieren kann ich auf zweierlei Art zeichnen.

Die Unterscheidung zwischen den Platzhaltern, also für die noch zu berechnenden Zahlen freigehaltenen Plätze (Rechtecke) und den Kästchen mit den bekannten Zahlen, sollte durch verschiedenfarbige Rahmen oder durch flächiges Ausmalen wie in der Abbildung erreicht werden. Rote Kästchen könnten dann bedeuten: Hier muss die gesuchte Zahl eingetragen werden.
Rechenpläne mit einem Minuszeichen sind für das Kind immer so zu erklären, dass die erste, links stehende Zahl die größere Zahl sein muss, also der Minuend. Wir lesen in der Grundschule die Gleichung wie einen Rechenauftrag oder Rechenverlauf und können auch nicht mit negativen Zahlen arbeiten.

Diese Darstellung kann nicht verwendet werden:

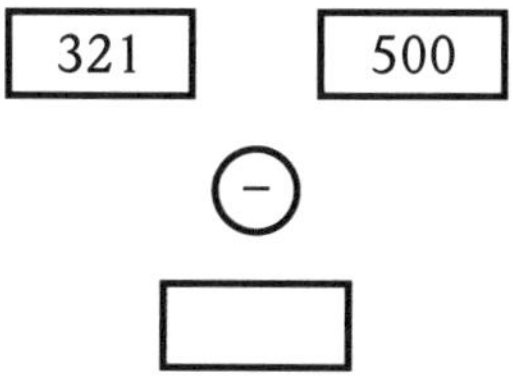


Diese Darstellung ist für Grundschüler verständlich:

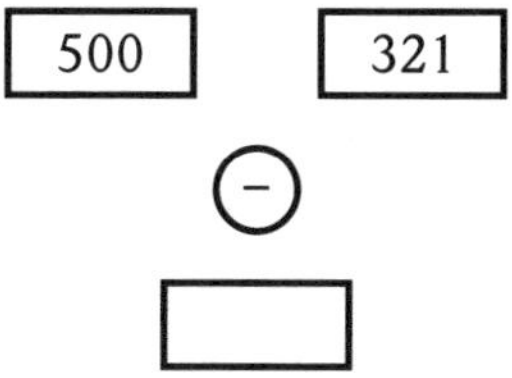

Beispielaufgabe:
Zwei Schulklassen mit 28 und 25 Kindern fahren mit dem Bus ins Stadtmuseum.
a) Im Bus sind nur noch 20 Sitzplätze frei.
b) Der Unterrichtsraum im Museum hat 66 Plätze für die Kinder.
Bei den beiden Aufgaben ist zuerst zu addieren, anschließend zu subtrahieren. Dennoch ist der Lösungsweg verschieden und daher sind auch verschiedene Rechenpläne nötig. Übrigens ist zu Beginn der Aufgabe, also vor dem Rechnen, noch nicht abzusehen, welcher Plan jeweils der richtige ist. Die Diskussion darüber verlangt wiederum Vorausdenken, eine Überschlagsrechnung und artikulierte Darstellung der eigenen Überlegungen. Das Bewusstmachen des Rechnungsablaufes ist das Wertvolle am Lösen von Sachaufgaben, und Rechenpläne helfen, eine anschauliche Diskussionsgrundlage zu schaffen.

Der Rechenplan für den Bus

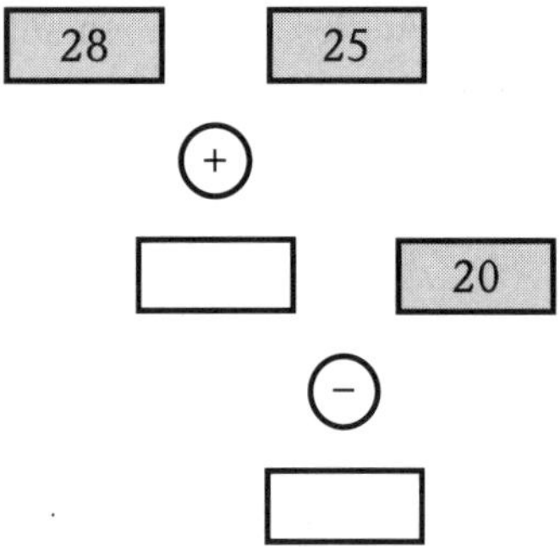


Der Rechenplan für das Museum

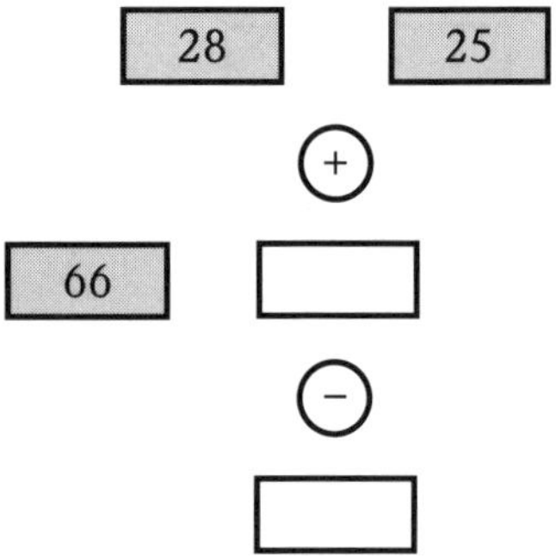


In der sinnvollen Fragestellung und in der Formulierung der Antwort erkennen wir, dass tatsächlich zwei verschiedene Rechenwege begangen wurden. Andererseits kann die Frage: *„Wie viele Kinder müssen im Bus stehen?“* erst richtig formuliert werden, wenn die erste Rechnung gelöst ist. Einfacher ist es natürlich, wenn die Frage vorgegeben ist. Dies ist dann eine *Textaufgabe.* Im „richtigen Leben“ dagegen wird die Frage nicht schwarz auf weiß mitgeliefert, sie muss als Problem erkannt werden.

Eine Zusammenstellung der gebräuchlichsten Rechenpläne sollte für jedes Kind sichtbar und greifbar vorliegen. Die Unterscheidung zwischen den Kästchen für die bekannten Zahlen und den Platzhaltern für die zu errechnenden Zahlen ist im Vordruck nicht vorgesehen, diese Unterscheidung muss während der Text- und Datenanalyse im Unterricht oder vom Kind allein vorgenommen werden. Das entsprechende Ausmalen aktiviert bereits die Auseinandersetzung mit der logischen Struktur des Rechenproblems.

## Einsatz von Rechenplänen für eingekleidete Aufgaben

Rechenpläne können zur Veranschaulichung der sogenannten eingekleideten Aufgaben verwendet werden. Bei diesen immer in Textform vorliegenden Aufgaben handelt es sich nicht um tatsächliche Sachsituationen, die zu Sachaufgaben führen, sondern um fiktive Aufgabenstellungen, die Handlungsabläufe simulieren und mathematische Aussageformen in Worte kleiden. Dadurch täuschen sie im Gegensatz zu vielen Aufgaben in den Mathematikbüchern keine Wirklichkeit vor, sondern bekennen sich offen zur Gedankenspielerei. Die Sinnerfassung der abstrakten Formulierung verlangt hohe Sprachkompetenz beim Kind und systematisches Vorgehen bei der Inhaltsanalyse. Rechenpläne bieten die nötige Notationsgrundlage an.

Beispiel 1:
Wenn ich von dem Geldbetrag in meiner Hand das Doppelte hätte und du mir noch fünf Mark achtzig schenken würdest, könnte ich mir das Rennauto für 19,80 DM kaufen.
*Wie viel Geld habe ich in der Hand?*

Die algebraische Lösung dieser durchaus für das dritte Schuljahr lösbaren Aufgabe ergäbe die Gleichung: $x \cdot 2 + 5{,}80 \text{ DM} = 19{,}80 \text{ DM}$

Selbst wenn diese Notationsform beherrscht wird, ist das Umformen der geschriebenen Aufgabenstellung in die Gleichung nicht einfach. Dass die Lösung dann über die Gegenrechnung (Umkehr- oder Probeaufgabe) erfolgt, ist eine zweite Schwierigkeit und muss wiederholt geübt werden.

Dennoch stehen viele Kinder oft recht ratlos vor der Formulierung einer eingekleideten Aufgabe. Sie wissen nicht, wo sie hier anfangen sollen, da der Ausgangspunkt für den Rechenvorgang der Platzhalter für eine unbekannte Größe ist.
Wird diese Unbekannte besser in ein Beziehungsgeflecht zu den anderen Angaben eingebettet, kommt die Operation ins Laufen. Der Platzhalter kann mit den anderen Zahlenangaben verbunden werden. In der Vorstellung des Rechenplanes läuft der Rechenvorgang wesentlich anschaulicher ab als in der Gleichung. Im Beispiel kann also die Zahl 19,80 DM als Endergebnis eingetragen werden. Damit hat die reversible Operation einen Anschauungseinstieg in den Rechenverlauf erhalten. Die beigesteuerten 5,80 DM sind lokalisierbar und so erschließt sich die Gesamtstruktur der Aufgabe wesentlich besser als über die Aussageform der Gleichung.

| Name | Datum | **AB 2** |
|---|---|---|

## Rechenpläne für Sachaufgaben

*** A * B * C * D * E * F * G ***

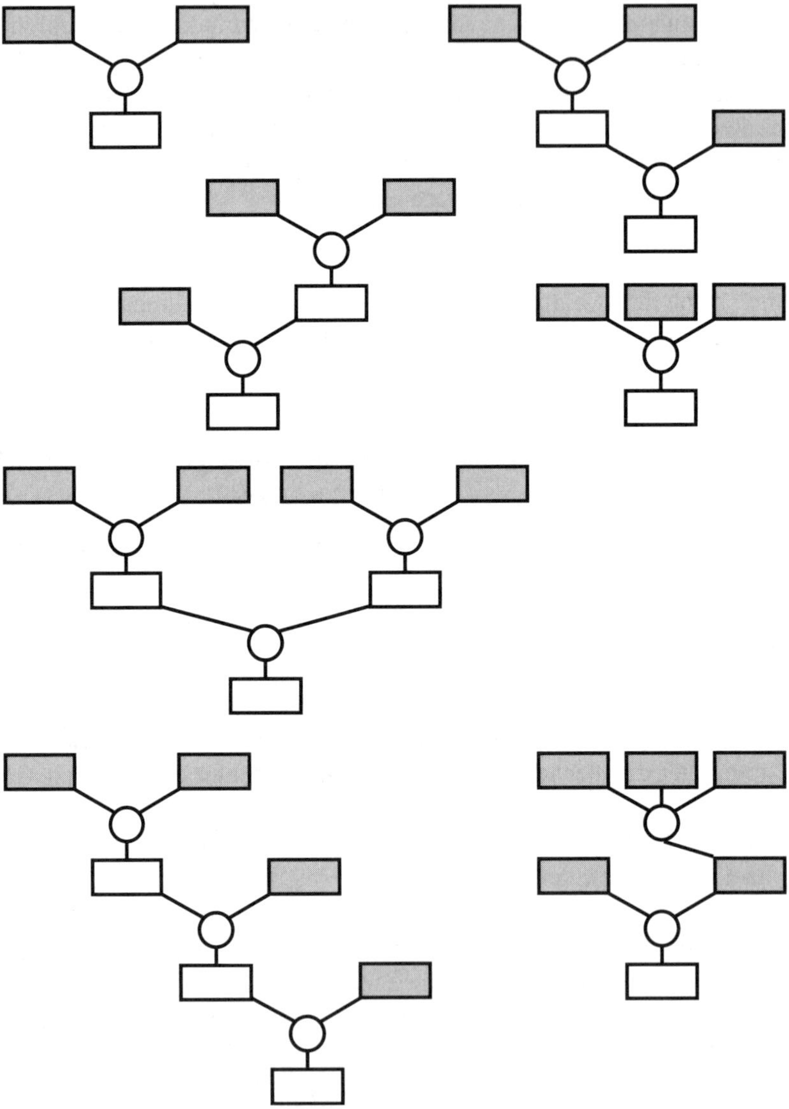

Rechenpläne zusammenhängen. A + A = B * A + A = C * D + A = G *
Neue Pläne * E + A * F + A * C + A * ERFINDE DURCH ZEICHNEN.

Beispiel 2:
Drei Zahlen ergeben zusammen genau 100. Die erste Zahl ist 25, die zweite ist um 35 größer als die erste. *Wie groß ist die dritte?*
Um die zweite Zahl eintragen zu können, wird erst die Rechnung 25 + 35 durchgeführt und diese Summe dann als die zweite Zahl eingetragen. Das weitere Vorgehen ist nun besser erkennbar.
Auch hier zeigt sich, dass jederzeit die verschiedensten Rechenpläne ausfüllbereit zur Verfügung stehen müssen. Das Ausmalen oder Einrahmen der Felder mit den bekannten Größen erhöht die Übersicht und trägt zur Gestaltung bei. Die Felder mit den unbekannten Größen können dann in einer anderen Farbe gekennzeichnet werden.

Rechenplan zu Beispiel 1

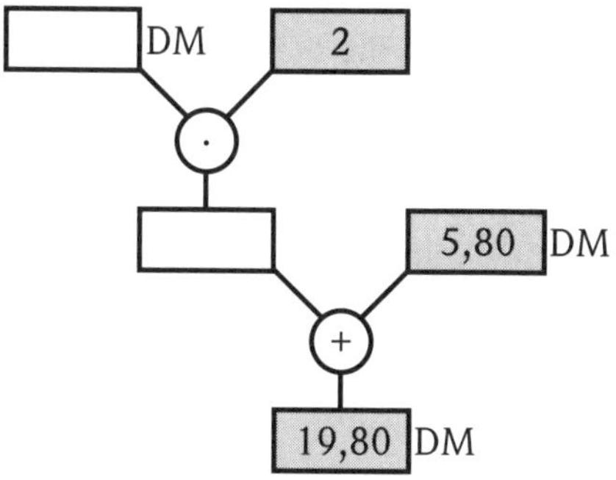


Rechenplan zu Beispiel 2

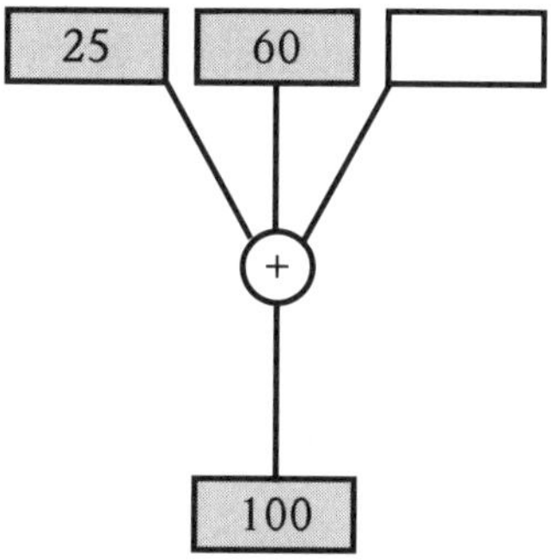


## Verwendung von Rechenplänen für alle Grundrechnungsarten

Die Weiterarbeit mit den Rechenplänen auch bei Sachaufgaben des Multiplizierens und des Dividierens ist besonders anschaulich, solange die Rechnungen noch im Kopf gelöst werden können. Auch aus diesem Grund ist eine rechtzeitige Einführung sinnvoll.
Das Notieren der Benennung bei multiplikativen Aufgaben kann ebenfalls durch die Anwendung von Rechenplänen besser beherrscht werden. Die Benennung wird dazu grundsätzlich neben das Zahlenfeld geschrieben, sie kann natürlich auch entfallen.
Ein Rechenplantyp bei Sachaufgaben mit Verwendung des Einmaleins und dessen Umkehrung sieht folgendermaßen aus:

Beispiel 1:
Zwei Nachbarn haben die gleichen Betonsteine auf der Terrasse liegen.
Herr A hat 7 Reihen mit je 9 Steinen, Herr B hat 8 Reihen mit je 8 Steinen.
*a) Wer hat mehr Betonsteine gelegt?*
*b) Um wie viele sind es mehr?*

Rechnung für Herrn A: Rechnung für Herrn B:

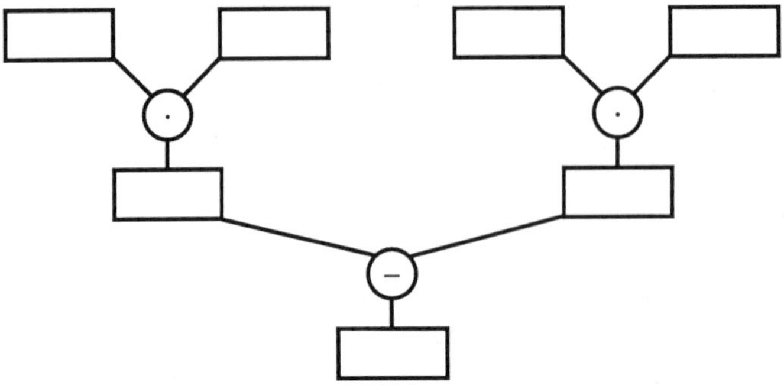

Ist die dritte Rechenoperation wie im obigen Beispiel ein Subtrahieren, so entsteht das Problem, dass das größere Produkt aus den beiden Einmaleinsaufgaben zuerst errechnet werden muss. Nur so kann sich die Berechnung 64 – 63 = 1 ergeben. Im anderen Fall würde im Rechenplan die Rechnung 63 – 64 entstehen. Ich verweise auf die zweigliedrigen Rechenpläne, bei denen der zweite Rechenvorgang eine Subtraktion ist (s. o.). Erschwert hier der Rechenplan nicht doch die Vorgehensweise? Ich halte dafür, dass der Rechenplan das Bewusstsein in die Vorgehensweise erhöht, also zum Nachdenken und Vorausdenken zwingt.

Beispiel 2:
An einem grünen Tisch sitzen sechs Kinder und dürfen ein Kilogramm (zwei Pfund) Kirschen unter sich aufteilen, an einem roten Tisch daneben sitzen acht Kinder und dürfen eineinhalb Kilogramm (drei Pfund) Kirschen unter sich aufteilen.
*a) An welchem Tisch gibt es die größeren Portionen?*
*b) Wie viel bekommt dort jeder mehr?*
Auch hier kann erst nach den beiden Teilaufgaben
1000 g : 6 = ? und 1500 g : 8 = ?
der Eintrag in den Rechenplan erfolgen.

### Verkürzte Darstellung von Rechenplänen

In der täglichen Unterrichtspraxis zeigt sich, dass oft die Verwendung vieler Simplexdarstellungen sinnvoller ist als das Heraussuchen von Komplexdarstellungen, die alle Rechenoperationen einer Sachaufgabe enthalten. Für viele Standardausführungen entwickelte ich zusammen mit meinen Schülern eine heitere und verkürzte Darstellung mehrgliedriger Rechenpläne.

Wann diese Form der Darstellung eingeführt wird, richtet sich nach der Handhabung von Rechenplänen (vgl. dazu Kapitel 5).

# 3. Aufgaben zum Addieren

## 3.1 Die Analyse der Rechensituation

Zum Einstieg in den systematischen Aufbau des Sachrechnens werden Aussagen aus Sachsituationen, Bild- und Darstellungsmaterial oder Texten herausgelöst. Üblich ist dabei das Darbieten eines Textes, da viele Gegebenheiten nicht vor Ort erfahren werden können. Tatsächlich erfahren, gemessen, gezählt, geschätzt werden sollten jedoch solche Sachaufgaben, die sich im Schulgebäude oder in der Umgebung des Kindes anschaulich anbieten. Hinweise im Mathematikbuch, dass die Klasse 2 a der XY-Schule 25 Kinder zählt und die Klasse 2 b 27 Kinder, müssen dazu anregen, die Angaben in der eigenen Schule selbst festzustellen oder sich zu besorgen. Das Aufsuchen der konkreten Sachsituation ist immer vorteilhafter als das Verwenden eines Textes, weil so bei schwachen Lesern die Lesebarriere nicht als Hindernis auftritt.

### Verschiedene Unterrichtssituationen

**Sachsituation** Zahlenraum bis 30

Unter Sachsituation verstehe ich die anschauliche, für das Kind konkret erlebbare Situation seiner Umwelt, die von Lebensumständen ausgeht und zur mathematischen Betrachtung hinführt.

Ich gebe meinen Kindern den Auftrag, am Ende einer Pause nachzuzählen, wie viele Kinder in der Parallelklasse sind. Damit heißt die Rechenaufgabe heute: *Wie viele Kinder hat die Klasse 2 b?*

Nach dem Zählen hole ich auf große, runde Schilder gemalte Operationszeichen hervor. Wir stellen fest, dass es vorläufig gar keine Rechnung gibt. Es könnte höchstens jemand fragen: *Wie viele Mädchen sind es denn?* Dann aber müssten wir nochmals zum Zählen gehen. Die Kinder sollen zu der Erkenntnis kommen: Erst wenn ich z w e i Zahlen habe, kann ich eine Rechnung daraus machen, oder: Für eine Rechnung brauche ich mindestens zwei Zahlenangaben.

**Bildsituation** Zahlenraum bis 20

Ein Bild mit einem Blumentopf und dem Preisschild <u>18 DM</u> wird präsentiert – ohne Kommentar. Der Impuls ist wieder das Operationszeichen ⊕. Die Kinder finden eine Rechnung, wenn sie das Bezahlen nachvollziehen, z. B. ein Zehnmarkschein plus ein Fünfmarkstück plus drei Einmarkstücke.

Der Impuls könnte auch ein Zwanzigmarkschein sein. Z w e i Zahlenangaben ermöglichen eine Rechnung.

**Aufgabentexte**
Erwachsene schreiben manchmal so unleserlich für Kinder, dass man die Zahlen gerade noch entziffern kann. Ergibt sich hier nicht eine Geschichte mit einer geheimnisvollen Mitteilung? Kann man aus 5 DM und 25 DM eine Geschichte bauen? Wenn ich zwei Zahlenangaben habe, kann ich mir wenigstens eine Rechnung ausdenken. Ob sie zur Geschichte passt? So ist der Kauderwelsch-Text (siehe S. 103) zu verstehen; Rezepte oder Quittungen sind oft auch so unleserlich geschrieben. Wenn ich weiß, dass addiert wird, ist der Text nicht so wichtig.
Eine Besonderheit ist zu bedenken. Im Zahlbereich bis zwölf werden die Zahlen laut Duden als Zahlwörter geschrieben. Schneewittchen kehrt bei den s i e b e n Zwergen ein, und nicht bei den 7 Zwergen. Von jedem spült sie Teller, (Tee)tasse und Untertasse ab. Schon hat sich die Zahl drei im Text versteckt. Schneewittchen bleibt eine Woche bei den Zwergen. Die nächste Sieben ist aufgerufen.

**Für jede Rechenoperation brauche ich mindestens zwei Zahlenangaben.**

Es geht darum, die Textanalyse so durchzuführen, dass Aufzählungen, Reihungen, Größenangaben auch aus nichtdekadischen Systemen in ihrer mathematischen Repräsentanz erfasst werden. Das Kind muss im Sachrechnen frühzeitig begreifen, dass Größenangaben nicht nur in Ziffern oder Zahlwörtern notiert sind, sondern auch in definierten Begriffen. Diese werden auch im Sachunterricht erfasst und gesichert. Die geläufigsten sind die Zeitangaben, nämlich Wochen (zu je 7 Tagen), Jahre (zu je 12 Monaten), Tage (zu je 2 mal 12 Stunden), Stunden (zu je 60 Minuten), Minuten (zu je 60 Sekunden) oder auch Sekunden als der 60. Teil der Minute. Die Aussage „drei Wochen" verrät also eine Rechenoperation. Begriffe wie „die Hälfte, halb so viel, genau so viel wie" deuten auf den Faktor 2 hin. Der Ausdruck Dutzend wird selten mehr gebraucht, sollte aber doch bekannt sein.

**Hinweise zum Arbeitsblatt** (siehe S. 102)
Ziel ist, die Aufgabentexte zu ergänzen, damit ein Rechenvorgang möglich wird. Der Sinn dieses Suchspiels ist die gründliche Betrachtung des Textes und der gegebenen Größen. Zuerst wird nur Nr. 1 betrachtet, der Rest des Blattes wird abgedeckt oder umgeknickt.
Motivation: Jedes Kind sucht sich eine Aufgabe heraus, die es rechnen kann. Welche wurde am häufigsten gewählt? Eine Liste an der Tafel zeigt die Beliebtheit der Aufgaben in einer Strichliste wie bei der Klassensprecherwahl. Es gibt auch Aufgaben, die keiner gewählt hat. Warum?

| Name | Datum | **AB 3** |
|---|---|---|

## Suchspiel

Zahlenraum bis 100

① Zu welchen Sätzen kannst du rechnen? Kreuze an.

| | | ja | nein |
|---|---|---|---|
| 1 | Meine Mama ist 35 Jahre alt, Papa ist acht Jahre älter. | 0 | 0 |
| 2 | Meine Oma hatte gestern 65. Geburtstag. | 0 | 0 |
| 3 | Der Blumenstrauß mit zehn Rosen hat 30 DM gekostet. | 0 | 0 |
| 4 | Den halben Preis für den Fußball habe ich schon. | 0 | 0 |
| 5 | Für die zerbrochene Fensterscheibe musste ich 35 DM bezahlen. | 0 | 0 |
| 6 | Claudias kleine Schwester ist 92 cm groß. | 0 | 0 |
| 7 | Die Drachenschnur ist 80 m lang. | 0 | 0 |
| 8 | Christian war vier Wochen krank. | 0 | 0 |

② Was passt zu den Sätzen 1 bis 8?

a Opa ist neun Jahre älter.
b Das sind genau 26 DM.
c Er musste fast die ganze Zeit im Bett liegen.
d Werner war auch dabei und bezahlt genauso viel.

③ Suche die richtige Frage aus.

A Wie teuer war eine Rose?
B Wie alt ist Opa?
C Wie alt ist Papa?
D Wie teuer ist der Ball?
E Wie viel hat der Glaser verlangt?
F Wie viele Tage waren das?
G Wie lang ist sie, wenn ich noch 18 m daranbinde?
H Wie viele Zentimeter fehlen noch, bis sie einen Meter groß ist?

④ Suche, was zusammengehört und streiche Ziffer und Buchstaben durch.

Lösungen: Was gehört zusammen? 1 ____ 2 ____ 3 ____ 4 ____
5 ____ 6 ____ 7 ____ 8 ____

⑤ Trage die fertigen Aufgaben ins Heft ein.

Erkenntnis: Manche Texte kann man nicht zum Rechnen verwenden. Sie enthalten nur eine Zahlenangabe. Wer kann raten, wie diese Aufgaben weitergehen könnten?
Nach den Vermutungen wird der zweite Teil des Arbeitsblattes mit den Ergänzungen und Fragen angeboten. Das Suchen geschieht mit Farbstiften und wiederholtem Vorlesen.

| Erster Text / Ergänzung / Frage |
|---|

Lösungen: Was gehört zusammen? 1 – C; 2 – aB; 3 – A; 4 – bD; 5 – dG; 6 – F; 7 – E; 8 c H.
Erkenntnisse: Die Aufgaben mit zwei Zahlenangaben brauchen nur noch eine Frage.
Bei manchen Aufgaben steckt die zweite Zahlenangabe in der Frage.
Die Ergänzung (c) zu Aufgabe 8 ist für das Rechnen wertlos.
Das abschließende Abschreiben der Aufgaben ins Übungsheft sichert den Überblick über jede Aufgabe. Das nachfolgende Schema für die Bearbeitung von Sachaufgaben wird hier angebahnt. Es entspricht den Fragestellungen:

1. Was ist gegeben?
2. Was ist gesucht?
3. Wie wird gerechnet?
4. Wie heißt die Lösung?

| **A** | **F** | **R** | **A** |
|---|---|---|---|
| Aufgabentext | Frage | Rechnung (auch mündlich) | Antwort |

**Addieren mit zwei Summanden**

Die Addition bietet sich zum Lösen einfacher Sachaufgaben an. Bereits durch eine entsprechende Fragestellung kann hier die Operation vorgegeben werden.

**Kauderwelsch-Texte**

KAIEZT BFJEOTZ DU DUIEPRTPGNS
DKOEHQ REI 58 DIEIT UDANNF DIEI
G HSHEUI JEURT 31 HASD WEIXT
BNBNVC; SLAID FRÜQIE.
Wie viele sind es zusammen?

Nachdem die Operation verraten ist, bleibt nur die Möglichkeit, die beiden erlesbaren Zahlen zu addieren; ich kann also den **Kauderwelsch-Text** vernachlässigen. Geboren wird dabei die Erkenntnis, dass jeder Text, der mindestens zwei Zahlenangaben enthält, mindestens eine Rechenaufgabe ermöglicht. Inwieweit diese sinnvoll ist, muss jeweils am Text untersucht werden.

### Vorsicht, Falle! Eine besondere Aufgabe

In unserer Klasse können schon 18 Kinder schwimmen. 15 Kinder fahren jeden Tag mit dem Schulbus. Hier ist die Frage *„Wie viele sind es zusammen?"* irreführend. Die ganze Klasse hat nämlich nur 26 Kinder. Nur wenn der Sachverhalt geklärt ist, dass manche Schwimmer auch Schulbusfahrer sind und daher doppelt gezählt werden, wird erkannt, dass ich nicht einfach addieren darf.

### Die richtige Benennung

Das Erkennen, dass ich zwei Zahlen addieren muss, erscheint nicht schwierig. Wichtig ist dabei allerdings noch die Größenangabe, die Benennung. Offensichtlich ist die Gleichung 25 DM + 21 m = ? unsinnig, ebenso die Angabe 19 Kinder und vier Äpfel.

Um dieses Problem ins Bewusstsein zu rücken, lasse ich die Kinder Kraut und Rüben addieren. Ich lege ein Bündel Möhren und einige Kohlrabi auf den Tisch. Dazu biete ich das Rechenzeichen ⊕ als stummen Impuls an. Nach einiger Diskussion zeigt sich, dass ich bei **Kraut-und-Rüben-Aufgaben** doch addieren (oder subtrahieren) kann, dazu muss allerdings ein neuer Oberbegriff geschaffen werden. 12 Ferkel und 3 Hühner sind dann 12 Tiere + 3 Tiere, die aus dem Stall entwichen sind. Wenn ich die Zahl der Lehrer und der Kinder addiere, muss ich eben von Personen reden, die einen Sitzplatz in der Turnhalle brauchen.

### Tauschaufgaben nützen

Ein Vorteil der Addition ist die Möglichkeit, **Tauschaufgaben** zu bilden. Durch das Vertauschen der Summanden ist es egal, aus welcher Richtung ich an die Aufgabe herangehe. Sinnvoller ist es, erst die größere Zahl der Schüler und dann die Zahl der Lehrer in der aufgeführten Aufgabe zu verwenden, weil dadurch das Kopfrechnen weniger umfangreich wird.

Es ist mathematisch irrelevant, ob bei den Summanden a, b gilt:

$a > b$ oder $a < b$.

Nicht so unter didaktischen Gesichtspunkten. Die Rechnung 37 + 5 = ? ist durchaus leichter zu lösen als die Rechnung 5 + 37 = ? Also muss dem Kind das Umformen zur Tauschaufgabe bekannt und geläufig sein.

| Name | Datum | **AB 4** |
|---|---|---|

## Kraut und Rüben zusammen?

Zahlenraum bis 20

Zusammenzählen (addieren) und richtig benennen.

Im Aufgabentext steht:

Bei der Antwort steht:

| | | | |
|---|---|---|---|
| Sechs Birnen und neun Äpfel | 1 | S | Südfrüchte |
| Acht Pralinen und sechs Schokoriegel | 2 | I | Würstchen |
| Sieben Bananen und elf Orangen | 3 | D | Früchte |
| Sechs Bratwürste und zehn Würstchen | 4 | A | Süßigkeiten |

| | | | |
|---|---|---|---|
| 13 Karpfen und sieben Forellen | 5 | G | Malstifte |
| Drei Ferkel und 15 Hühner | 6 | U | Obstbäume |
| Zwölf Buntstifte, fünf Wachsmalkreiden | 7 | S | Fische |
| Acht Apfelbäume und drei Birnbäume | 8 | T | Tiere |

| | | | |
|---|---|---|---|
| Neun Eichen und neun Birken | 9 | G | Nadelbäume |
| Zwölf Fichten und drei Tannen | 10 | M | Frühlingsblumen |
| Sieben Rosen und neun Lilien | 11 | E | Sommerblumen |
| Fünf Tulpen, sieben Osterglocken | 12 | T | Laubbäume |

| | | | |
|---|---|---|---|
| Acht Pkw und vier Omnibusse | 13 | A | Kraftfahrzeuge |
| 16 Fahrräder und ein Tandem | 14 | H | Unsinn |
| Zwei Lastwagen und ein Zebrastreifen | 15 | T | Insekten |
| Acht Bienen und zwölf Wespen | 16 | C | Zweiräder |

Rechne die Aufgaben 1 bis 16 mündlich.
Denke dabei an die Tauschaufgaben.

| Name | Datum | **AB 5** |
|---|---|---|

**Kraut und Rüben zusammen?   Aufgabenblatt zur Freiarbeit**

Wir arbeiten mit den Aufgaben von Arbeitsblatt 4 weiter.

(1) Male die Zeilen der Aufgabe 1 bis zum Strich aus.

| Sechs Birnen und neun Äpfel | 1 |
|---|---|

(2) Welches Namenwort verwendest du beim Ergebnis?
Suche in der zweiten Spalte. Male dort in der gleichen Farbe aus.
Verbinde Nummer 1 und den passenden Buchstaben!

| D | Früchte |
|---|---|

(3) Male Aufgabe 2, 3 und 4 in anderen Farben aus und rechne dazu im Kopf.
Zur Kontrolle kannst du die Rechenergebnisse in den Luftballons ausmalen.

(4) Bei Aufgabe 9, 10, 11 und 12 kannst du auf die Farben verzichten.
Mache nur Striche und rechne mit.

(5) Nun kommen die Aufgaben 13, 14, 15 und 16 an die Reihe.
Bei welcher Aufgabe hat das Zusammenzählen wirklich keinen Sinn?
Sind die Luftballons alle ausgemalt?

(6) Sprich für die Antworten immer richtige Sätze.

(7) Schreibe dann Frage, Rechnung und Antwort.
Beispiel zu Nummer 1:

| | |
|---|---|
| A | Aufgabe: *Sechs Birnen und neun Äpfel liegen in der Obstschale.* |
| F | Frage: Wie viele *Früchte* liegen in der Obstschale? |
| R | Rechnung: 6 + 9 = 15 oder<br>6 Früchte + 9 Früchte = 15 Früchte |
| A | Antwort:<br>In der Obstschale liegen 15 Früchte. |

Zur Selbstkontrolle:
Alle Großbuchstaben ergeben in der richtigen Reihenfolge den Lösungssatz:

| D A S   I S T   G U T   G E M A C H T |
|---|

| Name | Datum | **AB 6** |
|---|---|---|

## Gesucht sind: Aufgabe - Frage - Rechnung - Antwort

| Aufgabentext (Zahlenraum bis 100 ohne Zehnerübergang) | | | Antwort |
|---|---|---|---|
| ... einen Tag und sechs Stunden eingeschlossen. | 1 | H | Personen |
| ... eine Stunde und 25 Minuten gedauert. | 2 | R | Stunden |
| Fünf Wochen und drei Tage ...... Urlaub. | 3 | C | Tage |
| Vier Plätze im Pkw und 52 Plätze im Bus ... | 4 | T | Gewicht |
| ...: Du wiegst 23 Kilo und ich 65 Kilo. | 5 | E | Minuten |

(Zahlenraum bis 100 mit Zehnerübergang)

| | | | |
|---|---|---|---|
| 25 km westlich und ... 37 km östlich meines Heimatortes gibt es ... | 6 | T | Länge |
| Von unserem Kirchturm aus kann ich 28 km nach Norden und 34 km nach Süden ... | 7 | G | Entfernung |
| ... 38 Meter Schnur und 27 Meter Seil ... | 8 | N | Weg |
| ... 17 m Gartenzaun und 19 m Hecke | 9 | E | Grundstück |
| ... 18 m über den Hof und 33 m über die Wiese | 10 | U | Entfernung |

(Zahlenraum bis 1000 ohne Hunderterübergang)

| | | | |
|---|---|---|---|
| ... 13 Lehrer und 185 Kinder | 11 | R | Wurst |
| ... 200 g Leberwurst und 250 g Bierschinken | 12 | F | Teig |
| 300 g Mehl und 120 g Zucker ... | 13 | G | Saft |
| 500 g Eis und 125 g Schlagsahne ... | 14 | E | Personen |
| ... 3,50 DM und 10 Minuten Pause ... | 15 | O | Nachspeise |
| ... 120 Liter Apfelsaft und 150 Liter Orangensaft | 16 | L | ??? |

1. Rechne die Aufgaben erst mündlich.
2. Wie heißt die Frage? Siehe Antwort.
3. Male die Ergebnisse in den Luftballons aus.
4. Welche Aufgabe ergibt Unsinn?
5. Schreibe die Aufgabe in vollständigen Sätzen und dazu Frage, Rechnung und Antwort.

Alle Großbuchstaben ergeben den Lösungssatz: RECHTGUTENERFOLG

 

**Operation herausfinden**

**Sachsituation**

Ich stelle den Kindern die vorbereitende Hausaufgabe, bei den Eltern den Preis ihres (neuen) Pullis und/oder ihrer (neuen) Hose zu erfragen. Ein deutlich gemalter Preiszettel wird an das Kleidungsstück geheftet. Bei einem Spaziergang durch die Klasse ergeben sich laufend neue Einkaufswünsche: Der Pulli von der Sabine und die Hose von der Claudia würden mir gefallen. – Ich achte dabei darauf, dass wohlhabende Kinder den ärmeren gegenüber nicht zu sehr angeben.

Jedes Kind stellt sich eine Rechnung zusammen und verrät nur sein Ergebnis. Beispiel: Monika möchte eine Hose (Claudia) 38 DM, einen Pulli (Christine) 46 DM. Es wird verkündet: *Ich kaufe Hose und Pulli zusammen für 84 DM. Von wem sind sie?*

Tafelanschrift (Overheadprojektor)

| Einkäufer | Kleidungsstücke | Preis | Rechnung | von wem? |
|---|---|---|---|---|
| Monika | Hose und Pulli | 84 DM | ⊕ | |
| Thomas | | | | |

Vielleicht findet diese Rechenreihe auch nach der Sportstunde ein Nachspiel. Eine lustige Verkleidung zusammen mit einer fröhlichen Rechnerei! Keine Sorge um die Kleidergröße, vorausschauende Eltern kaufen immer etwas größer!

**Bildsituation**

Suche dir einen Pulli und eine Hose aus!

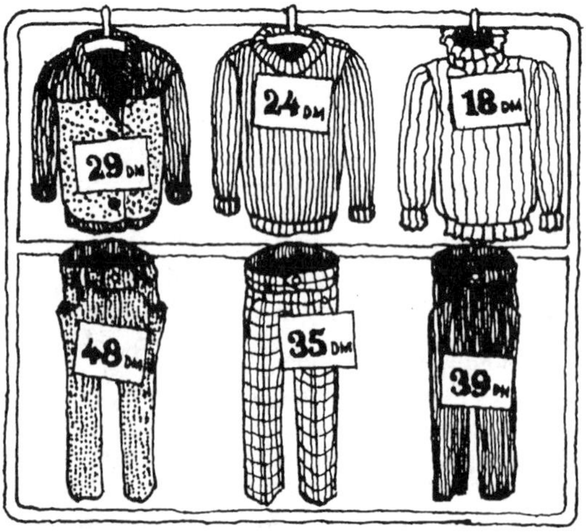

Aus der Abbildung ergeben sich neun Möglichkeiten zu kombinieren. Es entsteht das Cartesische Produkt. Entsprechend sind neun Rechnungen durchzuführen. Ich lasse erst die billigste, dann die teuerste Kombination auswählen. Die anderen Ergebnisse müssen dazwischenliegen.
Teuerste Auswahl: 29 DM + 48 DM = 77 DM
Billigste Auswahl: 18 DM + 35 DM = 53 DM
Zum Schluss werden die Ergebnisse der Größe nach geordnet: 77 DM > 72 DM > 68 DM > 66 DM > 65 DM > 63 DM > 59 DM > 57 DM > 53 DM
Auf die richtige Verbalisierung ist zu achten: ... DM sind mehr als ... DM

**Bildsituation**
Ich besorge einen Stapel Spielzeugkataloge oder kopiere eine Seite so oft, dass je zwei Kinder zusammen ein Exemplar erhalten. Im letzteren Fall kann die werbende Firma verdeckt werden.

Motivation: Nun schlage ich vor, zwei Geschenke herauszusuchen. Es dürfen aber nicht mehr als 30 DM ausgegeben werden. Die Geldscheine lege ich (als Spielgeld oder als richtiges Geld) sichtbar auf den Ausstellungstisch.

Handelndes Lernen: Die konkrete Situation des Bestellens wird angewendet. Gleichzeitig ist die Partnerarbeit eine zusätzliche Motivation.

Ziel: Jeder soll die 30 DM natürlich möglichst vollständig nützen. Daher wird intensiv geübt, welche Addition diese Zielzahl ergibt.
Ein Subtrahieren wird dabei noch nicht verlangt, um allen Kindern Sicherheit im Umgang mit den Rechensituationen zu geben. Mit der Zahlenentnahme aus einer konkreten – auch gespielten – Situation, einem Bild oder einem Text ist durchaus noch nicht gesichert, ob die Rechenoperation richtig erkannt wurde. Etwa gleich große Zahlen, z. B. 86 und 92, werden von vorneherein zum Addieren oder Subtrahieren verleiten, schon weil das Kind mit seinem gelernten Bestand an Fertigkeiten die beiden Zahlen nicht miteinander multiplizieren wird. Ein gewisser **Lehrplan-Pragmatismus** steht bei der Entscheidung Pate, welches Rechenzeichen zutrifft. Auch der behandelte Zahlenraum ist hier eine nicht sachrelevante Entscheidungshilfe. Da 86 + 92 > 100, wird die Entscheidung auf Subtrahieren fallen.
Werden in einer Aufgabe zwei Zahlen von sehr unterschiedlicher Größe angegeben, z. B. 30; 3, so sind im bekannten Zahlenraum alle vier Operationen möglich. Dadurch werden die Kinder zu weiterer Textanalyse gezwungen.
Bald wird im Unterricht die Erkenntnis formuliert, dass man bei bestimmten Wörtern „immer“ addieren muss. Ohne einem kurzsichtigen Schematismus das Wort zu reden kann doch auf die hilfreiche Auflistung hingewiesen werden.

| | |
|---|---|
| Ich muss wahrscheinlich zusammenzählen (addieren), wenn diese Wörter vorkommen: | beide zusammen, doppelt, gemeinsam, wiederholen, nochmals, dazugeben, hat ... mehr als ... |

**Aufgabentexte** müssen also auf Rechenarten hin untersucht werden. Dazu ist es sinnvoll, die Texte zu bearbeiten. Nicht nur die Darbietung in Arbeitsblättern eignet sich dazu, sondern auch das Abschreiben aus dem Buch. Dies wird viel zu wenig betrieben, weil es als Zeitverschwendung angesehen wird. Der abgeschriebene Text garantiert aber eine stärkere Beschäftigung mit dem Inhalt als das bloße Lesen. Darüberhinaus sucht das Kind während des Schreibens, ob nicht manche Nebensächlichkeit übersprungen werden kann. Daraus ergibt sich die Motivation zur Textkürzung, bei der gleichzeitig eine intensive Auseinandersetzung mit dem Inhalt geschieht.
Je weniger Zeit sich der Lehrer mit der Textbetrachtung und dem Erfassen der Situation gibt, desto wahrscheinlicher zeigen sich später bei zusammengesetzten Aufgaben Schwierigkeiten in der Lösungsphase. Oberflächliche Informationsaufnahme ist der Feind erfolgreichen Sachrechnens. Daher: Abschreiben lassen, um an der Aufgabe arbeiten zu können!

### Aufgabentexte kürzen

Wenn der Aufgabentext unvollständig ist, muss ich Angaben ergänzen, um eine Rechenoperation zu ermöglichen. Häufig aber sind im Text irrelevante Informationen mitgeliefert, die ohne weiteres gestrichen werden können. Je weniger Worte übrigbleiben, desto leichter ist der Text zu überblicken.
Motivation: Meine Kinder dürfen heute den Rotstift kräftig gebrauchen. Sie sollten gleich zwei angespitzt haben, denn sie dürfen kräftig durchstreichen. Es gibt nämlich solche **Quasseltanten-Aufgaben,** in denen viel zu viel geredet und dabei wenig Wichtiges verraten wird.

Die Geschichte sollte möglichst rasch auf Band gesprochen und dann als Einstieg vorgespielt werden:

> Na, da hat doch am Montag der Herr von der Versicherung angerufen. Er war sehr nett und hat gefragt, ob ich die Versicherung für unseren Prinz vergessen habe. Kennen Sie unseren Prinz? Ein goldiger Hund sag ich ihnen! Ja, also, der Herr, die Versicherung, ja, ich habe die Überweisung vergessen, 124 DM im Jahr. Daneben haben wir noch die Versicherung für die Kinder, wenn die mal was kaputtmachen bei anderen Leuten. Die Haftpflicht, so nennt man das. Ich denke, die beiden Versicherungen, die zahle

ich zusammen. 95 DM kostet die Haftpflicht. Und da erzählt mir doch der Mensch, aber wirklich höflich, man muss es getrennt überweisen, sonst kapiert das der Computer nicht. Er wollte bloß mal fragen, der Herr ...

Tafelanschrift während des Tonbandvortrages:

**A** ..........................................................................

**F** Frage: Wie viel Geld hat Frau Quasseltante zusammen überwiesen?

**R** Rechnung:

**A** Antwort: Frau Quasseltante ................................................

1 Kannst du nach dem Zuhören die Rechnung niederschreiben?
2 Lies den Text durch und streiche heraus, was überflüssig ist!
3 Schreibe danach die Aufgabe so kurz wie möglich!
4 Wer ist Sieger im Kurzschreiben? Alles Nötige muss enthalten sein!

**Quasseltanten-Aufgaben**

Meine Schwester Monika ist zu Onkel Robert nach Jena mit dem Zug gefahren. Das sind 76 Kilometer. Am Sonntag darauf hat sich Onkel Robert in sein Auto gesetzt und Monika wieder heimgebracht. Er hat gesagt, dass es auf der Straße nur 65 Kilometer sind.

1 Wie viele Kilometer ist Onkel Robert am Sonntag gefahren?
2 Wie weit war Monikas Reise?

Mein Opa ist von Hannover zu uns nach Braunschweig mit dem Fahrrad gestrampelt. Er hat für die 60 Kilometer nur 3 Stunden und 30 Minuten gebraucht. Nach Hause ist er aber mit dem Zug gefahren. Im Fahrplan steht, dass es 61 Kilometer sind. Wie weit war die Reise?

**Sachsituation: Meine Klasse, deine Klasse**

Beim Addieren zweier Summanden ist der Einstieg in die Simplexdarstellung des Rechenplanes am vorteilhaftesten und anschaulichsten. Unter Simplexdarstellung versteht man den Rechenplan mit *einem* Operationszeichen, also mit nur einer Rechenoperation. Diese sollte schon im 2. Schuljahr und bei kleinen Zahlen erfolgen.
Ich plane mit meinen Kindern einen Nachbarschaftsbesuch in der anderen Klasse. Die Klassenstärken lasse ich durch Abzählen in der Schule feststellen oder bei der Sekretärin erfragen. Wir könnten immer mit zwei Klassen zusammen zum Theater oder ins Schwimmbad fahren! In welcher Klasse hast du einen Freund? In welcher hast du Geschwister?

| Name | Datum | **AB 7** |

## Meine Klasse, deine Klasse  Zahlenraum bis 100

Jürgen hat hier eine Zeichnung für fünf Schulklassen seiner Schule angefertigt. Daneben siehst du die Schülerzahlen dieser Klassen. Er möchte gerne mit Alexanders Klasse im Bus zum Schwimmbad fahren. Die Schilder der Klassen malt Jürgen mit verschiedenen Farben aus.
Der Busfahrer sagt: *Ich darf höchstens 72 Kinder aufnehmen.*

**Jürgen:**  **Jürgen rechnet:**

| meine Klasse | fährt mit | Petras Klasse | 25 | 23 |
| | | Özkans Klasse | | 21 |
| | | Alexanders Klasse | | 30 |
| | | Sabines Klasse | | 30 |

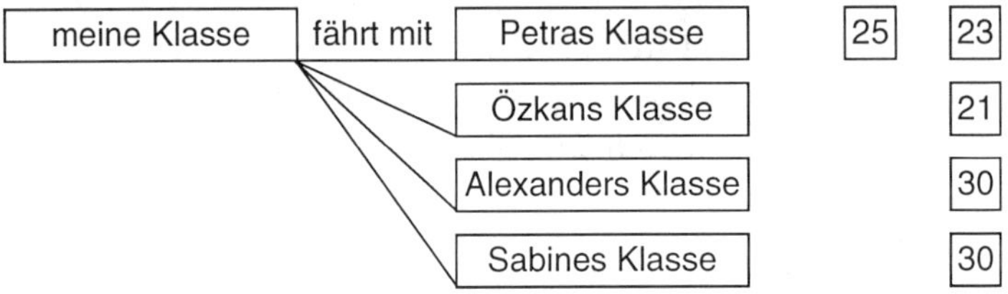

① Jürgens Klasse fährt mit Alexanders Klasse im Bus.
Frage: *Wie viele Kinder sitzen im Bus?*

② Jürgens Klasse fährt mit Özkans Klasse im Bus.
Frage: *Wie viele Kinder ...?*

③ Petras Klasse fährt mit Jürgens Klasse im Bus. Frage: *Wie viele ...?*

④ Petras Klasse fährt mit Sabines Klasse im Bus. Frage: *Wie ...?*

⑤ Schreibe die Aufgaben 5 bis 10 selbst auf.
Aufgabe-Frage-Rechnung-Antwort   ⑥ ⑦ ⑧ ⑨ ⑩

**Für die Rechnungen helfen dir diese Rechenpläne**

| meine Klasse | deine Klasse | | meine Klasse | deine Klasse |
| | | + | | |
| fahren gemeinsam ins Schwimmbad | | | fahren gemeinsam ins Schwimmbad | |

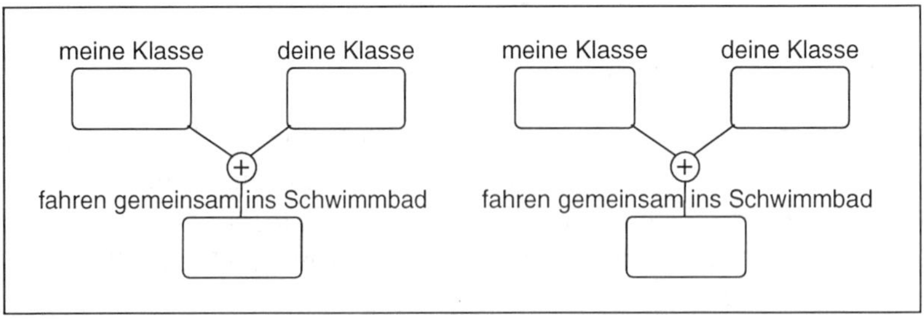

⑪ Es können auch drei Klassen im Bus fahren. Schreibe erst die Rechnung, dann die Frage und am Schluss die Aufgabe.

⑫ Welche drei Klassen dürfen nicht in den Bus? Schreibe die Antworten.

So entsteht die Sachsituation für das Arbeitsblatt. Aus beiden Klassenzimmern steigen die Kinder in den Bus ein. Das Plus-Zeichen verkündet wie ein Verkehrszeichen die Vorschrift: Hier einsteigen!

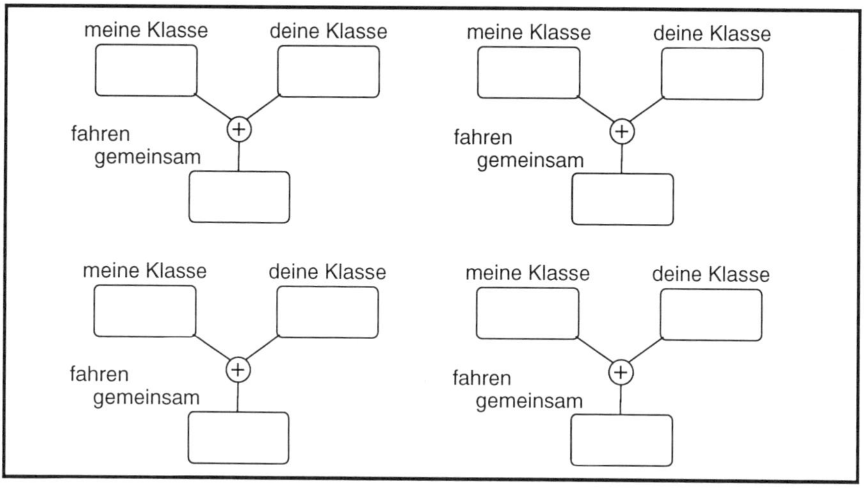


## 3.2 Addieren mehrerer Summanden

Mit der tatsächlich ausführbaren Sachsituation „Schülerzahlen in unserem Schulhaus“ gelangen wir von der Addition zweier Zahlen zur Addition von mehr als zwei Summanden. Die auftretende Schwierigkeitssteigerung liegt nicht im Erfassen der Sachsituation, d. h. im Erkennen der richtigen Verknüpfung, sondern im arithmetischen Können. Die rechnerischen Voraussetzungen müssen gesichert sein, das vorteilhafte Addieren unter Ausnützung des kommutativen Gesetzes muss beherrscht werden.
Rechne vorteilhaft. 28 + 49 + 12 = ? Tauschaufgabe: 28 + 12 + 49 = ?

**Sachsituation** **(Zahlenraum bis 20)**

1. Wie viele Leute wohnen bei dir im Haus, beim Nachbarn links und rechts? Wie viele sind es zusammen? (Vorbereitende Hausaufgabe, wird ohne Lösungszahl vorgelesen)
2. Wie viele Leute wohnen in deinem Mietshaus im Erdgeschoß, im 1. Stock, im 2. Stock? Wie viele sind es zusammen? (Vorbereitende Hausaufgabe)
3. Ein Blatt normales Schreibpapier wiegt (ziemlich) genau fünf Gramm. Ein normaler Brief darf nur 20 g wiegen. Der Briefumschlag ist aus

einem Blatt gefaltet, das etwas kleiner ist und 4 g wiegt. Im Unterricht lasse ich meine Kinder den Briefumschlag falten.

| Rechne: Gewicht Briefumschlag | + Gewicht 1. Blatt | + Gewicht 2. Blatt | + Gewicht 3. Blatt | = Gesamtgewicht ............... g |
|---|---|---|---|---|

(Bei der Berechnung ist Papier mit 80 g je $m^2$ verwendet, entsprechend der Fläche des DIN-A4-Blattes ergibt sich das Gewicht von 4,9896 g.)

**Sachsituation** **(Zahlenraum bis 100)**

4 Beim Werfen auf eine Zielscheibe werden die drei Würfe addiert: 20 Punkte + 15 Punkte + 25 Punkte.
Ungefährlich ist ein Ringewerfen im Klassenzimmer.

5 Umgang mit dem Kalender; unsere Ferientage werden addiert. Achtung! Wir addieren nur die Tage, an denen Mama und Papa normalerweise arbeiten müssen, also keine Samstage, Sonntage und Feiertage. Ferientage sind also die Schüler-Urlaubs-Tage.

| | | |
|---|---|---|
| Weihnachtsferien | im Januar | 4 Tage |
| Fasching: | im Februar | 2 Tage |
| Ostern: | im April | 8 Tage |
| Pfingsten: | im Juni | 9 Tage |
| Sommerferien: | im Juli | 3 Tage |
| | im August | 23 Tage |
| | im September | 7 Tage |
| Herbstferien: | im November | 5 Tage |
| Weihnachtsferien: | im Dezember | 3 Tage |
| | Zusammen | ______ |

**Sachsituation** **(Schriftliches Addieren/Zahlbereich bis 1000)**

Erst nach Einführung des schriftlichen Addierens sollten Aufgaben mit drei und mehr dreistelligen Zahlen verlangt werden. Dies ist in der Regel erst in der zweiten Hälfte des 3. Schuljahres der Fall. Dann ergeben sich Aufgaben aus dem Sachunterricht, aber auch aus dem Alltag der Kinder.
Das Auf- und Abrunden auf ganze Hunderter und die *Überschlagsrechnung* sind einzubeziehen, auch wenn manche Lehrpläne dies unverständlicherweise erst im 4. Schuljahr vorsehen.

**Sachsituation Verkehrszählung** (Zahlenraum variabel)
Wir führen eine Strichliste über Fahrzeuge, die an der Schule vorbeifahren. Je zwei Kinder sind für einen Posten eingeteilt.

| | alle Fahrzeuge | Zweiräder | PKW/Busse | LKW/Traktoren |
|---|---|---|---|---|
| von 9.00 Uhr bis 10.00 Uhr | | | | |
| von 10.00 Uhr bis 11.00 Uhr | | | | |
| von 11.00 Uhr bis 12.00 Uhr | | | | |
| von 12.00 Uhr bis 13.00 Uhr | | | | |

**Sachsituation Weitspringen** (Zahlenraum bis 400 cm)
Alle drei Sprünge werden addiert. Die Leistungen der Klasse bewegen sich zwischen 6,30 m (630 cm) und 9,90 m (990 cm). Mit Block und Bleistift sind die Kinder am Rand der Weitsprunggrube bereit zum Mitrechnen. Diese Aufgabenstellung erlaubt dann den Übergang zum Draufzählen, wenn die Frage auftaucht: „Wie weit muss ich beim dritten Sprung kommen, um den besten Springer einzuholen?“

**Sachsituation mit der Küchenwaage** (Zahlenraum bis 1000 g)
250 g Butter, ein 125 g-Becher Joghurt, eine Tafel Schokolade liegen auf dem Ausstellungstisch. Wie viel wiegen sie zusammen? Was errechnest du? Was zeigt die Waage wirklich an?

**Bildsituation Fahrradkauf mit Zubehör** (Zahlenraum bis 1000 DM)

Ein Fahrrad wird nach Katalog ausgesucht, dazu verschiedenes Zubehör. Die Summe soll z. B. 1000 DM nicht übersteigen. Bei Angaben in DM und Pfennig runden wir auf ganze DM-Beträge auf oder ab. Das zur Verfügung stehende Geld liegt als Spielgeld bereit und kann ausgegeben werden.

Kleidung und Schuhe werden nach Katalog oder Zeitungsinserat ausgesucht. Teilkopien anfertigen!
Motivation: Ausschneiden und Aufkleben ermöglichen handlungsorientierten Unterricht.

**Bildsituation Heimatkarte**
Eine Rundfahrt wird geplant. Entfernungsangaben von Ort zu Ort müssen vorher von mir in die Karte eingetragen sein, wenn das Maßstabsrechnen zu schwierig ist.
Die Kinder suchen verschiedene Routen aus und berechnen die Strecke.
Wer fährt alle angegebenen Orte an?

| Name | Datum | **AB 8** |
|---|---|---|

## Einkaufen mit einem Geldschein - Rechnen mit DM und Pf

(Zahlenraum bis 1000)

**1** Du sollst Butter, Brot und Milch einkaufen. Zehn Mark hast du dabei. Auf jeden Fall musst du ein halbes Pfund Butter (2,25 DM oder 2,50 DM) ein Kilo Brot (3,85 DM oder 3,25 DM) und eine Flasche Milch (1,98 DM) mit nach Hause bringen.

a) *Reicht das Geld?*
Rechne schriftlich und kreuze die richtige Antwort an.

☐ *Ja, das Geld reicht.* ☐ *Nein, das Geld reicht nicht.*

b) Verbrauche möglichst viel von den zehn Mark! Wie sieht dann deine Rechnung aus?

**2** Frau Markert kauft in der Metzgerei ein und bringt auch für Familie Zech etwas mit. Hier ist die Rechnung:

| | |
|---|---|
| 4,60 DM | Die ersten vier Posten sind für Frau Markert, |
| 9,85 DM | die anderen drei Posten sind für Familie Zech. |
| 15,20 DM | a) Wie viel muss Frau Markert insgesamt bezahlen? |
| 3,50 DM | b) Wie viel bekommt sie von Frau Zech wieder? |
| 9,96 DM | c) So ein Zufall! |
| 14,64 DM | |
| 8,55 DM | |

Summe _____DM

**3** Thomas, Mareile und Anna besorgen sich eine Rechnung von Muttis Einkauf. Die drei Kinder suchen sich einige der verschiedenen Posten aus. Jedes Kind unterstreicht seinen Einkauf mit einer anderen Farbe, bis alle Posten verbraucht sind. Nun rechnet jeder seine Preise zusammen.
Spielt diese Geschichte nach, dazu braucht ihr nur eine Einkaufsrechnung.

a) Wer hat das meiste ausgegeben?

Schreibe so: ____________ bezahlt ____________ DM
____________ bezahlt ____________ DM
____________ bezahlt ____________ DM

b) Zähle die drei Summen zusammen ____________ DM
und vergleiche mit dem Kassenzettel. zusammen ____________ DM
Stimmt es?

## In der Frage steckt die Antwort

### Spielsituation

Unter den Kindern wird ein *Elternpaar* gesucht, das uns eine Situation in der Schule vorspielt. Daneben brauchen wir noch einen Hausmeister. Das Elternpaar, Frau und Herr Honigschläger, ziehen nächste Woche nach Tiefenstein. Sie wollen ihren Sohn Markus für die 3. Klasse anmelden und treffen am Nachmittag den Hausmeister an.
Damit die Situation anläuft, bekommen die beiden Eltern von Markus die Fragen auf einzelnen Streifen ausgehändigt.

| Die Personen: | Die Fragen (werden an der Tafel befestigt): |
|---|---|
| Frau Honigschläger | Wie heißt der Schulleiter? |
| Herr Honigschläger | Wie viele Klassen hat die Schule? |
| Herr Schuster, der Hausmeister | Wann beginnt der Unterricht? |
| | Wie alt ist die Schule? |
| | Wie viele Stunden Unterricht hat Markus in der Woche? |

Jedes der zuschauenden Kinder kann die Antworten leicht finden, wenn es nur ein oder zwei Wörter ersetzt. Es schlüpft also in die Rolle des antwortenden Hausmeisters und verwendet die Angaben für die Antworten, die an der Tafel sichtbar sind.

| Angaben | Antworten |
|---|---|
| 12, 28, 8, 45, Meister, Jahre, Frau, Uhr, um | Die Schulleiterin heißt ______________<br>Die Schule hat ________ Klassen. |

Beim Sprechen der vollständigen Antwort können die entsprechenden Wörter aus den Fragen und die dazugehörigen Angaben gestrichen werden.
Die Kinder erkennen während der Spielsituation das

**Lernziel:** **Fast alle Wörter der Frage kann ich für die Antwort verwenden.**
**Für das Fragewort schreibe ich die Lösung in die Antwort.**

| | | | | | | |
|---|---|---|---|---|---|---|
| Wort-Nummer | 1 | 2 | 3 | 4 | 5 | 6 |
| Frage: | Wie | viele | Klassen | hat | die | Schule? |
| Antwort: | 5 | 6 | 4 | 1,2... | 3 | |
| | Die | Schule | hat | 12 | Klassen. | |

*Übungsphase:* Ein anderes Elternpaar kann in *unserer* Schule diese Fragen stellen. Wir notieren die Angaben für die richtige Antwort.
*Partnerarbeit:* Kind A schreibt die Frage auf, Kind B schreibt die Antwort auf. Wörter, die beide geschrieben haben, werden farbig übermalt.
*Anwendung:* An den bisher aufgeführten Aufgaben und an den Aufgabentexten des Mathematikbuches wird diese Erkenntnis überprüft.

## Dumme Antworten und dumme Fragen

### Spielsituation

Um die Kinder zum bewussten Überdenken der Frage und der Antwort zu führen, beginnt der heutige Einstieg in die Mathestunde im Sitzkreis. Einige freiwillige Kinder sollen nachher an uns Fragen stellen und müssen erst einmal draußen warten. Wenn sich die Frager entfernt haben, machen wir folgendes aus:

1. Das erste Kind, das etwas gefragt wird, gibt als Antwort: Das weiß ich nicht.
2. Das zweite Kind, das gefragt wird, gibt die Antwort, die das erste Kind hätte geben müssen.
3. Das dritte Kind gibt die Antwort des zweiten Kindes usw.

Beispiel:

| | |
|---|---|
| 1. Frage: Wie alt bist du? | 1. Kind: Das weiß ich nicht. |
| 2. Frage: Was machst du heute Nachmittag? | 2. Kind: Neun. |
| 3. Frage: Wie heißt du? | 3. Kind: Ich gehe zum Zahnarzt. |

Wenn der erste Frager hereinkommt, erkläre ich ihm, dass hier ziemlich dumme Kinder sitzen, und er soll mal den Lehrer spielen. Er darf aber nur ganz einfache Dinge fragen, die wirklich jeder beantworten kann. Es soll der Reihe nach gefragt werden. Bei den Befragten herrscht beste Motivation und eine sehr gute Konzentrationshaltung, muss man doch Acht geben, seine richtige Antwort nicht zu überhören. Die Frager sollten so ausgewählt sein, dass sie nicht rasch zur Frustation neigen. – Nach einiger Zeit muss ich wohl etwas Hilfestellung geben, etwa so: Hast du schon bemerkt, was mit diesen armen Kindern passiert? Die Antworten sind natürlich un-mög-lich!
Drei oder vier Fragerunden kann man – je nach Klasse – schon durchstehen. Ich hoffe, dass Ihre Kinder daraufkommen, wieso sich so dumme Antworten ergeben. Zuletzt suchen wir die Bezeichnung für dieses Spiel. Es ist **das Spiel mit den dummen Antworten.** – Morgen machen wir das Gegenteil!
Ich beginne die nächste Mathematikstunde mit der Überschrift von gestern, streiche dann aber das Wort *Antworten* durch und schreibe dahinter das Wort Fragen.

| Name | Datum | **AB 9** |
|---|---|---|

## So eine dumme Frage!

(Zahlenraum bis 100)

**Günther erzählt die Geschichten:**

**Martin stellt die Fragen an uns. Können wir sie beantworten?**

1. Gestern hatte ich meinen neunten Geburtstag, morgen hat meine große Schwester Geburtstag. Sie ist sieben Jahre älter als ich.

a) Wie schwer ist sie denn?
b) Um wie viel ist sie älter?
c) Wie alt ist die Schwester?
d) Welche Hose hat sie an?

2. Ich habe einen Sitzwürfel geschenkt bekommen. Man kann sich richtig draufsetzen. Alle Punkte sind aufgemalt, nur die Eins fehlt.

a) Wie alt ist der Würfel?
b) Wie viele Punkte kann man zählen?
c) Wozu dient der Würfel?
d) Kann man den Würfel verbrennen?

3. Zwölf Stufen führen in den Keller, sechzehn Stufen führen in den ersten Stock.

a) Wie alt ist der Architekt?
b) Wie hoch ist das Treppengeländer?
c) Welche Farbe hat die Treppe?
d) Wie viele Stufen sind es zusammen?

4. Unser Haus ist schon 45 Jahre alt. Der Baum davor ist 25 Jahre älter.

a) Wie groß ist das Schlüsselloch? b) ______________________?

c) ______________________? d) ______________________?

5. Stelle selbst die richtige Frage und einige ganz dumme Fragen.

Wie heißt die Geschichte?

______________________

______________________

______________________

______________________

______________________

So hat Martin gefragt.

a) Wer bekam zuerst Bauchweh?
b) Wer schnitt den Kuchen an?
c) Warum war die Torte zuerst verspeist?
d) Wie viele Stücke waren es zusammen?
e) Wie hieß der Bäcker, der den Kuchen gebacken hat?

| **Tafelanschrift: Das Spiel mit den dummen Fragen** |
|---|
| Frau Hirt kaufte für Stefanie ein Paar Schuhe für 58 DM und einen Pulli für 45 DM. |

Die dazugehörenden Fragen habe ich schon in der Klasse verteilt. Jetzt werden sie laut vorgelesen.

a) Welche Haarfarbe hat Frau Hirt?
b) Was war teurer?
c) Welche Farbe hat der Pulli?
d) Wie viel kosten Schuhe und Pulli zusammen?
e) Wie alt war die Verkäuferin?
f) Wie viel kostete der Pulli?
g) Wie viel Geld hat Frau Hirt noch im Geldbeutel?

Nach einiger Betrachtung stellt sich heraus.

Hier gibt es

| dumme Fragen | unnötige (unlösbare) Fragen | richtige (passende) Fragen |
|---|---|---|
| a) c) e) | b) g) f) | d) |

## 3.3 Zwei gleiche Summanden

### Ein Verdoppelungs-Märchen

Einst lebte ein König, der lange Jahre ohne sich zu sorgen sein ganzes Hab und Gut mit Feiern und Faulenzen durchbrachte. Die Leute murrten, weil sie nicht richtig regiert wurden, ja nicht einmal Geld für die Arbeiten bekamen. Es wurde nichts gebaut: Keine Straßen und Wasserleitungen, keine Schulen und Krankenhäuser und auch keine Gefängnisse.
Schließlich hatte der König kein Geld mehr. Er musste hungern und besann sich endlich darauf, dass wieder Geld in die Staatskasse kommen musste. Wenn sie voll wäre, würde er gerne anfangen, richtig zu regieren und das Geld zusammenhalten. Aber: Woher nehmen? Da kam ihm eine Idee.

Er legte seinen letzten Pfennig auf dem Marktplatz in einen Korb. Jeder, der vorüberkam, sollte den Betrag, den er vorfand, einfach verdoppeln. Dafür brauchten die Leute keine Steuern zu bezahlen.

Das Volk war einverstanden mit dieser Lösung. Es schien ja auch ganz wenig zu kosten, am Anfang jedenfalls.

1 Pfennig lag da.
Der 1. Bürger legte dazu 1 Pfennig. 1 + 1 = 2
Der 2. Bürger legte dazu 2 Pfennige 2 + 2 = 4
Der 3. Bürger legte dazu 4 Pfennige 4 + 4 = 8
Der 4. Bürger legte dazu 8 Pfennige 8 +

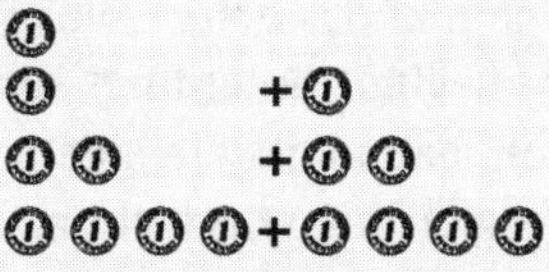

Rasch kamen viele herbei, zehn, hundert neugierige Leute, die alle sehen wollten, wie sich des Königs Geld vermehrte. Sie hatten aber vergessen, dass dieses Gesetz für jeden galt, der vorüberkam. Da entstand ein großes Gedränge. Wenn nur jeder möglichst rasch wieder vom Marktplatz weggekommen wäre! Aber jetzt standen die Soldaten des Königs im Wege. Wer das Geld nicht eingesteckt hatte, musste bleiben und warten, bis er von seinen Angehörigen ausgelöst wurde. Es musste schnell gehen.
Der 10. Bürger hatte es noch leicht. Er durfte seinen Pfennigbetrag auf ganze Mark abrunden.
Der 11. Bürger hatte es dann einfacher, zu rechnen.
Aber zehn Mark waren damals viel Geld. Und es ging weiter. Der 12. drängte herzu, der 13. ebenfalls. Nun hatten es alle verstanden: Das neue Gesetz des Königs war schlimm! Bloß nicht der Letzte sein!
Als der 18. Bürger zahlen sollte, brach ein Aufstand los. Wer noch wartete, stürzte sich auf die Wache und stürmte zum Palast des Königs. Der wurde vom Volk abgesetzt und wegen seiner Ungerechtigkeit und seines Leichtsinns außer Landes gebracht. Das angesammelte Geld aber wurde an die Spender wieder gerecht verteilt. Von da an zahlten die Leute gerne und ohne Murren ihre Steuer an einen neuen, gerechteren König.

*Hans Falkner*

Ob diese Geschichte Fragen braucht? Sie entstehen von selbst. Wer am schnellsten schaltet(e), „kommt (kam) am besten weg". Ich erzähle die Geschichte meinen Kindern, während alle im Kreis sitzen und mitten im Klassenzimmer der Pfennig auf einem Stuhl liegt. Kommt man mit dem Kopfrechnen nicht mehr weiter, so kann man auf dem Block weiterschreiben.
**Je nach dem behandelten Zahlenraum** ist die Geschichte zu begrenzen: bis 16 oder bis 64 oder bis 512 Pfennigen (das sind dann rund 5 Mark). Beim 18. Bürger werden 1000 DM überschritten. Es kann aber im 4. Schuljahr durchaus bis 334.455,32 DM gehen, wenn man der 25. ist und genau rechnen will. (33445532 = $2^{25}$)
Analoge Sachsituation dazu: Eine riesige Menge Wertmarken (Büroklammern, abgebrochene Zahnstocher, Spielchips, Zentimeterwürfel) wird in der Klasse verteilt. Alle diese Marken werden zu Goldstücken erklärt, die wir in die Klassenkasse spendieren. Jeder, der einzahlt, muss den Betrag verdoppeln. Ich

lege hier das erste Goldstück in die Kiste. – Eine eifrige Zählerei und Rechnerei beginnt. Allerdings kann ich auch mit drei oder fünf oder ... Dingen beginnen, dann entstehen andere Zahlen.
Vergleichen wir doch mal!

| | | | | | | | | | | | | | | |
|---|---|---|---|---|---|---|---|---|---|---|---|---|---|---|
| 1. | 2. | 3. | 4. | 5. | 6. | 7. | 8. | 9. | 10. | 11. | 12. | 13. | 14. | 15. |
| 1 | 2 | 4 | 8 | 16 | 32 | 64 | 128 | 256 | 512 | 1024 | 2048 | 4096 | 8192 | 16384 |
| 3 | 6 | 12 | 24 | 48 | 96 | 192 | 384 | 768 | 1536 | 3072 | 6144 | 12288 | 24576 | 49152 |
| 5 | 10 | 20 | | | | | | | | 5120 | | | | |

Die Kontrolle ist einfach; es sind immer dreimal so viel oder fünfmal so viel – logisch, oder?

### Doppelt so viele – halb so viele

Zwei gleiche Summanden treten in vielen alltäglichen Situationen auf und wirken auf das Kind immer sehr motivierend. Dieser Sonderfall der Addition sollte daher ausführlich behandelt werden, auch schon im Bereich des Zahlenraumes bis 20. Doppelt so groß, so lang, so weit, so teuer zu berechnen birgt in sich den Zusammenhang zwischen additiver und multiplikativer Verknüpfung. Der Zusammenhang zwischen den Begriffen *doppelt* und *zweifach* oder zweimal ist für späteres Textverständnis wichtig. *Die beiden gleichen Größen* können mit dem Faktor zwei erfasst werden.

Außerdem wird der erste Zehnerübergang ständig trainiert:

| | | | |
|---|---|---|---|
| Beispiele: | 7 Jahre | doppelt so alt ist dann | 7 + 3 + 4 = 14 Jahre; 2 · 7 = 14 |
| | 8 DM | 2 Stück kosten | 8 DM + 2 DM + 6 DM = 16 DM |

### Das Verdoppeln in der Geometrie

Die Berechnung des Umfanges beim Rechteck führt über die Verdopplung jeweils der Länge und der Breite. $U = 2\,l + 2\,b = 2\,(l + b)$
Kindgemäß wird das Lernziel so formuliert: Ich kann erst beide verdoppeln und dann zusammenzählen oder ich kann erst beide zusammenzählen und dann verdoppeln.

### Sachsituation (Spielsituation) zum Begriff Umfang

Der Verkäufer in der Bekleidungsabteilung nimmt sein Bandmaß und misst den Umfang. Manche Leute haben einen ziemlich gewaltigen Umfang, Ringer oder Boxer zum Beispiel. Ihr Umfang ist allerdings nicht so eckig wie der Umfang unseres Tisches, er ist eher rund wie der Umfang eines Baumstammes, eines Fasses oder Rades. Wie groß ist dein Umfang? Alle diese Möglichkeiten des Messens sollten genützt werden.

| Name | Datum | **AB 10** |
|---|---|---|

## Doppelt so viele, halb so viele

(Zahlenraum bis 20)

① Dinge, die man immer paarweise braucht.
Fülle die leeren Stellen aus.

| | | | |
|---|---|---|---|
| 5 Paar Socken | ___ Stück | 10 Handschuhe | ___ Paar Handschuhe |
| 8 Paar Schnürsenkel | ___ Stück | 20 Strümpfe | ___ Paar Strümpfe |
| 3 Paar Schuhe | ___ Stück | 6 Ohrringe | ___ Paar Ohrringe |
| 2 Paar Turnschuhe | ___ Stück | 8 Federballschläger | ___ Paar Schläger |
| 1 Paar Hausschuhe | ___ Stück | 14 Fußballschuhe | ___ Paar Schuhe |

② 2 Paar Schi, 3 Paar Handschuhe, 4 Paar Schistöcke und eine Pudelmütze liegen im Kofferraum. *Wie viele einzelne Stücke sind das?*

③ Tanzpaare kommen auf die Bühne

| 1. Paar | 2. Paar dazu | 3. Paar dazu | 4. Paar dazu | 5. Paar dazu |
|---|---|---|---|---|
| 2 Personen | 4 Personen | | | |
| 6. Paar dazu | 7. Paar dazu | | | |
| | | | | |

Schreibe weiter, bis es 10 Paare sind.

(Zahlenraum bis 100)

④ Häuserreihen stehen links und rechts der Mozartstraße. Die ungeraden Hausnummern von 1 bis 79 sind links, die geraden Hausnummern von 2 bis 80 sind rechts. *Wie viele ungerade Zahlen gibt es von 1 bis 80?* Nimm ein Hunderterfeld zum Nachschauen und Ausmalen.

⑤ Herr Pflaum besucht mit seinen beiden Kindern Eva und Richard den Zirkus. Kinder zahlen nur die Hälfte. Der Platz für Herrn Pflaum kostet 28 DM. *Wie teuer ist der Eintritt für alle drei?*

| Lösungszahlen | | | | | | | | | | | | | | | | | | | |
|---|---|---|---|---|---|---|---|---|---|---|---|---|---|---|---|---|---|---|---|
| 40 | 56 | 19 | 20 | 18 | 16 | 16 | 14 | 12 | 10 | 10 | 10 | 8 | 7 | 6 | 6 | 5 | 4 | 4 | 3 | 2 |

## Wer alles einen Umfang hat

Nötiges Material: einige Bandmaße, Meterstab, Zollstöcke, Lineal.
Ich halte zum Einstieg in den Unterricht ein Bandmaß in der Hand und erzähle:
**Spielsituation** (Zahlenraum bis 130)
Herr Direktor Müller braucht einen neuen Anzug. Und weil der Herr Direktor etwas beleibt ist (Geste!) und der Anzug gut sitzen soll, lässt er sich von einem Verkäufer beraten. Der Verkäufer bittet höflich, ob er einmal Maß nehmen darf. – Vermutungen der Kinder fließen in die Geschichte ein. Der Verkäufer misst um den Bauch herum, dort, wo der Gürtel sitzt. Der Begriff Umfang wird von den Kindern genannt. – Ich verrate den Umfang von Herrn Direktor Müller noch nicht. Kennt ihr denn euren Umfang?
Paare oder Dreiergruppen werden gebildet und man misst gegenseitig den Umfang. Vorsicht, übergewichtige Kinder dürfen nicht bloßgestellt werden! Gegebenenfalls wird nur mit einer Spielgruppe gemessen.

Tafelanschrift: Kinder in unserer Klasse haben diesen Umfang:
_____ cm _____ cm _____ cm _____ cm _____ cm _____ cm

Herr Direktor Müller hatte diesen Umfang: 1 m 30 cm
Findest du zwei Kinder, die zusammen denselben Umfang haben wie Herr Müller?

Zur Vertiefung dieses Umfangbegriffes hänge ich nun zwei Gürtel an die Tafel, einer von einer Männerhose, den anderen von einer Kinderhose. Die Gürtellänge 1 Meter für eine Herrenhose ist eine gut einprägsame Norm. Man kann auch auf das Verkaufsregal für Gürtel im Bekleidungshaus verweisen. Welche Längen hängen da?

**Nicht nur bei Menschen wird der Umfang gemessen.**
Zunächst werden die Kinder andere runde Gegenstände nennen. Bäume oder runde Behälter. Schließlich dienen einige Rechtecke an der Tafel als stummer Impuls.

Ankündigung: Auch hier kann man einen Umfang messen.
Es geht sogar einfacher.

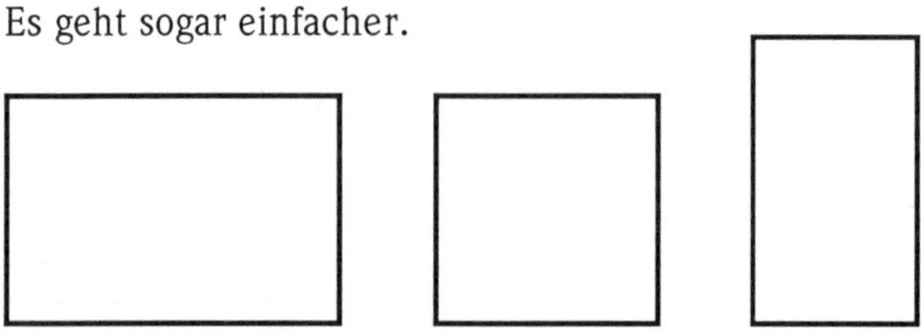

Einerseits wird geraten, welche Gegenstände es sein könnten, d. h. welche diese rechteckigen Formen haben können. Dann ergibt sich beim Messvorgang, dass man gar nicht drumherum messen muss. Die Begriffe *Länge* und *Breite* werden angewendet, auch Breite und Höhe z. B. beim Fenster.
Welche Gegenstände könnten das sein?

| |
|---|
| Tisch – Tür – Bett – Buch – Stuhl – Teller –<br>Backblech – Regal – Blumenvase – Namensschild |

**Länge – Breite – Umfang beim Rechteck**

Beispiele dazu, die im Klassenzimmer oder in der Schule gemessen werden können. Dabei wird immer auf ganze Zentimeter gerundet.

| Gegenstand | Länge (Höhe) | Breite | zusammen | doppelt (Umfang) |
|---|---|---|---|---|
| Lesebuch | 23 cm | 16 cm | 39 cm | |
| Zeichenblock | | | | |
| Schülertisch | | | | |
| Lehrertisch | | | | |

Bei Bilderrahmen, Türrahmen (hat nur drei Seiten), Rahmen des Schaukastens können Länge und Breite gemessen werden. Der Begriff *Rahmen* sichert den Begriff *Umfang* und zeigt zugleich die Motivation für die Berechnung auf. Das handelnde Lernen ist dabei für den mathematischen Lernprozess wichtiger als die lebenspraktische Einbindung in die Erwachsenenwelt: Der Schreiner macht um den Tisch eine Leiste herum.

Mehr Motivation ergibt sich allerdings, wenn der Umfang eines Rechteckes als „Ameisensportplatz mit Wettlauftraining“ anschaulich vorgestellt wird. Welchen Weg rennt die Ameise?
Weitere sachgemäße Fragen:

1. Bilderrahmen: Wie lange ist die Leiste?
2. Tischtuch: Wie lange ist die Bordüre?
3. Fußballfeld: Wie lange ist die Begrenzungslinie? (Ausmessen als Hausaufgabe für die Sportfans)
4. Klassenzimmer, Kinderzimmer und alle rechteckigen Räume: Wie lange ist die Abschlussleiste an der Decke?

| Name | Datum | **AB 11** |
|---|---|---|

## Eine Aufgabe mit dem Löschblatt - zum Falten und Rechnen

(Zahlenraum bis 140)

Wenn ich ein Löschblatt der Länge nach halbiere, wird der Umfang kleiner.
Wenn ich ein Löschblatt der Breite nach halbiere, wird der Umfang kleiner.
Ziehe mit Lineal und Farbstift einen Rand um das halbe Blatt herum.

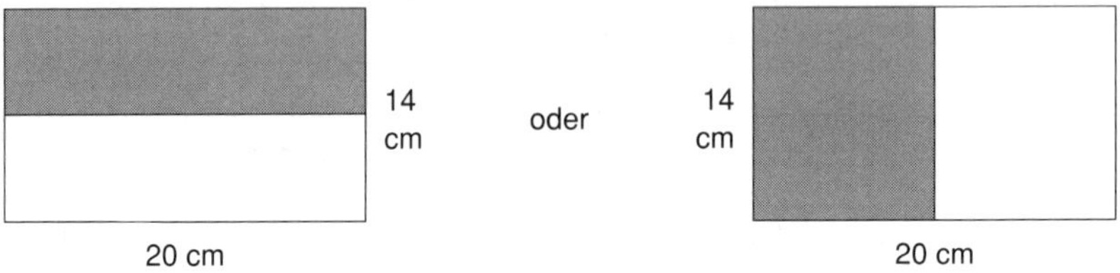


**1** Umfang des ganzen Löschblattes: 20 cm + 20 cm + __ cm + _ cm = __ cm
Umfang des halben Löschblattes: 20 cm + ___ + 7 cm + ___ cm = ___ cm
Umfang des halben Löschblattes: 14 cm + 14 cm + ___ + ___ = ___ cm

**2** Dein Schreibheft ist einmal geschlossen, einmal aufgeschlagen.
Miss die Ränder und berechne jedes Mal den Umfang.

**3** Der Bilderrahmen für ein Wandbild ist 40 cm hoch und 30 cm breit.
*a) Wie lang ist die Leiste für den Rahmen?* ____ cm
*b) Wie lang ist die Leiste, wenn der Rahmen halb so hoch ist?* ____ cm
*c) Wie lang ist die Leiste, wenn der Rahmen halb so breit ist?* ____ cm

**4** Zeichne Quadrate in dein Heft. Rechne und miss aus.

| eine Seite | zwei Seiten | drei Seiten | Umfang | Umfang des halben Quadrates |
|---|---|---|---|---|
| 3 cm | | | | |
| 5 cm | | | | |
| 7 cm | | | | |
| 9 cm | | | | |

| Name | Datum | **AB 12** |
|---|---|---|

## Quadrate ineinander geschachtelt

(Zahlenraum bis 140)

**1** Zeichne auf ein großes Rechenblatt fünf Quadrate, die alle ineinander liegen. Beim kleinsten ist jede Seite 2 cm lang, beim nächsten ist jede Seite 4 cm lang, beim nächsten ist jede Seite 6 cm lang und so weiter.

*a) Wie groß ist der Umfang eines jeden Quadrates?*

*b) Wie groß ist der Umfang eines jeden halben Quadrates?*

*c) Wie lang sind alle Striche der fünf Quadrate zusammen?*

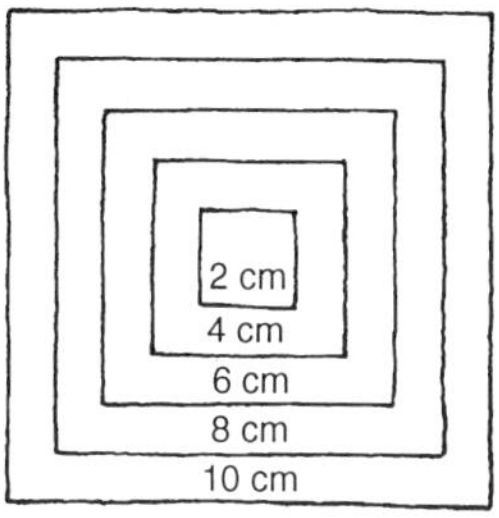


**2**

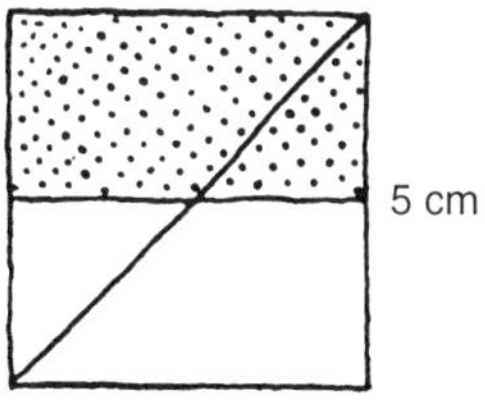


Ein Quadrat kann man auch von Ecke zu Ecke falten und so halbieren.
Jetzt kannst du den Umfang nur messen.

Umfang des Dreiecks _____ cm

Umfang des Rechtecks _____ cm

**3** Besorge dir ein Mühle-Spiel! Es sieht ähnlich aus wie das Quadrat-Bild. Lass dir das Spiel erklären. *Wie lang sind alle Striche zusammen?*

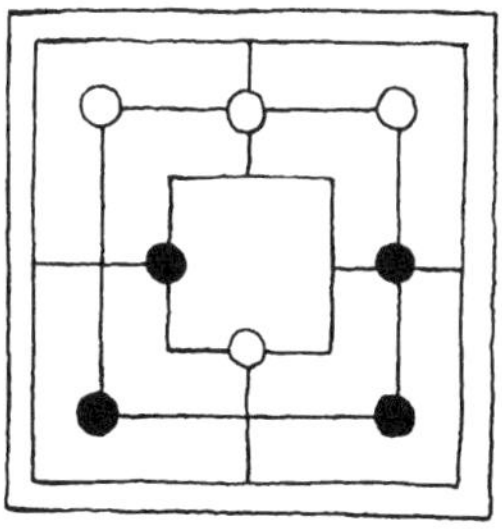

Mühle-Spiel

äußeres Quadrat __________ cm

mittleres Quadrat __________ cm

innerstes Quadrat __________ cm

vier Linien __________ cm

Summe: __________ cm

Mit einem Kreppband kannst du dieses Spiel auf deinen Tisch kleben.

| Lösungen zu 1 und 2: | 4 | 8 | 8 | 12 | 16 | 16 | 17 | 20 | 20 | 24 | 32 | 40 | 120 |
|---|---|---|---|---|---|---|---|---|---|---|---|---|---|

**Sachsituation mit Höhe, Breite und Länge**

Eine Schachtel mit der Höhe h, der Breite b und der Länge l wird verschnürt.
Länge der beiden Schnüre mindestens (2 l + 2 h) + ( 2 h + 2 b)

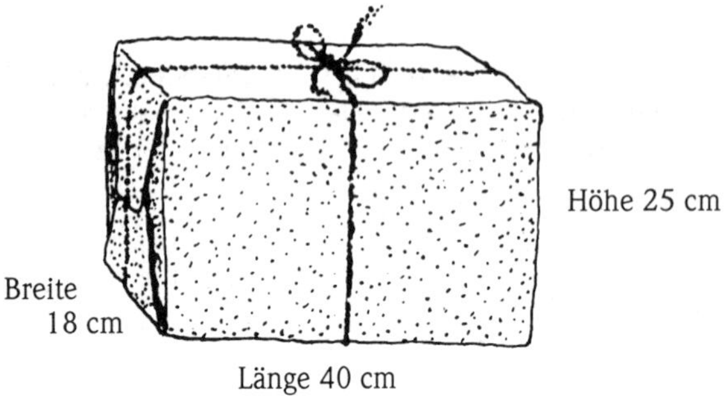


1. Wie lang muss diese Schnur mindestens sein?
2. Rechne noch 25 cm für die Schleife dazu.
3. Es können aber auch drei Schnüre sein. Zeichne die dritte Schnur waagrecht ein und rechne. Vergiss die Schleife nicht.

Lösungen:
dreihundertzweiundachzigzweihunderteinundvierzigzweihundertsechzehn

## 3.4 Die Addition im Schaubild

### Unterrichtsskizze: Addieren ohne zu rechnen

Unterrichtsmaterial: Telefonrechnungen, langes Papierband, Messband.
Als *Motivation* kündige ich eine Rechenstunde an, in der man zusammenzählen muss, ohne zu rechnen.

**Unterrichtssituation** (Zahlenraum bis 1000)

Ich bringe einige Telefonrechnungen aufeinander folgender Monate mit. Sie werden in der Klasse verteilt und nach Monaten geordnet vorgelesen.
Wenn ich diese Beträge in Markstücken bezahlen müsste, könnte ich eine lange Reihe nebeneinander legen. Ich schneide dafür einen langen Papierstreifen und rechne für jedes gemalte Markstück einen Zentimeter.

95 Markstücke nebeneinander

| |
|---|
| OOOOOOOOOOOOOOOOOOOOOOOOOOOOOOOOOOOOO ... |

Neben jeden Betrag wird erst die Länge geschrieben. Dann schneiden wir einen Papierstreifen in der richtigen Länge aus. Dies geschieht arbeitsteilig in Gruppenarbeit. Das fertige Streifenbild wird auf dem Boden ausgelegt. Es kann aber auch an die Tafel geklebt oder an der Flanelltafel befestigt werden.
Es entsteht folgendes Tafelbild:

| Monat | Betrag | für jede Mark 1 cm | Schaubild |
|---|---|---|---|
| Januar | 95 DM | 95 cm | |
| Februar | 104 DM | 104 cm | |
| März | 88 DM | 88 cm | |
| April | 87 DM | 87 cm | |
| Mai | 128 DM | 128 cm | |
| Juni | 78 DM | 78 cm | |

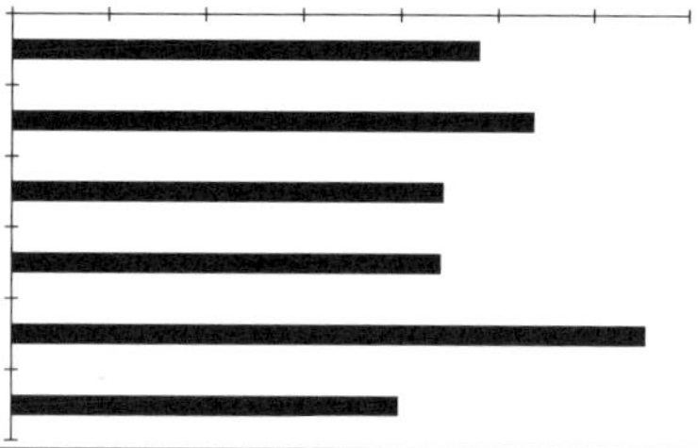

Impuls zur Weiterführung
Nun erinnere ich daran: „Ich hatte euch versprochen, dass ihr zusammenzählen könnt, ohne zu rechnen."
Lösung: Wir müssen nur die Streifen der Länge nach aneinanderlegen.
Frage: Wie viel Geld habe ich für alle diese Rechnungen bezahlt?
Das Ergebnis wird einfach von den ausgelegten Streifen abgemessen. Flinke Rechner können nachprüfen, ob unser Schaubild auch richtig ausgeschnitten war. Ein Übertragen des Schaubildes in das Heft ist möglich. Dann darf aber für jede Mark nur ein Millimeter gezeichnet werden. Da muss man schon mit gespitztem Stift genau messen und zeichnen. Dabei wird das Maßstabsrechnen im Maßstab 1 : 10 vorbereitet und das Ablesen der Millimeter vom Maßband oder Lineal geschult.

**Beispiele zum Addieren mit dem Schaubild**

Dieses Addieren im Schaubild ist bei allen wiederkehrenden Beträgen möglich, die sich im Laufe der Zeit summieren.
Ein schönes Beispiel sah ich in einer Kirche, wo die monatlichen Spenden für die neue Orgel folgendermaßen dargestellt wurden:

Spenden für die neue Orgel

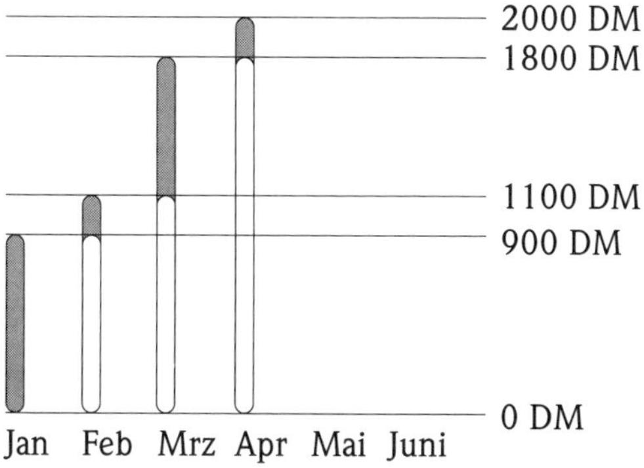

Wo wird immer wieder ein bekannter Betrag dazugelegt?

(Zahlenraum bis 100 DM)

Kindgemäß wäre eine **Buchführung über den Inhalt der Sparbüchse**

| | |
|---|---|
| Ausgeleert am 30. Oktober | Inhalt 0,00 DM, |
| am 11.11. | hineingesteckt 10 DM von Oma, |
| am 1.12. | 5 DM vom Taschengeld, |
| am 12.12. | drei Mark fürs Helfen, |
| am 24.12. | von Tante Helga 50 DM. |

❑❑❑❑❑❑❑❑❑❑○○○○○●●●⬩⬩⬩⬩⬩⬩⬩⬩⬩⬩♦♦♦♦♦♦♦♦♦♦◆◆◆◆◆◆◆◆◆◆
□□□□□□□□□□ ◢ ◢ ◢ ◢ ◢ ◢ ◢ ◢ ◢ ◢

Wie viele Seiten in den Heften haben wir schon vollgeschrieben?

| | | |
|---|---|---|
| Deutsch-Übungsheft | 19 Seiten | □□□□□ □□□□□ □□□□□ □□□□ |
| Deutsch-Hausheft | 10 Seiten | □□□□□ □□□□□ |
| Diktatheft | 4 Seiten | □□□□ |
| Aufsatzheft | 5 Seiten | □□□□□ |
| Mathe-Übungsheft | 14 Seiten | □□□□□ □□□□□ □□□□ |
| Mathe-Hausheft | 11 Seiten | □□□□□ □□□□□ □ |

Schaubilder machen das Rechnen anschaulich, fördern das Überschlagen von Rechenergebnissen und sind für die Reversibilität der Operationen Addition und Subtraktion eine gute Grundlage.

# 4. Aufgaben zum Addieren und Subtrahieren

## 4.1 Subtrahieren zweier Zahlen - Die Differenz

### Der Unterschied als zentraler Begriff additiver Aufgaben

Die Notwendigkeit, die Differenz zweier Zahlen oder Größen zu bestimmen, kann aus ganz unterschiedlichen Situationen heraus entstehen. Das Abziehen im Sinne des Wegnehmens oder Subtrahierens (lat. trahere = ziehen) ist nur e i n e Methode zur Differenzbestimmung. Das Normalverfahren, d. h. die im Lehrplan zur Norm erhobene Verfahrensweise des Subtrahierens, verwendet die Schreibweise des Wegnehmens, aber den Rechenvorgang des Hinzuzählens. Bei der Sprechweise zur Subtraktion wird daher nicht subtrahiert, sondern addiert.

| Beispiel 1 | Rechnung | Vorgehen | Sprechweise |
|---|---|---|---|
| Abziehen | 785 | Minuend | fünf minus zwei gleich drei Einer |
| | − 362 | − Subtrahend | acht minus sechs gleich zwei Zehner |
| | = | = Differenz | sieben minus drei gleich vier Hunderter |
| **Beispiel 2** | **Rechnung** | **Vorgehen** | **Sprechweise** |
| Hinzuzählen | 785 | = Summe | zwei plus drei gleich fünf Einer |
| | − 362 | Summand | sechs plus zwei gleich acht Zehner |
| | = | + Summand | drei plus vier gleich sieben Hunderter |
| Draufzählen (Hinzuzählen geläufigere Sprechweise) | | | von zwei auf fünf fehlen drei Einer usw. |

Das Abziehen eignet sich problemlos, wenn ohne Zehnerübergang gerechnet werden kann. Beim Rechnen mit Zehnerübergang muss der Umweg über das *Ausborgen* eines Zehners für die Einer begangen werden. Daher wird in fast allen Lehrplänen das Hinzuzählen (Draufzählen) zum Normalverfahren erhoben, Subtrahieren also in einer Form des Addierens durchgeführt:

statt $b - a = ?$ rechnet und denkt das Kind $a + ? = b$

Bei diesem Verfahren sind also der 1. Summand und die Summe einer Addition bekannt; gesucht wird der 2. Summand.

### Sachsituationen zum Hinzuzählen oder Ergänzen

Der Aufgabenstellung des Hinzuzählens entsprechen viele Sachsituationen, in denen ein bekannter kleinerer Wert vergrößert wird bis zu einem bekannten größeren Wert. Dies geschieht beim Ansparen, beim Wachsen, Anwachsen, bei immer weiter steigenden Werten. Die Sprechweise ist stimmig zum handlungsorientierten Vorgang und die sachadäquate Fragestellung heißt:

Wie viel fehlt noch? Wie viel muss noch gespart werden? $a + ? = b$

**Sachsituationen zum Abziehen oder Wegnehmen**

Ein Wert wird verkleinert: Taschengeld wird immer weniger, die Tafel Schokolade wird verzehrt, der Kalender wird immer dünner, die Entfernung zum Ziel verringert sich. Die Schreibweise passt zum handlungsorientierten Vorgang, nicht aber die Sprechweise! Die sachadäquate Frage für das Wegnehmen oder Abziehen heißt:

Wie viel ist noch übrig? Wie groß ist der Rest? $b - a = ?$

**Sachsituationen zum Vergleichen, zum Unterschied**

Zwei verschieden große Werte sind angegeben. Es ist belanglos, ob ich vom größeren zum kleineren gelange oder umgekehrt. Die Logik der Sachsituation legt keine Rechenrichtung fest, da es sich um eine statische Gegenüberstellung handelt. Gefragt ist hier nach dem Unterschied.

Der Begriff Unterschied ist das Signalwort für die Subtraktion, da er verwendbar ist,

1. wenn die Sachsituation eine Zunahme beschreibt,
2. wenn die Sachsituation eine Abnahme beschreibt,
3. wenn die Sachsituation einen statischen Zustand zweier bestehender Größen beschreibt.

Alle aus der Sachsituation entstehenden Betrachtungsweisen des Subtrahierens gehen ineinander über und müssen bei der Aufgabenstellung immer gemeinsam gesehen werden. Die Umkehrbarkeit der Rechenoperation wird dabei ständig abgefragt.

**Mein Heft ist leer – eine kleine Schulgeschichte**

Claudia kommt zu mir an meinen Schreibtisch und ist bestürzt, weil sie etwas abschreiben soll und im Heft kein Platz mehr ist. Mein Heft ist leer! lautet ihr Satz. – Leer? Aus der Sicht des Kindes ist das Heft verbraucht, es ist keine freie Seite mehr drinnen, die beschrieben werden kann.

32 Seiten – 32 Seiten = 0 Seiten

Die Vorstellung ist ein Wegnehmen, bis nichts mehr da ist. Es ist die Situation der aufgegessenen Tafel Schokolade.

Soll ich das Kind korrigieren? Ich als Erwachsener neige zu dem Satz: Das Heft ist voll. Nur eine andere Betrachtungsweise der gleichen Rechnung! 0 Seiten + 32 Seiten = 32 Seiten, ein Draufzählen, bis etwas voll ist.

Die beiden Betrachtungsweisen lassen deutlich die Umkehrbarkeit des Rechenvorganges erkennen. Beim mündlichen Subtrahieren rechnet das Kind

| Name | Datum | **AB 18** |
|---|---|---|

## Aufgaben zum Wegnehmen oder Hinzuzählen

(Zahlenraum bis 20)

**1**

| | | | |
|---|---|---|---|
| Der Limonadekasten hat Platz für zwölf Flaschen. | Sieben davon sind noch drinnen. | ❍ | *Wie viele Eier sind gegessen?* |
| Der Bierkasten hat Platz für 20 Flaschen. | 13 sind noch drinnen. | ❍ | *Wie viele Flaschen sind draußen?* |
| Die Eierschachtel hat zehn Plätze für die Eier. | Sechs Eier sind noch drinnen. | ❍ | *Wie viele Flaschen sind draußen?* |
| In ein Regal mit 18 Fächern räumen wir Bücher ein. | Drei Fächer sind noch leer. | ❍ | *Wie viele Leute sind schon da?* |
| Ich sitze an einem Tisch für zwölf Personen. | Zwei Plätze sind noch leer. | ❍ | *Wie viel hat er ausgegeben?* |
| Klaus ging mit einem 20-DM-Schein einkaufen. | Er bringt acht Mark zurück. | ❍ | *Wie viele Fächer sind voll?* |

**2** Aufgabe: Ich bin acht Jahre alt. Mit 18 Jahren bin ich erwachsen.
*Frage:* *Wie viele Jahre dauert das noch?* Rechnung: $8 + \square = 18$

**3** Aufgabe: Mein Heft hat 16 Blätter und ein Löschblatt. Sieben Blätter sind schon voll geschrieben.
*Frage:* *Wie viele Blätter sind noch leer?* ____________________

**4** Aufgabe: Der Monatskalender hatte im Januar zwölf Blätter.
*Frage:* *Wie viele Blätter hat er heute noch?* ______________

**5** Aufgabe: Eine Treppe hat 15 Stufen.
Ein Frosch hüpft hinauf.
Auf der vierten Stufe ist er schon.
*Frage:* *Wie viele Stufen muss er noch hüpfen, bis er oben ist?*

nach Belieben durch Wegnehmen oder Hinzuzählen. Im Kopfrechnen wird vom Kind meistens die Form a + ? = b angewendet. Stellt aber das Kind fest, dass die Zahlen zum mündlichen Rechnen zu kompliziert sind und bedient sich des schriftlichen Verfahrens, so muss es manchmal entgegen der Sachlogik b – a = ? schreiben, aber nicht rechnen.

| Aufgabenstellung | Gleichung | mündliches Rechnen | schriftliches Rechnen |
|---|---|---|---|
| Aufgabe | 85 – 40 = ? | verwendbar | wird so notiert |
| Umkehraufgabe | ? + 40 = 85 | nicht verwendbar | nicht verwendbar |
| Tauschaufgabe der Umkehraufgabe | 40 + ? = 85 | verwendbar | wird so gesprochen |
| Aufgabe | 60 + ? = 93 | verwendbar | wird so gesprochen |
| Umkehraufgabe | 93 - ? = 60 | verwendbar | nicht verwendbar |
| Tauschaufgabe der Umkehraufgabe | 93 – 60 = ? | verwendbar | wird so notiert |

Man beachte, dass die Tauschaufgabe beim Subtrahieren zwischen Minuend und Subtrahend über das Gleichheitszeichen hinweg geschieht. Die beiden kleineren Zahlen können beim Rechenvorgang gegenseitig ausgetauscht werden, sowohl beim Addieren als auch beim Subtrahieren.
Wegnehmen und Hinzuzählen sind zueinander jeweils die Tauschaufgabe der Umkehraufgabe. Diese Denkleistung verlangen wir dem Kind ab. So ist verständlich, dass bei Aufgaben mit der Subtraktion erheblich mehr Schwierigkeiten auftreten als bei der Addition.

## Der Größenunterschied

**Sachsituation zum Größenunterschied** (Zahlenraum 100 bis 150)
Wortlos winke ich zwei verschieden große Kinder zu mir und stelle sie Rücken an Rücken aneinander. Jedes bekommt ein Lesebuch waagrecht sanft auf den Kopf gelegt. Beide Größen und der Unterschied sind sehr anschaulich zu erkennen. Damit ist die Motivation gesichert.
Einfacher ist es natürlich, Daniela und Michael stellen sich nacheinander an die Messlatte, die im Klassenzimmer immer zugänglich sein sollte.
Die Frage kann heißen: *Wie viel muss Michael noch wachsen, bis er so groß ist wie Daniela?*
Einfacher: *Wie groß ist der Unterschied?*
Ich kann diese einprägsame, konkrete und kindgemäße Situation auch schon im Zahlenraum bis 100 verwenden, also im 2. Schuljahr. Beim Ablesen der 138 cm und der 125 cm stellen wir erschrocken fest, dass wir ja über 100

noch gar nicht rechnen können. Die Kinder versichern mir, das gehe auch nicht anders als mit 38 cm und 25 cm. Ich aber stelle neben die beiden Kinder den Meterstab und messe nochmals demonstrativ die darüberhinausgehenden Zentimeter.
Erkenntnis: Wenn ich den Unterschied wissen will, kann ich bei beiden Größen den Meter weglassen.

**Bildsituation zum Größenunterschied**

Hier auf dem Projektor siehst du zwei Häuser. Auf dem kleinen sitzt eine Lerche, auf dem großen eine Schwalbe. Die Lerche ärgert sich, aber nicht lange!

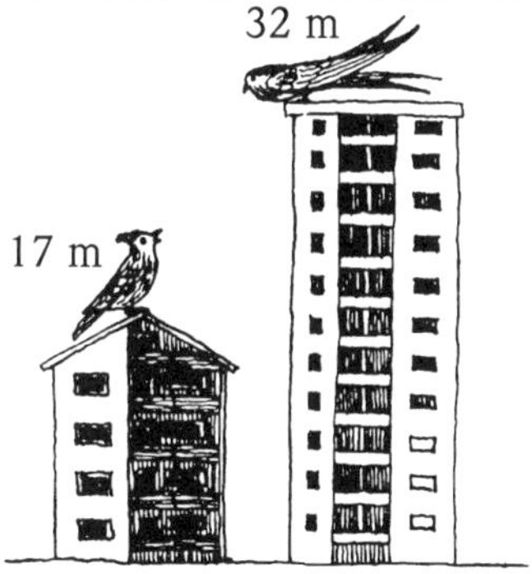


Aufgabe: Das rote Haus ist 17 m hoch
Das blaue Haus ist 32 m hoch.

Frage: Wie hoch muss die Lerche bis zur Schwalbe fliegen?

Rechnung: 17 m + ? = 35 m

oder: 35 m
– 17 m

Antwort: ______

Etwas sachbezogener kann ich die Geschichte auch anbieten:
Ich zeichne die beiden Hochhäuser nebeneinander. Es sollen zwei genau gleich große Häuser werden. Wie bei allen Bauvorhaben dieser Art werden beide nicht gleichzeitig fertig. Die Arbeiten werden versetzt ausgeführt. Jetzt ist die Sachsituation der Realität entsprechend dargestellt.
Das eine Hochhaus ist fertig, das andere etwa halb. *Wie viele Meter fehlen noch?*

**Spielsituation Preiswürfeln** (Zahlenraum bis 1000 mit Hunderterübergang)
Man braucht dazu: Möbelprospekt, drei Spielwürfel
Aus einem Prospekt wird ein Möbelstück im Wert zwischen 666 DM und 1000 DM herausgesucht. Der Preis wird groß auf ein Blatt Papier geschrieben und an die Tafel gehängt.

Nun hat jeder die Chance, beim Preisausschreiben zu gewinnen. Alle drei Würfel werden auf einmal geworfen und die günstigste Zahl darauf abgelesen. Dies soll die Gewinnzahl sein.

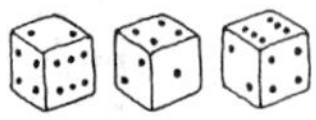 oder  oder 

Wie viel fehlt dir noch?
Rechne aus und lasse anschließend deinen Gewinn von den anderen errechnen.

Wem fehlt am wenigsten zum Kaufen? Wem fehlt am meisten zum Kaufen?
Wer hat die größte Zahl gewürfelt? Wer hatte am wenigsten Glück?

Beispielaufgabe
Preis für einen Tisch 798 DM
Würfelergebnisse 3, 5, 2, also nimmst du 532 DM als Gewinn an.
Diese Zahl verrätst du nicht.

Rechnung 798 DM
• – 532 DM
• = 266 DM

Nun gibst du an, was du draufzuzahlen hast. 266 DM muss ich draufzahlen.
Die anderen Kinder sollen jetzt die Tauschaufgabe rechnen.

**Spielsituation für Leseratten – Partnerarbeit**

(Zahlenraum bis 500 mit Hunderterübergang)

Wir nehmen aus der Schülerlesebücherei ein beliebiges Buch und stellen fest, wie viele Seiten der Text hat. Die letzte Seite wird also gesucht, die Zahl notiert.

Nun lässt eines der beiden Kinder die Blätter des Buches über den Daumen laufen, das andere legt irgendwann ein Lesezeichen hinein. Es gilt immer die Mitte zwischen den beiden Seiten, also ist die linke Seite mit der geraden Zahl zu Ende gelesen, die rechte Seite kommt dran.

Wer das Lesezeichen hineingesteckt hat, fragt: *Wie viele Seiten sind es noch?*

Auskunft: Es geht bei Seite 145 weiter.

145 + ? = 366 Rechne notfalls schriftlich. Achtung! Wie ist das mit der letzten Seite?

Dann wird getauscht.

Wettsuchen ist auch möglich. Jedes Paar möchte in fünf Minuten die meisten Ergebnisse haben. Schlauerweise sollte man dann das Lesezeichen

| Name | Datum | AB 14 |
|---|---|---|

## ⊕⊕?⊖ Wegnehmen – Ergänzen – Vergleichen

(Zahlenraum bis 100)

1 Aufgabe: Auf dem Umschlag eines Notizblocks steht:
*50 Blatt*
Die beschriebenen Blätter habe ich entfernt.
Mein Block hat noch 28 Blätter.
*Frage: Wie viele Blätter wurden schon herausgetrennt?*

2 Aufgabe: Der Wochenkalender hat 53 Kalender-Blätter. Zähle nach. An jedem Montag wird ein Wochenblatt abgerissen.
*Frage:* ________________ *heute noch?*

3 Aufgabe: Der Tisch ist 82 cm breit, das Tischtuch genau einen Meter.
*Frage:* ________________ *herunterhängen?*

4 Aufgabe: Ich habe meinen Umfang gemessen. Es sind 62 cm. Der Gürtel von der Hose ist 75 cm.
*Frage:* ________________ *länger?*

5 Aufgabe: Mein Opa hat auch seinen Umfang gemessen, es sind 98 cm. Da ist mein Gürtel doch viel zu kurz.
*Frage:* ________________ *zu kurz?*

(Zahlenraum bis 1000)

6 Aufgabe: Dein Pippi-Langstrumpf-Buch hat 390 Seiten. Gestern Abend hast du die Seite 268 zu Ende gelesen.
*Frage:* ____________________________ *noch lesen?*

7 Aufgabe: Das Buch *Ferien auf Saltkrokan* ist auch von Astrid Lindgren. Es hat nur 268 Seiten, weil die Schrift kleiner ist. Ich habe die Seite 87 zu Ende gelesen.
*Frage:* ____________________________ *noch nicht gelesen?*

| Kontrolliere, ob du richtig gerechnet hast. |
|---|
| 13, 18, 22, 23, 122, 181 cm, cm, cm, Blätter, Seiten, Seiten |

ganz am Anfang oder ganz am Ende ins Buch stecken. Ein Vorteil ist dabei, dass man von außen bei geschlossenem Buch die Zahl etwa schätzen kann.

Aber das ist wieder eine neue Geschichte!
Schätzen: Wer trifft die Zahl am besten? Dazu wird bekannt gegeben, wie viele Seiten das gezeigte Buch hat. Deutlich sichtbar steckt das Lesezeichen im geschlossenen Buch.
*Zwischen welchen Seiten steckt es?* Wenn man verschiedene Bücher verwendet, muss man ganz schön umschalten können.

## 4.2 Addition und Subtraktion in einer Sachaufgabe ⊕⊖ ⊖⊖

Additive Aufgaben, zu denen das Addieren und das Subtrahieren gerechnet werden, treten nebeneinander und zusammenhängend beim Berechnen von Ein- und Ausgaben, Gewinn und Verlust, Vergleichen von Summen oder Differenzen auf. Da die Behandlung von Aggregaten wie

$$a + b + c - d = x$$

nicht im Lehrplan der Grundschule vorgesehen ist, muss ein Rechenplan als Lösungsplan eingesetzt werden. Gerade bei übersichtlichen Aufgaben ist das Einüben dieser Plandarstellung und somit der Darstellungsverlauf des Denkvorganges gründlich zu üben, damit später bei komplizierteren Bezügen der Rechenplan als Hilfsmittel verfügbar ist.

**Aufgabentext:** (Zahlenraum bis 1000 mit Hunderterübergang)
Gerd bekommt von seiner Oma 120 DM, um sich Zelt und Schlafsack zu kaufen. Das Zelt kostet 89 DM, der Schlafsack 109 DM. Was Gerhard zusätzlich braucht, will er vom Sparbuch abheben.

### Unterrichtssituation zum einfachen Rechenplan

Ich zeige das Bild eines Zeltes mit Preisschild und daneben einen Schlafsack, ebenfalls mit Preisschild.
Motivation: Stummer Impuls
Über Zelt und Schlafsack und eigene Erfahrungen wird kurz gesprochen. Durch nochmaliges Deuten auf die Preisschilder wird der Rechenvorgang provoziert. Die Antwort kommt etwa so formuliert: Zelt und Schlafsack kosten zusammen 198 DM. Durch abwechselndes Ersetzen der Preisschilder entsteht für die Kopfrechenphase zu Beginn der Stunde eine Übungsreihe zum Addieren.

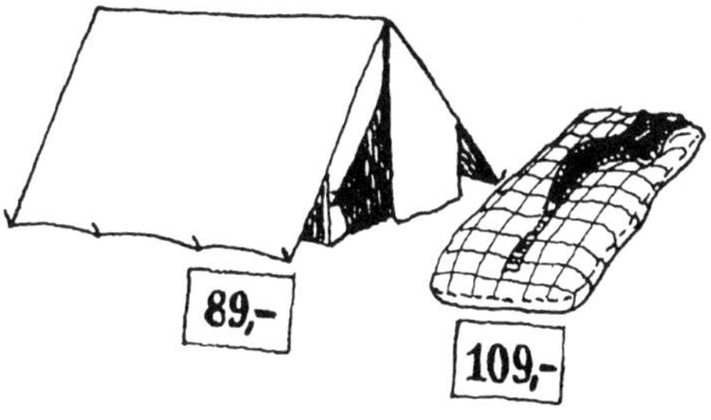


Nun erzähle ich den Text der Aufgabe. Nach einer Denkpause biete ich an der Tafel zwei einfache Rechenpläne an. Die Kinder schlagen vor, den einen Plan für die Addition zu verwenden. In dieser Phase des Unterrichts ist ein Tätigkeitswechsel fällig. Die Kinder erhalten je zwei Rechenpläne und suchen sich die beiden Preise für Zelt und Schlafsack aus. Jedes kann einen Rechenplan mit der Additionsaufgabe füllen, auch die Lösung eintragen. Das Lösungskästchen wird rot umrandet oder übermalt.

Mit diesem Betrag rechne ich weiter, in meinem Beispiel mit 198 DM. Diese Zahl aus dem ersten Plan wird nun bei jedem Kind und auch an der Tafel in das erste Kästchen des zweiten Planes eingetragen. Jetzt ist die Zahl nicht mehr rot umrandet, weil als gegebene Größe verwendet. Die weitere Angabe von 120 DM kommt daneben. Für das Rechenzeichen muss nun offensichtlich ein ⊖ eingesetzt werden, obgleich es sich um Draufzählen (s. o!) handelt. Nach dem Berechnen der zweiten Lösungszahl, die wieder rot umrandet wird, suchen wir die Antwort. – Sollte die Fragestellung ganz vergessen worden sein? Wir waren so mit den Rechenplänen beschäftigt, dass die Frage vielleicht nicht gestellt worden war. Frage und Antwort werden nun aufgeschrieben:

A – R – F – A

Inzwischen lege ich zwei einfache Rechenpläne, die je auf eine Folie kopiert sind, auf den Overheadprojektor. Die Verschiebbarkeit der beiden Folien deute ich kurz an, wenn alle Kinder mit dem Aufschreiben fertig sind. Mein Impuls: Ich kann mit etwas weniger Zeichen auskommen und mir Arbeit ersparen. Die beiden Pläne werden übereinandergeschoben, die Lösungszahl des ersten Planes ist zugleich die erste Zahl des zweiten Planes. Der zusammengesetzte Rechenplan ist entstanden. (Vgl. Arbeitsblatt 1, S. 90)

## Zusammengesetzte Rechenpläne – Komplexdarstellung

Die gleiche Grundaufgabe sollte zur Strukturierung einer Lösungsstrategie weitergeführt werden, indem verschiedene Änderungen einfließen.

**Der Aufgabentext wird weitergeführt.**

Es gibt plötzlich ein Sonderangebot, denn Zelt und Schlafsack kosten zusammen nur noch 168 DM. Daher will Evelyn beide auch haben. Von Oma hat sie schon 80 DM zusammengespart, Papa legt noch 40 DM drauf. Was noch fehlt, hebt sie mit Mama vom Sparbuch ab.

Diesmal wird die Summe der 1. Rechnung von einem Betrag subtrahiert. Daher sind die beiden Simplexdarstellungen anders zusammenzusetzen, damit nicht die größere Zahl von der kleineren subtrahiert werden muss.
Die durchsichtigen Rechenpläne auf dem Overheadprojektor werden nun anders verschoben, so passen sie auch für Evelyns Rechnung.

## Die Zeichnung als dritter Lösungsschritt – A F Z R A

Aufgabe – Frage – Zeichnung – Rechnung – Antwort
Nach dem Aufschreiben der wichtigen Angaben (A) und der Frage (F) wird anhand der Zeichnung die Lösungsstrategie entwickelt. Ich nenne diesen Schritt Zeichnung (Z), weil die (vorgezeichneten) Pläne erörtert und auch mit den Rechenzeichen versehen werden.

**Rechenpläne richtig zusammensetzen**

**Rechenplan**
**für die Rechnung von Gerd**

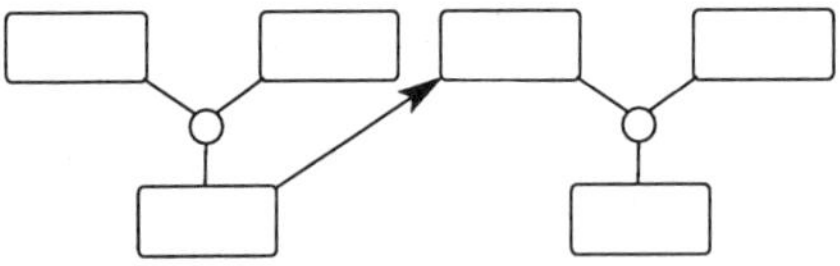

**A** (Aufgabe): Zelt 89 DM, Schlafsack 109 DM, 120 DM hat er
**F** (Frage): Wie viel Geld muss Gerd abheben?
**Z** (Zeichnung): 2 Rechenpläne ⊕ und ⊖
**R** (Rechnung):
109 DM + 89 DM = 198 DM
198 DM – 120 DM = ____ DM
168 DM – 120 DM = ____ DM
**A** (Antwort): Gerd muss ____ DM abheben.

**Rechenplan**
**für die Rechnung von Evelyn**

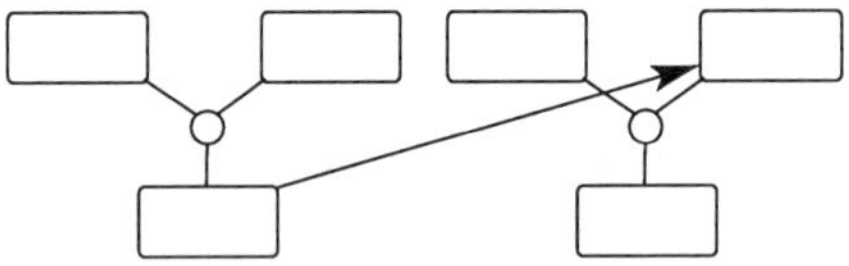

**A** (Aufgabe): 168 DM Sonderangebot, 80 DM von Oma, 40 DM von Papa
**F** (Frage): Wie viel Geld muss Evelyn abheben?
**Z** (Zeichnung): 2 Rechenpläne ⊕ und ⊖
**R** (Rechnung):
80 DM + 40 DM = 120 DM
168 DM – 120 DM = ____ DM
**A** (Antwort): Evelyn muss ____ DM abheben.

Zeichne zum Schluss den zusammengesetzten Rechenplan für Gerd und für Evelyn.

| Name | Datum | **AB 15** |
|---|---|---|

## Rechenpläne richtig zusammensetzen zum Addieren und Subtrahieren

(Zahlenraum bis 100)

1. Herr Frank zahlt an der Tankstelle 65 DM für den Sprit und 8 DM für das Motoröl. Er legt einen Hundertmarkschein auf den Kassentisch.

2. In unserer Grundschule sind 28 Kinder in der Klasse 2 a und 26 in der Klasse 2 b. Wir haben für sie 75 neue Rechenbücher bekommen.

3. Ins Klassenzimmer wurden zum Elternabend 65 Stühle gestellt. 26 davon benötigen die Kinder, 53 Besucher brauchen auch noch einen Sitzplatz.

4. In unserer Schule sind 54 Drittklässer. Wir haben 43 gebrauchte Lesebücher und 32 neue.

5. Ich habe gestern für 59 DM getankt und gleich ein Abschleppseil für 19 DM gekauft. Wie viel blieb vom Hundertmarkschein übrig?

6. Im Filmsaal sind 72 Sitzplätze. Sie müssen für 23 Kinder und 42 Eltern reichen.

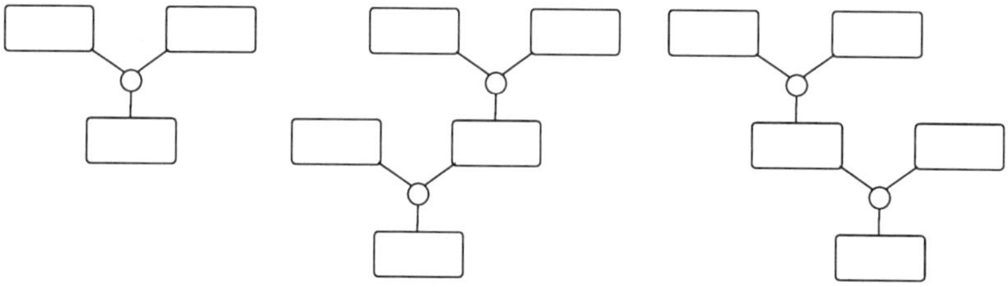

| Aufgabe Frage Zeichnung Rechnung Antwort | **A** | **F** | **Z** | **R** | **A** | | | | | | | |
|---|---|---|---|---|---|---|---|---|---|---|---|---|
| Lösungszahlen zum Vergleichen | 7 | 14 | 21 | 21 | 22 | 27 | 54 | 65 | 73 | 75 | 78 | 79 |

 

## 4.3 Mehrere additive Aufgaben werden verknüpft

### Aufgabentypen

Wo wird immer wieder etwas dazugelegt, aber auch wieder etwas weggenommen?

1. Im Linienbus steigen Leute ein und wieder aus.
2. Auch im Schulbus steigen Kinder ein und aus.
3. Aus meinem Geldbeutel wird laufend etwas herausgenommen, ab und zu wird er wieder aufgefüllt.
4. In die Klassenkasse wird am Anfang des Jahres etwas eingezahlt, danach laufend etwas entnommen.

**Erster Aufgabentypus: a + b + c + d – e = x**
Mehrere Zahlen sind zu addieren, von der Summe ist etwas zu subtrahieren. Es genügen zwei Rechenvorgänge, weil das Addieren mehrerer Zahlen (in schriftlicher Form) in einer Rechnung durchgeführt werden kann.

**Zweiter Aufgabentypus: a – b – c – d = x**
Der Rechenweg kann in drei Rechenschritten vollzogen werden, wenn ich jedes Mal wegnehme und das Ergebnis weiterverwende. Verkürzen auf zwei Rechenschritte kann ich, wenn ich folgendermaßen rechne:
b + c + d = f    a – f = x

**Dritter Aufgabentypus: a + b – c + d = x**
Der Rechenweg verläuft linear, mit dem Ergebnis der ersten Rechnung beginne ich die nächste. Am übersichtlichsten bleibt der Rechenweg, wenn eine Aufgabe nach der anderen vollzogen wird. Das Zusammenfassen zu zwei Rechnungen a + b + d = e    e – c = x bietet sich für gute Logiker an.

**Vierter Aufgabentypus: a – b = c; d – e = f; c + f = x**
Aus zwei voneinander unabhängigen Operationen verwende ich die Ergebnisse für die dritte Rechnung. Dabei entsteht auch ein neuer Rechenplan. Siehe dazu die Übersicht über die verschiedenen Rechenpläne (siehe S. 298)

Als unterrichtspraktisches Beispiel soll hier eine Aufgabe zum dritten Aufgabentypus verwendet werden, die in vielen Schulen zum Alltag gehört.

### Unterrichtssituation Schuhschachtelbus

(Zahlenraum bis 100 mit Zehnerübergang)

Ich stelle meinen Kindern einen tollen Schulbus vor: Es ist eine leere Schuhschachtel ohne Deckel. Vorne sitzt schon der Fahrer: eine Wäscheklammer ist an die Schmalseite geklemmt. Draußen warten die Schulkinder zum Einsteigen. Jedes Kind hat einige Wäscheklammern zum Mitspielen. Das sind die Schulkinder für unseren Schulbus.

In Aufendorf steigen 19 Kinder in den leeren Bus, in Beerbach 25. In Cadolzburg verlassen die 19 Hauptschüler den Bus, es steigen aber noch 22 Grundschüler zu. Alle Kinder im Bus fahren nun nach Dasselstein zur Grundschule. Frage: *Wie viele Kinder steigen in Dasselstein aus?*

**A** (Aufgabe) 19 ein, 25 ein, 19 aus, 22 ein
**F** (Frage) Wie viele Kinder steigen in Dasselstein aus?
**Z** (Zeichnung) Drei verschiedene Darstellungsformen (s. u.!)
**R** (Rechnung) Kann beim Kopfrechnen in den Rechenplan notiert werden.
**A** (Antwort) In Dasselstein steigen ____ Kinder aus.

**Drei verschiedene Darstellungsformen der Zeichnung**

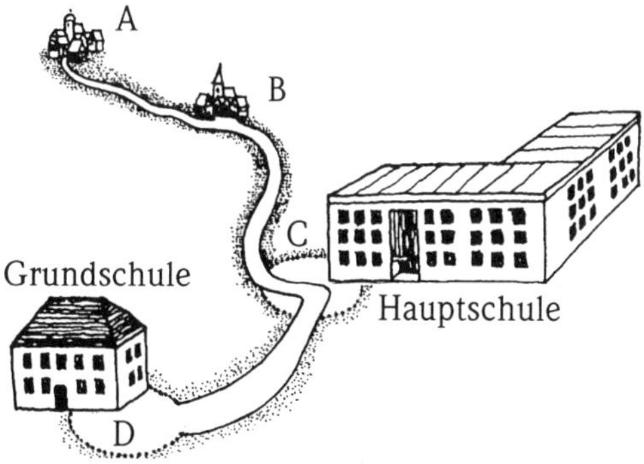


1. Zeichnung

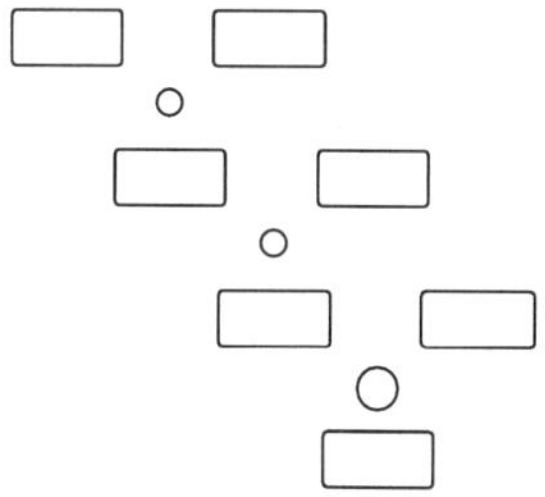

3. Zeichnung

2. Zeichnung

1. Zeichnung: Geographisch orientiert, dadurch anschaulich, aber umständlich zu zeichnen.
Geeignet, wenn es sich um konkrete Zahlen der Schule handelt.
2. Zeichnung: Vereinfachte Streckenführung
A – B – C – D ist vom Schüler rasch durchzuführen und eine Anschauungshilfe. Die Gefahr dabei ist, dass der Rechenvorgang *mathematisch unzulässig* notiert wird:
19 + 25 = 44 – 19 = 25 + 22 = 47
3. Zeichnung: Der Rechenplan, in den wir die gegebenen Zahlen eintragen. Es sind also hier drei einfache Pläne (Simplex) zusammengesetzt. Die drei Platzhalter für die Lösungszahlen werden rot gekennzeichnet, die vier unmarkierten Felder nehmen alle gegebenen Größen auf und garantieren, dass keine vergessen ist. Da es sich nicht um eine Gleichung handelt, können die gegebenen Zah-

len und die durch Kopfrechnen oder schriftliches Rechnen gefundenen Zahlen alle eingetragen werden.
Außerdem erweitern wir die Einsicht:
zwei Angaben → eine Rechenoperation
drei Angaben → zwei Rechenoperationen
vier Angaben → drei Rechenoperationen

**Analyse der Sachsituation**

Frage: Fällt dir an den (gegebenen) Zahlen etwas auf?
Antwort: In C steigen 19 Schüler aus, so viele, wie in A eingestiegen sind.
Frage: Sind es dieselben Kinder?
Antwort: Dann müssten alle aus A nur Hauptschüler sein.
Vorschlag: Wir setzen in unseren Schuhschachtelbus Grundschüler als blaue Wäscheklammern und Hauptschüler als grüne Wäscheklammern.

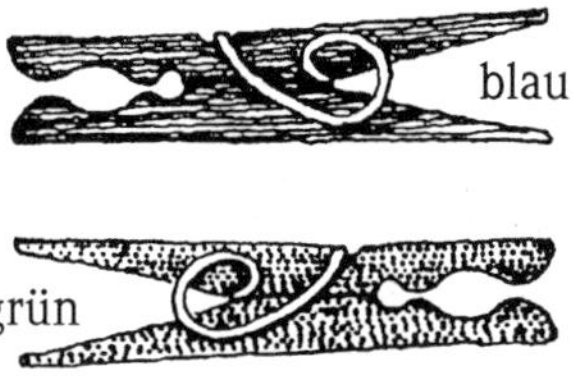


Wie viele Grundschüler aus A oder aus B sind, wissen wir nicht. Nachdem aber 19 Hauptschüler aussteigen, können wir die Grundschüler zählen. So kontrollieren wir das Zwischenergebnis.

> Die absichtlich zweimal angegebene Zahl 19 hilft uns, vertieft in die Sachlogik der Aufgabe einzudringen, die beim bloßen Rechnen nicht bedacht wird. Dadurch vermeiden wir die schnelle Abstraktion in den Rechenvorgang, von dem wir glaubten, ihn gleich verstanden zu haben. Nun wird er nochmals durchdacht und überprüft.

**Reversible Operation**

Auf dem Rückweg holt der Bus heute auch wieder alle Kinder ab und bringt sie nach Hause. Die Gegenrichtung beim Busfahren und Rechnen wird durchgeführt und auch verbalisiert:
Das Aussteigen wird zum Einsteigen, aus dem Subtrahieren wird Addieren, das Einsteigen wird zum Aussteigen, aus dem Addieren wird Subtrahieren.
Die Zeichnungen durchlaufen wir umgekehrt, auch den Rechenplan von unten nach oben. Genügend vorgedruckte Rechenpläne ermöglichen jedem Kind die Gegenrechnung oder Umkehraufgabe.

| Name | Datum | **AB 16** |
|---|---|---|

## Eine alltägliche Schulbusgeschichte

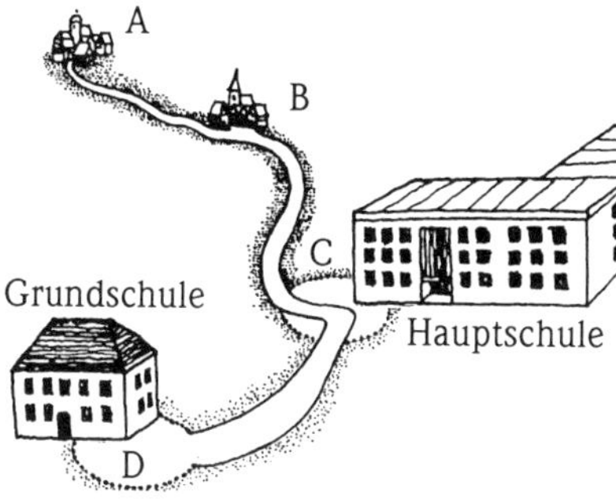

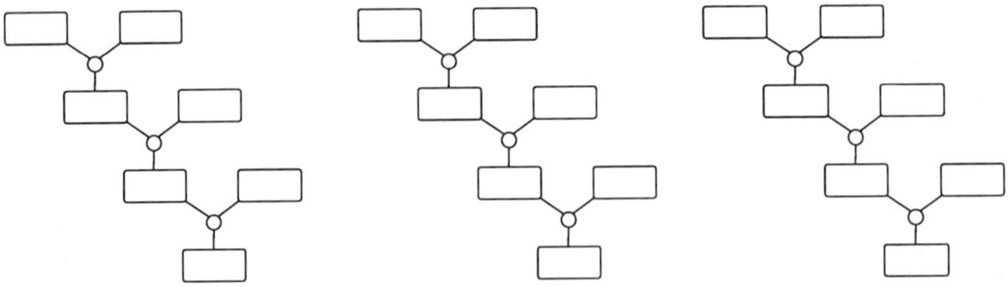

Die nebeneinander liegenden Darstellungen der Hinfahrt und der Rückfahrt unterscheiden sich durch die Rechenzeichen (Operationszeichen) und durch die Richtungspfeile. Außerdem hat sich ein Feld für die Lösungszahl (Platzhalter) verschoben.

### Erweiterung der Sachsituation (Variation)

1. Am nächsten Tag sind zwei Hauptschüler aus A und ein Grundschüler aus B krank.
2. Am Mittag wird ein Grundschüler aus A von seinen Eltern an der Schule abgeholt.
   Auch mit ganz neuen Zahlenangaben vom nächsten Schuljahr kann gerechnet werden.
3. Aufgabe: 24 ein, 27 ein, 22 aus, 19 ein

Und hier noch eine kniffliche Angelegenheit:

4. Aufgabe: 22 ein, ? ein, 20 aus, 17 ein, 44 aus.

Solche Variationen sollten in den Unterricht einfließen und nicht über ein ermüdendes Arbeitsblatt vorgelegt werden.
Daher wird eine Kopiervorlage für diese Rahmenhandlung ohne jeden Text und ohne Zahlen auf S. 145 angeboten. Mit dieser Seite als Motivation könnte auch ein Einstieg gewagt werden. Das Rätselraten und das Unterrichtsgespräch entwickeln eine Geschichte, die in den Rahmen eingepasst wird. Am Ende steht der Aufgabentext. Die Kinder sind die Aufgabenerfinder.

## 4.4 Kardinalzahl oder Ordinalzahl

### Die Zahl als Größe und als Ordnungszahl

Jede Zahl kann als **Größe** verstanden werden, wenn ich die Maßeinheit benenne, welche Grundlage des Messverfahrens ist. Fünf Brötchen sind demnach fünfmal je ein Brötchen. Maßeinheit ist *ein Brötchen,* 500 g Mehl sind demnach 500 mal je ein Gramm Mehl. Die Kardinalzahl oder Grundzahl drei

z. B. legt für eine gegebene Menge eine Anzahl von definierten Einheiten fest. Das Grundzahlwort ist die sprachliche Fassung dafür.
Um zwei verschieden große Mengen zu vergleichen, arbeite ich stellvertretend mit den **Kardinalzahlen.** Ich verringere die größere Zahl um die kleinere, anstatt tatsächlich die größere Menge um die kleinere Menge reduzieren zu müssen. Hinter jedem Rechenvorgang sollte immer dieses Handeln gesehen werden.

40 Äpfel sind in der Kiste – 25 Kinder holen sich je einen Apfel ab.

40 Äpfel – 25 Äpfel = 15 Äpfel

Ich vergleiche also nicht 40 Äpfel mit 25 Kindern, sondern ich ordne erst jedem Kind einen Apfel zu, um dann die beiden Mengen an Äpfeln vergleichen zu können. Diese Einsicht ist sehr wichtig für die Bearbeitung von Sachaufgaben mit mehreren Rechenoperationen.
Ich kann aber auch nur die Anzahlen vergleichen, also die Anzahl der Äpfel (= 40) mit der Anzahl der Kinder (= 25), also 40 – 25 = 15. Diese Schreibweise umgeht das Problem der Benennung. Sie wird als Nebenrechnung verwendet, wenn die schriftliche Darstellung des Rechenvorganges mit den Benennungen zu schwierig wird.

Die **Ordnungszahlen** (Ordinalzahlen) und mit ihnen die Ordnungszahlwörter legen den Platz fest, den ein Element in der Reihe einnimmt: 1. 2. 3. 4. usw. oder erster, zweiter, dritter, vierter usw.
Man denke an eine Sportveranstaltung, in der 25 Sportler Schi springen (Kardinalzahl 25). Für die Organisation ist entscheidend, wie viele Teilnehmer es sind (Kardinalzahl). Für die Teilnehmer ist entscheidend, welchen Platz sie nach dem Sprung einnehmen (Ordinalzahl). Sehr wohl ist es ein großer Unterschied, ob man Erster oder 25. ist! Wird ein Sportler nachher disqualifiziert, so ist entscheidend, an welcher Stelle er steht. Es ändern alle hinter ihm Eingeordneten ihren Platz! Nur wenn der Letzte disqualifiziert wird, bleibt den anderen 24 der Platz erhalten. Wiederum ist für die Veranstalter nur wichtig, dass es statt der 25 nur 24 Sportler sind, die den Wettkampf erfolgreich beenden.
Bei der Zuordnung nach der Kardinalzahl im Beispiel der Äpfel und Kinder ist es egal, welches Kind welchen Apfel nimmt. Sind die Äpfel jedoch nummeriert, weil Apfel Nummer sieben ein Scherzartikel ist, so ist nicht egal, wer welchen Apfel bekommt.

Im Bereich der Addition und Subtraktion müssen wir bei manchen Aufgaben Kardinalzahlen und Ordinalzahlen unterscheiden.
Wenn ich vom 3. bis zum 20. August den Urlaub im Hotel buche, dauert der Urlaub eben nicht 20 – 3 = 17 Tage, sondern genauer gesagt 17 Nächte. Diese

| Name | Datum | AB 17 |
|---|---|---|

## Vom Ersten bis zum Letzten

(Zahlenraum bis 100)

1. **Spaß im Sport**
Zu Beginn der Sportstunde haben sich 28 Kinder nebeneinander in der Reihe aufgestellt. Aus Spaß darf heute einmal gezwickt werden, aber nur leicht. Der Erste in der Reihe den Zweiten, der Zweite den Dritten usw. bis zum Achtundzwanzigsten. *Wie oft wird gezwickt?*

2. Alle sollen sich nun im Kreis aufstellen. Wieder darf jeder seinen Nebenmann zwicken.
*Wie oft wird gezwickt?*

3. Herr und Frau Maurer sind den ganzen Juli über im Urlaub im gleichen Hotel. *Für wie viele Übernachtungen musste das Doppelzimmer bezahlt werden?*

4. Wolfgang war genau zwei Wochen (vom Samstag bis Samstag) im Pfadfinderlager. Jeden Morgen war um sieben Uhr Wecken.
*Wie oft war das?*

5. Im Gasthof *Bergsattel* sind am Samstag Zimmer Nr. 5 bis 46 jeweils mit zwei Personen belegt. In Nummer 2 schläft eine Einzelperson.
*Wie viele Frühstücksgedecke müssen bereitgestellt werden?*

6. Frau Kunz sammelt für die Arbeiterwohlfahrt. Sie beginnt heute in der Wiesenstraße bei Hausnummer 18 und geht bis zur Hausnummer 46. Bei drei Häusern war niemand zu Hause, dafür gab es fünf Häuser, wo sie zwei Familien antraf. – Hier siehst du die Häuserreihe:

*a) Bei wie vielen Familien hat Frau Kunz geläutet?*
*b) Wie viele haben aufgemacht?*

17 Nächte werden auch berechnet. Tatsächlich bin ich an 18 Tagen im Urlaub, auch wenn die Zeitspanne vom 3. August 12 Uhr bis zum 20. August 12 Uhr tatsächlich nur 17 mal 24 Stunden dauert.

## 4.5 Dezimalzahlen beim Addieren und Subtrahieren

**Unterrichtssituation**

Ich verblüffe die Kinder, indem ich folgendes Schild aufhänge:

**Feinste Pralinen**
**500 g-Packung**
**nur 9 9 5 DM**

Die Erklärung wird von den Kindern gefunden.

So teuer können Pralinen nicht sein.

Da fehlt das Komma! Es muss heißen 9,95 DM.

### Die Kommaschreibweise der Hundertermaße

Grundsätzlich wird für die Dezimalzahlen in der Grundschule der Begriff Kommazahlen verwendet. Beim Lesen der Zahl sollte man sich am Schreibvorgang orientieren und z. B. für drei Mark fünfundzwanzig exakt sprechen drei Komma zwei-fünf D(e)Mark oder eins Komma drei-null Meter, null Komma fünf-null Hektoliter, sechs Komma null-fünf Meter. Das *Komma* setzt so immer die Grenze zwischen Hundertern und Zehnern. Wenn die Null vor dem Komma und an der Zehnerstelle hinzugesetzt werden muss, z. B. 5 cm = 0,05 m oder 8 Pf = 0,08 DM, werden der Stellenwert und die Funktion der Null geübt. Die übliche Sprechweise in der Umgangssprache drei Mark fünfzig läuft dem Niederschreiben zuwider und verwirrt manche Kinder. Die Kommaschreibweise zwingt beim schriftlichen Rechnen zum genauen Untereinanderschreiben. Ich lasse meine Kinder bei Additionsaufgaben mit mehreren Posten nach der ersten Zahl zuerst die Kommas setzen, dann die Ziffern und die Benennung.

| | | | | |
|---|---|---|---|---|
| Merke: | Zahl | Komma | Zahl | Benennung |
| darunter: | Zahl | Komma | Zahl | Benennung |

Ergebnisse nach dem Addieren und Subtrahieren, bei denen das Komma oder die Benennung fehlen, sind nicht richtig – wie die Pralinenschachtel für 995 DM zeigte. Passiert dies zu häufig, sollten die Rechnungen einmal in der kleinen und einmal in der großen Maßeinheit durchgeführt werden. Die dezimale Schreibweise umgeht das Problem, Zahlen über 1000 schreiben zu müssen, und ist schon deswegen didaktisch gefordert.

| Name | Datum | **AB 18** |
|---|---|---|

## Das Komma trennt Mark und Pfennig (Zahlenraum bis 1000)

1. Kettcar _____ kostet _____ 27150 ________ DM ________ Pf

| | | | |
|---|---|---|---|
| Kettcar _____ kostet _____ | 27150 | ________ DM | ________ Pf |
| Indianer-Wigwam | 5995 | ________ | ________ |
| Haustelefon | 39 | ________ | ________ |
| Einkaufskorb | 3480 | ________ | ________ |
| 50 Papierservietten | 980 | ________ | ________ |

*a) Schreibe die richtigen Zahlen alle mit Komma zu den Gegenständen und addiere. DM nicht vergessen.*

*b) Schreibe die richtigen Zahlen alle ohne Komma und addiere. Pf nicht vergessen.*

2. Auf dem Heimweg von der Schule bleiben Anke und Tobias vor dem Bäckerladen stehen. Auf einer schwarzen Tafel ist in dicken weißen Buchstaben aufgeschrieben, was es heute besonders günstig gibt.

| | |
|---|---|
| 3 Schnecken | 2,98 |
| Apfelkuchen | 2 St. 4,– |
| Quarktasche | 3,– |
| Hörnchen | –,95 DM |

*Wähle aus und zähle zusammen, was du für 1000 Pfennige bekommen könntest. Schreibe mit Komma untereinander.*

## Das Komma trennt Meter und Zentimeter (Zahlenraum bis 1000)

3.

| | | | |
|---|---|---|---|
| Die Länge eines Herrenrades | 186 | Schulterhöhe eines Pferdes | 165 |
| Höhe eines Weihnachtsbaumes auf dem Markt | 8 | Höhe eines Maibaumes | 2250 |
| So groß ist ein Baby bei der Geburt | 52 | Schulterhöhe eines Ponys | 98 |
| So breit ist eine Zimmertür | 81 | Länge eines Personenautos | 408 |
| | | Breite der Schulhaustür | 2 |
| | | Größe unserer Lehrerin | 168 |

*a) Schreibe ab und setze die Zahlen in Zentimetern (cm) dahinter.*

*b) Schreibe ab und setze die Zahlen mit Komma und Meter (m) dahinter.*

*c) Immer zwei Dinge gehören zusammen. Unterstreiche sie jeweils mit der gleichen Farbe.*

Den Kindern sollten aber auch die verschiedenen Schreibweisen mit Punkt statt dem Komma und einem Strich statt der Null zugemutet werden, wie wir sie täglich vor den Schaufenstern und im Prospekt lesen.

**-,80 DM**

**8,98 DM** **0,80 DM** **0.80 DM** **8,00 DM**

**8.98 DM** **8,- DM**

**Dezimalzahlen der Tausendermaße**

Das Erlesen wird bei großen Zahlen einfacher, wenn das Komma gesetzt und mitgelesen wird. Jede Stelle nach dem Komma soll der Reihe nach vorgelesen werden, also vier Komma zwei sieben fünf Kilogramm oder sechs Komma sieben null null Kilometer. Sehr oft treten Dezimalzahlen bei den Tausendermaßen kg, t, km, m auch nur in der gekürzten Form auf und müssen beim Abschreiben vervollständigt werden.

7,5 km 3,5 t 2,5 m 3,2 kg

Für Kilometer, Kilogramm, Tonne ist immer die Ziffer vor dem Komma ein Tausender und so für die Rechnung verwendbar. Schwierigkeiten gibt es in den Sachaufgaben mit Metern, da der Meter einmal als Tausender (1000 mm) und einmal als Hunderter (100 cm) auftreten kann. Die ganze Aufgabe ist also zu durchsuchen, ob Zentimeter oder Millimeter verwendet werden.
Auch wenn in den Lehrplänen diese Schreibweise nicht vorgesehen ist, muss in den konkreten Sachrechensituationen damit umgegangen werden. Bei den additiven Aufgaben ist die Schreibweise mit Komma sogar zu empfehlen, da das Erlesen der Zahlenangaben leichter fällt:
Das Gewicht unseres Autos beträgt 1,250 t (statt 1250 kg). Auch für Kinder mit nichtdeutscher Muttersprache wird dadurch die schwierige deutsche Lesart bei den Zahlen umgangen und wie eine **Telefonnummer** gelesen:
Zwei fünf Komma eins sieben null Kilometer = 25,170 km.

Ein Zahlendiktat am Anfang der Mathematikstunde zum Untereinanderschreiben von verschiedenen Größen und zum Üben des Addierens könnte so verlaufen:

Ich diktiere für drei verschiedene Additionen. Immer, wenn ich eine Größe genannt habe, überlegen wir kurz, aus welchem Sachzusammenhang diese stammen könnte:

| | |
|---|---|
| zwei Mark fünfundachtzig, | eine Schachtel Kekse |
| 4 Kilogramm und 300 Gramm, | große Wassermelone |
| zweieinhalb Kilometer, | Weg bis zur Stadtmitte |
| elf Kilometer, | Entfernung bis zur nächsten Stadt |
| ein halbes Kilogramm, | ein halber Laib Brot |
| 5 Mark achtzehn Pfennige, | sechs Bratwürste |
| eine Mark siebenundneunzig Pfennige, | ein Liter Flaschenmilch |
| sechs Komma fünf Kilometer, | unsere nächste Wanderung |
| 200 Gramm. | Joghurtbecher |

| 1. Rechnung | 2. Rechnung | 3. Rechnung |
|---|---|---|
| 2,85 DM | 4,300 kg | 2,500 km |
| 5,18 DM | 0,500 kg | 11,000 km |
| 1,97 DM | 0,200 kg | 6,500 km |
| 10,00 DM | 5,000 kg | 20,000 km |

Durch die vorherige Auswahl der Zahlen erreiche ich einen zusätzlichen Motivationsschub bei den Kindern. Allerdings sollten solche Ergebnisverwandtschaften in der Übungsphase regelmäßig eingebaut werden.

# 5. Aufgaben zum Malnehmen (Multiplizieren)

## 5.1 Anwendung der Einmaleinsreihen

Die Kenntnis der ersten Einmaleinsreihen mit 10, 5, 2, 4, 8 erschließt ein neues Aufgabengebiet für das Sachrechnen. Dabei sind Malnehmen, Einteilen und Verteilen zuerst in Sachsituationen zu veranschaulichen, danach wird vom Sachrechnen aus die arithmetische Form abstrahiert. Mit den verschiedenen alltäglichen Dingen wie Obst, Brötchen, Bällen wird in einer anschaulichen Handlung vervielfacht, verpackt und verteilt, um die Zusammenhänge zu erfassen.
Zunächst ein Beispiel für Vielfache von zehn und fünf:

**Unterrichtssituation: Asterix lernt bei den Römern das Zählen**

Wie kann man an die Tafel ganz schnell fünf schreiben, ohne Kreide zu verwenden? Man drückt die nasse Hand an die Tafel!
So kannst du ohne zu schreiben ganz rasch 20, 35, 15, 25 in den Sand oder an die Tafel drücken. Beim Abschreiben malt man nur die Handumrisse links und rechts. So entsteht ein V. Die Römer haben ihre Ziffer fünf so geschrieben und in Stein eingehauen. Zwei Hände werden so abgedruckt, dass eine Hand auf dem Kopf steht, ein X wird abgebildet. Ein Strich steht für eine eins. Also üben wir die Einmaleinsreihen durch Umrechnen von solchen Zahlenangaben:
XV = ?, VVV = XV = ?, XXXV = ?, XXX XXXV = ?
Asterix musste dies sicher auch üben!
Eine dem römischen Zahlensystem ähnliche Anwendung des Fünfereinmaleins kennen wir aus den **Strichlisten** beim Zählen von Dingen oder Personen:
~~////~~ ~~////~~ ~~////~~ ~~////~~ ~~////~~ = V + V + V + V + V = XXV = 25
Zählbeispiele finden sich genügend, können aber auch als Konzentrationstraining durchgeführt werden.
**Spielsituation zur Konzentration**
Ich lege eine Triangel, eine Handtrommel und eine Rassel bereit. Drei Kinder sind die Angeber. Sie können z. B. vorbeisausende Fahrräder, Lastwagen und Personenwagen darstellen.

Leichtere Übungsform: Triangel, Handtrommel und Rassel werden abwechselnd reihum angeschlagen. – Die Kinder tragen in drei Spalten jeweils Striche ein. Danach werden die Ergebnisse errechnet (z. B. acht Päckchen mit je fünf Strichen) und verglichen.

Schwierigere Übungsform: Triangel, Handtrommel und Rassel werden abwechselnd angeschlagen, je einige Male oder auch nur einmal – wie der Verkehr eben läuft. Das mitzählende Kind muss dann in den verschiedenen Listen seine Striche setzen.

Triangel: //// //// // = V + V + II = X II = 12
Handtrommel: //// //// //// //// //// //// = V V V V V V = XXX = 30
Rassel: //// //// //// //// // = V V V V II = X X II = 22

Es kann durchaus die Erkenntnis gewürdigt werden, dass mit diesem Zahlensystem größere Zahlen nur sehr schwierig zu überblicken sind. Hier geht es uns aber nicht um die Zahlsysteme, sondern um die Verwendung der Vielfachen von fünf und zehn in einem Zählvorgang.

**Faktoren vertauschen**

Erst nach einer Automatisierung des Multiplikationsvorganges

Faktor · Faktor = Produkt
a · b = ?

tritt bei neuen Sachaufgaben der Effekt der Arbeitsersparnis ein. Nach der Erkenntnis, dass es sich um einen multiplikativen Vorgang handelt, ist nicht mehr der Anschauungsballast

*drei Äpfel und nochmals drei*
*Äpfel und nochmals drei Äpfel und nochmals drei Äpfel*

nötig. Der bekannten Grundmenge, z. B. drei, wird die Anzahl der Handlungsvorgänge, z. B. *viermal,* zugeordnet. Die Vorgangsanalyse oder die Textanalyse führen wie schon beim Addieren zu bestimmten Begriffen, die vermuten lassen, dass hier malgenommen werden muss.

| | |
|---|---|
| Bei diesen Wörtern muss ich wahrscheinlich malnehmen: | jeder, je, jedes Mal, so oft, immer wieder, täglich, wöchentlich, monatlich, jährlich. |

Das kommutative Gesetz der Multiplikation bringt in der rein algebraischen Form

$$a \cdot b = b \cdot a$$

keine Komplikationen mit sich. Im anschauungsgebundenen Sachrechnen aber bezeichnet einer dieser Faktoren eine Menge, der andere eine Vorschrift. Beim Vertauschen ändert sich die Sachlage entscheidend.

Es ist nicht gleich, ob → von Frankfurt nach Dresden täglich *drei* Züge mit je *acht* Wagen fahren,
oder, ob → von Frankfurt nach Dresden täglich *acht* Züge mit je *drei* Wagen fahren.

Das Rechenergebnis ist gleich, wenn es nur um den zur Verfügung stehenden Platz (also die Anzahl der Wagen) geht. Im Sachbezug ist aber möglicherweise von Interesse, wie oft ich täglich von Frankfurt nach Dresden fahren kann. Die entscheidende Einsicht muss heißen: Für eine bestimmte Fragestellung ist das Produkt $8 \cdot 3 = 3 \cdot 8 = 24$ als im Gedächtnis gespeicherter Term verwendbar. Das Ausrechnen kann ich mir also sparen. Zum Sachverhalt gehört aber auch die Tatsache, dass in einem Fall drei Lokomotiven mit dem Lokomotivführer die Strecke bewältigen müssen, im anderen Fall acht. In der bildlichen Darstellung ist das Problem erkennbar:

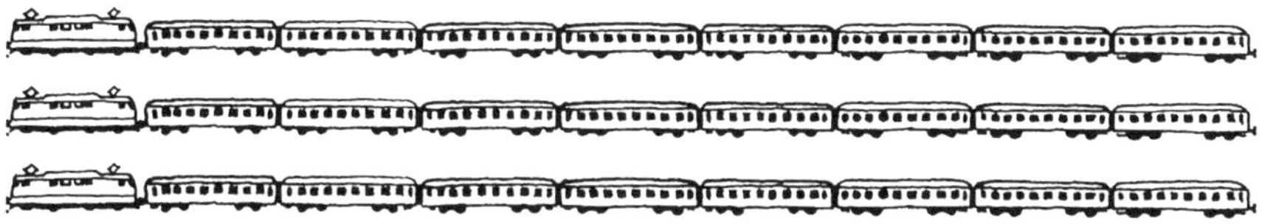

## Einmaleins als Feld

Die anschauliche und praktikable Darstellung für das Produkt zweier Zahlen ist die Felddarstellung (auch Parkettieren).

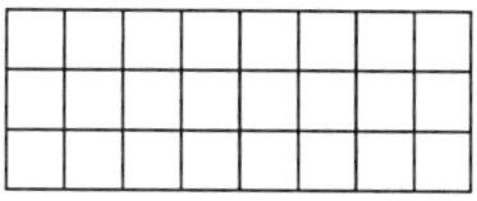

drei Reihen zu je acht
oder
acht Reihen zu je drei

In dieser Veranschaulichung der Multiplikation kann die Faktorenvertauschung immer vollzogen werden. Daher ist sie auch für die überschaubaren multiplikativen Sachaufgaben als Zeichnung hilfreich. Es geht hier um die Zahl der verfügbaren Plätze. Also notiere ich
8 Plätze $\cdot$ 3 = 24 Plätze oder hier auch 3 Plätze $\cdot$ 8 = 24 Plätze. Der Begriff Reihen kommt nicht vor.

Werden in der Angabe zwei verschiedene Größenbezeichnungen verwendet, z. B. an drei Tagen je acht DM, so ist anzuschreiben 8 DM · 3 = 24 DM oder 3 · 8 DM und nicht 8 · 3 Tage = 24 Tage. Die Kinder müssen unbedingt die Rechnung als Maschine verstehen. Möchte ich als Ergebnis Kartoffelbrei haben, so kann ich nicht Tomaten hineinstecken, also ist in der Rechnung vor dem Gleichheitszeichen die Benennung zu verwenden, nach der in diesem Rechenvorgang als Ergebnis nach dem Gleichheitszeichen gefragt ist.
Wie viele Zugwagen fahren täglich von Frankfurt nach Dresden?

**Frage:** ____ Wagen ________ ? **Rechnung:** 8 Wagen · 3 = 24 Wagen
**Antwort:** ____ Wagen ________

Das Beispiel mit den Zügen von Frankfurt nach Dresden erinnert an die Beobachtung im Unterricht, dass eifrige Kinder einfach losrechnen und dazu genehm erscheinende Größenangaben auf irgendeine Weise verknüpfen. Sie müssen auf den Sinn der Fragestellung verwiesen werden und erst von diesem Verständnis aus an die Rechenoperation herangehen.

### Schwierigkeitsstufen der Multiplikation

Die Einteilung des Zahlenraumes muss bei den multiplikativen Operationen noch weiter untergliedert werden, um die Anforderungsniveaus unterscheiden zu können.

| | | | |
|---|---|---|---|
| Zahlenraum bis 100 | E · E | Einmaleinsreihen mit 10, 5, 2, 4, 8 | im 2. Schuljahr |
| Zahlenraum bis 100 | E · E | Einmaleinsreihen mit 3, 6, 9, 7 | im 2. oder 3. Schuljahr |
| Zahlenraum bis 1000 | E · Z, Z · E | Einmaleins mit Zehnerzahlen | im 3. Schuljahr |
| Zahlenraum bis 1000 | ZE · E | Halbschriftliches Rechnen | im 3. Schuljahr |
| Zahlenraum über 1000 | HZE · E | Halbschriftliches Rechnen | im 3. oder 4. Schuljahr |
| Zahlenraum über 1000 | ZE · E | Schriftliches Rechnen | im 4. Schuljahr |
| (T) HZE · E | | Schriftliches Rechnen | im 4. Schuljahr |
| THZE · ZE, THZE · HZE | | | ab dem 4. Schuljahr |

E = Einerzahlen, Z = Zehnerzahlen, ZE = gemischte Zahlen mit Zehnern und Einern,
HZE = Hunderter-Zehner-Einer-Zahlen, THZE = Tausender-Hunderter-Zehner-Einer-Zahlen

| Name | Datum | **AB 19** |
|---|---|---|

## Einmaleins mit 5, 2, 4, 8

(Zahlenraum bis 100)

1. An der Tafel sind Karos gemalt, jedes ist 5 cm lang und 5 cm breit. Auf den Karolinien kann man gut zeichnen. *Wie hoch und wie breit sind diese Gebäude an der Tafel? Auch das Dach zählt mit.*

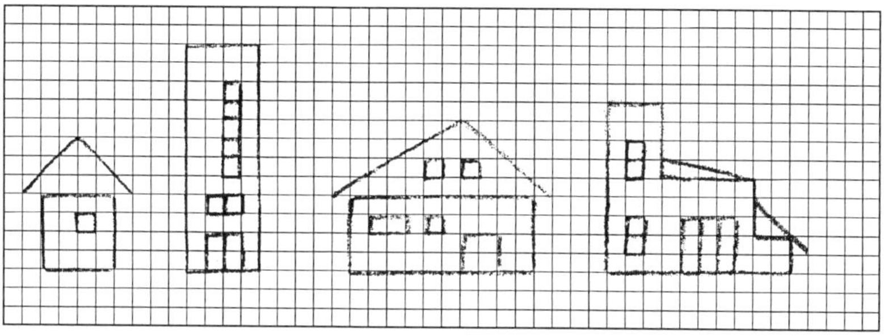

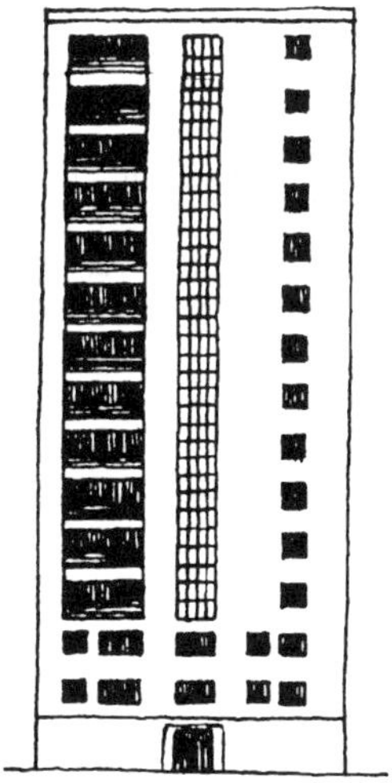

2. In einem Hochhaus gibt es 14 Stockwerke. Im 1. und 2. Stockwerk sind Büros. Ab dem 3. Stockwerk Wohnungen, eine nach Norden, eine nach Osten, eine nach Westen und eine nach Süden.
*Wie viele Wohnungen hat das Hochhaus?*

3. Ich laufe vom 3. Stock bis zum 7. Stock hoch, weil der Aufzug dauernd besetzt ist. Von einem Stock bis zum anderen sind es immer zwei Treppen mit je 8 Stufen.
*Wie viele Stufen sind es?*

4. Der Gartenzaun an der Straße hat 17 Pfosten, der Abstand ist immer zwei Meter. *Wie viele Meter Draht müssen gekauft werden?* Vorsicht, stellt erst 17 Kinder als Pfosten auf und denkt dann über die Aufgabe nach.

| | | | | | | | | | | | |
|---|---|---|---|---|---|---|---|---|---|---|---|
| Lösungszahlen: | 20 | 30 | 32 | 35 | 40 | 45 | 48 | 55 | 60 | 60 | 64 |
| Benennungen: Wohnungen, Stufen, m, cm, cm, cm, cm, cm, cm, cm, cm, | | | | | | | | | | | |

| Name | Datum | AB 20 |
|---|---|---|

## Einmaleins mit 5, 2, 4, 8

(Zahlenraum bis 100)

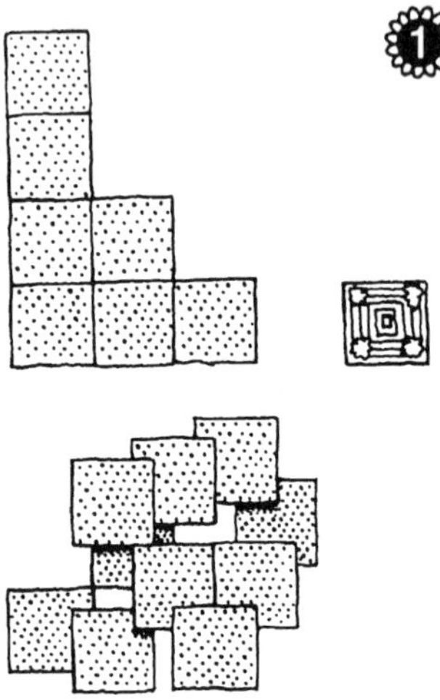

**1** Claudia möchte die Tür ihres Zimmers mit Spiegelkacheln bekleben. Jede Kachel ist 15 cm breit und 15 cm lang und muss in jeder Ecke mit einem Klebepunkt festgeklebt werden. Drei Kacheln kommen nebeneinander, das ist die erste Reihe. Insgesamt werden es vier Reihen.

*a) Wie viele Kacheln klebt Claudia fest?*

*b) Wie viele Klebepunkte braucht sie?*

*c) Wie breit und wie hoch ist die Spiegelfläche?*

Reichen diese Kacheln für die restliche Fläche?

**2** Beim Tapezieren rechnet der Tapezierer nebeneinander auf einen Meter zwei Bahnen. Diese zwei Bahnen sind etwa fünf Meter lang. Eine Tapetenrolle hat zehn Meter. Das Esszimmer muss an drei Seiten insgesamt mit zwölf „laufenden Metern“ tapeziert werden.

*a) Wie viele Bahnen braucht er?*

*b) Wie viele Rollen muss er besorgen?*

Eine Tapetenbahn
An den drei Wänden zwölf laufende Meter.
An der vierten Wand sind fast nur Fenster.

| Lösungszahlen und Benennungen: | Bahnen | Kacheln | Klebepunkte | Rollen | | | |
|---|---|---|---|---|---|---|---|
| Zentimeter | Zentimeter | 6 | 12 | 24 | 48 | 60 | 45 |

| Name | Datum | **AB 21** |
|---|---|---|

## Einmaleins mit 3, 6, 9, 7

(Zahlenraum bis 100)

**Kostbares Wasser**

Jeder Einwohner in Deutschland muss täglich mit drei Litern Wasser zum Trinken und Kochen versorgt werden. Außerdem rechnet man mit drei Litern pro Kopf und Tag zum Gießen der Blumen, Gärten und Parks sowie mit sieben Litern für die Reinigung von Wohnung, Haus, Auto, Aquarium und was sonst noch zu säubern ist.

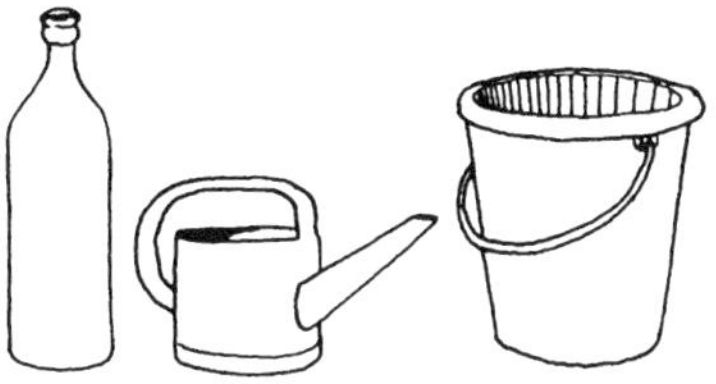

1. Zur Familie Adam gehören Vater, Mutter und Rolf. Der Wellensittich zählt nicht.
   a) *Wie viel Wasser wird für die Reinigung täglich benötigt?*
   b) *Wie viel Trinkwasser könnte die Familie in der Woche verbrauchen?*
   c) *Wie viel Wasser muss das Wasserwerk für eine Person in der Woche bereitstellen?*

2. Kannst du diese Tabelle alleine ausfüllen?

| Personenzahl | Trinkwasser | Gießwasser | Reinigungswasser | SUMME |
|---|---|---|---|---|
| 1 | | | | an einem Tag |
| | | | | in der Woche |
| 2 | | | | an einem Tag |
| | | | | in der Woche |
| 3 | | | | an einem Tag |
| | | | | in der Woche |

**Sieben ist eine Märchenzahl**

3. Die sieben Zwerge aus dem Märchen vom Schneewittchen trugen an jedem Wochentag eine andere Zipfelmütze, aber jede Nacht die gleiche Schlafmütze. *Wie viele Mützen fand Schneewittchen vor, als sie ankam und die Zwerge gerade unterwegs waren?*

4. Sicher kennst du das Märchen vom Wolf und den sieben Geißlein. *Wie viele Geißlein-Füße hatte der gierige Wolf im Magen? – Erst überlegen!*

## Eine Bastelgeschichte für den Osterhasen – zum Neunereinmaleins

(Zahlenraum bis 100)

Wenn bei einem Kindergeburtstag Mumienwickeln gespielt wird, bleibt viel Toilettenpapier übrig und etliche Papprollen. Mit solchen Papprollen kann man Eierständer basteln. Dazu stellt man immer vier Rollen nebeneinander in eine Reihe, darunter kommt die zweite Reihe. Meine Rollen habe ich gemessen. Weil sie zu hoch sind, werden sie in der Mitte durchgeschnitten. So entsteht aus vier Rollen ein Eierständer für acht Eier. Es genügen aber auch drei Rollen, dann wird der Eierständer nur zwei Reihen mit je drei Plätzen enthalten.

Die Rollen werden mit Bast umwickelt und jede an die Nebenrolle gebunden. Der Bast sollte vorher gut auseinandergestrichen werden. Zum Schluss steckt man die beiden Enden einer Sisalschnur, die Draht enthält, durch die beiden Öffnungen links und rechts und biegt den Draht unten um. Je nach Länge der Schnur entsteht so der Griff für den Eierständer.

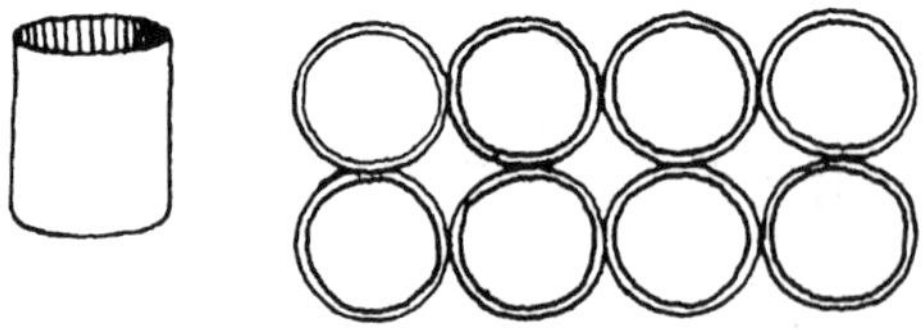

Vier Rollen nebeneinander 18 cm

Zwei Rollen nebeneinander 9 cm

In meiner 3. Klasse sollte jedes der 24 Kinder vier Rollen mitbringen. Wir stellten also 24 Reihen mit je 4 Rollen auf. Zwei Rollen nebeneinander haben einen Durchmesser von 9 cm.

| | | |
|---|---|---|
| 1 Wie viele Rollen waren es? | Lösungen: | 24 R · 4 = 96 R |
| 2 Wie breit war das Rollenfeld? | | 4 Rollen; 2 · 9 cm = 18 cm |
| 3 Wie lang war unser Rollenfeld? | | 24 R = 2 · 12 R;<br>9 cm · 12 = 108 cm |
| 4 Mache das Rollenfeld halb so lang und doppelt so breit. | | Länge: 9 cm · 6 = 54 cm<br>Breite: 9 cm · 4 = 36 cm |

Hinweis: Bei einfachem Papier, wie es auch in den Schulen vorhanden ist, beträgt der Durchmesser der Rollen 4,5 cm. Wir können also für je 2 Rollen mit dem Neunereinmaleins rechnen.

Bei entsprechenden Variationen kann durch „Parkettieren“ mit den Rollen eine Wiederholung der Einmaleinsreihen ein spielerisches Kopfrechnen geübt werden.

Handlungssituation mit Papprollen: 37 Rollen sind vorhanden. Wir bilden ein Feld aus 36 Rollen, es ergeben sich die Möglichkeiten 6 · 6, 4 · 9, 3 · 12, 2 · 18 Rollen. Diese Möglichkeiten malen wir verkleinert in die Rechenkästchen des Heftes. Ein kopiertes Arbeitsblatt brauchen wir dazu nicht.

Die Länge kann errechnet und dann überprüft werden:
6 Rollen: 3 · 9 cm = 27 cm   12 Rollen: 6 · 9 cm = 54 cm
9 Rollen: 4 · 9 cm + 4,5 cm = 40,5 cm
Die Kommasetzung zwischen Zentimeter und Millimeter mag im Lehrplan nicht abgesichert sein, bereitet aber den Kindern weniger Schwierigkeiten als das Umrechnen in Millimeter.

## Addition gleicher Summanden

Nach der Einführung der Multiplikation mit Einern beobachtet man während des Sachrechnens manchmal, dass Kinder lieber addieren als multiplizieren.
Beispiel:
Vier Kinder Wolfgang, Susanne, Sonja und Bernd zahlen für einen Tagesausflug je 43,50 DM ein. Wie viel Geld liegt jetzt in der Kasse?
(Aufgabe): 4 Kinder, je 45,30 DM
(Frage): Siehe oben!
(Zeichen): ⊙
(Rechnung): 45,30 DM · 4 = ?
4530 Pf · 4
18120 Pf

Die Rechnung wird aber gerne auch so aufgeschrieben:
45,30 DM
45,30 DM
45,30 DM
+ 45,30 DM
**181,20 DM**

(Antwort): In der Kasse müssen jetzt 181,20 DM sein.

Der Vorteil der zweiten Methode liegt auf der Hand: Die Umwandlung ist erspart und beim Addieren fühlt sich das Kind sicherer.
Ich lasse dieses Verfahren noch einige Zeit gelten, so lange nur mit Einern multipliziert werden muss. Zwei Gründe können hinter dieser Methode stecken:
1. Es kann sein, dass die halbschriftliche oder schriftliche Multiplikation noch nicht gesichert ist. Durch diese Rechenweise wird dann aber die getrennte Multiplikation erst der Einer, dann der Zehner, der Hunderter usw. wiederholt und gefestigt. Die Einsicht stellt sich ein, dass die Einmaleinsreihen sehr hilfreich sind und rascher zum Ergebnis verhelfen.

2. Es ist möglich, dass Unsicherheit beim Benennen und Umwandeln besteht. Bei der Addition von Dezimalzahlen ist das Ergebnis unmissverständlich ablesbar. Bevor wir an die Sachaufgaben zum Dividieren gehen, muss jedoch das schriftliche Multiplizieren gesichert sein.

Didaktische Verwertung: Beim Ausrechnen nach der Addiermethode merken die Kinder bald, dass ich hier auch malnehme, bei den Zehnern in obiger Rechnung kann $4 \cdot 3 = 12$ gerechnet werden,

bei den Markstücken $4 \cdot 5 = 20$ und

bei den Zehnmarkscheinen $4 \cdot 4 = 16$.

Auf diese Weise wird der Zusammenhang zwischen dem Addieren und dem Multiplizieren noch einmal bekräftigt. Im übrigen wird das Aufschreiben zu umständlich, wenn mit 9 malgenommen werden muss. Dann ist das Argument von der „Kunst der Faulheit" doch stärker.

## 5.2 Verknüpfung der Einmaleinsreihen

### Einmaleinsreihen mit 2, 4, 8

Die Vielfachen von 2, 4 und 8 werden nacheinander eingeführt, da sie durch das jeweilige Verdoppeln entstehen. Sie bieten damit die Grundlage des binären Zahlensystems, welches anschaulich durch den Würfelaufbau aus beliebigen, gleich großen Spielwürfeln eingeführt werden kann.

### Spielsituation mit Spielwürfeln

Eine Menge Spielwürfel aus Holz, die alle die gleiche Größe haben, wird auf den Ausstellungstisch geschüttet. Schätze mal, wie viele das sind! Die Kinder sollen ihre Schätzergebnisse notieren, damit man am Ende zuverlässig nachweisen kann, wer wirklich am besten geschätzt hat. Die Schätzergebnisse können auch an der Tafel festgehalten werden.

| Tafelanschrift | Ich schätze, es sind | | Würfel | | |
|---|---|---|---|---|---|
| Steffi | 35 | Wolfgang | 25 | Matthias | 30 |
| Ulrike | 32 | Jenny | 40 | Christian | 27 |

Beim Zählen lege ich als Vorschrift fest:

| | | |
|---|---|---|
| Ein Drittel der Klasse zählt in Zweiern. | 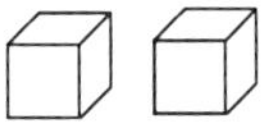 | Inzwischen malen die anderen Kinder so viele Quadrate ins Heft, wie sie Würfel schätzten. |
| Dann zählt das nächste Drittel der Klasse in Vierern, also je zwei Zweier. |  | Inzwischen malen die anderen Kinder ihre Quadrate. |
| Schließlich zählt auch das dritte Drittel und legt Vierer aufeinander zum großen Würfel. |  | Inzwischen malen die anderen Kinder, nachdem sie ja schon wissen, wie viele Würfel es sind. |

Die Ergebnisse: 16 Zweier oder 8 Vierer oder 4 Achter oder 32 Stück.
Das Rechenergebnis: $16 \cdot 2 = 8 \cdot 4 = 4 \cdot 8 = 32$
Folgende Zahlen werden geschrieben: 2, 4, 8, 16, 32.

| | | |
|---|---|---|
| Diese fünf Zahlen | sind Zweierzahlen (besser formuliert Vielfache von zwei), | |
| vier Zahlen davon | sind Vielfache von vier, nämlich | 4, 8, 16, 32; |
| drei Zahlen davon | sind Vielfache von acht, nämlich | 8, 16, 32; |
| zwei Zahlen davon | sind Vielfache von 16, nämlich | 16, 32; |
| eine Zahl davon | ist Vielfache von 32, nämlich die | 32. |

Die Ergebnisse sollten unbedingt verbalisiert werden. Wichtig ist die Erkenntnis, dass alle Vielfachen von vier auch Vielfache von zwei sind, aber nicht alle Vielfachen von zwei sind Vielfache von vier.

**Spielsituation „Machet auf das Tor“**

Diese Zusammenhänge sind auch mit dem Spiel „Machet auf das Tor, es kommt ein goldner Wagen“ zu erkennen. Alle geraden Zahlen von zwei bis 40 werden auf Schildern verteilt. Durchs erste Tor dürfen alle Kinder mit einer Vielfachen von zwei in der Hand, durchs nächste Tor nur noch die mit den Vielfachen von vier, weiter gehen nur die Kinder mit den Vielfachen von acht. Wir stellen fest, dass hinter dem ersten Tor so viele Kinder stehen wie hinter dem zweiten und dritten Tor zusammen, dass hinter dem zweiten Tor so viele stehen wie hinter dem dritten Tor.

Und die Übertragung auf Sachaufgaben? Wenn ich doppelt so schnell fahre, brauche ich die halbe Zeit. – Wenn ich durch acht teilen muss, teile ich durch zwei, das Ergebnis wieder durch zwei, und dieses Ergebnis wieder durch zwei. – Ich halbiere die Hälfte, wenn wir zu viert sind, und die Rechnung stimmt. Die Grundlagen für das Sachrechnen werden im anschaulichen Spiel gelegt.

### Viele Fächer entdecken

Wo gibt es Schränke, Regale, Plastikbehälter, Briefkastenanlagen mit vielen Fächern? Die Kinder suchen in Küche und Bad, Wohnzimmer und Hobbykeller, Garage und Hausflur nach solchen Einrichtungen oder Gebrauchsgegenständen mit Fächern. Diese Art von Hausaufgaben wird erfahrungsgemäß gerne erledigt und öffnet die Augen für mathematische Zusammenhänge im Alltag.

| Fächer in der Küche: | Einrichtung: | Rechnung: |
|---|---|---|
| | Wandschränke | 2 · 3, 1 · 4, 1 · 2 |
| | Besteckkasten | 1 · 4 |
| | Eiswürfelschale im Gefrierfach | 3 · 8, 2 · 5 |

Auch im Klassenzimmer, in der Schulbibliothek oder im Lehrerzimmer finden wir solche Fächer-Schränke für Bücher, Kassetten, Disketten, Papiere, Formulare, Arbeitsmittel usw. Wir notieren Gegenstand und Zahl der Fächer, wobei wir uns das Zählen ersparen können. Denn es sind häufig Einmaleinsrechnungen. Wir entdecken, dass die Ergebniszahlen häufig dieselben sind. Selten gibt es 11, 17 oder 23 Fächer.

Wir suchen die **Lieblingszahlen.** Sehr beliebt sind sechs, acht, 12, 24 oder 32 Fächer, seltener sind neun oder 15.

| Lieblingszahlen: | So viele Fächer sind angeordnet: |
|---|---|
| 24 | 6 · 4 Fächer, 2 · 12 Fächer, 12 · 2 Fächer |
| 9 | 3 · 3 Fächer |
| 15 | 3 · 5 Fächer, 5 · 3 Fächer |

### Viele Fächer – das Vielfache

Der Begriff *Vielfaches* kann aus unseren Beobachtungen abgeleitet werden. Ein Schrank mit zwei Reihen hat – und so zählen wir – zwei, vier, sechs, acht, zehn Fächer. So entsteht die Reihe der Vielfachen von zwei. Solche Vielfachen entdecken wir auch dort, wo es sich nicht um Fächer handelt: Wie viele Felder hat dein Stundenplan? Wie viele Stücke schneidet der Bäcker aus dem Kuchen? Wie viele Spielkarten hat ein Kartenspiel? Wie viele Fenster hat eine Seite eines Hochhauses?

Lieblingszahlen sind gemeinsame Vielfache: Wir vergleichen die Einmaleinsreihen und entdecken, welche Zahlen sie gemeinsam haben. Es sind genau unsere Lieblingszahlen. Bei manchen Reihen ist bereits die zweite Zahl der einen Reihe eine Zahl der anderen Reihe, bei manchen Reihen muss man länger suchen, bis man die gemeinsame findet. Jede Einmaleinsreihe hat mit der anderen mindestens eine gemeinsame Zahl.

**„Einsame Zahlen" sind Primzahlen:** Ein Regal mit nur einer Fächerreihe, z. B. Diskettenständer, kann jede beliebige Zahl von Fächern haben, auch 19 oder 37.

| Name | Datum | **AB 22** |
|---|---|---|

## Wenn die Einmaleinsreihen sich treffen (Zahlenraum bis 100)

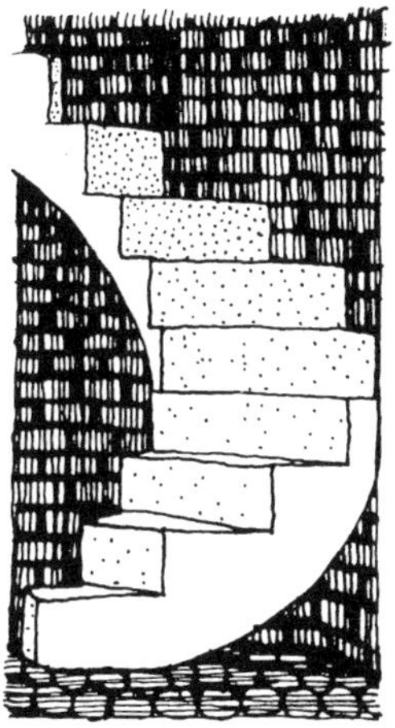

**1** Bastian und Elisabeth eilen die Wendeltreppe auf Burg Schauerloch hinauf. Es sind genau 48 Stufen. Elisabeth nimmt immer drei auf einmal, Bastian immer zwei.
*a) Welche Stufen betreten beide gemeinsam?*
*b) Wie viele Schritte macht Elisabeth?*
*c) Wie viele Schritte macht Bastian?*

**2** Die Freitreppe zu einer Kirche hat 60 Stufen. Hinauf nehme ich immer drei Stufen auf einmal, herunter nehme ich immer zwei Stufen.
*a) Welche Stufen betrete ich zweimal?*
*b) Wie viele Schritte mache ich hinauf?*
*c) Wie viele Schritte mache ich herunter?*

**3** Bei einer Klassenfeier verteilen Birgit und Simone 30 Lose mit den Nummern 1 bis 30. Für alle Vielfachen von drei gibt es einen Lutscher, für alle Vielfachen von sechs gibt es ein Eis, für alle Vielfachen von neun gibt es einen Luftballon.
*a) Wie viele Lutscher werden verteilt?*
*b) Wie viele Eisportionen werden verteilt?*
*c) Wie viele Luftballons werden verteilt?*
*d) Welche Losnummer bringt drei Gewinne?*

**4** Für eine bunte Perlenkette werden rote, gelbe, blaue und weiße Perlen verwendet. Die Regel heißt: rot-blau-gelb-blau-weiß-blau / rot-blau-gelb-blau-weiß-blau usw.
100 Perlen sollen aufgefädelt werden, mit rot wird begonnen.
*a) Welche Farbe hat die letzte Perle?*
*b) Wie viele Perlen von jeder Farbe werden gebraucht?*

| Lösungszahlen: | | | | 3 | 5 | 6 | 6 | 10 | 12 | 12 | 16 | 16 | 17 | 17 | 18 | 18 | 18 |
|---|---|---|---|---|---|---|---|---|---|---|---|---|---|---|---|---|---|
| | 20 | 24 | 24 | 24 | 30 | 30 | 30 | 36 | 36 | 42 | 42 | 48 | 48 | 50 | 54 | 60 | |

 

| Name | Datum | **AB 23** |
|---|---|---|

## Immer drei Rechnungen

(Zahlenraum bis 100)

1 Im Museum kostet der Eintritt für Erwachsene 5 DM und für Kinder 3 DM. Eine Reisegruppe mit 11 Erwachsenen und 6 Kindern kauft zusammen die Eintrittskarten. *Wie viel muss der Reiseleiter bezahlen?*

2 Für einen Staffellauf spendiert ein Sportgeschäft die T-Shirts. Von einer Klasse sind 15 Kinder, 4 Mütter und 3 Väter beteiligt. Für ein Kinder-T-Shirt rechnet das Geschäft 3 DM, für ein Erwachsenen-T-Shirt 5 DM. *Wie viel Geld hat das Sportgeschäft allein für diese Klasse gespendet?*

3 Zwei Reitpferde unterhalten sich im Stall. Sagt das eine: Ich bekam heute neue Hufeisen, in jedem Hufeisen stecken sechs Nägel. Sagt das andere Pferd: Ich hab mir diesmal bessere Hufeisen anpassen lassen. Je Hufeisen acht Nägel. *Wie viele Nägel waren das zusammen?*

4 Bei einer Hochzeitsfeier fahren viele Gäste zur Kirche. Neun Autos sind mit je vier Personen besetzt, drei Gäste haben Kleinbusse mit je acht Leuten vollgeladen. Das Brautpaar kommt mit der Kutsche. *Wie viele Gäste (!) waren bei der Hochzeit?*

5 Ein Kilogramm Pfirsiche, das sind sieben Stück. Tomaten sind etwa gleich schwer. Ich kaufe zwei Kilogramm Pfirsiche und doppelt so viele Tomaten, weil an diesen heißen Sommertagen die Kinder gerne viel Obst essen. *Wie viele Früchte habe ich zu verteilen?*

| Schreibe **Aufgabe - Frage - Rechenplan - Rechnung - Antwort** | | | | | | | | | | |
|---|---|---|---|---|---|---|---|---|---|---|
| **Zwischenergebnisse:** 14 | 18 | 24 | 24 | 28 | 32 | 35 | 36 | 45 | 55 | |
| **Lösungen:** 42 | 56 | 60 | 73 | 80 | Früchte | Nägel | Gäste | DM | DM | |

Solche einsamen Zahlen gibt es also auch. Sie sind in keiner Einmaleinsreihe enthalten. Die einzige mögliche Malrechnung für sie heißt z. B.
$1 \cdot \square = 19$; $1 \cdot \square = 13$.
Wenn eine Schulklasse so viele Kinder hat, geht es beim Spielen nie auf. Der Begriff Primzahl könnte eingeführt werden, da diese Zahlen ja nur zur Einerreihe gehören (lat. primus = der Erste). Für das Teilen signalisieren diese Zahlen, dass auf jeden Fall ein Rest bleiben wird.

## Das Cartesische Produkt

Malaufgaben lassen sich nicht nur in Feldern oder Fächern bestimmten Sachverhalten zuordnen, sondern auch im Cartesischen Produkt. Wir können es als Sonderform der Relationen auffassen. Es handelt sich um die Entstehung eines Produktes, bei der einer beliebigen Anzahl von Elementen auf der einen Seite einer Grenzlinie eine beliebige Anzahl von Elementen auf der anderen Seite gegenübersteht. Jedes Element der einen Seite erhält eine Verbindung zu jedem Element der anderen Seite.

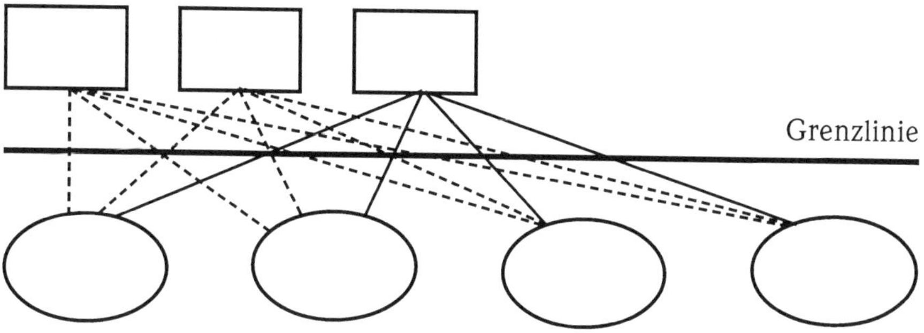


Die Elemente einer Seite erhalten untereinander keine Verbindung. Wenn ich die Grenzlinie entlanggehe, kann ich die Anzahl der Relationen feststellen, indem ich abzähle. Das Produkt ist dann die Zahl der Verbindungsmöglichkeiten, welche die Grenzlinie überschreiten.

**Unterrichtssituation**

Ich stelle Hausaufgaben am Ende der Mathematikstunde oft ohne Mathematikbuch oder Arbeitsblatt. Die Angabe zweier Ziffernreihen genügt und ist rasch ins Aufgabenheft oder ins Übungsheft notiert.

| | | | | | | | | | | |
|---|---|---|---|---|---|---|---|---|---|---|
| | 2 | | 4 | | 8 | | 5 | | 10 | Grenzlinie |
| $\odot$ | | 3 | | 7 | | 9 | | 6 | | (ergibt 20 Aufgaben) |

oder in dieser Form: 2, 4, 8, 5, 10, $\odot$ 3, 7, 9, 6
Durch das Notieren dieser neun Zahlen sind $5 \odot 4 = 20$ Aufgaben zu rechnen.

**Sachsituation**

Wo wird bei Sachsituationen das Kombinieren je eines Elements aus zwei verschiedenen Mengen noch vorgenommen?

| | | |
|---|---|---|
| Bei der Kleidung: | Pullover | Hosen |
| Beim Essen: | Hauptgericht | Nachspeisen |
| Beim Tanz: | Mädchen | Junge |

**Spielsituation:**

Die Paarbildung bei Kindertänzen oder anderen Spielen, bei denen je zwei Partner aus zwei gleich großen Mannschaften miteinander spielen, ergibt als Produkt immer die Quadratzahlen. Bei manchen Tänzen wird nach jeder Strophe um einen Tänzer weitergewechselt. Wie viele verschiedene Paare entstehen dabei? Interessant ist auch die Rechenreihe: Ein Junge – ein Mädchen – ein mögliches Paar; zwei Mädchen – zwei Jungen – vier mögliche Paare usw.

## Der erweiterte Rechenplan – vereinfachte Darstellung

Rechenzeichen ⊕ ⊙

Beim Arbeitsblatt 23 kann in jeder Rechnung dieser Rechenplan der 1. Zeichnung verwendet werden. Die Strukturgleichheit einer Aufgabenreihe, die aus den verschiedensten Sachbereichen stammt, hilft dem Kind, Analogien aufzuspüren und Sicherheit zu gewinnen. Allerdings beginnt der Rechenplan bei der Durchführung dreier einfacher Operationen zu umständlich zu werden. Daher wird zur Verkürzung vorgeschlagen, für die Malaufgaben nicht den ganzen Plan zu verwenden, sondern die Malrechnung in den ersten Platzhalter einzutragen. Der Term $11 \cdot 5$ hat den gleichen Wert wie das ausgerechnete Produkt 55. Dann sind zwei Simplex-Pläne wie in der 2. Zeichnung nötig, damit einmal die Rechnung und das andere Mal die Produkte und die Summe eingetragen werden können.

**1. Zeichnung**

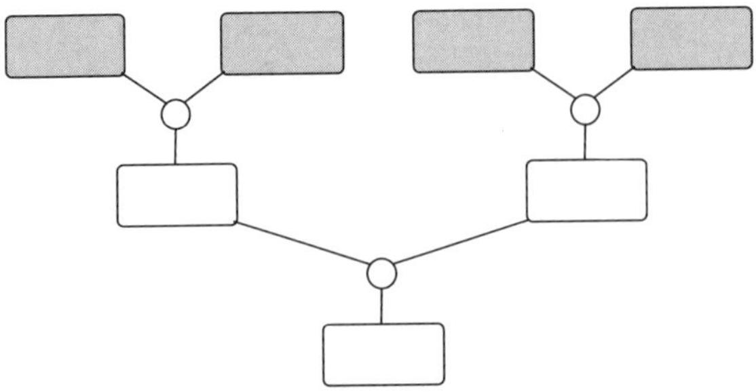

**2. Zeichnung**

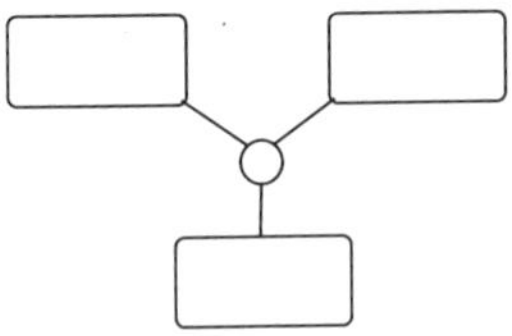

### Der Affengesicht-Rechenplan

Daneben aber erfreut sich bei vielen Kindern der Affengesicht-Rechenplan großer Beliebtheit. Wenn sie die Rechenpläne schon sicher handhaben können, genügt es, wenn beim Besprechen des Rechenweges die Rechenzeichen in der richtigen Reihenfolge angegeben werden. Manches Kind kann diese Abstraktion leicht durchführen, andere müssen sie nachvollziehen können. Der Platzhalter wird also im Rechenplan ausgespart, wenn die Aufgabe genügend überblickt wird. Wichtig ist nun die Unterscheidung, ob die Rechenzeichen aneinanderstoßen oder nicht.

| | | |
|---|---|---|
| Zwei Rechenzeichen stoßen aneinander. | (+)(−) | Das Ergebnis wird bei der nächsten Rechnung weiterverwendet. |
| Zwei Rechenzeichen berühren sich nicht. | (+) (·) | Mit neuen Zahlen wird eine neue Rechnung begonnen. |

Dieses Rechenplan-Gesicht gilt für die Addition zweier Produkte.

### Beispiele für dreigliedrige Aufgaben zur Addition, Subtraktion und Multiplikation

Vereinfachte Zeichnung Phantasievolle Zeichnung der Rechenplangesichter

$4 \cdot 6 = 24$ $3 \cdot 9 = 27$
$24 + 27 = 51$

$12 - 4 = 8$ $8 \cdot 9 = 72$
$72 + 85 = 157$

$33 + 15 = 48$ $9 \cdot 9 = 81$
$81 - 48 = 33$

## 5. 3 Malnehmen mit Zehnerzahlen (Zahlenraum bis 1000)

**Z · E E · Z Z · Z**

Nach dem Einführen des Tausenders erweitern sich die Möglichkeiten für das Sachrechnen. Die Einmaleinsreihen mit Zehnerzahlen sind arithmetisch-logisch und schreibtechnisch kein Problem: Man hängt beim Produkt einfach eine Null an. $7 \cdot 8 = 56 \quad \rightarrow \quad 7 \cdot 80 = 560$

Die deutsche Sprache baut hier aber Schwierigkeiten auf, da die Einer vor den Zehnern gesprochen werden:

Sieben mal acht ist gleich ***sechs***- und - ***fünfzig***<br>
Sieben mal achtzig ist gleich ***fünf***- hundert - ***sechzig***<br>
und nicht ***sechs***- hundert - ***fünfzig,***

was akustisch näher liegt. Kinder, die ohne logische Bezüge lernen und Kinder mit nichtdeutscher Muttersprache haben hier mit dem Kopfrechnen Schwierigkeiten. Daher ist das schriftliche Darstellen für diese Kinder leichter zu bewältigen und beim Lösen der Sachaufgaben zu empfehlen.

### Das Einmaleins mit sechzig

Das Umrechnen von Stunden in Minuten und von Minuten in Sekunden verlangt die Beherrschung des Einmaleins mit sechzig. Gleichzeitig erfordern Angaben der halben Stunde und der Viertelstunde sowohl das Halbieren und Teilen durch vier als auch das Addieren zu einem vorher errechneten Produkt. Die Anschauung ist stets durch die Uhr im Klassenzimmer gegeben, die daher keine Digitalanzeige haben sollte.

| Stunde | 0 | halb | 1 | halb | 2 | halb | 3 | ? | ? | halb | 5 | halb |
|---|---|---|---|---|---|---|---|---|---|---|---|---|
| Minuten | 0 | 30 | 60 | | | | | 210 | 240 | | | |
| Minute | 0 | 1 | 2 | 3 | 4 | 5 | 6 | 7 | 8 | 9 | 10 | |
| Sekunden | 0 | 60 | 120 | | | | | | | | | |

Weitere Maßeinheiten für das Zehnereinmaleins finden sich bei den Münzen mit 10 Pf und 50 Pf, bei den Geldscheinen mit 10 DM, 20 DM und 50 DM.

### Malnehmen mit zehn, das Zehnfache

Das Zehnfache zu berechnen ist eigentlich sehr einfach. Bei Dezimalzahlen muss die Rechnung etwas umständlich durchgeführt werden, weil das Multiplizieren von Dezimalzahlen in der Grundschule nicht vorgesehen ist. In Sachaufgaben sind aber oft Preise mit zehn, zwanzig oder fünfzig malzunehmen. Die Aufgabe „Wie viel kosten zehn Hefte zu je 0,75 DM?“ ist didaktisch richtig folgendermaßen zu lösen:

| Name | Datum | **AB 24** |
|---|---|---|

## Wettflüge - frei erfunden (+) (·) (Zahlenraum bis 1500)

1 Das musst du wissen: Tauben fliegen etwa 60 km in der Stunde, Raben nur 40 km. Dennoch will der Rabe Abraxas mit der Taube Amila um die Wette fliegen.

*a) Wie weit ist der Rabe nach drei Stunden geflogen?*
*b) Wie weit ist die Taube nach drei Stunden geflogen?*
*c) Wie weit ist dann der Rabe hinterher?*

2 Das musst du wissen: Schwäne können 90 km in der Stunde fliegen, Stockenten sogar 100 km.

*a) Rechne für eine Flugzeit von dreieinhalb Stunden die Flugstrecken aus.*
*b) Wie weit sind sie voneinander entfernt, wenn sie in die gleiche Richtung flogen?*
*c) Wie weit sind sie voneinander entfernt, wenn sie in entgegengesetzte Richtungen flogen?*

3 Das musst du wissen: Tempo eines Güterzuges 80 km, einer Möwe 60 km in der Stunde. Die Möwe Jonathan lässt sich vom Güterzug zum Meer tragen. Nach vier Stunden Fahrt fliegt der blinde Passagier aus, weil der Zug in Hamburg angekommen ist. *Wie viele Kilometer hat die Möwe in dieser Zeit mehr zurückgelegt, als wenn sie selbst geflogen wäre?*

4 Das musst du wissen: Bienen haben ein Flugtempo von 20 km in der Stunde. – Bienen sind fleißige Sammler.
*Berechne die Tagesreise einer Honigbiene, wenn sie sechs Stunden am Tag hin- und herfliegt.*

5 Eine Schwalbe segelt in 10 Minuten 30 km, der Mauersegler in 10 Minuten sogar 50 km.
*Wie weit käme jeder in fünf Stunden, wenn sie ohne Unterbrechung fliegen könnten?*

Manche dieser Aufgaben haben zu viel Text. Streiche aus, was du nicht brauchst.

| Lösungen: 35 | 60 | 80 | 120 | 120 | 180 | 300 | 315 | 350 | 665 | 900 | 1500 |
|---|---|---|---|---|---|---|---|---|---|---|---|

Ordne alle Tiere dieser Seite nach ihrem Flugtempo, das schnellste zuerst.

| Name | Datum | AB 25 |
|---|---|---|

**Fleisch und Wurst - Wie teuer ist ein Kilogramm?**
(Zahlenraum bis 33 DM)

Diese Angebote habe ich aus der Zeitung ausgeschnitten

Cordon bleu 100 g 1.11

Truthahn-Steak 100 g 1.19 DM

Schinkenbraten kg 6.66

Kalbshaxe 100 g 1.11

Brustspitzen kg 4.99

Rinderbrust kg 9.99

Steaks vom Schweinehals 100 g 99 Pf

Geschnetzeltes 100 g 99 Pf

Truthahn-Schnitzel 100 g 1.09

Rote Bockwurst knackig 100 g 89 Pf

Hähnchen-Schnitzel 100 g 1.49

Original Nürnberger Rostbratwürste 100 g 99 Pf

Kasseler-Aufschnitt 100 g 1.69

Original-Salami 100 g 3.29

Bauernbraten 100 g 99 Pf

1. Gib überall den Preis je Kilogramm an.
2. Ordne alle Kilogramm-Preise nach der Größe. Schreibe die größte Zahl zuerst. 32,90 DM > 16,90 DM > ...
3. Peter soll 300 g Salami und 500 g Geschnetzeltes kaufen. Mama hat ihm 20 DM mitgegeben.
4. *Wie teuer sind 500 g Nürnberger Bratwürste? Wie viel kosten 500 g Bockwurst weniger?*
5. *Von welchen Angeboten kostet ein halbes Kilogramm weniger als 5 DM?*

**Freiarbeit:** Schreibe deinem Nachbarn einen Einkaufszettel. Wie viel Geld gibst du mit? - Er soll dir Rechnung und Wechselgeld vorlegen.

0,75 DM = 75 Pf 75 Pf · 10 = 750 Pf 750 Pf = 7,50 DM

Das Malnehmen mit zehn sollte daher geübt sein, auch wenn es sich um eine Kommazahl handelt, damit beim Rechenplan nur ein Rechenschritt vollzogen werden muss und die Rechnung gleich so notiert werden kann:

0,75 DM · 10 = 7,50 DM oder 35,50 DM · 10 = 355,00 DM

Lernziel: Beim Malnehmen mit zehn werden aus den Markstücken Zehnmarkscheine, aus den Zehnpfennigstücken Markstücke, aus den Pfennigen Zehn-Pfennig-Stücke. Bei den Einern steht immer eine Null.

Ein Beispiel dazu sehen wir beim Wurstverkauf, wo bei vielen Angeboten der Preis je 100 g ausgezeichnet ist und wir also zum Kilopreis erst umrechnen müssen: 100 g Schinken kosten 2,89 DM. Beim Arbeitsblatt 24 wurde das Flugtempo von Tieren thematisiert und das Umrechnen von Sekunde zu Minute, von Minute zur Stunde geübt. Diese Aufgaben eignen sich später auch zum Dividieren.

## 5.4 Multiplizieren mit mehrstelligen Faktoren

**HZE · Z HZE · ZE THZE · ZE** (Zahlenraum bis zur Million)

### Malnehmen mit ZE

Sobald das Multiplizieren mit zwei mehrstelligen Faktoren eingeführt ist, rücken wir ein weiteres Stück an die Lebenswirklichkeit heran. Die Sachaufgaben können oft unfrisiert aus Alltagsinformationen übernommen werden. Dieser Lernzuwachs, dass das Kind schon wie die Erwachsenen rechnen kann, sollte ihm auch bewusst gemacht werden. Die erhöhte formale Schwierigkeit beim Rechnen mit großen Zahlen muss durch eine besondere Motivation überwunden werden.

Nun kann man den täglichen Wasserverbrauch von z. B. 158 Litern gleich auf den Monat Mai umrechnen lassen oder auf das ganze Jahr mit seinen 365 Tagen. Bei allen zeitbezogenen Berechnungen ist das Malnehmen mit 12, 24, 30, 60, 360 oder 365 gefragt.

Der Zahlenraum erweitert sich durch das Multiplizieren sofort erheblich. Die Tausendergrenze wird rasch überschritten. Dies kann auch geschehen, wenn die Million noch nicht im Zahlengebäude aufgebaut ist.

Aus HZE · ZE ergibt sich maximal 999 · 99 = 98901

Aus THZE · ZE ergibt sich maximal 9999 · 99 = 989901

Aus HZE · HZE ergibt sich maximal 999 · 999 = 998001

Das Normalverfahren ist zu automatisieren, damit der Kopf frei wird zum Bedenken der Strukturen. Natürlich könnte jetzt der Taschenrechner die langwierige Rechnerei ersetzen und mehr Konzentrationsfreiräume wären für die

Analyse der Aufgabe frei. Zur raschen Kontrolle einer Lösungszahl ist der Taschenrechner hilfreich, ersetzen kann er das eigene Rechnen (noch) nicht, weil die Vorstellung der Größenordnung noch mit der Anschaulichkeit der eigenen Anstrengung gestützt werden muss. Das Lösen von Sachaufgaben mit großen Zahlen verlangt also im Unterricht keine neue Konzeption, wenn es durch Sachrechnen im überschaubaren Zahlenbereich fundiert wurde.

### Nebenrechnungen

Im Gegensatz zu den additiven Rechenoperationen tritt beim Multiplizieren und Dividieren das Problem des richtigen Anschreibens der Benennung auf. Wie vorher ausgeführt ist immer zu bedenken, was als Ergebnis der Rechnung gefragt ist. Mit dieser Größe muss auch die jeweilige Rechnung begonnen werden.

Ein Rechenbeispiel zur Aufgabe 5 des Arbeitsblattes 26:

**Aufgabe:** Zwei Liter Milch, 330 Tage, 1,89 DM, 1,20 DM
**Frage:** *Wie viel können wir sparen? (DM)*
**Zeichnung:** Rechenplan oder Rechenzeichen: $\odot \ominus \odot$

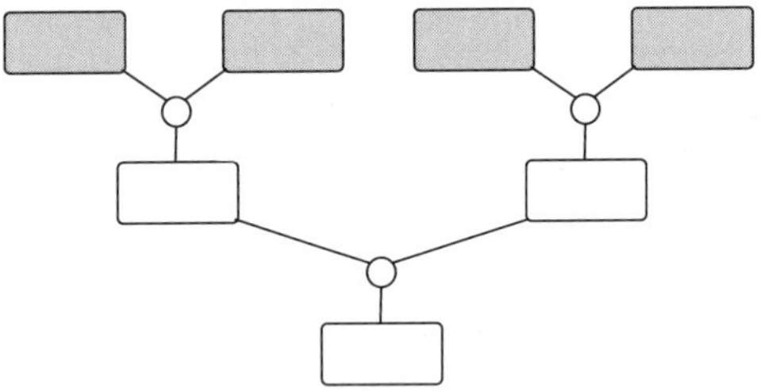

In den Rechenplan können beim Subtrahieren alle drei Benennungen (DM) neben den Platzhalter eingetragen werden.
Liter wird durchgestrichen oder weggelassen, wenn Liter nicht berechnet werden sollen.

**Merke: Nur eine Größe kann ausgerechnet werden.**

**Rechnung:** 330 · 2 l = **660 l**

1,89 DM
- 1,20 DM
= **0,69 DM**

0,69 DM = 69 Pf
660 · 69 Pf
3960
5940
**45540 Pf**

45540 Pf = 455,40 DM

**Antwort: Ich spare im Jahr 455,40 DM.**

Übrigens ist das Beispiel durchaus zum Nachdenken geeignet, ob es nicht doch noch einen Landwirt in der Nähe gibt, bei dem man kaufen könnte ...

## Die Nebenrechnung beim Malnehmen und Teilen

Wenn das Kind den Rechenplan überblickt und die Reihenfolge der Rechenoperationen kennt, kann das Anschreiben der Benennungen unterbleiben. Die Rechnung wird als NR (Nebenrechnung) gekennzeichnet.
Das Ergebnis kann dann als **Zwischenantwort** formuliert und mit der zutreffenden Bezeichnung übersichtlich aufgeschrieben werden.

**Rechnung:**

| | | | | |
|---|---|---|---|---|
| NR 330 · 2 = 660 | 189 | **69 Pf kann** | **NR** | 660 · 69 |
| Sie trinken | - 120 | man an einem | | 3960 |
| **660 l Milch** | = 69 | Liter sparen | | 5940 |
| im Jahr. | | | | 45540 |
| | | | 45540 Pf = 455,40 DM | |

**Antwort: Sie sparen im Jahr 455,40 DM.**

> Nur eine gut gegliederte Rechnung garantiert den Erfolg.
> Lineal und Farbstifte sollten immer bereitliegen und auch zum Einsatz kommen.
> Zwischenergebnisse garantieren sichere Punktgewinne.

| Name | Datum | **AB 26** |
|---|---|---|

## Eier und Milch frisch vom Bauernhof

$\oplus$ $\ominus$ $\odot$ **ZE** (Zahlenraum bis 1 000 000)

**1** Bauer Schmidt aus Bärenbach verkauft Eier direkt an die Verbraucher im Dorf. Für ein großes Ei der Güteklasse A bekommt er 30 Pf. Wenn der Großhändler die Eier abholt, erhält der Landwirt nur 130 DM für 1000 Stück.
*Wie viel hätte der Bauer bei 1000 Stück im Direktverkauf mehr bekommen?*

**2** Eine gesunde Henne legt im Jahr 250 Eier.
a) Berechne die Einnahmen je Henne im Jahr, wenn für jedes Ei ab Hof 28 Pf bezahlt werden.
b) Berechne die Einnahmen, wenn vom Großhändler nur 12 Pf je Ei bezahlt werden.
*c) Wie groß ist der Unterschied?*

| Zur Erinnerung: | A - F - Z - R - A | |
|---|---|---|
| Aufgabe: | 250 Eier, 28 Pfennig, 12 Pfennig, Unterschied | |
| Frage: | *Wie groß ist der Unterschied?* | |
| Zeichen: | ○ ○ ○ Rechnung: | Antwort: |

**3** Der Landwirt hat 65 Legehennen. Berechne mit den Zahlen von Aufgabe 2 die Einnahmen im Jahr.

**4** Auch frische Milch holen die Nachbarn direkt beim Landwirt. Sie bezahlen für einen Liter 1,20 DM. Für die Milch, die täglich vom Milchauto zur Molkerei gebracht wird, erhält der Landwirt nur halb so viel.
Täglich werden 50 l direkt verkauft, 600 l kommen in die Molkerei.

**5** Franziska sagt: Unsere Familie trinkt jeden Tag zwei Liter Milch. Der Liter in der Milchflasche kostet 1,89 DM. Papa schlägt vor: Dann hole sie doch beim Bauern für 1,20 DM pro Liter.
*Wieviel sparst du dann im Jahr, wenn du mit 330 Tagen rechnest?*

*Rechenzeichen* $\ominus$ $\odot$ $\odot$

Lösungen:

| | | | | | | | | | | | | | | | | | |
|---|---|---|---|---|---|---|---|---|---|---|---|---|---|---|---|---|---|
| 30 | 40 | 60 | 69 | 70 | 170 | 300 | 360 | 420 | 1900 | 1950 | 2600 | 4350 | 4550 | | | | |
| 6600 | 45540 | DM | DM | DM | DM | DM | Pf | Pf | Pf | DM | DM | DM | l | l | hl | Pf | Pf |

# 6. Aufgaben zum Teilen (Dividieren)

## 6.1 Zweierlei Teilaufgaben

Die Aufgaben zur Division können zwei ganz verschiedenen logischen Situationen entspringen. Daher wird im Mathematikunterricht der Grundschule neben dem Zeichen (:) auch das Zeichen (÷) verwendet, so dass man sogar von einer vierten und fünften Grundrechnungsart spricht. Die Unterscheidung ist besonders für das Sachrechnen wichtig, da hier konkrete Handlungen mathematisch umgesetzt werden sollen und das erzielte Ergebnis wieder in die Handlung einfließen muss. Wenn am Ende einer Sachaufgabe die Frage gelöst wird, wie viel Taschengeld Gudrun heute bekommt, kann mit dieser Aussage die entsprechende Handlung in Bewegung gesetzt werden. Im Bereich der reinen Arithmetik, des Rechentrainings, unterbleibt die Einbettung in die konkrete Handlung.
Einerseits kann die Division als Umkehrung der Multiplikation aufgefasst werden, der Platzhalter wird vom Produkt zu einem der Faktoren verschoben.
Aus $a \cdot b = ?$ wird $? \cdot b = c$, dazu die Umkehrung $c : b = ?$
Gesucht wird der Faktor, der mit dem bekannten Faktor multipliziert das Produkt ergibt.

Faktor · Faktor = Produkt Dividend : Divisor = Quotient

Andererseits wird die Division auch eingesetzt, wenn es sich um ein fortwährendes Subtrahieren einer Größe (s) von einer Größe (d) handelt, das so lange fortgeführt wird, bis der Rest (r) kleiner ist als der Divisor (s).
$d - s - s - s - s - s - s = r$; wobei $r < s$, (d) = Größe des Dividenden, (s) = Größe des Divisors. Gesucht wird die Anzahl der möglichen Subtraktionen, die hier verstanden werden als Vorgänge des Hergebens. Im Beispiel ist also das Ergebnis, nämlich der Quotient, sechs. In der Grundschule ist der Quotient immer eine ganze Zahl.

### Das Dividieren im Sinne des Verteilens

Die Division wird als Umkehrung der Multiplikation betrachtet und auch gerechnet. Bei der Aufgabe 45 Kekse : 9 = 5 Kekse teilt man die 45 Kekse zur Einführung in das Rechenverständnis tatsächlich aus. Man legt dann auf die bereitgestellten neun Teller reihum einen Keks. Dieser Vorgang des Verteilens ist beim Sachrechnen innerlich vorzustellen, wenn der Handlungsablauf erfasst werden soll. Gerechnet und gedacht wird aber immer die Malaufgabe mit dem Platzhalter:
Wie oft ist die Neun in der 45 enthalten? oder $? \cdot 9 = 45$

Das Teilen im Sinne des Verteilens geht von einer größeren Menge aus, die an eine festgelegte Anzahl von Empfängern verteilt werden soll. Die Anzahl der Teile ist bekannt, nicht aber die Größe der Zuteilungsraten, also der jeweils kleineren Mengen. Das Ratenzahlen ist damit schon angesprochen. Wenn ich einen Kredit auf 48 Monate verteilt zurückzahle, ist jede Rate kleiner, als wenn ich ihn auf 36 Monate verteilt begleiche. Einer gegebenen Größe wird eine Vorschrift zugeordnet, die keine Größe der gleichen Größeneinheit nennt. Es handelt sich – für das Kind anschaulich vorstellbar – um das Zerschneiden in eine bekannte Anzahl von gleich großen Stücken, um das Verteilen an eine bestimmte Anzahl von Personen. *Gerecht verteilen* heißt das Stichwort! Gesucht ist immer die Größe der Portion, gegeben ist die Anzahl der Portionen. Je mehr Portionen, desto kleiner fallen sie aus.
Diese kindgemäßen Vorstellungen müssen in die Lösungsstrategie der Sachaufgaben eingebaut werden, weil mit der Länge der Aufgaben ein schematisierter Lösungsweg, also ein Algorithmus, für das hilfesuchende Kind zu unübersichtlich wird.

**Beispiele für das Teilen im Sinne des Verteilens:**

- Das Zerschneiden eines Kuchens in zwölf Teile
- Das Verteilen in der Klasse an ______ Kinder (Vorteilhaft wäre es, das Einmaleins mit 26 zu üben, wenn 26 Kinder die Klasse besuchen. Dann fallen später die auf unsere Schulklasse bezogenen Teilaufgaben leichter.)
- Das Umrechnen von Jahresbeträgen auf Monate, auf Wochen oder Tage
- Der Durchschnitt
  15 + 21 + 19 + 22 + 23 = 100; 100 : 5 = 20

**Übersicht: Zusammenhang Addieren – Multiplizieren – Dividieren**

| Addieren gleicher Summanden → | Multiplizieren → | Dividieren als Umkehrung der Multiplikation | |
|---|---|---|---|
| a (cm) + a (cm) + a (cm) = b (cm) | a (cm) · 3 = b (cm) | b (cm) : 3 = a (cm) | Verteilen |
| | 3 · a (cm) = b (cm) | b (cm) : a (cm) = 3 | Einteilen |
| Summanden vertauschbar | Faktoren vertauschbar | Divisor und Quotient vertauschbar | |

Bei a und b steht eine Größenbezeichnung, bei 3 jedoch nicht. Der Teilzahl beim Verteilen entspricht die Malzahl beim Malnehmen und Einteilen (s. u.). *Die Teilzahl hat keine Benennung.*
Beim Malnehmen ist das Ergebnis, also das Produkt (output), immer die größte Zahl in der Rechnung. Beim Teilen ist die Eingabezahl (input) immer die größte Zahl in der Rechnung. Ergebnis kann die eine oder andere der beiden

kleineren Zahlen sein. Entsprechend ergibt sich die eine oder andere Form der Division.

**Das Dividieren im Sinne des Einteilens (Enthaltenseins)**

Diese konkrete Operation des Teilens wird als so spezifisch angesehen, dass dafür ein eigenes Rechenzeichen in die Grundschulmathematik eingeführt wurde. Wegen des fortschreitenden Wegnehmens einer bekannten kleineren Menge von einer bekannten größeren Menge wird das Minuszeichen dem Doppelpunkt hinzugefügt.

**Einteilen** ⊕

Obgleich der Gebrauch verschiedener Rechenzeichen für das Dividieren weitgehend wieder verschwunden ist und man daher auch nicht mehr von der fünften Grundrechenart spricht, beschäftigt uns diese Unterscheidung bei vielen Sachaufgaben nachhaltig. Ohne Einsicht in diesen Handlungsverlauf bestehen Probleme bei der Eingliederung des Quotienten in den Rechenplan oder in die Antwort.

Ausgangspunkt ist wie beim Verteilen eine größere Menge, die in kleinere Mengen (Portionen) eingeteilt werden soll. Hier ist die Größe dieser Portionen bekannt, gesucht wird ihre Anzahl. Wenn ich von einer Schüssel Pudding große Portionen verteile, reichen sie nicht für so viele Personen oder Tage, als wenn ich mich mit kleineren Portionen zufrieden gebe. Gleich groß müssen sie wiederum sein. Das für die Kinder schwierigste Problem ist in der Übersicht dargestellt: Die Ergebniszahl, der errechnete Quotient, hat keine Benennung. Es geht so viele Male, daher auch die legitime Bezeichnung *Malzahl.* Lese ich die Umkehrung dieser Division, erhalte ich die Malaufgabe.

Ob es sich bei der Zahl dieser Portionen um Tage, Personen, Stücke oder eine andere Anzahl von Teilen handelt, muss aus dem Kontext der Sachaufgabe interpretiert werden. *Die Malzahl hat keine Benennung.* Folgender häufig beobachteter Fehler lässt erkennen, dass der Teilvorgang in seinem Handlungsablauf nicht voll erfasst wurde: 60 kg : 5 kg = 12 kg

Wie beim Multiplizieren mit Einern gelegentlich der Rückfall in die geübtere Operation des Addierens gleicher Summanden erfolgt, so neigen Kinder manchmal beim Dividieren dazu, mit dem gleichen Subtrahenten fortgesetzt zu subtrahieren. Sie errechnen letztlich den Rest, der auch null sein kann. Den gesuchten Quotienten können sie nur durch die Zahl der Subtraktionen feststellen. (Quotiens = lat. für wie oft.) Diese umständliche Methode stützt die Einsicht in die Operation.

### Beispielaufgabe für das Einteilen

Beispielaufgabe: Herr Gärtner füllt in ein Wasserfass im Garten 120 l, damit das Wasser von der Sonne erwärmt wird. Am Abend gießt er das angewärmte Wasser auf seine Rosen. In seine Kanne füllt er etwa 8 Liter. Nach einer halben Stunde ist er fertig.
*Wie lange braucht er, um eine Kanne zu füllen und auszugießen?*

**Achtung: Malzahlen haben keine Benennung.**
**Zwischenergebnisse notieren.**

**A** 120 l, 8 l Gießkanne, halbe Stunde = 30 Minuten

**F** *Wie lange braucht er für eine Gießkanne?*

**Z** ⨀

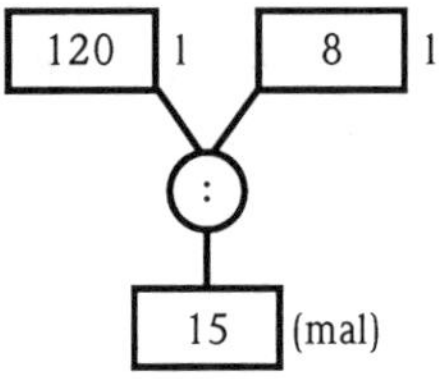


Beim Ergebnis notieren wir (mal), um sicherzustellen, dass es sich nicht um Liter handelt. Zwischenergebnis: <u>15 Gießkannen sind nötig.</u>

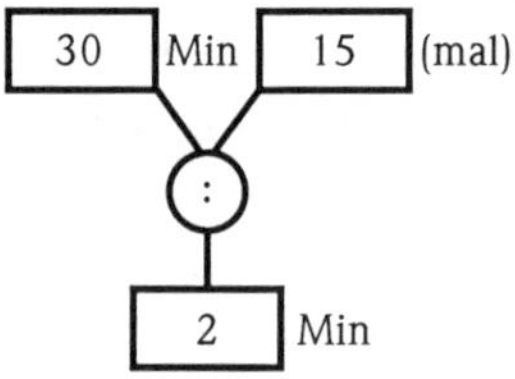


**R** 120 l : 8 l = 15 (mal) oder NR 120 : 8 = 15 15 Gießkannen

30 Min : 15 = 2 Min 30 : 15 = 2

**A** <u>Er braucht für eine Kanne 2 Minuten.</u>

Zwischenergebnisse werden gesondert notiert und mit der passenden Bezeichnung versehen.

### Die Nebenrechnung als Hilfe

Besonders beim Dividieren scheint die Nebenrechnung eine Erleichterung darzustellen. Damit hat man das Problem der Benennung umgangen, aber nicht gelöst. Es ist nur hinausgeschoben, weil die Übersicht verloren geht, ob hier Geldbeträge oder Gewichte oder Flüssigkeitsmengen dividiert werden. So lange das Kind die Übersicht über den Lösungsplan behält, ist die Nebenrechnung auf jeden Fall eine schreibtechnische Vereinfachung. Ist die Struktur der

Aufgabe nur schwierig nachzuvollziehen, sollten die Benennungen verwendet und ggf. in den Rechenplan eingetragen werden.
Der Einsatz mehrerer Simplex-Rechenpläne ermöglicht jeweils das neue Eintragen der passenden Bezeichnung. Was im Beispiel in der ersten Division als Malzahl erscheint, wird in der zweiten Division die Teilzahl.

Merke:
- Jede Malaufgabe hat eine Malzahl.
- Jede Teilaufgabe hat eine Teilzahl.
- Malzahl und Teilzahl haben keine Benennung.
- Die größte Zahl beim Malnehmen kann nie die Malzahl sein.
- Die größte Zahl beim Teilen kann nie die Teilzahl sein.

Variation der Beispielaufgabe:

**A** Herr Gärtner muss vom Wasserbehälter zu den Rosen immer etwa 10 Meter laufen.

**F** *Wie viele Meter läuft er beim Rosengießen?*

**Z**

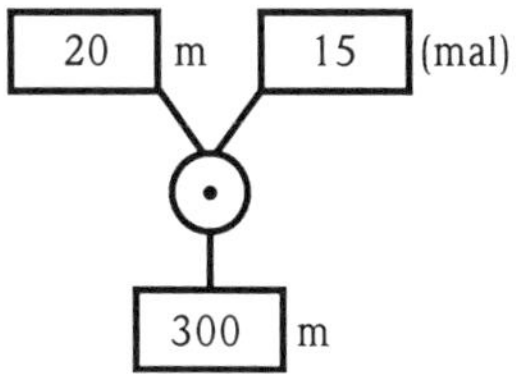


**NR** $15 \cdot 20 = 300$

**A** Er läuft beim Rosengießen 300 m.

Zuerst müssen diese Zusammenhänge an Sachbegegnungen mit einfachen Zahlenverhältnissen geklärt sein. Erst danach können Texte mit größeren Zahlen und weniger anschaulichen Gegebenheiten verwendet werden. Immer wieder kann man danach im Unterricht auf eine solche bekannte Beispielaufgabe zurückgreifen, in der das 15malige Laufen vorführbar ist.

## 6.2 Dividieren durch Zehner oder Einer

### Arithmetische Voraussetzungen

Beim Dividieren durch Einerzahlen wird die Beherrschung des Zehnereinmaleins vorausgesetzt, weil das Kind auch beim Teilen nicht tatsächlich teilt. Es muss stattdessen probieren, wie oft der Teiler enthalten ist. Im Zahlenraum bis 1000 werden Teilen und Malnehmen bis ins vierte Schuljahr hinein halbschriftlich durchgeführt. Daher muss vom Kind die teilbare Zehnerzahl gefunden werden.

| | | |
|---|---|---|
| Beispiel: | 575 : 6 | 1. Feststellung: Statt 570 teile ich eine kleinere Zehnerzahl, die durch 60 (!) teilbar ist. |
| | - 540 : 6 = 90 | 2. Restbestimmung durch Subtraktion |
| | 35 | 3. Feststellung: Teilbarkeit durch 6 |
| | - 30 : 6 = 5 | 4. Teilen durch 6 durchführen |
| | 5 | 5. Restbestimmung durch Subtraktion |

Beim Dividieren ist immer die nächstkleinere Zahl der Einmaleinsreihe herauszufinden. Soll 48 durch sieben geteilt werden, muss dem Kind die Zahl 42 einfallen, muss 358 durch acht geteilt werden, muss dem Kind die Zahl 320 einfallen. Dies gelingt nur mit gesicherten Einmaleinszahlen.
Die Frage, wie der Rest bei Teilaufgaben zu notieren ist, wird in verschiedenen Lehrplänen verschieden – mehr oder weniger mathematisch exakt – gelöst.
Beispiele für die Schreibweise des Restes bei Teilaufgaben:

| | | |
|---|---|---|
| 135 : 6 = 22 + 3 : 6 | 135 : 6 = 22 | 135 : 6 = 22 Rest 3 |
| | - 120 : 6 = 20 | |
| | 15 | |
| | - 12 : 6 = 2 | |
| | 3 Rest | |

Eine Motivationsmöglichkeit: Zum Auffinden von Sachaufgaben eignen sich die gleichen Sachverhalte, die beim Malnehmen verwendet wurden. Es können also dieselben Aufgaben nochmals, nun aber in der Umkehrung gestellt werden. Kinder, die ordentlich gearbeitet haben, können die alten Hefteinträge zur Lernzielkontrolle verwenden. Wenn ich vorgerechnete Malaufgaben umkehre, kann ich sicher gehen, dass beim Teilen kein Rest bleibt.

**Sachsituation: Umverpacken** (Zahlenraum bis 1000)

Ich sammle aus meinem Haushalt und von den Kindern einen Stapel Eierschachteln für je zehn Eier. Dieser Schachtelberg wird zu Beginn der Stunde erst einmal gezählt und das Ergebnis notiert.
Tafelanschrift: 23 Schachteln für je 10 Eier = 230 Eier (Aufgabe)
Nun präsentiere ich eine Eierschachtel für sechs Eier und hänge sie an die Tafel. Dieser stumme Impuls wird die Frage provozieren:
Frage: *Wie viele Sechser-Schachteln brauchen wir für die gleiche Menge Eier?*
Zeichen: (:)

Rechnung: NR 230 : 6 = 38 Rest 2

- 180 : 6 = 30

= 50

- 48 : 6 = 8

= 2 Rest

Antwort: Wir brauchen 38 Sechser-Schachteln und eine Schachtel, in der nur zwei Eier sind.

Stummer Impuls: Ich notiere neben meine an der Tafel aufgehängten Sechser-Schachteln den Preis: 1,98 DM. Dann hänge ich eine Zehner-Schachtel daneben. Der stumme Impuls sollte wieder ausreichen.

**A** (Aufgabe): Sechs Eier kosten 1,98 DM. **F** (Frage): *Wie viel kosten 10 Eier?*
Beim Erörtern des Rechenplanes werden verschiedene Lösungswege abgefragt. Da es sich um kleine Zahlen handelt, bleibt die Vorstellung des Zahlenraumes für alle Kinder nachvollziehbar. Die Aufgabe erscheint leicht, obgleich es sich doch um einen Dreisatz handelt.
Lösungsmöglichkeiten

| | | |
|---|---|---|
| 1. | (:) 6 (Ein Ei kostet) | (·) 10 (Zehn Eier kosten) |
| 2. | (:) 3 (Zwei Eier kosten) | (·) 5 (Zehn Eier kosten) |
| 3. | (·) 5 (30 Eier kosten) | (:) 3 (Zehn Eier kosten) |
| 4. | Preisliste für Eier erstellen: 1 Ei kostet ..., 2 Eier kosten ... usw. | |

**Z** (Zeichen: (:) (·) Rechenplan 2 oder 3 (vgl. 9.4 S. 297)
**R** (Rechnung): NR 198 : 6 = 33 (Zwischenergebnis) 33 Pf kostet ein Ei
NR 33 · 10 = 330
**A** (Antwort): Zehn Eier müssen 3,30 DM kosten.

Nun kann noch der Preisvergleich mit den vielen Schachteln gemacht werden. Vielleicht finden wir eine, die gerade preislich zu der Sechser-Packung gepasst hätte? Oder bieten sich neue Rechnungen an?
Man beachte, dass der Unterricht nicht mit dem Text von einer Frau Sowieso beginnt, die beim Einkaufen überlegt, wie sie billiger kauft. Die Gegenstände führen an die Sachaufgaben heran, nicht die Alltagsgeschichte, die zu erlesen für manche Kinder von vorneherein eine Hemmschwelle aufbaut, hinter der dann auch noch logische und rechnerische Hürden warten. Soll man diese Schwelle wirklich überwinden wollen? Fordern die Gegenstände auf, so können sich nur wenige Kinder dem Agieren entziehen. Ehe sie sich versehen, sind sie ins Rechnen hineingerutscht.

**Sachsituation: Billiger Bus fahren mit der Streifenkarte**

(Zahlenraum bis 10,00 DM)

Die Streifenkarte für den öffentlichen Nahverkehr enthält oft fünf, sechs, acht oder zehn Fahrscheine. Der Preis der Streifenkarte für Kinder bewegt sich im Bereich bis zu 10 DM. Einfache Teilaufgaben für die Division durch Einer bieten sich an. Ein Vergleich mit Zeitkarten bei täglich einer Fahrt kann hergestellt werden. Dies ist eine Anregung, die konkreten Daten sind aus der Lebensnähe des Kindes zu nehmen.

**Dividieren durch reine Zehnerzahlen**

Für das Dividieren durch reine Zehnerzahlen gelten die gleichen Beispiele wie für das Multiplizieren. Geldscheine 50 DM, 20 DM und 10 DM, Münzen zu 50 Pf und 10 Pf sowie die Zeiteinheiten Stunden, Minuten und Sekunden zwingen zur Division mit reinen Zehnerzahlen. Der Zahlenraum geht dabei bis etwa 10 000. Eine Stunde hat 3 600 Sekunden und hundert Fünfzigmarkscheine sind 5 000 DM wert. Bei Minuten und Sekunden wird das Teilen durch 60 exemplarisch geübt.
Beispiele:
Die Eintagsfliege wurde nur 10 000 Sekunden alt, die Ärmste.
Tempo 900 zu fliegen, heißt *neunhundert Kilometer in der Stunde.* In der Minute und in der Sekunde?
Monate werden zur Vereinfachung mit 30 Tagen durchschnittlich berechnet.

**Vom Umverpacken zum Zweisatz**

Das Einteilen der Portionen kann, von einer Rechenaufgabe ausgehend, die nach Rechenplan 2 oder 3 (vgl. 9.4 S. 297) durchgegliedert ist, zum Zweisatz hinführen. Es sind Aufgaben, die in beiden Rechnungen das Rechenzeichen (:) verwenden.

| | | |
|---|---|---|
| Aufgabe: | 100 kg Kartoffeln werden in 5-kg-Tüten verpackt und an einen Supermarkt geliefert. | **Erster Satz des Zweisatzes** |
| Frage: | *Wie viele Tüten sind es?* | |
| Zeichen: | (:) | |
| Rechnung: | 100 kg : 5 kg = 20 (mal) | |
| Antwort: | Es sind 20 Tüten. | |

Erweiterung der Aufgabe: Die 100 kg wurden mit 56 DM berechnet.

**Zweiter Satz des Zweisatzes**

Aufgabe: 100 kg, 56 DM, 20 Tüten
Frage: *Wie teuer ist eine Tüte?*
Zeichen: (:)
Rechnung: 56 DM = 5600 Pf   5600 Pf : 20 = 280 Pf
Antwort: Jede Tüte kostet 2,80 DM
Nachfrage: *Wieso verkauft der Supermarkt die Tüte für 4,50 DM?*

**Diese Aufgabe als Zweisatzaufgabe:**

| | | | |
|---|---|---|---|
| **Aufgabe:** | **100 kg** | **kosten** | **56 DM** |
| **Frage:** | **5 kg** | **kosten** | **? DM** |
| **Das Gewicht wird geteilt.** | | **Der Preis wird geteilt.** | |

Der Vorgang des Portionierens ist hier nicht mehr ausdrücklich angesprochen. Es sind scheinbar zwei analoge Divisionsaufgaben durchzuführen. Die erste Rechnung ist eine Aufgabe des Einteilens (Portionierens), die zweite Rechnung ein Verteilen.

Rechnung:

| Gewicht | Preis | NR |
|---|---|---|
| 100 kg : 5 kg = 20 (mal) | 56 DM : ? DM = 20 (mal) | 5600 Pf : 20 Pf = 280 Pf |
| | 56 DM : 20 = 2,80 DM | |

Zum leichteren Verständnis für das Kind kann der Zweisatz auch anders gedeutet werden: Beim Gewicht betrachte ich den Wert 5 kg als Ergebnis einer Aufgabe des Verteilens. Der durch Kopfrechnen gefundene Teiler 20 ist so auf die Preisberechnung direkt übertragbar.

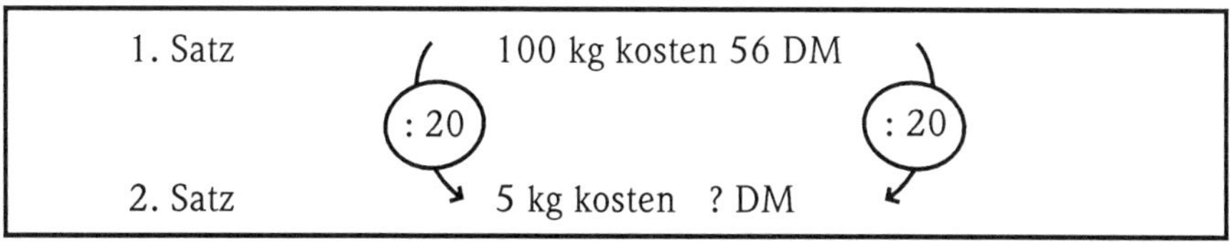
1. Satz
100 kg kosten 56 DM
: 20
: 20
2. Satz
5 kg kosten ? DM

Beim Berechnen des Dreisatzes, also des Schließens von einer Mehrheit auf eine Einheit und von dieser wieder auf eine Mehrheit, sind Kinder oft überfordert. Wenn wir uns eine entsprechende Tabelle erstellen, ist das Umrechnen einfacher und leichter zu verstehen. Zuerst muss aber geteilt werden.

**Der Durchschnitt**

Beim Berechnen des Durchschnitts müssen zunächst Begriffe geklärt werden. Eine lange Schnur hilft mir dabei.

**Handlungssituation**

| | |
|---|---|
| Ich bringe mit: | Eine etwa sechs bis zehn Meter lange Schnur, eine Schere, einige Zollstöcke oder Maßbänder. |
| Ich bereite noch vor: | Tafelanschrift mit der Liste gefahrener Kilometer, zu Beginn verdeckt. |

Die Gegenstände geben zu den Vermutungen Anlass, dass die Schnur *zerschnitten* (Tafelanschrift) wird und mit dem Zollstock auch die Länge gemessen werden soll. Die Ungeduld der Kinder muss in eine Handlung umgeleitet werden. Also halte ich erst Schnur und Zollstock hoch – zum Unmut derer, die gleich an das Zerschneiden gehen wollten. Dann spanne ich die Schnur quer durchs Klassenzimmer und lasse die Länge schätzen. Jeder notiert seine Schätzzahl, z. B. 6,50 m. Beim Messen stellen wir fest, dass die genaue Zentimeterzahl nicht so einfach zu bestimmen ist. Wenn beide Schnurhalter recht straff ziehen, wird die Schnur länger. Das Ergebnis wird schließlich verkündet und jeder rechnet seinen Schätzfehler aus.

Ich schätze: 6,50 m  Wirkliche Länge: 8,20 m  Unterschied: 1,70 m

Wer war am nächsten dran? Wer hat den geringsten Unterschied?

Nun lege ich geheimnisvoll meinen Finger in die Mitte der gespannten Schnur und ziehe die Schnur zu mir her. Die beiden Schnurenden folgen mit den beiden haltenden Kindern. Ich korrigiere etwas und bald hat die Klasse entdeckt, dass ich genau die Mitte suche. Das geht, ohne zu rechnen. Danach lege ich die Mitte auf die beiden Enden und halbiere nochmals. Vier Schnüre sind jetzt zu sehen.

Noch einmal halbiere ich, so dass nun acht Schnurstücke von einer Hand zur anderen reichen. Jetzt brauche ich die Schere. Mag sein, dass manche Kinder protestieren: „Nicht zerschneiden!“ Ich kann aber auch selbst vor dem Zerschneiden zurückschrecken und behaupten, dass sei gar nicht nötig. Schade um die schöne Schnur. Das Zerschneiden ginge auch mit der Mathematik.

Zuerst muss nochmals nachgezählt werden, dann steht die Frage fest:

| | |
|---|---|
| Frage: | *Wie lang ist nun ein Stück?* |
| Rechnung: | 820 cm : 8 = 102 cm Rest 4 cm |
| Antwort: | Halt, bevor die Kinder die Antwort geben, unterbreche ich. |

„Ihr glaubt alle, das sei eine Schnur. Stimmt aber nicht. Das ist ein Radweg, den ein Tourenfahrer zurückgelegt hat. Daher kann ich die Stecke auch nicht auseinanderschneiden, wohl aber die Schnur. Dann sind das natürlich keine Zentimeter, sondern Kilometer.“

| Name | Datum | **AB 27** |
|---|---|---|

## Meine Tempo-Tabelle

(Zahlenraum bis 100 000)

① Wer fährt hier so schnell? Rechne jede Spalte aus und überlege, zu wem das Tempo passt.

| in 1 Std. in 60 Min. | in 1/2 Std. in 30 Min. | in 1/4 Std. in 15 Min. | in 45 Min. | in 5 Min. | in 10 Min. | Wer ist das? |
|---|---|---|---|---|---|---|
| 18 km | | | | | | Radfahrer |
| | | 12 km | | | | |
| | 90 km | | | | | |
| | | | | | 8 km | |
| | | | | 500 m | | |
| | | | 450 m | | | |
| 6 km | | | | | | |
| | | | | 15 cm | | Schnecke |

② Du kannst eine **Tempo-Stopp-Strecke** einrichten. Dazu müsst ihr mindestens drei Leute und eine Versuchsperson sein. Messt genau 50 Meter ab, vielleicht auf dem Sportplatz. Einer steht am Anfang, der andere am Ende der Strecke. Der Dritte bedient die Stopp-Uhr. Kommt jemand mit dem Rad angerast, wird beim Durchfahren von Start und Ziel ein Tuch geschwenkt und die Zeit gestoppt. Beispiele:

| | | |
|---|---|---|
| 1. Ergebnis: 50 m in 6 Sek. | 500 m in _____ Sek. | 1 km in _____ Sek. |
| 2. Ergebnis: 50 m in 9 Sek. | 500 m in _____ Sek. | 1 km in _____ Sek. |
| 3. Ergebnis: 50 m in 24 Sek. | 500 m in _____ Sek. | 1 km in _____ Sek. |

Warum der Letzte so langsam war? Es fuhr Richard auf seinem Kett-Car.

③ *Rechne mit dem 1. und 2. Ergebnis weiter:*

| | | |
|---|---|---|
| In _____ Min. 1 km | in _____ Min. _____ km | in 1 Stunde _____ km |
| In _____ Min. 1 km | in _____ Min. _____ km | in 1 Stunde _____ km |

Die Strecke der Radtour beträgt 820 km. Es sind 8 Strecken zu je 102 km.

| | |
|---|---|
| 1. Tag | 125 km |
| 2. Tag | 94 km |
| 3. Tag | 102 km |
| 4. Tag | 110 km |
| 5. Tag | 111 km |
| 6. Tag | 75 km |
| 7. Tag | 103 km |
| 8. Tag | 100 km |

Ja, das stimmt auch wieder nicht. Hier hat nämlich der Radfahrer aufgeschrieben, wie viele Kilometer er täglich gefahren ist. Er fuhr nicht jeden Tag 102 km. (Tafelanschrift) Nochmals mache ich die Geste des Durchschneidens. Ein Stück schneide ich ab und zeige es:
So weit ist er jeden Tag gefahren. Vom Anfang bis hierher, bis zur Schnittstelle. Der Begriff Durchschnitt kann jetzt genannt werden. Wo liegt der Durchschnitt? Er liegt bei 102 km am Tag, obwohl der Radfahrer nur an einem Tag wirklich 102 km gefahren ist. Manchmal ist es mehr, manchmal weniger.
Antwort: Der Radfahrer ist täglich im Durchschnitt 102 km gefahren.

Bei voriger Aufgabe zur Durchschnittsberechnung war die Zahl der Summanden nachprüfbar. Sie legt dann den Teiler fest:

Zahl der Summanden = Teiler der Division

Ähnlich kann ich eine lebensnahe Datenreihe zur Durchschnittsberechnung hernehmen. Wenn die Eltern einverstanden sind, wird über einige Monate die Telefonrechnung gesammelt. Diese schwankt natürlich auch, je nach Urlaub oder wenn ein Familienmitglied länger verreist ist. Diese Liste ist sogar sehr geeignet für das Schaubild:

## Telefonkosten im Durchschnitt

Tafelanschrift:

| | | | | | |
|---|---|---|---|---|---|
| Januar | 89 DM | Februar | 67 DM | März | 88 DM |
| April | 103 DM | Mai | 79 DM | Juni | 95 DM |

Maßstab für das Schaubild: Der größte Wert gibt den längsten Streifen. Wie lange darf er höchstens sein? Hier drängt sich die Relation 1 DM entspricht 1 cm auf. Besser als eine Kreidezeichnung ist das arbeitsteilige Ausschneiden von Papierstreifen. Diese können anschließend aufgeklebt werden.

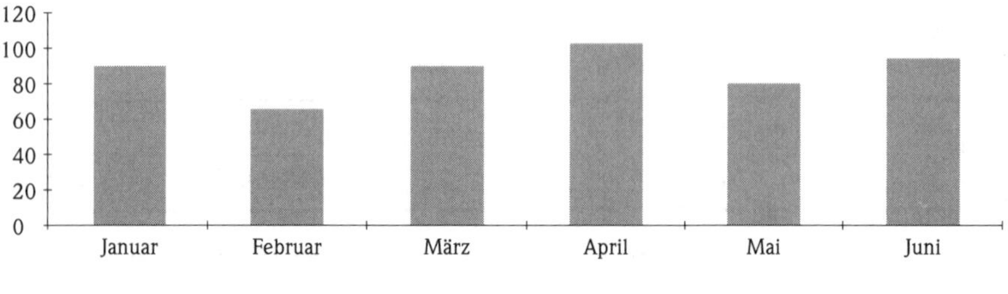

Summe: 521 DM Teiler 6 Rechnung: 521 DM : 6 = 86 DM Rest 5
Rechnung: 52100 Pf : 6 = 8683 Pf Rest 2
Im Monat wurden durchschnittlich 86,83 DM für das Telefon ausgegeben.

Weitere Durchschnittswerte lassen sich errechnen aus Verbrauchsrechnungen, die für ein ganzes Jahr gelten, z. B. für Versicherungen, Ölrechnung, Jahresrechnung für den Strom. Die Kinder sollten an diese Verbrauchsausgaben herangeführt werden und sind über die Höhe der Beträge oft erstaunt. Vielleicht denken sie beim Strom – oder Wasserverbrauch darüber nach. Bei Jahresrechnungen ist der Teiler 12, um die monatliche Belastung zu errechnen, eine freundliche Teilerzahl!

Sehr oft rechnen wir mit Durchschnittswerten und denken nicht mehr daran. Wenn wir fragen, wie viel Benzin ein Auto auf 100 km braucht, wie schnell es fährt, wenn die Strecke von 300 km in 3 Stunden 30 Min. zurückgelegt wird, wie viel Milch eine Kuh am Tag gibt usw. Viele Divisionsaufgaben leben von diesen ungefähren Werten, wenn es um Größenbezeichnungen geht. So lange, wie im obigen Beispiel mit der Schnur die Teilstücke noch sichtbar sind, ist uns die Durchschnittsberechnung mit ihren großen Abweichungen noch bewusst. Daher sollte diese Aufgabenart beim Teilen durch Einer eingeführt und damit für die Berechnung größerer Werte vorbereitet werden.

## 6.3 Dividieren durch Zehner-Einer-Zahlen und Größere : ZE :HZE

Sachaufgaben mit einem Teiler über zehn treten erst im vierten Schuljahr auf, wenn die systematische Einführung in das Lösen von Sachaufgaben in der Grundschule ihren Abschluss findet. Bei dieser arithmetischen Schwierigkeitsstufe sind die vorangehenden Rechenoperationen eingeschlossen. Umgekehrt kann eine solche Sachaufgabe erst abverlangt werden, wenn dieser Stand der Rechenfertigkeit erreicht ist. Die logische Analyse der Sachaufgabe muss dadurch nicht schwieriger sein. Allerdings ist es jetzt möglich, alltägliche Rechenvorgänge direkt in den Unterricht zu übertragen, ohne vorher die Zahlen entsprechend der Rechenfertigkeit der Kinder zu verändern. Dadurch geht die Kindgemäßheit der Aufgabenstellung verloren, die einhergehende Lebensnähe betrifft wohl eher Erwachsene oder ältere Jugendliche. Je umfangreicher die Sachsituation und je größer der Zahlenraum werden, desto weniger anschaulich und konkret sind die Operationen. Es handelt sich für das Kind nur noch um gedachte Vorgänge. Wenn z. B. Isabels Vater sein Auto (Erwachsenensprache: seinen Wagen) zur Hälfte anzahlt und den Rest in 36 Monatsraten begleicht, erledigt Papa solche Geschäfte ohne seine zehnjährige

Tochter. Die Anschaffung des Autos ist lebensnah für das Kind, die finanziellen Vorgänge bleiben ausgespart.

### Rechenhilfe Malzahlenturm

Bei der Division durch mehrstellige Zahlen entsteht das Problem, dass die Kinder auch beim Erfassen der nötigen Rechenoperation zu wenig Rechenfertigkeit besitzen. Das Überschlagen, wie oft der Teiler enthalten ist, stellt vor unüberwindliche Probleme im Kopfrechnen. Als Notlösung bietet sich an, einen Malzahlenturm errechnen zu lassen, der die Rechenoperation sehr erleichtert. Die Berechnung dieses Turmes kostet viel Zeit, führt aber beim Dividieren sicherer zum Ziel und erspart das Malnehmen bei der Division. Außerdem wird das Malrechnen geübt, es werden Rechenvorteile sichtbar gemacht – und schließlich motiviert die längere Arbeitszeit zum Training der rascheren Normalform.

| Beispiel: | 123456 : 76 = 1624 | |
|---|---|---|
| 1. Abschreiben | - 76 | 1. Ablesen vom Turm |
| 1. Subtrahieren | 474 | |
| 2. Abschreiben | - 456 | 2. Ablesen ... |
| 2. Subtrahieren | 185 | |
| 3. Abschreiben | - 152 | 3. Ablesen ... |
| 3. Subtrahieren | 336 | |
| 4. Abschreiben | - 304 | 4. Ablesen ... |
| | 32 Rest | |

**Malzahlenturm**

Eine Zahl soll durch 76 geteilt werden.

| | | |
|---|---|---|
| 1mal | 76 | 1 |
| 2mal | 152 | 2 |
| 2mal + 1mal | 228 | 3 |
| 2mal2mal | 304 | 4 |
| 4mal + 1mal | 380 | 5 |
| 2mal3mal | 456 | 6 |
| 6mal + 1mal | 532 | 7 |
| 2mal4mal | 608 | 8 |
| 8mal + 1mal | 684 | 9 |
| 10mal | 760 | 10 |

Mit dem Malzahlenturm kann auch schon vor Einführung der schriftlichen Division eine solche Aufgabe gelöst werden, wenn der Sachfall dies erfordert, wenn z. B. bei einem Projekt durch die Zahl der Kinder geteilt werden muss.

Malzahlenturm der Klasse 4 a:

| | | | | | | | | | |
|---|---|---|---|---|---|---|---|---|---|
| 26 | 52 | 78 | 104 | 130 | 156 | 182 | 208 | 234 | 260 |

(Hier liegt der Turm auf dem Boden)

| | | | | | | | | | |
|---|---|---|---|---|---|---|---|---|---|
| 1 | 2 | 3 | 4 | 5 | 6 | 7 | 8 | 9 | 10 |

Mit den Anwendungsmöglichkeiten der Addition, der Subtraktion, der Multiplikation und der Division im Zahlbereich bis zur Million eröffnet sich die Möglichkeit, realitätsnahes Sachrechnen durchzuführen. Man denke dabei an die Einwohnerzahlen von Städten, Verwendung von Tonnen und Kilogramm, Preise für Autos, Wohnungen, Häuser, gefahrene Kilometer von Autos und Reisebussen. Dabei sind die Anforderungen je Sachsituation sehr unterschiedlich; sehr leichte Aufgaben wechseln mit komplizierten. Jedem Kind ist es dabei möglich, lösbare Rechnungen aus dem Informationsangebot zu entnehmen. Wichtigste Fähigkeit beim Rechnen in Sachsituationen ist, sich zuerst klar zu werden, was eigentlich zu berechnen ist, also die Frage treffend zu formulieren. Diese offene Form der Aufgabenstellung kann nur gedeihen in einem Unterrichtsstil, den das Kind mittragen, mitsteuern und hinterfragen darf.

## Gliederung der Sachaufgaben nach Grundrechnungsarten

| | | |
|---|---|---|
| 1. Stufe | Addieren zweier Zahlen | + |
| 2. Stufe | Addieren mehrerer Zahlen | + + + |
| 3. Stufe | Subtrahieren zweier Zahlen | − |
| 4. Stufe | Addieren und Subtrahieren | + − + |
| 5. Stufe | Multiplizieren mit Einern | · E − + |
| 6. Stufe | Dividieren durch Einer | : E · E − + |
| 7. Stufe | Multiplizieren und Dividieren mit Zehnern | · Z : Z : E ·E − + |
| 8. Stufe | Multiplizieren mit ZE und HZE | · HZE · ZE : Z : E · E − + |
| 9. Stufe | Dividieren durch ZE und HZE | : HZE : ZE · HZE · ZE : Z : E · E − + |

Die Übersicht verdeutlicht, dass mit jeder Erweiterung der Rechenfähigkeit die schon bekannten Rechenoperationen eingeschlossen werden und dadurch die Struktur immer vielfältiger werden kann.

## Entfremden von „Sach“aufgaben

Dass Aufgaben manchmal entfremdet werden, um sie der kindlichen Fantasie näherzubringen, muss den mathematischen Gehalt nicht mindern. Auch wenn hier keine Sachaufgabe besprochen wird, ist dieses Spiel mit den Gedanken mathematisch wertvoll. Dazu gehören auch Rätsel und eingekleidete Aufgaben, denen keine realen Sachverhalte entsprechen. Es soll gewissermaßen mit dem Strukturieren von Gedankengängen gespielt werden, um diese Fertigkeiten ebenfalls zu trainieren wie das Einmaleins oder den Zehnerübergang. Dass ich dabei das Tempo meines Speichels im Main wissen will oder mit Sieben-Meilen-Stiefeln und den sieben Zwergen rechne – wen stört’s? Die Kinder am allerwenigsten. Für sie soll das Sachrechnen auch mit Spaß zu tun haben und etwas ausufernde Fantasie ist dazu gerade recht. Man sollte also Sachrechenaufgaben nicht feilhalten wie Ramsch im Schlussverkauf, sondern immer eine Situation suchen, die in die im Mathematikbuch abgedruckte Textaufgabe übertragen wird und eigentlich schon gelöst ist, wenn das Buch aufgeschlagen wird.

| Name | Datum | **AB 28** |
|---|---|---|

## Kannst du durch Zehner-Einer-Zahlen teilen?

(Zahlenraum über 100 000)

**1** Probiere, ob du das Teilen noch kannst.
Denke erst nach, dann kannst du dir die Arbeit erleichtern.

132048 : 56 = 695856 : 19 =

132048 : 28 = 695856 : 38 =

132048 : 14 = 695856 : 76 =

**2** **A** Ein Strauß mit 12 Rosen kostet im Sonderangebot 19,80 DM.
Einzeln kostet eine solche Rose 1,95 DM.

**F** *a) Um wie viel billiger ist der Strauß im Angebot?*
*b) Wie viel kostet die einzelne Rose mehr als eine Rose im Strauß?*

**Z**

**R**

**A** **Antwort a)**

**Antwort b)**

**3** Ich fahre die 9 km von B(Bubenreuth) nach D(Dechsendorf) manchmal mit dem Rad in 25 Minuten, manchmal mit dem Auto in 10 Minuten.
*Wie weit käme ich bei diesem Tempo in einer Stunde*
*a) mit dem Rad?* *b) mit dem Auto?*

Weiter auf der nächsten Seite.

 

| Name | Datum | **AB 29** |
|---|---|---|

**Zeichnung:**

**B** **9 km = ___________ m** **D**

**Fahrrad → 25 Minuten** **Auto → 10 Minuten**

**Rechnungen:**

**Antworten: a)** ______________________

**b)** ______________________

**4** Am Ende des Schuljahres hat die Klasse 4 c noch 307 DM 5 Pf in der Klassenkasse. Davon muss noch eine Schifffahrt zu je 8,50 DM bezahlt werden und Kopiergeld für alle zusammen in Höhe von 77,97 DM.
Die Lehrerin zahlt den Rest an jedes der 23 Kinder aus.
*Wie viel schenkt sie jedem, wenn sie jedem Kind 1,50 DM gibt?*

**A (gekürzt abschreiben):** ______________________

**F (abschreiben):** ______________________

**Z (Rechenplan suchen oder Rechenzeichen angeben)**

**R**

# Kannst du durch Zehner-Einer-Zahlen teilen? | AB 30

## 17 Lösungszahlen, 11 Benennungen — Lösungsblatt

4 | 30 | 54 | 146 | 165 | 360 | 360 | 2340 | 2358 | 3358 | 4716 | 9156 | 9432 | 11154
18312 | 19550 | 21600 | 36624/Pf Pf Pf Pf Pf Pf Pf Pf m m km

### 1. Alle Lösungszahlen sind doppelt unterstrichen.

```
132048 : 56 = 2358       ) (:2)    (·2) (    695856 : 19 = 36642
132048 : 28 = 4716       ) (:2)    (·2) (    695856 : 38 = 18312
132048 : 14 = 9432                            695856 : 76 = 9156
- 126                                         - 684
  60                                            118
- 56                                          - 76
  44                                            425
- 42                                          - 380
  28                                            456
- 28                                          - 456
   0                                              0
```

### 2.
**A** 12 Rosen 19,80 DM, eine Rose 1,95 DM
**F** a) Um wie viel billiger ist der Strauß im Angebot?
b) Wie viel kostet die einzelne Rose mehr als eine Rose im Strauß?

**Z**  (·)  (−)  (:)  (−)

```
R  195 Pf · 12     R   23,40 DM        1980 Pf : 12 = 165 Pf
   195                - 19,80 DM       - 12
   390                  3,60 DM          78
  2340 Pf                               - 72        1,95 DM
                                         60       - 1,65 DM
                                        - 60        0,30 DM
                                          0
```

**A** Antwort a) Der Strauß ist 3,60 DM billiger.

Antwort b) Die einzelne Rose kostet 30 Pf mehr.

| Kannst du durch Zehner-Einer-Zahlen teilen? | AB 31 |
|---|---|

**Lösungsblatt**

③ **Aufgabe:** 9 km von B nach D, Rad in 25 Minuten, Auto in 10 Minuten.
**Frage:** *Wie weit käme ich bei diesem Tempo in einer Stunde*
*a) mit dem Rad?* *b) mit dem Auto*
**Zeichnung:**

**B 9 km = 9000 m in 25 Minuten mit dem Fahrrad D**

**9 km = 9000 m in 10 Minuten mit dem Auto**

**Rechnungen:**

9000 m : 25 = 360 m
- 75
150
- 150
00

360 m · 60
21600 m

9 km · 6 = 54 km, denn 10 Min · 6 = 60 Min

**Antworten:**

a) Mit dem Rad käme ich in 1 Std. 21,600 km weit.

b) Mit dem Auto käme ich 54 km weit in einer Stunde.

④ A (gekürzt abschreiben):
307 DM 5 Pf in der Klassenkasse, Schifffahrt zu je 8,50 DM,
Kopiergeld für alle von 77,97 DM, 23 Kinder, 1,50 DM

F (abschreiben): *Wie viel schenkt sie jedem, wenn sie jedem Kind 1,50 DM gibt?*

**Z (Rechenplan suchen oder Rechenzeichen angeben)**

(•) (+) (−) (:) (−)

**R**

850 Pf · 23
1700
2550
19550 Pf

195,50 DM
+ 77,97 DM
273,47 DM

307,05 DM
- 273,47 DM
33,58 DM

3358 Pf : 23 = 146 Pf
- 23
105
- 92
138
- 138
0

**A:** Sie schenkt jedem 4 Pfennige.

# 7. Geometrische Aufgaben und Größen im Sachrechnen

## 7.1 Normen für unser Maß-System

Warum messen wir in Metern, Zentimetern und Kilometern?
Es gab Zeiten, da maß man mit Fuß und Elle, man sagte drei Finger breit oder fußhoch, oder man schritt eine Strecke ab und wählte die Einheit tausend (lat. mille) Schritte. So entstand aus mille die Meile. Zunächst führen wir die Kinder an die Einsicht heran, wie unterschiedlich diese körperabhängigen Maße sind. Dabei handelt es sich um Sachrechnen par excellence, da die Lösung eines Problems ohne viel Arithmetik angestrebt wird.

### Handlungseinheit Fußlängen

Im Spiel wird manchmal eine Entfernung mit zwei verschiedenen Schuhgrößen ausgemessen. Kennt ihr Tipp-Topp? Man benutzt es, wenn bei einem Spiel die Mannschaft bestimmt wird, die anfangen darf. Zwei Kinder, aus jeder Mannschaft eines, stellen sich gegenüber, der Platz zwischen ihnen soll einige Schritte betragen.

Beide stellen einen Fuß vor den andern. Zuerst kommt Franziska dran, sie sagt dabei Tipp. Dann ist Tobias an der Reihe, er sagt dabei Topp. Tipp-topp gehen beide aufeinander zu. Wer zuletzt den Fuß vollständig aufsetzen kann, ist Sieger.

Dieser Messvorgang ist arithmetisch nicht einfach, denn es werden die zwei Maßeinheiten Tipp für Franziskas Schuhlänge und Topp für Tobias‘ Schuhlänge verwendet. Es kommt allerdings nicht darauf an, wie oft beide Schuhlängen in die Strecke passen. Daher handelt es sich um einen Messvorgang ohne Rechnen, der nur das Problem offenbart, ob ein Rest bleibt. Für alle Messaufgaben ist dies später ein wichtiger Gesichtspunkt.
Interessant wird das Spiel, wenn wir eine festgelegte Strecke von verschiedenen Kindern, also mit verschiedenen Schuh- oder Fußlängen ausmessen lassen. Warum gewinnt einmal der Anfänger, einmal der andere?

1. Beispiel: Tipp = 26 cm, Topp = 24 cm

| Tipp | Topp | Tipp | Topp | Tipp | Topp | Tipp | Topp | Tipp | Topp | Tipp | Topp | |
|---|---|---|---|---|---|---|---|---|---|---|---|---|
| 26 cm | 24 cm | 26 | 24 | 26 | 24 | 26 | 24 | 26 | 24 | 26 | 24 | Topp gewinnt. |
| Die Gesamtstrecke soll 320 cm betragen | | | | | | | | | | | 300 cm | |

Rechnung dazu: 320 cm : (26 + 24) cm = 320 cm : 50 cm = 6 (mal), Rest 20 cm
In diese 20 cm passt kein Tipp mehr hinein, also hat Topp gewonnen.

2. Beispiel: Tipp = 26 cm, Topp = 28 cm

| Tipp | Topp | Tipp | Topp | Tipp | Topp | Tipp | Topp | Tipp | Topp | Tipp | Topp | |
|---|---|---|---|---|---|---|---|---|---|---|---|---|
| 26 | 28 | 26 | 28 | 26 | 28 | 26 | 28 | 26 | 28 | 26 | | Tipp gewinnt. |
| Die Gesamtstrecke soll 320 cm betragen | | | | | | | | | | 296 cm | | |

Rechnung dazu: 320 cm : (26 + 28) cm = 320 cm : 54 cm = 5 (mal), Rest 50
In diese 50 cm passt aber Tipp noch einmal hinein, Topp nicht mehr. Also hat Tipp gewonnen.

**Handlungseinheit Messen mit Doppelschritten**

Länge und Breite des Klassenzimmers, der Turnhalle, des Schulhofes oder des Spielfeldes messen wir am einfachsten in Schritten, in Kinderschritten natürlich. Dabei zählen wir *rechts – eins – rechts – zwei – rechts – drei* usw., denn die Vorlage für die Meile war ja auch ein Doppelschritt von 1,609 m Länge. Normale Doppelschritte eines Kindes von 125 cm Körpergröße sind etwa einen Meter lang, ein gutes Maß, um ohne schwieriges Umrechnen Längen auszuschreiten. So kann ein Spielfeld für Ballspiele leicht in Kinderdoppelschritten abgemessen werden.

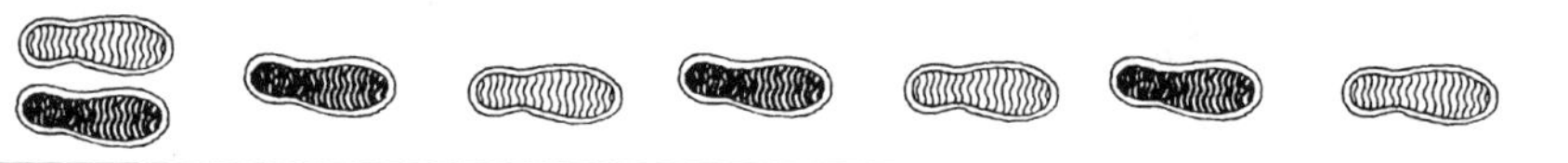

| | | | | | | |
|---|---|---|---|---|---|---|
| Null | und | eins | und | zwei | und | drei |
| Start: | rechts | links | rechts | links | rechts | links |

Für das Spielfeld muss aber auf jeder Seite das gleiche Kind gehen. Misst einmal der Größte und einmal der Kleinste in der Klasse die Strecke ab, entstehen verschiedene Längen. So ist die Notwendigkeit offenkundig, sich auf eine Maßeinheit zu einigen. – Vielleicht ist die Schrittlänge des Klassensprechers oder der Klassensprecherin unsere Schrittlänge in der Klasse. Aber wir wachsen ja alle! – So entsteht die Einsicht, dass eine genormte (normale) Maßeinheit nötig ist.

**Maßeinheit Daumenbreite**

Arbeitsblätter, Heftseiten, Bilder brauchen immer einen Rand, auf den nicht geschrieben oder gemalt wird. Stellen Sie auch fest, dass Ihre Kinder auf einer Seite mit Karos nur zu gern ganz oben und ganz innen an der Heftbindung mit dem Schreiben beginnen möchten? Eine gute Regel ist: Daumenbreite freilassen. Der Daumen der Hand, die gerade nicht schreibt, ist immer griffbereit und kann hingelegt werden. Natürlich ginge auch die Einheit Zweifingerbreit. Damit haben wir ein körpereigenes, also subjektives, aber immer zur Verfügung stehendes Längenmaß in der Größenordnung der Zentimeter. Für die Dezimetergröße können wir als Körpermaß die Handspanne einführen. Mit Handspannen sind Tischlängen, Stuhlhöhen, Türhöhen zu messen. Wohlgemerkt: Es fällt dabei immer noch nicht die metrische Bezeichnung Dezimeter!

## Erdmeridian – Meter – Längenmaße

Mit diesen Erfahrungen, dass wir mit Schritten, Fußlängen, Handspannen oder Fingerbreiten grob messen können und dass diese Maßeinheiten nicht normiert sind, wagen wir uns an die metrischen Maße, zuerst an die Maßeinheit Meter, dem zehnmillionsten Teil eines Erdquadranten oder dem vierzigmillionsten Teil eines bestimmten Erdmeridians. Ich erzähle den Kindern, dass man nach einer Länge gesucht hat, die auf der ganzen Welt gleich ist. Dabei kam man nämlich auf die Erde selbst, sie ist auf der ganzen Welt gleich. Den Erdumfang konnte man genau bestimmen. Es ist, als ob man einen Gürtel um die Erde gelegt und diesen gemessen hätte. So kam man in der Meterkonvention von 1875 zum Urmeter, der in Paris aufbewahrt wird. Nach diesem ersten Meter der Welt sind alle anderen angefertigt, auch unser Meterstab an der Tafel.

## Vom Meter zum Liter

Raum- oder Hohlmaße wurden in der Vergangenheit ebenso geografisch verschieden entwickelt und festgelegt wie die Längenmaße. Die Volumenbezeichnungen Scheffel, Fass, Metzen, Humpen sind noch weniger geläufig als alte Längenmaße. Das Suchen nach einer Volumeneinheit und nach den Gütern, die damit gemessen werden, sollten wir nicht auslassen. Wie viel Sand soll ich zum Spielen holen? Einen Eimer voll, eine Schüssel voll? Wie viel Kakao darf in die Frühstücksmilch? Ein Esslöffel voll, drei Kaffeelöffel voll? Und erst die Menge Zucker, die wir in den Kuchen geben. Die Mengen sind oft in ungefähren Maßen angegeben, kleine Abweichungen sind nicht schlimm und hängen vom Geschmack ab.

Die gängige Maßeinheit für Getränke ist der Liter. In dieser Form lernt auch das Kind diese Norm kennen, wenn es auf dem Saftglas 0,2 l liest, auf den Getränkeflaschen 0,5 l oder 0,7 l oder 1 Liter. Wie aber führen wir das Kind an die Einheit Liter heran?

Die Einführung sollte nach der Einführung der Längenmaße erfolgen, da wir den Liter als Kubikdezimeter ableiten. Der Dezimeterwürfel begegnet uns dann, wenn das Zahlensystem bis zum Tausender erweitert wird. Tausend Zentimeterwürfel sind zum Dezimeterwürfel angeordnet und in einem durchsichtigen Kunststoffwürfel aufgeschichtet. Dieser Kunststoffwürfel, dieser Kubikdezimeterbehälter, fasst genau einen Liter. So wird das Raummaß aus dem metrischen Längenmaßsystem abgeleitet. Häufiger begegnet uns diese Ableitung in der Maßeinheit Kubikmeter, die übrigens auch für Trinkwasser verwendet wird. Dieser Würfel ist also unser Urliter, mit dem wir andere Gefäße vergleichen.

**Handlungseinheit Dezimeterwürfel**

Wenn man Literflasche, Literkrug und Dezimeterwürfel nebeneinanderstellt, wird das Volumen des Würfels im Vergleich zu den beiden anderen Gefäßen stets unterschätzt. Flasche und Krug haben eine größere Wanddicke, durch den Flaschenhals oder den Ausgießer auch eine größere optische Wirkung. Daher wird das Maß erst einmal überprüft und mit Überraschung stellen wir fest, dass ein Liter Wasser genau der Inhalt eines Dezimeterwürfels ist. Hier sollte man die Information über den Zusammenhang der Maßsysteme geben.

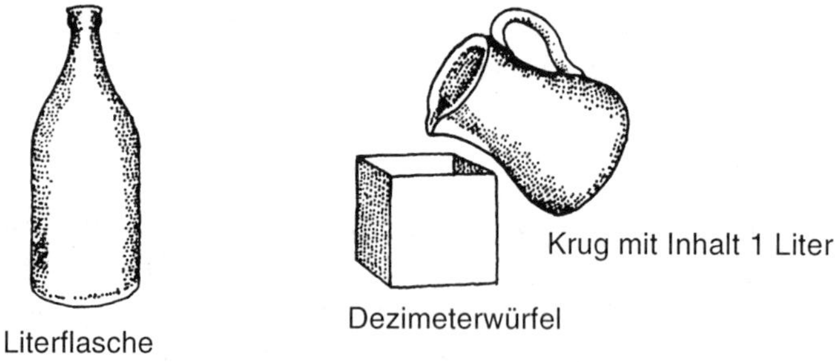


Durch eine Versuchsreihe stellen wir fest, wie viele Tassen, Saftgläser, Joghurtbecher voll Wasser in diesen Dezimeterwürfel passen. Die meisten Lehrbücher geben dazu gute Anregungen.

Mit dem Dezimeterwürfel als Maßeinheit der Hohlmaße eröffnet sich aber noch eine andere Möglichkeit, zusammen mit geometrischen Grundeinsichten Sachrechnen zu betreiben.

Dazu eine Unterrichtsskizze: auf der nächsten Seite

**Wie viele Liter Wasser passen in das Wasserbecken?**

Benötigtes Material:

Quaderförmiges Wasserbecken im Garten
Gießkanne
Literflasche oder Literbecher
einige Dezimeterwürfel
Meterstab

Schülerheft
Arbeitsblatt
Schreibzeug

Unterrichtsverlauf:
Ich ziehe mit meiner Klasse in den Schulgarten zum Wasserbecken. Das Wasserbecken ist gefüllt. Zunächst wird geklärt, warum das Gießwasser hier eingefüllt wird.

Abgestandenes Wasser zum Gießen ist angewärmt von der Sonne ...

Ich markiere den Wasserstand an der Gefäßwand, dann schöpfe ich eine Gießkanne Wasser heraus und stelle sie daneben. Es muss deutlich werden, dass ich jetzt eigentlich nicht gießen will. Vielleicht hat es auch erst vor einer Stunde geregnet. Das Markieren des Wasserstandes und die volle Gießkanne neben dem Behälter sollten als Impuls genügend wirken.

*Weiterschöpfen? Wieso markieren Sie das?*
*Wie viel Wasser ist herausgekommen?*
*Wie viel Wasser ist denn da noch drin?*

Ich kann zur Demonstration auch das Wasser aus der Kanne wieder in den Behälter schütten.

*Wie viele Gießkannen Wasser sind im Wasserbecken?*
*Wie viel Wasser enthält das Wasserbecken?*

Nun provoziere ich den Fortgang, indem ich mit der Literflasche Wasser ausschöpfe.

*Wie viele Flaschen Wasser sind da drin?*
*Wie viele Liter Wasser enthält das Wasserbecken?*

Tätigkeitswechsel: Notieren der Fragen.

Nur, um festzustellen, wie viel Wasser da drin ist, schöpfe ich doch nicht das Wasserbecken leer. Das geht einfacher. Ich stelle danach den Dezimeterwürfel auf den Beckenrand, setze ihn auch einige Male nebeneinander auf.
Das „Aha-Erlebnis" ist die Erkenntnis, dass ich die Anzahl der Würfel berechnen kann. Nachdem wir gelernt haben, dass ein Dezimeterwürfel genau einen Liter fasst, weiß ich so auch die Literzahl.

*Wie viele Würfel sind es in der Länge?*
*Wie viele Dezimeter(würfel) sind es in der Breite?*

Beispiel: 12 dm Länge, 6 dm Breite. Möglicherweise muss auf- oder abgerundet werden. Ungefähr 12 dm lang, 6 dm breit.

Ich weise darauf hin, dass man jetzt schon rechnen kann. Allerdings deute ich, wenn nötig, außen am Gefäß an, dass ja die Würfel auch übereinander gemessen werden müssen. Zum Messen verwenden wir inzwischen natürlich den Meterstab. Unser Meterstab im Klassenzimmer hat die Dezimeter abwechselnd rot – weiß markiert.

Es passen sieben Dezimeterwürfel übereinander.

Der weitere Unterricht kann wieder im Klassenzimmer stattfinden. Die nötigen Maße haben wir notiert.

12 mal 6 = 72 72 mal 7 = 504
Es passen 504 Dezimeterwürfel hinein.
Das Wasserbecken enthält 504 l Wasser.

Provokation: Ich schreibe an die Tafel

| |
|---|
| Wie viele Liter Ziegelsteine, Apfelsaft, Sand, Holzkugeln, Glasscherben, Öl, Balken, Eiskugeln, Kartoffeln, Wein, Schnur ... passen in das Becken? |

Protest oder auch Gelächter! Die Ziegelsteine müssen weg, aber auch die Holzkugeln, die Glasscherben ... Wenn es ganz kleine Scherben sind, könnte man sie ja hineinschütten. So klären wir im Gespräch, welche Dinge mit Litern gemessen werden können. Eiskugeln waren eine Füllung in einem Behälter, bevor sie Kugeln waren. Dieser Behälter kann ausgemessen werden. Nicht nur Flüssigkeiten werden also in Raummaßen oder Hohlmaßen gemessen. Sand wird nach Kubikmetern bestellt und bezahlt, auch Blumenerde wird in Säcken mit 20 l oder 50 l oder 100 l verkauft.

Damit stehen wir mitten im Sachunterricht und unterscheiden Verbrauchs- und Konsummaterialien, die entweder nach Inhalt oder nach Gewicht gekauft werden.

## Vom Liter zum Kilogramm

Keinesfalls ist zum Feststellen des Gewichtes gleich eine Waage nötig. Heutige Personenwaagen, die nahe liegendsten Waagen, mit der die Kinder umgehen lernen, lassen nur noch Zahlen auf einer Skala erkennen, deren Wert völlig unanschaulich ist. Beim Wiegen muss man nur beachten, wie weit der Zeiger klettert. Beim Gebrauch der Küchenwaage muss teilweise auf die Nullstellung geachtet werden. Immerhin taucht hier das Problem auf, dass die Schüssel

| Name | Datum | **AB 32** |
|---|---|---|

## Wie viele Liter passen hinein? (Zahlenraum bis 1000)

(1) Hier siehst du ein großes Aquarium. Es ist 110 cm lang, 40 cm breit und 50 cm hoch mit Wasser gefüllt. Wie viele Liter Wasser kann es fassen? Denke daran, dass du dir nur Dezimeterwürfel vorstellen musst.

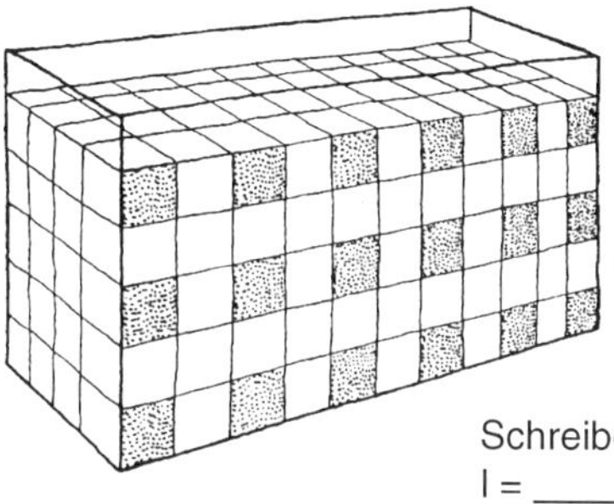

l = 110 cm
b = 40 cm
h = 50 cm

Ein Dezimeterwürfel enthält 1 Liter Wasser

Schreibe in dm
l = _____ dm  b = _____ dm  h = _____ dm

*a) Wie viele Liter Wasser enthält das gefüllte Aquarium, wenn noch kein Kies und keine Pflanzen darin sind?*
*b) Wie viele Liter enthält es, wenn das Wasser 10 cm höher steht?*

(2) Wie viele Liter

| Blumenerde | Wein | Hausschlüssel |
|---|---|---|
| Ziegelsteine | Trinkwasser | Haselnüsse |
| Traubensaft | Sand | Blumenzwiebeln |
| Kartoffeln | Salatöl | Tomaten |

kann man in einen Blumentrog füllen?
Er ist 2 m lang, 40 cm breit, 40 cm tief.
a) Rechne aus, wie viele Liter es sind.
b) Streiche durch, was nicht in Litern gemessen wird.

(3) Gartenerde kann man in Plastiksäcken zu 50 l kaufen. Hier siehst du zwei Säcke. Die Gartenbeete von Herrn Streu sind 1 m breit und 2 m lang. Die neue Erde soll 10 cm dick aufgeschüttet werden.
*Wie viele Säcke braucht Herr Streu für zwei Beete?*
*Wie viele Liter sind es?*

Lösungen: 8, 220, 264, 320, 400, Liter, Liter, Liter, Liter, Säcke.

auch etwas wiegt und nicht nur das Mehl. Das Kilogramm als Gewichtseinheit ist wesentlich seltener in der Praxis erfassbar als Meter oder Liter.

Nachdem das Gewicht je Raumeinheit auch vom spezifischen Gewicht abhängt, stellt eine Gewichtseinheit in der Anschauung keine konstante Größe dar. Die altbekannte Scherzfrage, was wohl schwerer sei, ein Kilogramm Bettfedern oder ein Kilogramm Gold, wirft für die Kinder ernste Probleme auf. Nur wenn zur Anschauung auch der Einsatz der Muskelkraft gerechnet wird, kann dem Kind ein bestimmter Eindruck von einem Kilogramm nahegebracht werden.
Für das Kind taucht das Problem *„Wie schwer ist das?“* auf, wenn etwas getragen, gehoben, geschleppt werden soll. Wer kann wen huckepack nehmen? Da wäre es gut, wenn beide gleich schwer wären, dann kann man beliebig tauschen. Über das Gleichgewicht also kommen wir zu den Schwereerfahrungen.

## Der Gewichtsvergleich

Einfach ist es, mit einer Wippe festzustellen, wer schwerer ist. Sitzt ein Erwachsener an einem Ende, am anderen Ende ein Kind, so ist die Gewichtsverteilung ungerecht. Das Kind holt sich noch ein zweites dazu und – beide schaffen es immer noch nicht!

Papa wiegt 77 kg  
Bernd wiegt 26 kg  
Doris wiegt 32 kg  
Mama wiegt 58 kg

Bernd und Doris schaffen es, Papa hochzuheben.  
Sie stellen Ziegelsteine auf die Wippe

So anschaulich die Wippe für das Gleichgewicht ist, ein Problem taucht auf: Das Hebelgesetz wirkt sich aus. Der freundliche Papa, der seine Kinder gewinnen lassen möchte, rutscht einfach einen Meter nach vorne – und schon *sind die Kinder schwerer als er.*
Daher ist nur eine Waage zu verwenden, die fest gehängte Waagschalen hat. Die Entfernung des Befestigungspunktes vom Drehpunkt ist jeweils gleich groß. Da wir nur noch selten Zugang zu den alten Apothekerwaagen haben, sind wir auf ein käufliches Arbeitsmittel oder auf Eigenbau angewiesen.

In dieser Waage kann mit Knöpfen, Bonbons, Würfeln, Geldstücken oder Gewichten gewogen werden.

Zum Bau dieser Waage benötigt man

1. einen Waagbalken mit Bohrung
2. zwei Stützlatten
3. einen Holzklotz als Fuß
4. zwei Frisbee-Scheiben
5. Schnur, zwei Schraubhaken
6. einen langen Nagel als Achse
7. Schrauben und Holzleim zum Befestigen des Fußes

Werkzeug: Nagelbohrer, Hammer, Zange, Schraubenzieher, Schere

Die Bohrung für die Achse soll etwas über der Mitte des Waagbalkens liegen.

## 7.2 Geometrische Grundformen

### Einordnung in den Lehrplan

Bereits beim Addieren von zwei gleichen Summanden wurden Rechteck und Quadrat einbezogen. (Siehe Kapitel 3.3) In den amtlichen Lehrplänen werden die geometrischen Lernziele als letzte genannt und entsprechend auch in den Lehrbüchern auf den hinteren Seiten abgedruckt. Dadurch geraten diese anschaulichen Inhalte oft ans Ende des Schuljahres und können ihre motivierende Wirkung beim Behandeln der Sachaufgaben nicht entfalten. Geometrische Ziele werden nach den Sachaufgaben aufgeführt und verleiten dadurch dazu, sie erst *nach* der „Behandlung" von Sachaufgaben in der Klasse zu besprechen. Gerade diese Fähigkeiten aber bilden oft die Grundlage für das richtige Verständnis von Sachaufgaben.

Da die Körperformen wiederum die Voraussetzung für das rechte Verständnis der Maße und Gewichte bieten, ist ihre Behandlung (wörtlich!) Voraussetzung für Liter und Hektoliter, Kilogramm und Gramm, Meter und Zentimeter. Daher sollten Geometriestunden am Anfang des Schuljahres liegen, wenn man ohnehin noch mit dem Einräumen der Büchertasche, dem Einbinden von Büchern und dem Sortieren der Arbeitsmittel im Klassenregal beschäftigt ist. Geometrische Betrachtungsweisen und Hinwendung zu sich daraus selbst ergebenden Sachaufgaben führen also in das Schuljahr ein und sind kein Anhängsel kurz vor Schuljahresende.

**Rechteck und Quadrat: Länge, Breite, Umfang**

**Handlungsorientierte Unterrichtssituation: Jedes Heft hat ein Löschblatt**

(Zahlenraum bis 100 cm)

Unterrichtsmaterial: Das Mathematikheft mit dem Löschblatt
ein Lineal von 30 cm Länge. (Vgl. dazu Kapitel 3.3)

Meinen Kindern kündige ich an: Du brauchst vorerst nur das Löschblatt und das Lineal.

> Meine Geschichte dazu:
> Eine vorwitzige Ameise krabbelt auf dem Boden herum und kommt an die Ecke eines Löschblattes. Da sie die blaue Farbe sieht und ängstlich ist, meint sie, es wäre ein Swimming-Pool. Also läuft sie hier von der Ecke aus die kürzere Seite entlang und dann die längere Seite weiter. Hier sieht es aber genauso aus wie am Ausgangspunkt.

Daraufhin misst jedes Kind, wie lange und wie breit sein Löschblatt ist. Der Messvorgang ist zu klären: Die Null-Marke muss genau auf dem Rand des Löschblattes liegen. Durch die Tafelanschrift

> lang 14 cm, breit 20 cm

provoziere ich eine Diskussion, was als Länge und was als Breite zu gelten hat. Daraus ergibt sich die Einsicht: Die Länge ist immer länger als die Breite.
Oder:

> Die Länge ist immer größer als die Breite.

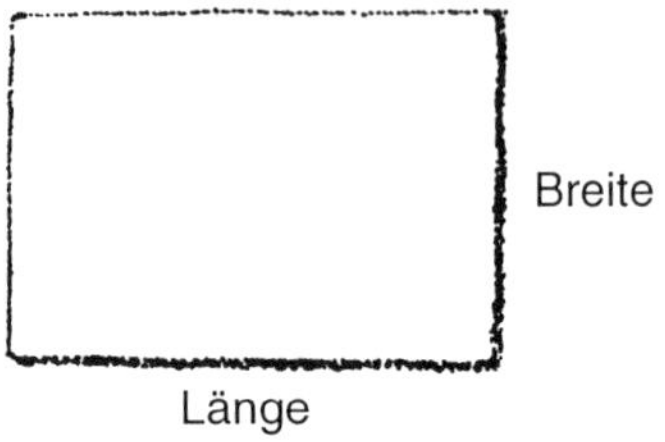


Wie lang ist das Löschblatt?
Wie breit ist das Löschblatt?

lang 20 cm breit 14 cm
l = 20 cm b = 14 cm

Beim Messen ergeben sich oftmals Zentimeter und Millimeter, z. B. 20 cm 3 mm. Entweder wir vernachlässigen die restlichen Millimeter oder wir schneiden diesen Streifen ab, nachdem wir ihn mit Bleistift und Lineal angezeichnet haben. Diese elementaren Vorgänge des Zeichnens, Messens, Abschneidens müssen geübt werden, um die Kinder zu befähigen, auf Karopapier Rechtecke mit Lineal und gespitztem Bleistift selbst zu zeichnen. Die ständige Vorgabe

dieser Elementarformen auf Arbeitsblättern vernachlässigt den Umgang mit dem Zeichenwerkzeug.
Diese Fähigkeiten sind gerade in den ersten Wochen des Schuljahres immer wieder zu üben.

Zurück zur Ameise:
Die Ameise entschließt sich nun doch, den Weg zurück zum Ausgangspunkt zu laufen. Soll sie jetzt linksherum oder rechtsherum gehen? Frage: *Wie weit war der Weg um das Blatt herum?*
Wenn wir dem Weg einen treffenderen Namen geben wollen, so können wir auch von einer Runde – wie auf einem Sportplatz – sprechen.

| Wie weit war der Weg um das Blatt herum?<br>Wie groß ist die Runde um das Blatt Löschpapier? |
|---|

Ich weiß noch ein anderes Wort für die Runde und will es den Kindern zeigen. Dazu stelle ich ein Kind auf einen Stuhl. Mit einem Maßband messe ich jetzt nicht um das Blatt Papier, sondern um den Bauch herum, dort, wo der Gürtel sitzt. Ein Kind liest ab: 63 Zentimeter. Dazu sage ich aber nicht: Markus hat eine Runde von 63 Zentimetern. So kommen wir vielleicht auf die Bezeichnung *Umfang.* Bei dicken Menschen sagt man manchmal: Der hat aber einen Umfang!

| Wie groß ist der Umfang des Blattes? |
|---|

Der Umfang wurde inzwischen schon ausgerechnet, nämlich:
Zweimal die Länge und zweimal die Breite ist der Umfang

| $2\,l + 2\,b = U$ |
|---|

In Zahlen: $2 \cdot 20$ cm $+ 2 \cdot 14$ cm $= 68$ cm
Der Umfang des Löschblattes ist 68 cm.

Übungsphase:
Blätter verschiedener Größe werden zum Abmessen ausgeteilt. Die Arbeit kann in Gruppen erfolgen und die Ergebnisse werden in eine Liste an der Tafel eingetragen. Zur Vereinfachung habe ich die rechteckigen Blätter zentimetergenau geschnitten.

| Länge | Breite | Umfang |
|---|---|---|
| 18 cm | 12 cm | 36 cm + 24 cm = 60 cm |
| 22 cm | 9 cm | 44 cm + 18 cm = 62 cm |

## Weiterführung zum Quadrat

Entweder ich teile am folgenden Tag quadratische Blätter zum Abmessen aus oder ich biete gleich die folgende Liste an:

| Länge | Breite | Umfang |
|---|---|---|
| 15 cm | 15 cm | |
| 20 cm | 20 cm | |

Zuerst wird die oben festgehaltene und ins Heft eingetragene Einsicht wiederholt, dass die Länge immer größer zu sein hat als die Breite. Hier aber sind Länge und Breite gleich, alle vier Seiten sind gleich, daher verwende ich nur das Wort Seite. Unsere Tabelle wird dadurch einfacher, die Rechnung ebenfalls.

| Seite | Umfang |
|---|---|
| 15 cm | 15 cm + 15 cm + 15 cm + 15 cm = 60 cm |
| | oder 4 · 15 cm = 60 cm |
| 25 cm | 4 · 25 cm = 100 cm |

Wenn das Einmaleins mit der Vier bereits eingeführt ist, ergeben sich dadurch neue Übungsmöglichkeiten. Es kann der Umfang bekannt sein. Beim Teilen durch 4 im Sinne des Verteilens erhalte ich dann die Länge einer Seite (gerecht verteilt, jede Seite ist gleich lang). Ist das Viererеinmaleins noch nicht eingeführt, kann ich erst den halben Umfang berechnen, also den Weg von einer Ecke zur schräg gegenüberliegenden. Dies ist die Hälfte. Von dieser Hälfte wieder die Hälfte ist dann die Länge einer Seite.
Beim Quadrat hätte es die Ameise leichter gehabt, denn egal, in welche Richtung sie losläuft, jede Seite ist für sie eine gleich lange Wegstrecke.

## Bilderrahmen

Wir zeichnen den Umfang eines Bilderrahmens von 24 cm Höhe und 18 cm Breite auf ein DIN-A-4-Blatt. Im Abstand von einem Zentimeter nach innen zeichnen wir einen zweiten Umfang. Die Fläche dazwischen malen wir braun

| | Höhe | Breite | Umfang |
|---|---|---|---|
| 1. Umfang | 24 cm | 18 cm | 48 cm + 36 cm = 84 cm |
| 2. Umfang | 22 (!) cm | 16 cm | 44 cm + 32 cm = 76 cm |
| 3. Umfang | 20 cm | 14 cm | 40 cm + 28 cm = 68 cm |
| ...zuletzt... | | | |
| 9. Umfang | 8 cm | 2 cm | 16 cm + 4 cm = 20 cm |
| 10. Umfang | 6 cm | 0 cm | ...das ist nur noch ein Strich. |

aus – und der Rahmen für ein Bild ist fertig.
Zuvor wird nochmals kontrolliert, ob wir richtig gemessen haben. Der Umfang wird außen gemessen.
Die Zahlenveränderungen geben Einsicht in die arithmetischen Zusammenhänge und trainieren das Addieren im Zahlbereich bis 100 mit der guten Möglichkeit zur Selbstkontrolle.

Der halbe Bilderrahmen
Jedes Kind erfindet selbst ein Rechteck und gibt Länge und Breite an. Wie berechnet sich der halbe Bilderrahmen? Eine Erläuterung am Beispiel:

Umfang des halben Bilderrahmens:

| | | |
|---|---|---|
| Mona schlägt vor: | 11 cm + 28 cm + 11 cm | Wer hat Recht? |
| Tobbi schlägt vor: | 14 cm + 22 cm + 14 cm | Welcher Vorschlag passt |
| Jochen schlägt vor: | 22 cm + 28 cm | zu welchem Bild? |

**Das Quadrat wird halbiert**
Wie sieht die Rechnung aus, wenn ein Karton zuerst ein Quadrat war und ich davon die Hälfte nehme? Ist der Umfang dann halb so groß?
1. Beispiel:
Seite des Quadrates = 12 cm — Umfang = $4 \cdot 12$ cm = 48 cm
Umfang des „halben" Quadrates — Umfang = $2 \cdot 12$ cm + $2 \cdot 6$ cm = 36 cm

2. Beispiel:
Seite des Quadrates = 25 cm — Umfang = $4 \cdot 25$ cm = 100 cm
Umfang des „halben" Quadrates — Umfang = $3 \cdot 25$ cm = 75 cm

Das Kind sollte hier schon erkannt haben:
Der Umfang des „halben" Quadrates (also des Rechteckes) ist nicht halb so groß wie der Umfang des Quadrates.
Genauer: Der Umfang des halben Quadrates ist so groß wie drei Seiten des Quadrates.

Bei den folgenden ineinanderliegenden Quadraten kann dies leicht nachgerechnet werden. Diese Verschachtelung lässt sich gut auf Karopapier zeichnen, die Linien haben einen Abstand von 1 cm, die Seite des nächstkleineren Quadrates ist also jeweils um 2 cm kürzer.

Weiterführung: Wie verändern sich die Zahlen, wenn ich das „halbe" Quadrat noch schmaler mache, also nur ein Viertel nehme?

Beispiel:

| | | |
|---|---|---|
| Seite des Quadrates | 12 cm | Umfang 48 cm |
| Seiten des „halben" Quadrates | 12 cm lang, 6 cm breit | Umfang 36 cm |
| Seiten des „viertelten" Quadrates | 12 cm lang, 3 cm breit | Umfang 30 cm |

**Verhältnis von Fläche zu Umfang** (Zahlenraum bis 1000)

Schließlich will ich in einer Rechenübungsreihe aufzeigen, dass ich beim Quadrat mit möglichst wenig Rahmen oder auch Umzäunung möglichst viel Platz (Fläche) einrahmen kann. Daher ist ein quadratisches Grundstück auch besser als ein rechteckiges. Ein Landwirt z. B., der einen Zaun um einen Laufstall für Jungtiere errichtet, muss das wissen. Dabei wird die Fläche nicht als Flächenberechnung nach der Formel $F = b \cdot l$ bestimmt, sondern über das Parkettieren (s. Kap. 5.1). Das Kind sieht dabei für die Fläche von 18 cm □ (Zentimeterquadraten) z. B. drei Reihen mit je sechs Quadraten oder zwei Reihen mit je 9 Quadraten.

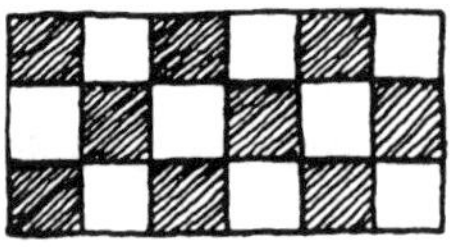

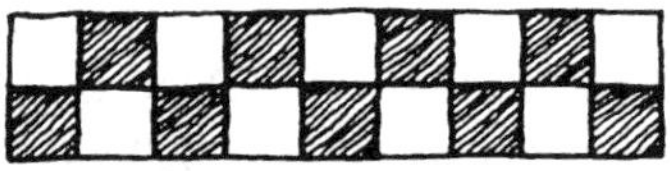

Die Schreibweise für einen Quadratzentimeter oder für ein Zentimeterquadrat als Kästchen mit einer Seitenlänge von einem Zentimeter ist immer wieder nötig und in der Form mit dem Quadrat sehr anschaulich.

1 Zentimeterquadrat = 1 cm □

Rechenbeispiel:

| Länge cm | Breite cm | Umfang cm | verkleinert um...cm | Platz (Fläche) cm □ |
|---|---|---|---|---|
| 24 | 24 | 96 | | 576 |
| 24 | 12 | 72 | 24 | 288 |
| 24 | 6 | 60 | 12 | 144 |
| 24 | 3 | 54 | 6 | 72 |
| 24 | 1,5 | 51 | 3 | 36 |
| 24 | 1 | 50 | 1 | 25 |

Erkenntnisse:
Die Fläche richtet sich hier immer nach der Breite. Dies ist durch den Faltvorgang an einem Blatt Papier anschaulich nachzuvollziehen. Die Zahlen beim Umfang werden genauer betrachtet und ihr Unterschied wird ausgerechnet. Sie nehmen immer langsamer ab. Der Umfang wird also immer langsamer kleiner! Schließlich wurde der Umfang nur 1 cm kürzer, aber die Fläche musste 11 cm □ einbüßen. Hier wird Kopfrechnen interessant.

**Vom Quadrat zum Dreieck**

Nun wollen wir aus dem Quadrat ein Hausdach machen! Diese Ankündigung genügt, und die Kinder falten Quadrate diagonal. Dieser Begriff wird auch für das Zeichnen oder Umknicken von Ecke zu Ecke verwendet. Das Falten macht so viel Spaß, dass die Kinder immer kleinere und kleinere Dreiecke herstellen wollen.

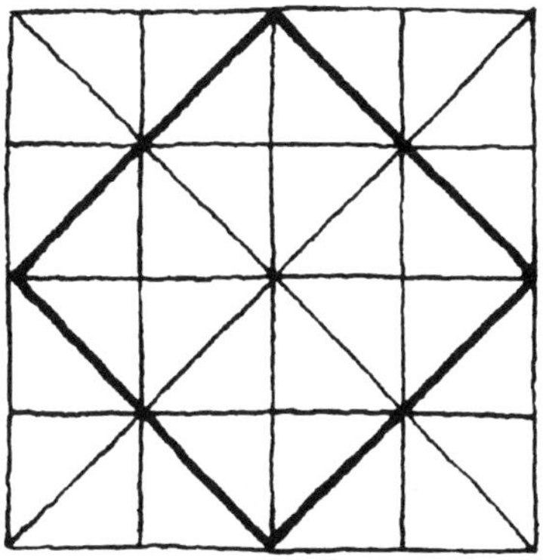

Wer wollte hier so schnell mit dem Falten aufhören? Alle Dreiecke kann man in verschiedenen Farben ausmalen.

Nun beginnt die Reise von einem Eckpunkt über den Mittelpunkt um drei Ecken herum zu einem Ziel. Zuerst ergibt sich die Messaufgabe, wobei die Diagonale im Quadrat die Quadratwurzel darstellt. Wenn also eine Quadratseite 1 m wäre, müsste man bei der Diagonale 1,4159 m oder etwa 142 cm messen. Es stellt sich heraus, dass man mit zwei Größenangaben alle möglichen Wege errechnen kann:
Beispiel: Die Seitenlänge ist 60 cm, die Diagonale etwa 84 cm. Es ergeben sich Teilstrecken von 30 cm oder 15 cm für senkrechte und waagrechte Strecken, 42 cm oder 21 cm für diagonale Strecken. Ich bin von der unteren, linken Ecke gestartet. Meine Reise war 66 cm lang. Wo stehe ich jetzt?
Rechnung: 66 cm = 30 cm + 15 cm + 21 cm

Wird dieses gleichschenklig-rechtwinklige Dreieck von den Kindern schon als „Hausdach" angesehen, so ist das gleichseitige Dreieck zum Handeln und Rechnen ebenso geeignet. Damit kann man das Sechseck der Bienenwaben oder – noch anschaulicher – das Sechseck des „Stop"-Schildes legen.

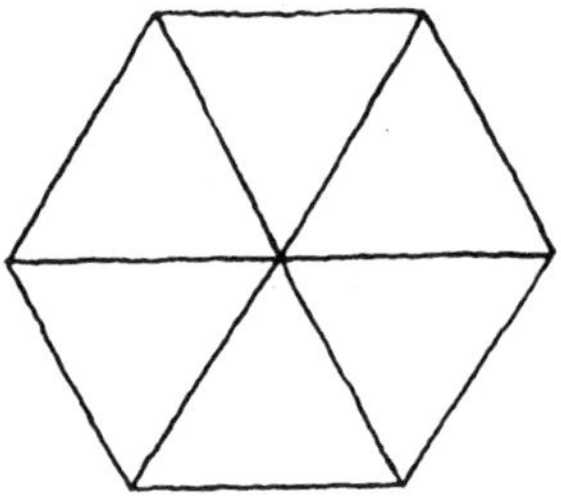

Was es hier zu entdecken gibt? Sechs, ja sogar zwölf gleich lange Strecken, eine Spielerei zum Rechnen mit der Sechs! Und wenn die Seite eines Dreiecks 75 cm lang ist, wie groß ist der ganze Rand des Sechsecks? Die durch die Mitte gehenden Linien sind übrigens zusammen genau so lang wie der Umfang.

**Rundfahrten**

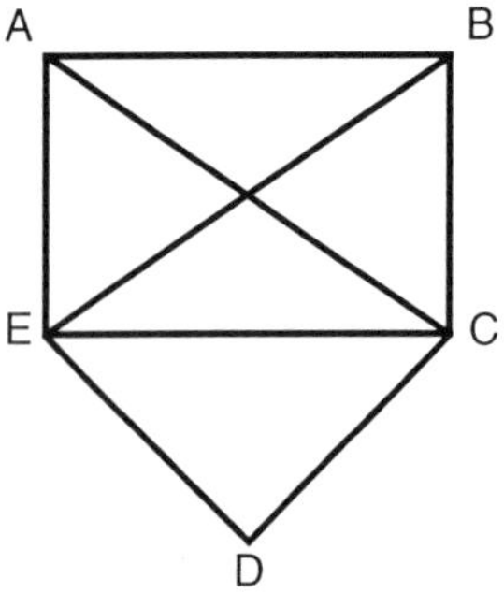


Das ist das Haus vom Nikolaus.

Heute steht es ausnahmsweise mal auf dem Kopf.
Kannst du diese Figur in einem Zug nachfahren?
Eine Lösung wäre A - E - C - D - E - B - C - A - B
Suche noch andere Lösungen.
In einem Zug musst du alle Wege durchfahren, dabei aber keinen zweimal nehmen.

Diese Rundfahrt kann aber auch ganz anders aussehen:

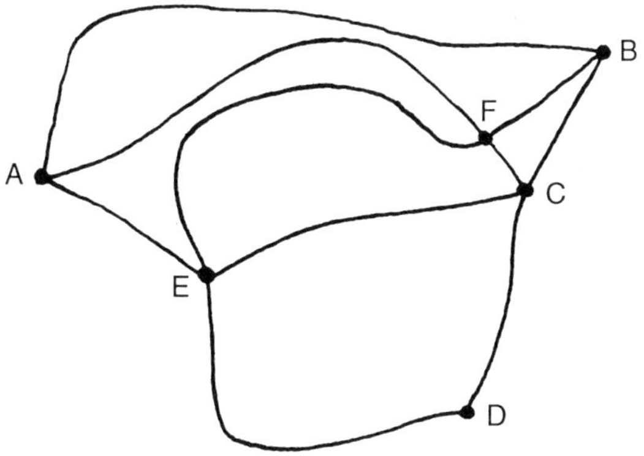


| | |
|---|---|
| AB | 18 km |
| BC | 4 km |
| CD | 6 km |
| DE | 11 km |
| EC | 9 km |
| EA | 5 km |
| AFC | 15 km |
| BFE | 16 km |

Die ganze Rundfahrt kannst du mit dem Fahrrad machen. Fahre dabei jede Strecke nur einmal. *Wie viele Kilometer bist du am Ende gefahren?*

## 7.3 Hundertermaße und Kommaschreibweise

### Meter und Zentimeter

| Erlebnishintergrund | Kindgemäß ausgedrückt | Abstrakt formuliert |
|---|---|---|
| Was alles ungefähr einen Meter lang ist | Ein Kind mit drei Jahren | Größe eines Dreijährigen |
| | Wenn ich zwei Schritte mache... | Länge eines Doppelschrittes |
| | So breit ist die Haustür. | Breite der Haustür |
| Was nicht ganz einen Meter lang ist | Der Tisch ist nicht ganz so hoch. | Tischhöhe |
| | So breit ist die Zimmertür. | Breite der Zimmertür |
| Was etwas länger ist als einen Meter | Ich | Meine Körpergröße |
| | Du | Deine Körpergröße |
| | Begrenzungspfosten am Straßenrand | Pfostenhöhe |

Der Meter als Hunderter ist anschaulicher zu erleben als das Markstück, das ja nur die „1“ eingeprägt hat. Obgleich in den Lehrplänen häufig die Währung zur Einführung der Kommaschreibweise bei Hundertermaßen verwendet wird, sollten wir den Meter ebenso häufig üben.

**Wenn der Meter zu groß ist**

Ob wir Stifte oder Kreiden messen, mit denen wir zeichnen oder malen, Hände oder Finger messen: Der Meterstab ist zu lang, daher muss er unterteilt werden.

Wenn der Meter in 100 Stückchen geteilt wird, hat er 100 Zentimeter. Cent kennen wir vielleicht vom amerikanischen Geld. Cent bedeutet, dass ich 100 Stück brauche, um einen Dollar zu erhalten.

| 100 Cent = ein Dollar | und | 100 Zentimeter = ein Meter |
|---|---|---|

Die Anlehnung an Zentner würde in diesem Zusammenhang die Kinder nur verwirren, da es sich um die übergeordnete Einheit zum Pfund handelt.

**Hundertertafel und Bandmaß**

Hundertertafel und Bandmaß sollten nebeneinander als Unterrichtsmittel für das Sachrechnen zugänglich sein. Wichtig ist dabei die Markierung der Strecke, das Einbringen der Maßeinheit von einer Anfangsmarkierung bis zu einer Endmarkierung.

Schon frühzeitig verwenden wir im Mathematikunterricht einen solchen unterteilten Meterstab, nämlich unser Hunderterfeld. Wenn das Hunderterfeld aus 100 Quadratzentimetern (100 cm □) besteht, haben wir immer schon mit einem zerschnittenen und wieder zusammengeleimten Meterstab gerechnet. Es ist kein Problem, daraus wieder einen Meterstab zu machen. Wir benötigen ein Vierkantholz, das genau einen Meter lang ist, außerdem Schere, Klebstoff und Buntstifte. Zuerst malen wir im Hunderterfeld alle Zehnerzahlen rot an, alle Fünferzahlen vielleicht grün. Hier auf dem Feld geht es sehr leicht, später nicht mehr! So üben wir bereits das Vorausdenken, die Vorwegnahme des Handelns. Geschnitten und geklebt werden muss ganz genau, sonst brauchen die hundert Zentimeter mehr Platz als einen Meter.

Zur Beachtung: Hier wird zwischen Zentimeterquadrat und Zentimeter als Längenmaß nicht deutlich unterschieden. Gerade die Klebeaktion macht aber bewusst, dass fünf Zentimeter erst dort zu Ende sind, wo der Strich ist. Im übrigen verwenden wir im Unterricht der Grundschule häufig die mathematisch nicht exakte Angabe sechs Kästchen breit und meinen damit eigentlich die Länge von sechs Kästchenseiten, also drei Zentimeter. Wir sollten dazu vielleicht öfters das Lineal anlegen und wirklich die drei Zentimeter als Längenmaß suchen.

| | | | | | | | | | |
|---|---|---|---|---|---|---|---|---|---|
| 1 | 2 | 3 | 4 | 5 | 6 | 7 | 8 | 9 | **10** |
| 11 | 12 | 13 | 14 | 15 | 16 | 17 | 18 | 19 | **20** |
| 21 | 22 | 23 | 24 | 25 | 26 | 27 | 28 | 29 | **30** |
| 31 | 32 | 33 | 34 | 35 | 36 | 37 | 38 | 39 | **40** |
| 41 | 42 | 43 | 44 | 45 | 46 | 47 | 48 | 49 | **50** |
| 51 | 52 | 53 | 54 | 55 | 56 | 57 | 58 | 59 | **60** |
| 61 | 62 | 63 | 64 | 65 | 66 | 67 | 68 | 69 | **70** |
| 71 | 72 | 73 | 74 | 75 | 76 | 77 | 78 | 79 | **80** |
| 81 | 82 | 83 | 84 | 85 | 86 | 87 | 88 | 89 | **90** |
| 91 | 92 | 93 | 94 | 95 | 96 | 97 | 98 | 99 | **100** |

Die Rückführung des Hunderterfeldes in den Zahlenstrahl von 1 bis 100.

Die Streifen werden ausgeschnitten und aneinandergeklebt.

| | | | | | | | | | | | | | | | | | | | | |
|---|---|---|---|---|---|---|---|---|---|---|---|---|---|---|---|---|---|---|---|---|
| 1 | 2 | 3 | 4 | 5 | 6 | 7 | 8 | 9 | **10** | 11 | 12 | 13 | 14 | 15 | 16 | 17 | 18 | 19 | **20** | usw. |

| | | | | | | | | | | | |
|---|---|---|---|---|---|---|---|---|---|---|---|
| 1 | 2 | 3 | 4 | 5 | 6 | 7 | 8 | 9 | **10** | 11 | 12 |

Mit dem Streifenstück eines anderen Kindes kann ich einen Rechenschieber zum Addieren oder Subtrahieren erstellen. Die erste Ziffer steht dabei nicht am vorderen Rand des Streifens, sondern erst nach dem ersten Zentimeter. Die Rechnungen würden hier also heißen:

7 cm + 12 cm = 19 cm oder 7 cm + 6 cm = 13 cm aber auch
19 cm – 12 cm = 7 cm oder 12 cm – 5 cm = 7 cm

### Zeigt her eure Füße – zeigt her eure Schuh

Handlungssituation zum Ablesen von Zentimetern
Ein Kind stellt seinen Schuh auf ein Blatt Papier und ein anderes umfährt den Schuh mit einem Stift. Wer will ausprobieren, ob sein Schuh ebenfalls diese Größe hat? Die Versuchspersonen wissen vermutlich auch, welche Schuhgröße sie haben. Sind gleiche Schuhgrößen wirklich gleich lang? Also messen wir den Umriss einmal nach. Schuhgröße und Zentimeter passen nicht zusammen. Wir entdecken, dass Schuhgröße 30 etwa 20 cm lang ist, Schuhgröße 36 aber 24 cm.
Wir schneiden einige gleiche Umrisse aus, z. B. Umrisse mit der Länge 22 cm. Ich lege nun *drei Umrisse hintereinander* auf den Boden, gleichzeitig wird mitgerechnet und an der Tafel mitgeschrieben:

| | | | |
|---|---|---|---|
| Schuhlänge | 22 cm | 44 cm | 66 cm |
| Schuhgröße | | | 33 |

Bei diesem Versuch sollte die Lehrerin vorher überprüfen, ob die Sohlen der verwendeten Schuhe nicht übermäßig breite Ränder haben. Solche Schuhe sind ungeeignet, das Zahlenverhältnis zu entdecken.
Mit zwei oder drei Beispielen aber können wir feststellen:
*Ich muss drei Schuhlängen addieren und das Ergebnis durch zwei teilen, so weiß ich die Schuhgröße.*
Noch interessanter ist es, wenn wir in Strümpfen antreten und uns auf das Lineal stellen. Die Ferse beginnt bei der Null, vor dem Zehennagel der großen Zehe lese ich die Zentimeter ab.
Günther hat große Füße, fast 22 cm lang.

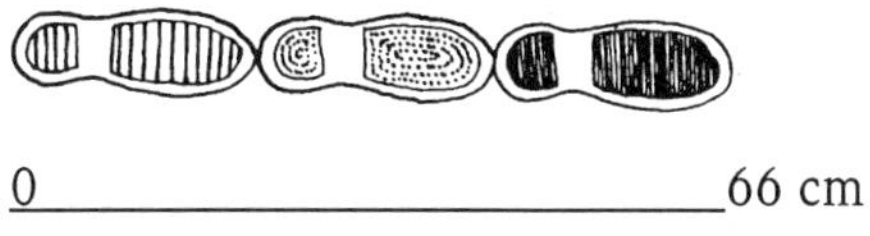


Fußlänge 22 cm
Dreifache Fußlänge 66 cm
Die Hälfte davon beträgt 33.
Die Schuhgröße ist dann 33.

Lustig wird es, wenn alle Kinder und auch die Lehrerin in Strümpfen durchs Klassenzimmer schleichen, damit jeder seine Fußlänge feststellen kann. Wie lange wäre die Fußschlange, wenn wir alle Füße hintereinander setzen könnten? Überschlagsrechnung: Bei 25 Kindern mit je 24 cm Fußlänge (Schuhgröße 36) und je zwei Füßen kämen genau zwölf Meter (12,00 m) zustande. Aber zuerst schätzen lassen!
Rechnung: Immer einige Kinder addieren ihre Fußlängen, anschließend werden diese Ergebnisse zusammengezählt. Wer hat am besten geschätzt? – Die Füße der Lehrerin nicht vergessen!
Bei dieser Handlungssituation handelt es sich nicht um einen Messvorgang mit der Maßeinheit *Fußlänge* wie in Kapitel 7.1 beschrieben; es geht hier um den Umgang mit Zentimetern und Metern.

**Kommaschreibweise: Das Komma trennt Meter und Zentimeter, Mark und Pfennige, Hektoliter und Liter.**

Bei der Schreibweise mit dem Komma müssen wir uns am Sprachgebrauch orientieren. Man fragt nach der Körpergröße und erfährt als Antwort eins dreiundzwanzig, genauer eins Komma dreiundzwanzig. Wer es wirklich richtig sagen will: ein Meter dreiundzwanzig. Nur wer pedantisch ist, möchte hören: eins Komma dreiundzwanzig Meter. Leider ist diese Genauigkeit nötig, damit unsere Kinder die Kommaschreibweise auch richtig anwenden und nicht die Benennung vergessen oder falsch anschreiben.

| Formen ohne Komma | Formen mit Komma | falsche Schreibweisen |
|---|---|---|
| 123 cm | 1,23 m | 1,23 cm |
| 1 m 23 cm | | |
| 1 m 3 cm | 1,03 cm | 13 m; 13 cm; 130 cm |
| 1 m 50 cm | 1,50 m (1,5 m) | 150 m |

Verwirrend ist, dass mit ein Meter acht gemeint ist: 1 m 8 cm,
aber mit der Redeweise eins Komma 8 Meter gemeint ist:
1,8 m = 1 m 80 cm

Nur exaktes Vorlesen der Kommazahlen garantiert die richtige Schreibweise. Wie wird nun die Funktion des Kommas dem Kind plausibel zu machen sein? Das Komma hat den Meter von seinem Platz verdrängt, dafür hat der Meter das Wort Zentimeter von seinem Platz verdrängt.

| | | | | |
|---|---|---|---|---|
| 1 m 23 cm | gesprochen: | Ein | Meter dreiundzwanzig | Zentimeter |
| 1,23 m | gesprochen: | eins | Komma dreiundzwanzig | Meter |
| | auch: | eins | Komma zwei drei | Meter |
| 1 DM 5 Pf | gesprochen: | Eine | Mark fünf | Pfennige |
| 1,05 DM | gesprochen: | Eins | Komma null fünf | DMark |

Um die Zuordnung der Hundertermaße mit etwas Spaß zu üben, bietet sich folgendes Zahlendiktat für die Kopfrechenphase am Anfang der Stunde an: Jedes Kind legt drei Doppelspalten im Heft an und versieht sie jeweils mit den Überschriften wie folgt

| m | , | cm | DM | , | Pf | hl | , | l |
|---|---|---|---|---|---|---|---|---|

Es können noch Sachsituationen unterlegt werden. Einmal handelt es sich um gefährliche Riesenschlangen, die hintereinander kriechen. Beim anderen Beispiel ist es eine Kassenrechnung und im dritten Fall wird das Wasser in die Regentonne geschüttet. Es soll überall addiert werden.
Ich diktiere aber etwas konfus: 2 Meter 25 Liter, dann 3 Mark 44 Zentimeter, weiter 6 hl 75 Pfennige, 5 Mark dreißig, 1 Komma 76 Meter, 5 Meter achtzig, 2 Hektoliter 85 Liter, 95 Pfennige, 90 Liter.

Das Durcheinander schreckt jedoch nicht. Wer richtig aufgeschrieben hat, bringt überall 10,00 heraus.

| m, | cm | DM, | Pf | hl, | l |
|---|---|---|---|---|---|
| 2, | 44 | 3, | 75 | 6, | 25 |
| 1, | 76 | 5, | 30 | 2, | 85 |
| +5, | 80 | +0, | 95 | +0, | 90 |
| 10, | 00 | 10, | 00 | 10, | 00 |

Es empfiehlt sich die Hundertermaße Meter und Mark und ggf. Hektoliter frühzeitig zu verwenden, auch schon im 2. Schuljahr. Sie müssen anschaulich gesichert sein, bevor der Tausenderaufbau und damit die Erweiterung des Stellenwertsystems beginnt. Die Stückelung der meisten Währungen in Hundertereinheiten und nicht in Tausendern kommt unserem Vorstellungsvermögen näher. Die Tausendereinheiten sind aus der Berechnung des Raumes entstanden und übersteigen damit oft unsere Vorstellungskraft.
Eine Kasse mit Markstücken, Zehn-Pfennig-Stücken und Pfennigstücken, die in drei nebeneinanderliegenden Spalten untergebracht sind, macht die Trennungsfunktion des Kommas deutlich. Aber auch die willkürliche Setzung des Kommas wird klar. Es wäre auch möglich, den Betrag von 5,24 DM so zu schreiben: 52,4 Zehner. Dann sind die Markstücke, die Hunderter abgeschafft, und wir müssen umständlich bis 52 zählen, bis der Betrag beisammen ist.

Eine Spielkasse mit drei Spalten — Eine Spielkasse mit zwei Spalten

| DM | Zehner | Pfennige | | Zehner | Pfennige |
|---|---|---|---|---|---|
| 1 | 3 | 2 | = | 13 | 2 |
| | 2 | | | 2 | |
| 6 | | | | 60 | |

**Eine Kasse mit drei Spalten**

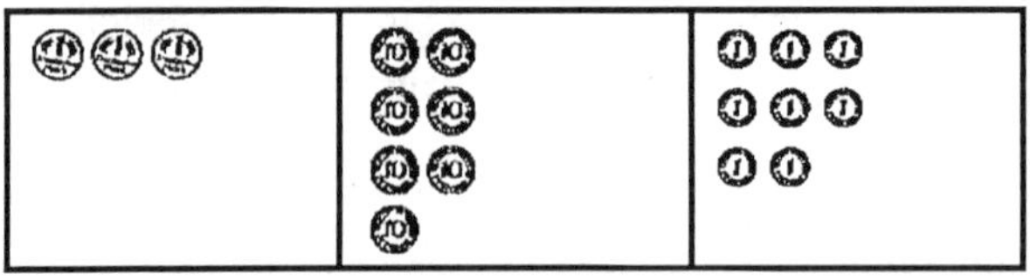

**3 Markstücke 7 Zehner 8 Pfennige**

**Eine Kasse mit nur 2 Spalten**

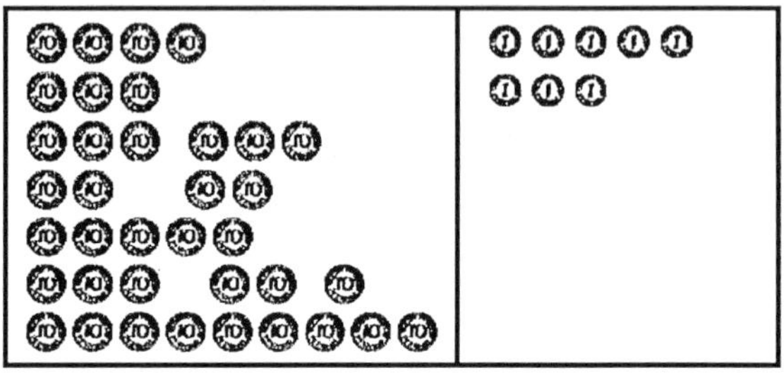

**37 Zehner 8 Pfennige**

## Die Spielgeldbank

Mit solchen Spielgeldkassen kann man die Bedeutung der Hunderterstückelung unseres Währungssystems erkennen. Die Kasse wird dazu häufig für konkrete Zahlungsvorgänge verwendet. Kinder bekommen wöchentlich einen Betrag von 10 DM Taschengeld ausbezahlt. Davon geben sie im Laufe der Woche Spielgeld aus für ein Lineal, das sie sich ausleihen möchten, für eine Vergesslichkeit. Dann müssen sie vorübergehend Leihgebühr an die Gemeinschaftskasse bezahlen. Nach dem Abliefern der vergessenen Sache wird das Pfandgeld wieder zurückgegeben – oder ein bestimmter Betrag einbehalten. – Wer hat dann am Ende der Woche am besten gewirtschaftet? Nachzählen bitte!
Beim Ein- und Auszahlen entstehen die Probleme des Wechselns, also des Überschreitens der Zehnerschwelle und der Hunderterschwelle.

## Immer noch Hektoliter?

Die Verwendung der Raummaßeinheit Hektoliter ist weitgehend auf Getränke, besonders Bier, beschränkt. Mit einigen hundert Litern Bier zu rechnen ist nicht sehr kindgemäß, deshalb suchen wie nach Behältern, die mit etlichen hundert Litern Flüssigkeit gefüllt werden können. Gab es nicht eine Königin, die jeden Morgen in Milch badete, um recht schön zu werden? Da haben wir ein passendes Gefäß: die Badewanne. Wie viele Liter passen wohl

hinein? Normalerweise macht man sich keine Gedanken darüber, denn man zieht den Stöpsel und lässt den Inhalt in das Abwasserrohr sausen. Wenn aber der Abfluss einmal verstopft ist? Da heißt es wohl ganz schön schöpfen.
Zum Messen eignet sich allerdings besser das Hineingießen. Etwa 250 Liter braucht man, dann läuft die Wanne aber noch längst nicht über. Wenn 25 Kinder der Klasse je einen 10-l-Eimer hineingießen könnten, wären zweieinhalb Hektoliter eingefüllt. Ob die Märchenkönigin mit diesem Milchsee zufrieden gewesen wäre?
Es gibt auch hochgezogene Duschwannen von der Größe 80 cm x 80 cm x 25 cm. Mit Dezimeterwürfeln kann man in der Vorstellung die Wanne vollpacken. (Vgl. dazu S. 200 f.)
Ein Dezimeterwürfel = 1 l; 8 · 8 l = 64 l
Zwei „Lagen“ Würfel übereinander ergäbe die Rechnung: 64 l + 64 l = 128 l
Wer dann die restlichen 5 cm auch noch auffüllt, gießt noch 32 l dazu und bringt die Duschwanne zum Überlaufen. 64 l + 64 l + 32 l = 160 l
Günstig zum Plantschen und Rechnen ist natürlich ein Wasserbecken im Garten, ein kleines Kinderbecken oder auch die Wassertonne.

**Handlungseinheit: Wie viel Wasser passt in eine runde Wassertonne?**

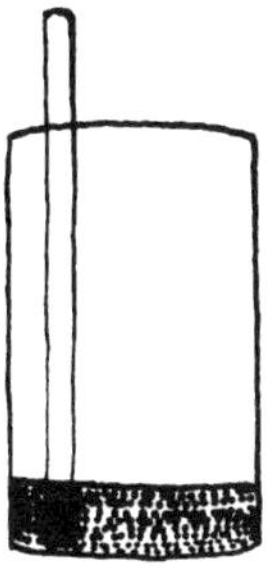

Wenn ich fünf Gießkannen mit je 8 l Wasser in eine leere Regentonne geschüttet habe, steht das Wasser ...cm hoch. Am Messstab kann ich diesen Wasserstand leicht messen.

Nun zeichne auf den Messstab, wie oft man fünf Gießkannen mit 8 l hineingießen kann!

Durch das Übertragen des gemessenen Wasserstandes auf den Stab kann mit geringstem Rechenaufwand bestimmt werden, wie viele Gießkannen man hineingießen kann, bis die Tonne überläuft.
Beispielsweise ergibt sich die Lösung:
Ich kann 7 mal 5 Gießkannen hineingießen. 7 · 5 = 35 Das sind 35 Gießkannen
Ich kann 35 mal 8 Liter eingießen. 35 · 8 l = 280 l Das sind 2 hl 80 l

1. Variation:
Wir gießen genau 100 l in die Wassertonne.
Wie hoch steht das Wasser? Passen auch 2 Hektoliter hinein?

2. Variation – nur für den Hochsommer:
Wir messen den Wasserstand, z. B. 80 cm.
Nun steigt Bastian in der Badehose vorsichtig in das warme Wasser. Der Wasserstand steigt um ______ cm.
Als Bastian wieder draußen ist, gießen wir so viel Wasser nach, dass der gleiche Wasserstand erreicht ist wie vorhin. – So viel Wasser hat Bastian verdrängt. Die Wassertonne ist für solche Versuche weitaus besser geeignet als die Badewanne, da diese keine senkrechten Wände hat. Dass die Tonne rund ist, stört uns nicht, da wir ja keine Raumberechnung durchführen, wir vergleichen nur Wasserhöhe und Wassermenge. Dabei wird auf Umweltgesichtspunkte hingewiesen: Die Badewanne nicht zu oft verwenden, das Regenwasser sammeln, um wertvolles Trinkwasser zu sparen.

## 7.4 Tausendermaße und Stellenwertsysteme

### Längenmaße erschließen den Zahlenraum

Die Erweiterung des Zahlenraumes über 100 hinaus kann mit der Darstellung des Tausenderwürfels eingeführt werden. Dem Messen der Länge mit der Einheit „zehn“ folgt das kindgemäße Erfahren der Fläche mit der Einheit „hundert“. Die Zehner liegen linear nebeneinander wie die Finger auf dem Tisch oder die Zentimeter auf dem Lineal. Hunderter kennen wir von der Hundertertafel oder vom Hunderterfeld als anschaulich gemachte Größeneinheit. Konsequenterweise folgt nun das Erfassen eines Körpers mit der Einheit „tausend“. Unser dekadisches Zahlensystem geht dabei rasch zu unübersichtlichen Mengen, denn bereits die Zehn ist nicht mehr simultan, also auf einen Blick erfassbar. Wenn jemand bei hundert Gegenständen einige weggemogelt hat, ist dies nicht so schnell festzustellen – und erst bei der Tausend! Liegt allerdings eine genaue Ordnung vor, bestehen die Zehner aus gleichgroßen Quadraten und sind sie zehn mal zehn angeordnet, so fällt sofort auf, wenn eines fehlt. Bei der Maßeinheit „tausend“ gelingt diese Kontrolle nicht mehr, wir müssen sie in ihre Unterordnungen strukturieren und die überschaubaren zehn Hunderter erst nebeneinander, dann aufeinander legen. So entsteht der Tausender als Würfel, bei dem sich algebraische und geometrische Schreibweise bzw. Darstellung entsprechen.

| Algebraisch (rechnerisch) | Geometrisch (räumlich-anschaulich) | |
|---|---|---|
| $10 \cdot 10 \cdot 10 = 10^3 = 1000$ | 10 Einheiten lang, | 10 |
| | 10 Einheiten breit, | $10 \cdot 10 = 100$ |
| | 10 Einheiten hoch, | $100 \cdot 10 = 1000$ |
| | = 1000 Einheiten | |

Dieser Aufbau soll nicht als Raumberechnung verstanden werden, sondern als Zusammenfassung kleinerer Maßeinheiten zu größeren auf der Basis unseres dekadischen Zahlensystems.

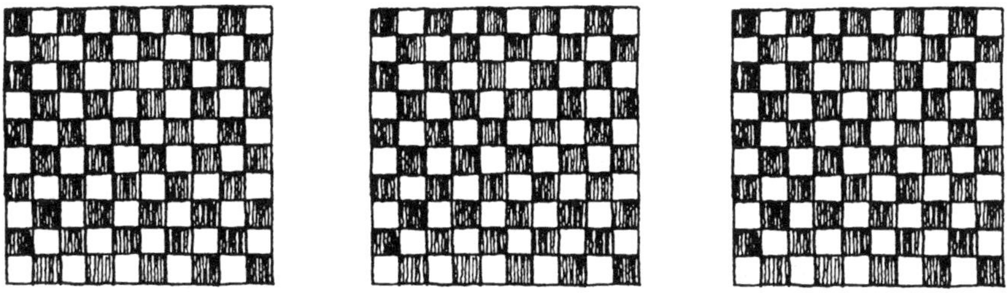

Aus den Hundertern wird der Tausender entwickelt.
Eine Hunderterplatte ist aus 100 Zentimeterwürfeln zusammengesetzt. Zehn dieser Hunderterplatten ergeben einen Tausender. Man kann sie auch aufeinanderlegen, dann entsteht ein Würfel, ein Tausenderwürfel.

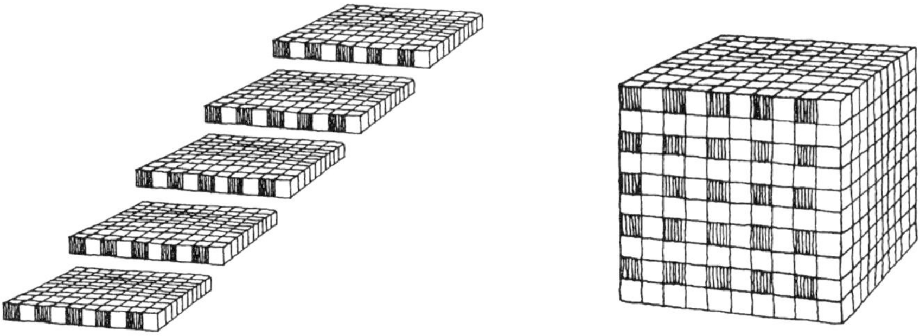

Somit sind die Längen-, Flächen- und Raummaße gewissermaßen die Geburtshelfer unseres Zahlensystems, die anschaulich von einer Dimension in die nächste führen.

| Zehnermaße | Hundertermaße | Tausendermaße |
|---|---|---|
| Länge | Feld (Fläche) | Würfel (Raum) |
| 10 mm ______ 1 cm | 100 mm □ = 1 cm □ | 1000 mm ❒ = 1 cm ❒ |
| 10 cm ______ 1 dm | 100 cm □ = 1 dm □ | 1000 cm ❒ = 1 dm ❒ |
| 10 dm ______ 1 m | 100 dm □ = 1 m □ | 1000 dm ❒ = 1 m ❒ |

Werden nun die tausend Einheiten des Tausenderwürfels tatsächlich nebeneinandergelegt, dann ist der räumlich entstandene Tausender umfunktioniert zur Längenmessung. Wir verwenden ja nur jeweils eine Würfelkante und setzen gewissermaßen die 1000 Würfelkanten nebeneinander. Hier ergibt sich allerdings ein Problem:

Üblicherweise verwenden wir Steckwürfelchen von der Größe eines $cm^3$ (Kubikzentimeters).

❐❐❐❐❐❐❐❐❐❐ Ohne Zwischenraum aneinandergesteckt entsteht aus zehn Einern eine Dezimeterstange, aus zehn Dezimeterstangen entsteht eine Dezimeterplatte (siehe oben). Die 1000 Zentimeterwürfelchen (cm ❐) nebeneinander ergeben aber die Kantenlänge von 10 m. Dies ist keine gängige Längeneinheit. Ich müsste schon Millimeterwürfelchen zum Zentimeterwürfel zusammenfügen. Wenn ich diese alle nebeneinanderlege, entsteht die Längeneinheit „Meter". Unsere meistverwendete Längeneinheit Zentimeter gehört eben – wie es der Name „centi" schon ausdrückt – zu den Hundertermaßen. Daher offenbaren sich hier auch die Probleme beim Umrechnen. Für den Lehrplanaufbau ist daher zu empfehlen, lange Zeit eine strikte Trennung einzuhalten:

| | | |
|---|---|---|
| 2./3. Schuljahr | | |
| Zahlenraum bis 1000 | Hundertermaße | Meter und Zentimeter |
| 3./4. Schuljahr | | |
| Zahlenraum über 1000 | Tausendermaße | Meter und Millimeter |
| 4. Schuljahr | | |
| Zahlenraum bis zur Million | Tausendermaße | Kilometer-Meter-Millimeter |

Der andere Weg, den Tausender über Geldscheine zu definieren, weil es eben für zehn Hunderter einen Tausender gibt, ist naheliegend, dennoch nicht kindgemäß wegen des Geldwertes. Er zeigt auch nicht auf, warum gerade der Tausender eine neue Einheit bildet. Auch ist das Handeln mit Geldscheinen dieser Größe nicht kindgemäß, selbst wenn es sich um „Spielgeld" handelt.

## Der Tausend-Gramm-Würfel, das Kilogramm

Der Königsweg, die Zahlsysteme und die Maßeinheiten mit Tausend zu verbinden, ist die Verwendung des Gewichtes. Der Kubikzentimeter, der genau ein Gramm wiegt, wird zum Aufbau des Dezimeterwürfels verwendet. Dieser Tausenderwürfel ist dann ein Kilowürfel, das heißt auch, dass „kilo" nichts anderes bedeutet als „tausend".

Zur Veranschaulichung kann ich den Gewichtstausender, das Kilogramm, in einem Tausenderfeld von Gramm-Gewichten darstellen:

Hier siehst du ein halbes Kilogramm in Gramm-Gewichten. Umfahre das gewogene Gewicht.

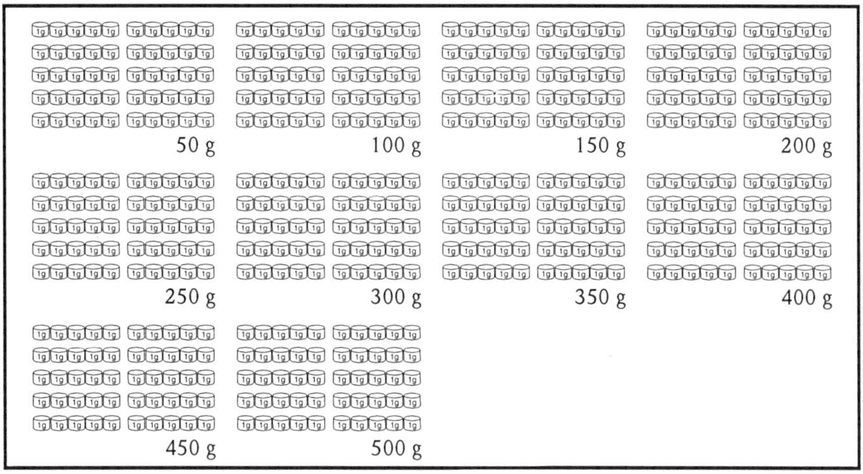


Das Umfahren der Grammsymbole für 160 g macht das Gewicht deutlich und den Gewichtsvergleich anschaulich. Diese 160 g können auch mit 160 Rechenheftquadraten verdeutlicht werden, wobei nun auf jedem „Kästchen" im Rechenheft ein Ein-Gramm-Gewicht steht.

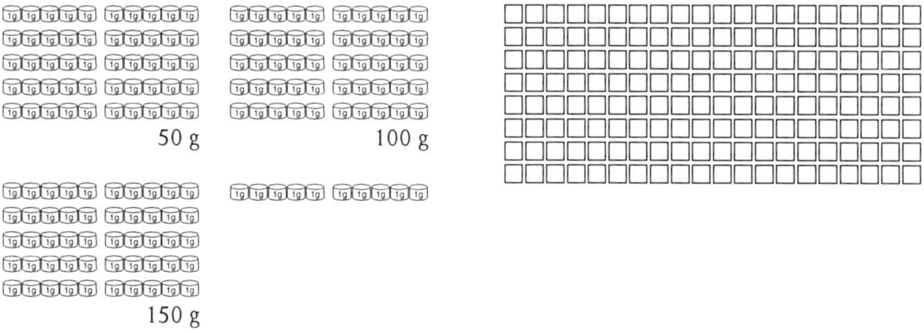


In der Vorstellung lässt sich aus Dezimeterwürfeln mit dem Gewicht ein Kilogramm ein stattlicher Meterwürfel aufbauen, der so eine Tonne wiegt. Ist dem Kind geläufig, dass ein Dezimeterwürfel Wasser ein Kilogramm wiegt, so kann man für die verschiedensten Wannen, Wasserbecken, Gefäße und Regentonnen leicht das Gewicht bestimmen, wenn sie voll Wasser gelaufen sind. Wir vergleichen mit den Hektolitern, deren Wassergewicht früher als Doppelzentner geläufig war, heutzutage aber oft „Dezitonne" genannt wird.
Ohne das Spezifische Gewicht dem Physikunterrricht vorwegnehmen zu wollen, können wir auch mit dem Grundschulkind verschiedene bekannte Flüssigkeiten wiegen und feststellen, wie schwer ein halber oder ganzer Liter Salatöl, Schokoladenpudding oder Tomatenketchup ist.

## Ungewöhnliche Gewichtseinheiten

Bevor man die Ableitung des Kilogramms vom Gewicht eines Liter Wassers im Unterricht durchgeführt hat, gibt es Anlässe, Gewichtsvergleiche anzustellen. Dies ist durchaus ohne Gramm und Kilogramm möglich. Man braucht nur eine große Anzahl gleich schwerer Gegenstände, die leicht zu beschaffen und zu handhaben sind. Als gut verwendbar erweisen sich Nägel, im Fachhandel als Drahtstifte bezeichnet und als Kiloware verkauft.

**Handlungssituation: Nägel als Gewichte**

Ein solcher Drahtstift von 30 mm Durchmesser und 80 mm Länge wiegt etwa fünf Gramm, eine recht griffige Größenordnung. Legt man einen großen Apfel auf die Waagschale, bringt er etwa 35 oder 40 Nägelgewichte (Ng), ein kleinerer Apfel dagegen nur 25 Ng. Fertig ist die Rechnung für die zweite Klasse! Eine kleine Tomate wiegt vielleicht 17 Ng und fünf Stück 90 Ng.
Drahtstifte eignen sich auch gut zum Bündeln in Zehnerbündel: ein Gummiring herumgespannt und die Bündelung ist vollzogen. Eine einfache Balkenwaage aus Holz, wie sie im Fachhandel für Arbeitsmittel angeboten wird, dient zur Ausführung des Gewichtsvergleiches. (Siehe S. 205)

Mit der Wahl dieser Gewichtseinheiten kann ich geläufige Mengen wiegen, ohne den Hunderter zu überschreiten. Außerdem hat sich auch die Feinheit des Gewichtes Gramm als zu empfindlich erwiesen, wodurch lange ausprobiert werden muss, ob der gewogene Gegenstand nun ein Gramm mehr oder weniger schwer ist. Das Wiegen mit etwas größeren Gewichtseinheiten dagegen ist schneller vollzogen, da etwas ungenauer und dadurch einfacher.

> Mögliche Gewichtseinheiten:
> Drahtstifte, Schrauben, Muttern,
> Tafelkreiden, Füllerpatronen, Briefkarten
> Tennisbälle, Trinkgläser ...

In einer rege mitdenkenden Klasse sollte die Frage auftauchen, ob alle Tennisbälle gleich schwer sind. Dieses Justieren der Maßeinheit ist ein Experiment mit grundlegender Einsicht: Ein Kind legt drei Bälle auf die linke, drei Bälle auf die rechte Waagschale. Jeder Ball bekommt seinen Namen, A, B, C liegen links, D, E, F liegen rechts. Ändert sich etwas, wenn ich nun A mit einem anderen Ball G vertausche?
Wenn ich sechs Trinkgläser als Gewichte verwenden will, erscheint es sehr fraglich, ob sie wirklich alle gleich schwer sind. In jedes Glas kann ich einen gleich großen Zettel stecken, auf dem der Name verzeichnet ist. In einer Darstellung der Relationen notiere ich die Ergebnisse des Gewichtsvergleiches.

Gewichtsvergleich: Sind alle Gläser gleich schwer?
Ich vergleiche jedes Glas mit jedem Glas:

Glas 1 ist so schwer wie Glas 2.
Glas 2 ist so schwer wie Glas 3.
also: Glas 3 ist so schwer wie Glas 1.
Glas 4 ist leichter als Glas 3.
also: Glas 4 ist auch ...

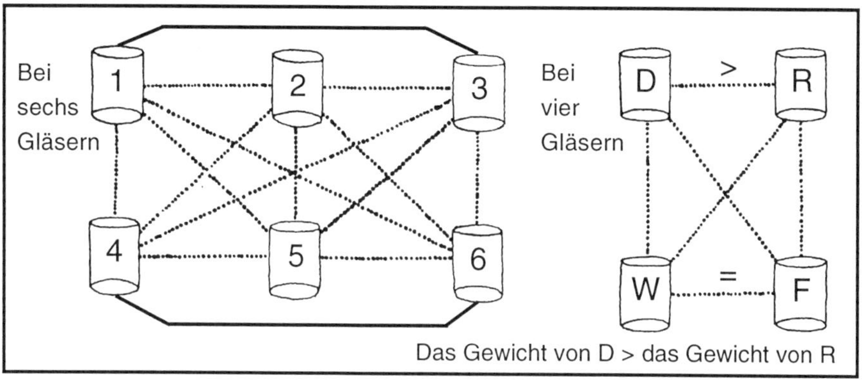


**Tausendermaße in der Grundschule**

Verwirrend für die Kinder ist, dass die *Wortableitung* verschieden vorgenommen wird:
Bei den Längenmaßen wird der *Meter als Ausgangsgröße* gesetzt und dann in zehn, hundert oder tausend gleich große Einheiten geteilt. So entstehen Dezi-, Zenti-, Milli-Meter. Der Meter wird dann zur größeren Einheit Kilo-Meter aufgebaut.
Bei den Gewichten wird die Wortableitung von der kleinen *Einheit Gramm* aus durchgeführt. Auch hier gibt es Milligramm; Grundschulkinder haben dies sicher schon gehört, doch ist die Menge unvorstellbar klein. Es wird also das Kilogramm als Tausender des Gramms verstanden und danach die Tonne als ein tausend-Tausender, also eine Million. Die sprachliche Entsprechung sieht folgendermaßen aus:

| | | | |
|---|---|---|---|
| Millimeter | **Meter** | Kilometer | |
| | **Gramm** | Kilogramm | Tonne |

Die physikalisch-metrische Ableitung aber wird ganz anders vorgenommen:

<table>
<tr><td>Millimeter</td><td>Zentimeter</td><td>Dezimeter</td><td>Meter</td><td>(10 Meter)</td><td>(100 Meter)</td><td>Kilometer</td></tr>
<tr><td colspan="7">Daraus abgeleitete Gewichtseinheiten für das spezifische Gewicht von Wasser:</td></tr>
<tr><td></td><td colspan="2">Zentimeterwürfel</td><td colspan="2">Dezimeterwürfel</td><td colspan="2">Meterwürfel</td></tr>
<tr><td>Milligramm</td><td colspan="2">Gramm</td><td colspan="2">Kilogramm</td><td colspan="2">Tonne</td></tr>
</table>

Vielleicht ist dieser Zusammenhang die Begründung dafür, dass bei den Maßeinheiten trotz vielfältiger Übungsformen manche Kinder nur einen geringen Lernerfolg aufweisen. Wir muten dem Grundschulkind zu, Längenmaße mit der Umrechnung zehn neben Raummaße (Gewichte) mit der Umrechnungszahl tausend zu setzen. Daher sind wir aufgerufen, immer wieder durch die entsprechende Anschauung die Bezüge zwischen den Größen herzustellen.

Lineal, Messband, Zollstock, Literbecher, Gießkanne, Badewanne, Küchenwaage, Personenwaage, Briefwaage, Kaufmannswaage sind Hilfsmittel, die immer wieder zu befragen sind, wenn es um Größenangaben geht. Danach erst können wir zu den Größen vordringen, die nur in der Vorstellung zu bearbeiten sind, nämlich Kilometer und Tonnen.

| Name | Datum | AB 33 |
|---|---|---|

## Millimetergenau (Zahlenraum über 1000)

1 Die Wand hinter dem Waschbecken im Klassenzimmer wird neu gefliest. Sechs Fliesen von je 15 cm Seitenlänge werden nebeneinander in eine Reihe gelegt.
Der Abstand zwischen den Fliesen beträgt 2 mm.

a) *Wie breit wird das geflieste Wandstück?*
b) *Wie viele Fliesen werden insgesamt benötigt, wenn die Wand 1m 670 mm hoch gefliest wird?*

2 Ein Blatt DIN A 4 Papier ist genau 297 mm lang und 210 mm breit. Petra möchte fünf Blätter dieser Größe nebeneinander an die Pinnwand heften.

a) *Wie viel Platz brauchen die fünf Blätter, wenn sie quer aufgehängt werden?*
b) *Wie viel Platz brauchen die fünf Blätter, wenn sie längs aufgehängt werden?*

3 Große Zeichenblöcke haben die Größe DIN A 3. Sie sind 420 mm lang und 297 mm breit. Beim Heraustrennen des Blattes bleiben aber links und rechts je 10 mm fest am Block.

a) *Wie lang ist die Blattreihe, wenn man zehn Blätter nebeneinander an die Wand heftet?*
*Es sollen alle Blätter mit der Längsseite aneinanderstoßen.*
b) *Wie lang ist die Blattreihe, wenn alle zehn Blätter mit der Schmalseite nebeneinander geheftet werden?*

4

Ich habe ein schönes Urlaubsbild mit einer Eidechse in der Mitte vergrößern lassen. Es ist nun 45 cm hoch und 306 mm breit. Außen herum schneide ich so viel ab, dass das Bild in einen Rahmen von 20 cm Breite und 30 cm Höhe passt. So ist die Eidechse noch gut zu sehen.
*Wie viele Millimeter muss ich an allen vier Seiten abschneiden?*

Lösungen: 4000 / 2880 / 2580 / 2970 / 1485 / 1050 / 910 / 75 / 66 / 53

| Name | Datum | **AB 34** |
|---|---|---|

## **Kilometerweit** (Zahlenraum über 1000 km)

**1** Eine Runde auf dem Sportplatz ist 400 m lang.
a) *Wie viele Runden müssen die Drittklässer zurücklegen, wenn sie einen 800-m-Lauf machen?*
b) *Wie viele Runden muss ein 3000-m-Läufer zurücklegen?*
c) *Wie viele Runden muss ein 10000-m-Läufer zurücklegen?*

**2** Der Marathonlauf ist der längste Lauf bei den Olympischen Spielen. Er geht über 42 km 200 m.
a) *Wie viele Meter sind das?*
b) *Wie viele Runden im Stadion müsste ein Sportler laufen, bis er die Strecke zurückgelegt hat?*

**3** Der Fußball rollt von einem Tor auf dem Fußballfeld zum anderen Tor 110 m weit. Bei einer Umdrehung schafft er 65 cm.
a) *Wie oft muss er sich drehen, bis er von einem Tor zum anderen gerollt ist?*
b) *Wie oft dreht er sich, bis er einen Kilometer weit gerollt ist?*

**4** Fahrradrennen auf der Aschenbahn – gibt es das? Beim Sportclub Neusteig dürfen Kinder und Jugendliche mit dem Mountain-Bike ihre Runden um den Fußballplatz drehen. Auf dem Tacho von Michael war vor dem Rennen 148,7 km, nach dem Rennen 176,3 km zu lesen. Die Zahlen hinter dem Komma bedeuten immer 100 m.
*Berechne die gefahrene Strecke. Schreibe dabei die beiden Zahlen in Metern auf.*

**5** Zweimal wöchentlich fährt Gerd zum Fußballtraining. Heute schaut er auf seinen Tacho. Als Gerd zu Hause wegfährt, zeigt der Tacho 207,8 km. Am Fußballplatz zeigt der Tacho 210,1 km.
*Wie viele Kilometer legt Gerd im Jahr (40 Wochen) zurück?*

Lösungszahlen: 2 / $7\frac{1}{2}$ / 25 / $105\frac{1}{2}$ / 169 / 368 / 1538 / 27600 / 42200

| Name | Datum | **AB 35** |
|---|---|---|

## Schwere Brocken ⊕ ⊖ ⊙ ZE ⊙⊙⊙ (Zahlenraum bis 1.000.000)

(1) Weißt du, warum ein Kamel nicht Aufzug fahren darf? – Nimm den Spiegel und lies.

Weil der Personenaufzug für vier Personen nur 300 kg trägt und das Kamel 550 kg wiegt.

*Um wie viele Kilogramm ist das Kamel zu schwer?*

(2) Für das Gewicht eines Erwachsenen rechnet man normalerweise 75 kg. Daher dürfen 4 Personen in einem normalen Aufzug fahren. Hier findest du Schwergewichte und Leichtgewichte unter den Tieren.

Strauß 140 kg, Adler 6 kg, Gorilla 250 kg.

a) *Wie viele von jeder Art dürfen in einem Aufzug fahren? Stell dir das vor.*

b) *Du kannst auch verschiedene Tiere in den Aufzug sperren. Rechnen kannst du schon, aber in Wirklichkeit gibt es Probleme.*

(3) Wer ist schwerer als eine Schulklasse? Die Klasse 3 b wiegt mit Lehrerin 782 kg. Ein Krokodil wiegt 900 kg, ein Walross 1 t 200 kg, eine Giraffe 1 t 800 kg, ein afrikanischer Elefant 6 t, ein weißer Hai 3 t, ein Blauwalbaby 7 t.

*Rechne den Unterschied zum Gewicht der Schulklasse aus.*

(4) Ein Personenwagen hat ein Leergewicht von 1 t und 75 kg, ein zulässiges Gesamtgewicht von 1568 kg. Jetzt steigen ein: Herr Mops mit 88 kg, Frau Zierlich mit 57 kg, Monika mit 48 kg, der kleine Dirk mit 22 kg und Fips mit 18 kg.

*Wie viel Gewicht darf noch in den Kofferraum geladen werden?*

Lösungszahlen:
1 / 1 / 2 / 2 / 4 / 7 / 30 / 33 / 50 / 75 / 118 / 250 / 260 / 418 / 1018 / 2118 / 5118 / 6118 / kg / kg / kg / kg / kg / kg / kg / kg

### Kraftfahrzeugschein

Schlüsselnummern

| | | |
|---|---|---|
| zu 1 010226 | zu 2 0603 | zu 3 36100B7 |
| 1 | PKW GESCHLOSSEN S-ARM EURO 2, G:92/97 | |
| 2 | VOLKSWAGEN-VW | |
| 3 | 3B | |
| 4 Fahrzeug-Ident.-Nr. | WVWZZZ3BZWE247285 | 0 |
| 5 | DIESEL-D 22 | 6 Höchstgeschwindigkeit km/h 190 |
| 7 Leistung kW bei min⁻¹ | K081/04150 | |
| 8 Hubraum cm³ | 01896 | |
| 9 Nutz- oder Aufliegelast kg | – | 10 Rauminhalt des Tanks m³ – |
| 11 Steh-/Liegeplätze | – | 12 Sitzplätze einschl. Führerpl. u. Notsitze 005 |
| 13 Maße über alles mm | L 04669 | B 1740 H 1466 |
| 14 Leergewicht kg | 01415 | 15 Zul. Gesamtgewicht kg 001890 |

| | | |
|---|---|---|
| 16 Zul. Achslast kg | v 00990 m – | h 01030 |
| 17 Räder u./od. Gleisketten 1 | 18 Zahl d. Achsen 02 | 19 davon angetriebene Achsen 1 |
| 20 Größenbezeichnung der Bereifung vorn | 195/65R15 91H | |
| 21 mitten u. hinten | 195/65R15 91H | |
| 22 od. vorn | 205/60R15 91H | |
| 23 mitten u. hinten | 205/60R15 91H | |
| Überdruck am Bremsanschluß | 24 Einleitungsbremse – bar | 25 Zweileitungsbremse – bar |
| 26 Anhängerkupplung DIN740, Form u. Größe | – | |
| 27 Anhängerkupplung Prüfzeichen | E1300-0325 | |
| 28 Anhängelast kg bei Anhänger mit Bremse | 01500 | 29 bei Anhänger ohne Bremse 0650 |
| 30 Standgeräusch dB (A) | 78 | 31 Fahrgeräusch dB (A) 72 |
| 32 Tag der ersten Zulassung | 26.01.98 | |
| 33 Bemerkungen | FARBE: 5 / | |

ZIFF.13:LANG BIS 4766,HOCH BIS 1496 U.ZIFF.14:BIS 1557
JE NACH AUSR.*ZIFF.15:+70 BANH-BETRIEB*ZIFF.20 U.21 A.
FELGE 6JX15H2,ET 45MM*ZIFF.22 U.23 A.FELGE 7JX15H2,ET
45MM*ZIFF.20 BIS 23 AUCH GEN.:205/55R16 91H A.FELGE
7JX16H2,ET 45MM*ZIFF.27 GEN.:E1 00-0246 OD.E1 00-
0255 FALLS WERKSEITIG MON- TIERT*ZIFF.28:1700 BIS 8%
STEIG.*

SCHADSTOFFARM AB 26.01.98*

Lass dir von deinen Eltern euren Fahrzeugschein zeigen und stelle fest:

- wie schwer euer Auto ist.
- wie viel geladen werden darf.
- wie lang euer Auto ist.
- wie breit euer Auto ist.

## 7.5 Zeit – Entfernung – Geschwindigkeit

### Zeitpunkt und Zeitspanne

In jedem Klassenzimmer der Grundschule sollte eine Uhr hängen, die einen großen Zeiger für die Minuten und einen kleineren, dicken für die Stunden besitzt. Ein Sekundenzeiger ist für manche Spiele vorteilhaft. Eine digitale Zeitanzeige nützt uns nichts, weil bei ihr die Vorstellung von der Ausdehnung der Stunde, der Zeitdauer also, verloren geht. Natürlich sollte die Uhr auch von der Wand abgenommen werden können, die Zeiger muss man einzeln drehen können, um die Uhr entsprechend zu stellen und zu verstellen. Im ersten und zweiten Schuljahr kann anfänglich eine Uhr verwendet werden, die nur einen Minutenzeiger hat, daneben eine Uhr, die nur einen Stundenzeiger besitzt.

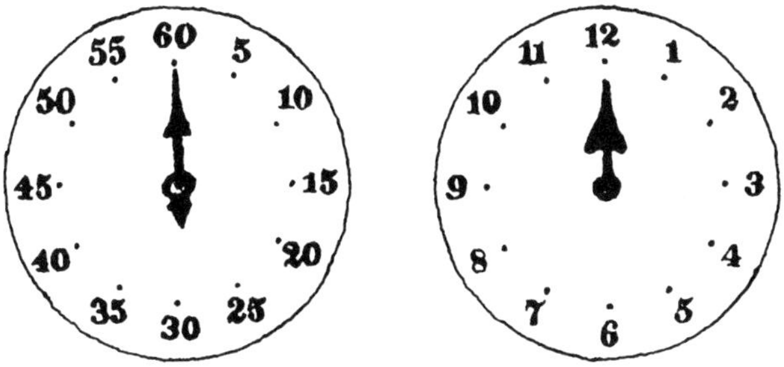


Eine Uhr mit Minutenzeiger Eine Uhr mit Stundenzeiger

**Handlungssituation: „Wie die Minuten verstreichen“**

Um zu veranschaulichen, wie schnell der Minutenzeiger rast, kann er mit einem Trinkhalm verlängert werden. Hinter die Uhr wird an die Wand ein Papier befestigt, auf das geschrieben werden kann. Wir setzen uns am besten alle vor die Uhr und betrachten nun den Zeiger, wie er losrast. Man kann tatsächlich seine Bewegung erkennen. Der Start kann bei der 12 liegen, also bei der vollen Stunde. Am Ende des Trinkhalmes setze ich einen Punkt an die Wand. Kaum aber bin ich mit dem Ausmalen des Punktes fertig, stimmt er nicht mehr ganz genau. Vielleicht zeichne ich den zweiten Punkt, wenn der Zeiger fünf oder zehn Minuten gelaufen ist. Den Weg, den er zurückgelegt hat, zeige ich mit der Hand zwischen Daumen und Zeigefinger. Dabei lasse ich allerdings vorläufig die Krümmung außer Acht, aber das Stück Weg ist ersichtlich. Mit einem Gummiring lässt sich weiter verdeutlichen, wie groß eine Handspanne ist. Zwischen Zeigefinger und Daumen kann man die Zeitspanne von der Wand in die Hand nehmen und weitertragen.

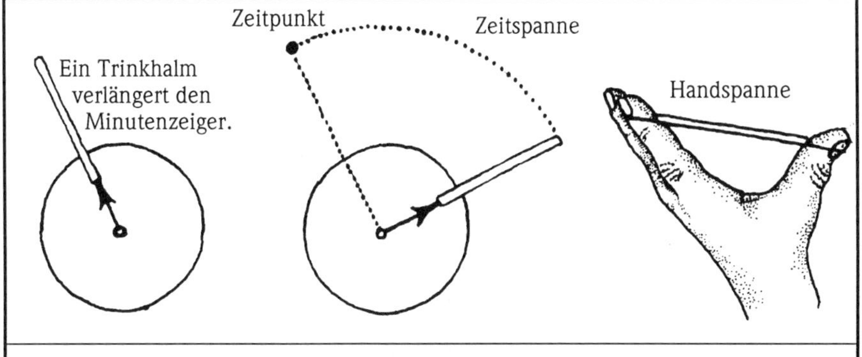


Zeitpunkte werden als Punkte markiert, Zeitspannen werden durch Linien dargestellt.

In Uhrenabbildungen werden nun die verstrichenen Minuten von 11.55 Uhr bis 12.10 Uhr oder von 10.00 Uhr bis 10.15 Uhr eingezeichnet. Das Anmalen des vom Minutenzeiger überstrichenen Uhrenrandes verdeutlicht das Verstreichen der Zeit.
Zeitpunkte sind auf der Uhr für jede Minute schon aufgemalt wie z. B. 1.12 Uhr oder 3.15 Uhr.

Die Zeitdauer ist als zurückgelegter Weg zu erkennen.

Falls eine stabile Lernuhr zur Verfügung steht, die nicht selbst geht, an der aber Minuten- und Stundenzeiger manuell bewegt werden können, kann man ein kleines, farbig getränktes Schwämmchen an das Ende des Zeigers stecken. Auf das Zifferblatt dahinter wird eine Papierscheibe unterlegt. Der bewegte Minutenzeiger wischt über das Papier und hinterlässt seine gekrümmte Minutenspur.
Nebenher ergibt sich die Betrachtung, dass die Spur der Zeigerspitze „ein Stück Kreis" ist und keine gerade Linie. Damit haben wir als Nebenziel eine geometrische Grundeinsicht gewonnen, die wir nicht außer Acht lassen und gut verbalisieren. – Gibt es auch geradlinig angezeigte Zeitspannen? Ein tropfender Wasserhahn, Negativbeispiel für Umweltbewusstsein, füllt ein schmales Trinkglas oder ein Reagenzglas ganz gleichmäßig. Die fallenden Tropfen ticken wie ein Metronom oder wie der Sekundenschlag einer Wanduhr. Rascher geht das Messen der Zeitspanne unabhängig vom Zeitpunkt mit der Sanduhr, die unsere Kinder vielleicht als Eieruhr kennen. Auch die Sanduhr in der Sauna zeigt die Zeitspanne in Minuten auf einer geraden Linie von unten nach oben an.
Eine Anregung: Eine solche Sanduhr, die ganz geräuschlos geht, könnte uns im Unterricht bei Stillarbeitsphasen begleiten, wenn wir fünf Minuten oder eine Viertelstunde Zeit bekommen. Natürlich tut es auch der Küchenwecker, den man für eine beliebige Minutenanzahl aufzieht und der dann durchdringend klingelt. Leiser aber ist die Sanduhr.

**Handlungssituation: Wir falten den Stundenkuchen**

Diese etwas seltsame Ankündigung regt bei meinen Kindern sofort die Fantasie an. Wenn genügend runde Papier- und Kartonscheiben zur Verfügung stehen, kann man darin das unbeschriftete Zifferblatt einer Uhr, aber auch einen runden Kuchen sehen. Diese ganze Stunde lässt sich trefflich in zwei Hälften oder in vier gleiche Teile falten. Beim Kuchen wären die Stücke noch kleiner, für die Uhr genügt es uns so. Die Dauer der Pause oder einer Unterrichtsstunde sind willkommene Zeitspannen, bei denen die Kinder ganz von selbst auf die Begriffe halbe Stunde, Viertelstunde oder drei Viertelstunden kommen. Schließlich ist die Unterrichtsstunde dreimal so lange wie die Viertelstundenpause. Kartonzifferblätter können nun verschieden bemalt und ausgestellt werden. Danach ergibt sich noch die Umrechnung auf die 60 Minuten einer „Zeit"stunde. Vergessen wir auch nicht, dass eine Unterrichtsstunde keine Stunde dauert und für die Kinder die Klärung der Begriffe nötig ist!

15 Minuten 30 Minuten 45 Minuten 60 Minuten

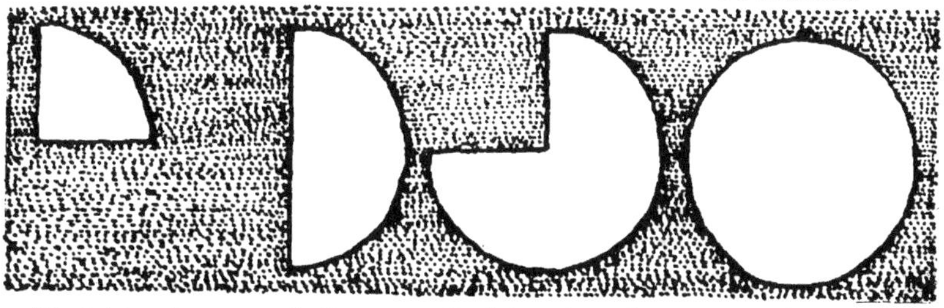

Viertelstunde halbe Dreiviertelstunde ganze Stunde

## Stunden und Minuten und das Einmaleins mit 60

| So sprechen wir: | So rechnen wir: | So viele Minuten: |
|---|---|---|
| eine halbe Stunde | 30 Minuten | 30 Min. |
| zweieinhalb Stunden | 60 Minuten + 60 Minuten + 30 Minuten | 150 Min. |
| drei Stunden und eine Viertelstunde | 60 Minuten · 3 + 15 Minuten | 195 Min. |
| viereinhalb Stunden | | |
| zwei Stunden und eine Dreiviertelstunde | | |
| 5 Stunden 33 Minuten | | |
| | | 200 Min. |
| | | 300 Min. |
| | | 390 Min. |

## Eine Million Sekunden Ferien

Am letzten Tag vor den Osterferien verkünde ich meinen Viertklässern: „Kinder, ihr bekommt eine Million Sekunden Ferien!" (evtl. auf die jeweilige Ferienlänge umrechnen)

Frage: *Reichen sie für die Osterferien?*

Vermutung: Ich sage, die Osterferien sind nicht so lang. Ja ◯ Nein ◯
Ich sage, die Osterferien sind ungefähr so lang. Ja ◯ Nein ◯
Ich sage, die Osterferien sind länger. Ja ◯ Nein ◯

Die Osterferien dauern vom Freitag, den 28. März 12.00 Uhr bis Montag, 14. April 8.00 Uhr.

| | | |
|---|---|---|
| 1. Rechnung: | 3 Tage im März + 13 Tage im April | zusammen 16 Tage |
| 2. Rechnung: | | 16 · 24 Std. = ________ Std. |
| 3. Rechnung: | 12 Stunden am 28. März + 8 Stunden am 14. April + 20 Std. | |
| 4. Rechnung: | | Zahl der Stunden = ________ Std. |
| 5. Rechnung: | Jede Stunde hat 60 Minuten. | Zahl der Minuten ________ Min. |
| 6. Rechnung: | Jede Minute hat 60 Sekunden. | Zahl der Sekunden ________ Sek. |

Antwort:
Die Osterferien sind länger als / kürzer als / genau 1 000 000 Sekunden.

## Zeitdauer und Zeitpunkt berechnen

Wie lange dauert die Zugfahrt?

| | | | |
|---|---|---|---|
| Zeitpunkt der Abfahrt 8.15 Uhr | Zeitdauer? | | Zeitpunkt der Ankunft 12.30 Uhr |
| **1. Rechenweg (Min.-Std.-Min.)** | | | |
| **Minuten zum Auffüllen bis die Stunde voll ist** | **ganze Stunden dazurechnen** | **Restminuten dazurechnen** | |
| 8.15 Uhr 45 Minuten | 3 Stunden | 30 Minuten | 3 Std. 75 Min. |
| | | umgerechnet | 4 Std. 15 Min. |
| **2. Rechenweg (Std.-Min.-Min.)** | | | |
| **ganze Stunden dazurechnen** | **Minuten zum Auffüllen bis die Stunde voll ist** | **Restminuten dazurechnen** | |
| ab 8.15 Uhr 3 Std. bis 11.15 Uhr | 45 Minuten bis 13.00 Uhr | 30 Minuten | 3 Std. 75 Min |

| Name | Datum | **AB 36** |
|---|---|---|

## Eine Woche voller Minuten

(Zahlenraum bis 1000)

**Wochenplan im Minuten-Schaubild**

Ergänze die Zeitpunkte. Trage unter Montag ein: Fach, darunter Lehrer(in)

| Die Zeit | Zeitpunkt | Beginn | Montag | Dienstag | Mittwoch | Donnerstag | Freitag |
|---|---|---|---|---|---|---|---|
| vergeht | 8.00 Uhr | 1. Std. | | | | | |
| 15 Minuten | 8.15 Uhr | | | | | | |
| 30 Minuten | 8.30 Uhr | | | | | | |
| 45 Minuten | 8.45 Uhr | 2. Std. | | | | | |
| 60 Minuten | | | | | | | |
| 15 Minuten | | | | | | | |
| 30 Minuten | | Pause | | | | | |
| 45 Minuten | | 3. Std. | | | | | |
| 60 Minuten | | | | | | | |
| 15 Minuten | | | | | | | |
| 30 Minuten | | 4. Std. | | | | | |
| 45 Minuten | | | | | | | |
| 60 Minuten | | | | | | | |
| 15 Minuten | | Pause | | | | | |
| 30 Minuten | | 5. Std. | | | | | |
| 45 Minuten | | | | | | | |
| 60 Minuten | | | | | | | |
| 15 Minuten | | 6. Std. | | | | | |
| 30 Minuten | | | | | | | |
| 45 Minuten | | | | | | | |
| 60 Minuten | | Schluss | | | | | |

*a) Wie viele Minuten hast du Pause?* ______ *Min.*
*b) Wie viele Minuten hast du Deutsch?* ______ *Min.*
*c) Wie viele Minuten hast du Mathematik?* ______ *Min.*
*d) Wie viele Minuten hast du Sport?* ______ *Min.*
*e) Wie viele Minuten hast du Pause in der Woche?* ______ *Min.*

45 Min. / 90 Min. / 135 Min. / 180 Min. / 225 Min. / 270 Min. / 315 Min / 360 Min. / 405 Min. / 450 Min. / 495 Min. / 540 Min. / 585 Min. / 630 Min. / 675 Min. / 720 Min.

| Name | Datum | **AB 37** |
|---|---|---|

## Eine Woche voller Sekunden

(Zahlenraum bis zur Million)

1. *Wie viele Sekunden hat eine Woche?* Vor dem Ausrechnen solltest du schätzen und unterstreichen, welche Zahl wohl die richtige ist.

1 000 000 Sek. 300 000 Sek. 150 000 Sek. 600 000 Sek. 800 000 Sek.

| Woche | Tage | Stunden | Minuten | Sekunden | | |
|---|---|---|---|---|---|---|
| | | | | 1 | = ________ | Sek. |
| | | | 1 | 60 | = ________ | Sek. |
| | | 1 | 60 | 60 · 60 | = ________ | Sek. |
| | 1 | 24 | 24 · 60 | 24 · 60 · 60 | = ________ | Sek. |
| 1 | 7 | 7 · 24 | 7 · 24 · 60 | 7 · 24 · 60 · 60 | = ________ | Sek. |

Wer kam beim Schätzen am nähesten an das Ergebnis heran?

2. 1000000 Sekunden Ferien! Wie lange ist das?

1000000 Sek : 60 Sek = ________ Ergebnis ________ Minuten

Rest 40 Sekunden

________ Min : 60 Min. = ________ Ergebnis ________ Stunden

Rest 46 Minuten

________ Std. : 24 Std. = ________ Ergebnis ________ Tage

Rest 13 Stunden

________ Tage : 7 Tage = ________ Ergebnis ________ Wochen

Rest 4 Tage

1 000 000 Sekunden =
___ Wochen ___ Tage ___Stunden ___ Minuten ___Sekunden

Wann kommt der Besuch an?

| | | |
|---|---|---|
| Abfahrt 14.45 | 2 Std. 30 Minuten Fahrzeit | Ankunft? |
| ab 14.45 Uhr 15 Min bis 15 Uhr | 2 Std. bis 17 Uhr | noch 15 Minuten bis 17.15 Uhr |
| **2. Rechenweg (St.-Min.-Min.)** | | |
| **ganze Stunden** | **Minuten zum Auffüllen** | **Restminuten** |
| **dazurechnen** | **bis die Stunde voll ist** | **dazurechnen** |
| ab 18.33 Uhr | 7. Std. 38 Minuten Fahrzeit | Ankunft? |
| 7 Std. bis 1.33 Uhr | 27. Minuten bis 2.00 Uhr | noch 11 Minuten bis 2.11Uhr |

## Unterrichtsskizze:
## Wie weit komme ich bis zwölf Uhr? (3. oder 4. Schuljahr)

Ich lege zu Beginn der Mathematikstunde einen Zollstock auf den Boden mitten ins Klassenzimmer, so dass jedes Kind ihn – notfalls stehend – sehen kann. Dahinter stelle ich eine Wanduhr mit Sekundenzeiger. Geeignete Übungen für die zwölf Aufgaben der Kopfrechenphase dieser Stunde sind:
*Wie viele Sekunden sind:*
*3 Minuten, 8 Minuten, 12 Minuten,*
*zweieinhalb Minuten, fünfeinhalb Minuten, zehneinhalb Minuten?*
*Rechne in Minuten und Sekunden um:*
*300 Sekunden, 100 Sekunden, 250 Sekunden, 700 Sekunden, 900 Sekunden, 1000 Sekunden.*

Während dieser Kopfrechenphase gehe ich im Takt des Sekundenzeigers auf und ab, was sehr ungewöhnlich ist. Manche Kinder bemerken dies. Ich mache nach der letzten Aufgabe und vor dem Abrufen der Ergebnisse darauf aufmerksam, dass mein Schritttempo nicht wechselt. Diese Beobachtungen durch die Kinder sollen durchaus während der Kopfrechenphase stattfinden. Wer während des Rechnens Energien frei hat, kann diese Zeit zum Beobachten verwenden. Dadurch wird bereits eine Differenzierung angeboten.
Auch während des Aufgabenvergleiches behalte ich mein Umhergehen im gleichen Tempo bei. Schließlich will ich es wissen: „Hat jemand entdeckt, woher ich mein Tempo bekomme?“
Kinder: Sie gehen genau mit dem Sekundenzeiger!
Ich laufe weiter und alle können diese Behauptung überprüfen. Manche zählen von selbst laut mit und prägen sich damit das Sekundentempo ein.
Plötzlich bleibe ich im Laufen wie angewurzelt stehen, genau über dem Zollstock. Ich verkünde: „Dieser Stopp gehört zu meiner Rechengeschichte.“
Die Kinder entdecken, wo ich stehe. Sie wollen auch nachsehen. Es kommen Vorschläge, meinen Schritt abzulesen.

Da keiner der beiden Füße genau bei Null steht, muss erst einmal gerechnet (überschlagen) werden. Je nach Rechenstand einigen wir uns nach wiederholtem Ablesen und Nachrechnen auf eine Zehner-Einer-Zahl oder eine gerundete Zehnerzahl (60 cm).

Tafelanschrift/Hefteintrag: Du gehst (Sie gehen) jede Sekunde 60 cm.

Während die Kinder ins Heft schreiben, stelle ich die Uhr genau auf 12.00 Uhr.

Ich frage dann: „Wie viel Uhr ist es jetzt auf deiner Uhr?“

Antwort/Tafelanschrift: Jetzt ist es genau 10.47 Uhr.

Durch einen stummen Impuls auf die Wanduhr, die 12.00 Uhr anzeigt, provoziere ich die Fantasie der Kinder. „Nun müsstest du die ganze Geschichte schon kennen: wenn, würde, wie, weit kommen darin vor“, bohre ich weiter nach. Nach verschiedenen Fragen kommt die treffende Formulierung:

Tafelanschrift: Wie weit kommst du bis 12.00 Uhr?

Es folgt der Hefteintrag, der eine Zäsur setzt und dadurch einen neuen Denkansatz ermöglicht.

Tafelanschrift/Frage: Wie viele Minuten sind es von 10.47 Uhr bis 12.00 Uhr?

Rechnung: 13 Minuten + 60 Minuten = 73 Minuten

Lehrer: Damit können wir noch nicht rechnen! – Auf Sekunde wird hingedeutet.

Frage: *Wie viele Sekunden sind das?*

Rechnung: 73 · 60 Sek = 4380 Sek

Frage: *Wie weit kommst du in 4380 Sekunden?*

4380 · 60 cm = 262 800 cm = 2628 m

Antwort: Bis 12.00 Uhr kommst du 2 km 628 m weit.

Nachbetrachtung: Das ist weiter als der Schulweg. Ist ja auch klar, sonst würde ein Kind ja über eine Stunde zur Schule laufen müssen. Das Rechenergebnis wird nachträglich interpretiert und in den Sachverhalt zurückgebracht.

Ausweitung je nach Leistungsstand: In einem Ortsplan im Maßstab 1 : 10 000 entsprechen einem Zentimeter auf dem Plan in der Wirklichkeit 10 000 cm oder 100 m. Der ausgerechnete Weg ist also auf dem Plan über 26 cm lang, denn 26 · 100 = 2600. Nun können die Kinder heraussuchen, wo ich mich um 12.00 Uhr befinde. – Halt, jetzt ist es aber längst nicht mehr 10.47 Uhr, sondern schon 11.20 Uhr – damit wird die Rechnung leichter. Wäre das etwas für die Hausaufgabe?

Alternative für das 3. Schuljahr: (Zahlenraum bis 1000)

Ich könnte Riesenschritte machen. Die werden ohnehin geübt, wenn wir den Meter einführen und den Pausehof mit Meterschritten durchmessen. Jede

Sekunde, ein Schritt von einem Meter, dann kommst du in einer Minute 60 m weit. (In fünf Minuten, in zehn Minuten ...)
Aber auch Kinderschritte zu 50 cm wären angebracht, damit schafft man in einer Minute 30 m. Das ist aber sehr gemütlich! Immer wieder kann ausprobiert und abwechselnd gerechnet werden.

### Abfahrt Nürnberg/Hauptbahnhof in alle Himmelsrichtungen

| Zielbahnhof | km | Zeitpunkt der Abfahrt | Ankunft | Dauer Fahrzeit | Tempo m je. Min. | Tempo km je Std. |
|---|---|---|---|---|---|---|
| Nürnberg Erlangen | 24 | 17.50 | 18.16 | 26 Min. | | |
| Nürnberg Bamberg | 62 | 17.50 | 18.51 | | | |
| Nürnberg Leipzig | 324 | 18.40 | 22.40 | | | |
| Nürnberg Berlin | 477 | 16.40 | 22.49 | | | |
| Nürnberg Pegnitz | 67 | 17.49 | 18.29 | | | |
| Nürnberg Bayreuth | 94 | 18.49 | 19.46 | 57 Min. | | |
| Nürnberg Amberg | 68 | | | | | |
| Nürnberg Regensburg | 101 | | | | | |
| Nürnberg München | 199 | | | | | |
| Nürnberg Ansbach | 44 | | | | | |
| Nürnberg Stuttgart | 203 | | | | | |
| Nürnberg Würzburg | 102 | | | | | |
| Nürnberg Frankfurt | 238 | | | | | |

Hinweise zur Erstellung einer örtlichen Geschwindigkeitstafel
Die Verkehrswege in der heimatlichen Region sind Teil des Lehrplanes im Sachunterricht des 4. Schuljahres. Nach Möglichkeit sollten Klassenfahrten mit öffentlichen Verkehrsmitteln unternommen werden. Für die Berechnung der Geschwindigkeit eignen sich Eisenbahnen besonders, da der minutiöse Fahrplan und die eigene, unveränderliche Fahrtrasse klare Zahlenangaben liefern.
Die Entfernungen zwischen den größeren Städten in Deutschland finden Sie in Bahnkilometern und in Straßenkilometern in vielen Entfernungstabellen. Dazu sind Fahrzeiten der überregionalen Züge aus der Abfahrtstafel eines größeren Bahnhofes abzulesen. Allerdings sind Entfernungen und Fahrzeiten dann länger als 100 km bzw. 100 Minuten, wodurch das Teilen durch dreistellige Zahlen anfällt. Zu näheren Reisezielen findet man die Entfernung in Bahnkilometern jeweils in den Taschenfahrplänen, im Kursbuch oder auf der Fahrkarte. Die Reisegeschwindigkeit fast aller Züge werden immer wieder ver-

ändert. Daher empfiehlt es sich, nur die jeweils aktuellen Abfahrts- und Ankunftstafeln ins Klassenzimmer zu holen. Sie können aus Taschenfahrplänen entnommen werden.

### Spitzengeschwindigkeit ist nicht gleich Durchschnittsgeschwindigkeit

Viele Kinder wissen, dass der ICE „250 fährt“ oder ein Leichtathlet 100 m in 10 Sekunden schafft. Es wird klargestellt, dass diese Spitzengeschwindigkeiten nicht durchgehalten werden: Züge müssen an Bahnhöfen halten, die Fahrt wegen der Kurven verlangsamen, der Sportler hält dieses Tempo nicht länger durch.

Beispiel für die Geschwindigkeitsberechnung

Der Zug Nürnberg – Bayreuth fährt in Nürnberg um 18.49 ab und kommt nach 94 km Fahrt in Bayreuth um 19.46 an.
*a) Wie weit kommt er durchschnittlich in einer Minute?*
*b) Berechne die Stundengeschwindigkeit.*
Aufgabe: 18.49 Uhr, 19.46 Uhr, 94 km
Frage: (s.o.!)
Zeichen: (:) (·) (im Rechenplan)
Rechnung: ab 18.49 Uhr,
Fahrzeit 11 Minuten + 46 Minuten = 57 Minuten,
an 19.46 Uhr 94 km = 94 000 m
94 000 m : 57 = 1649 m in einer Minute
1649 m · 60 = 98 940 m in einer Stunde
Antworten:
a) Der Zug fährt in der Minute 1649 m.
b) Der Zug fährt in der Stunde 98 km 940 m.

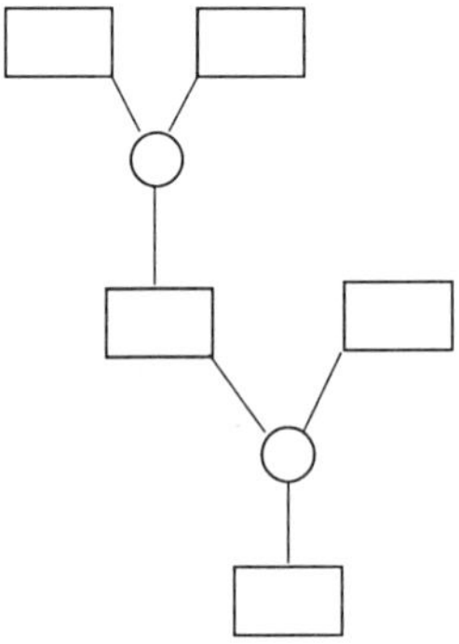

### Tempo-Aufgaben bei Tieren

Beispiel:
Geparden sind die schnellsten Tiere auf dem Land. Auf einer Hunderennbahn ließ man einen Geparden einem künstlichen Hasen nachrennen. 112 km in der Stunde (112 km/h) erreichte der Gepard. Allerdings hielt er dieses Tempo nur 600 m weit durch. Meistens aber haben Geparden ihre Beute schon nach 170 m eingeholt und mit einem Prankenhieb zum Stolpern gebracht.
Frage:
*Wie lange rennt der Gepard in der freien Wildbahn, wenn er nach 170 m seine Beute schon erreicht hat?*

Zeichnung: 0 m ———————————— 170 m
Tempo 112 km in der Std.

| | | |
|---|---|---|
| Rechnung: | 112 km = 112 000 m  1 Std. = 60 Min | Zwischenergebnisse: |
| | 112 000 m : 60 = 1866 m | 1866 m in der Minute |
| | 1 Minute = 60 Sekunden | |
| | 1866 m : 60 = 31 m | 31 m in der Sekunde |
| | Wie viele Sekunden braucht er für die 170 m? | |
| | 170 m : 31 m = 5 | 5 Sekunden |

Nach dem Durchrechnen stelle ich fest, wie unbefriedigend der jeweils wegfallende Rest ist. Daher „schöne“ ich die Zahlen ohne dabei die Information zu verfälschen. Ich ändere die Frage etwas ab:

> Geparde sind die schnellsten Tiere auf dem Land. Sie können blitzschnell starten, halten aber nicht lange durch.
>
> Frage: *Wie lange rennt ein Gepard in der freien Wildbahn, wenn er nach 180 m seine Beute schon erreicht hat?*
> *Rechne mit einem Tempo von 108 km in der Stunde.*
>
> Zeichnung: 0 m ———————————————— 180 m
> Tempo 108 km in der Std. oder ______ m in der Sekunde

**A** 108 km = 108 000 m, 180 m, 1 Stunde= 60 Minuten,
1 Minute = 60 Sekunden

**F** **Wie lange braucht der Gepard?**

**Z** Zeichnung des Rechenplanes

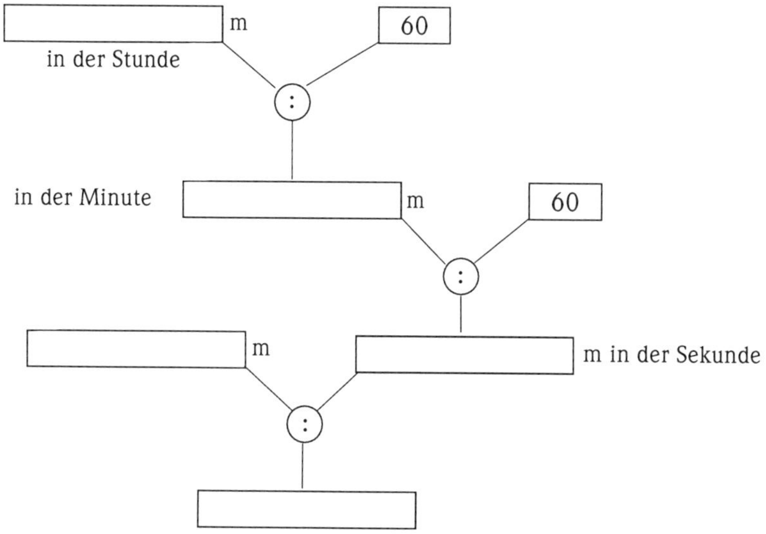

**R** 108 000 m : 60 = 1 800 m — 1 800 m in der Minute
1 800 m : 60 = 30 m — 30 m in der Sekunde
180 m : 30 = 5 (mal)

**A** Der Gepard hat nach 5 Sekunden sein Opfer erreicht.

### Wettrennen zwischen Mensch und Tier

Aus Sachbüchern über Tiere suchen Kinder gerne heraus, welches Tier am schnellsten rennt, schwimmt oder fliegt. Ein fiktiver Wettlauf über zehn Minuten (= der 6. Teil der Stunde, Teilen durch Einerzahlen) oder über nur eine Minute auf der Aschenbahn dient auch dem Vorstellungsvermögen. Dazu vergleichen wir das gemütliche Tempo des Fahrradfahrers, der nur 18 km in der Stunde fährt, das sind 300 m in der Minute oder 5 m in der Sekunde, mit dem Tempo eines Feldhasen auf der Flucht. Natürlich schafft ein flotter Radler doppelt, ein Rennfahrer dreimal so viel! Am besten, wir setzen Mensch und Tier nebeneinander auf die Rennbahn und lassen sie lossausen.

Auf der Rennbahn
Nebeneinander starten sechs Teilnehmer auf einer Rennbahn. Die Zahlen bedeuten Kilometer in der Stunde.
Frage: Wie weit kämen sie in einer Minute, wenn ihr Tempo gleich bliebe?
Zeichne die errechnete Strecke ein. Fünf Striche sind immer 100 Meter!

| | | | | | | |
|---|---|---|---|---|---|---|
| Kurzstreckenläufer | 36 | | | | | |
| Radfahrer | 18 | | | | | |
| Rennfahrer | 48 | | | | | |
| Auto/Landstraße | 90 | | | | | |
| Rothirsch | 80 | | | | | |
| Hase | 70 | | | | | |
| **Strecke** | | **0m** | **500 m** | **1km** | **1500 m** | **2km** |

In der Luft geht es natürlich schneller

| | | |
|---|---|---|
| Taube | 65 km/h | |
| Schwalbe | 170 km/h | |
| Mauersegler | 320 km/h | |
| Verkehrsflugzeug | 900 km/h | |

Die Skala ist den Geschwindigkeiten entsprechend einzuteilen. Das Flugzeug mit 15 Kilometern muss noch in die Skala passen.

| | | |
|---|---|---|
| Verkehrsflugzeug 900 km/h | | 16 km |
| 15 km in 1 Minute | | |

Schaubilder sind zum Anschauen da, sie sollten daher auch groß auf Plakate gemalt und ausgestellt werden. Das Berücksichtigen der zur Verfügung stehenden Fläche und die Auswahl der Objekte sowie der vergleichbaren Geschwindigkeiten verlangt und fördert ein Höchstmaß an operativem Denken, das in einer *Projektarbeit für eine Ausstellung über Tierschutz, Straßenverkehr oder Sport* zum Tragen kommt. Das Sachrechnen dient hier augenscheinlich der Darstellung eines Sachverhaltes und verliert sein negatives Images als „langweilige Schülerplackerei."

# 8. Unterrichtseinheiten und -projekte

## 8.1 Unterrichtseinheit: Zeigt her eure Füße

| **Zahlenraum** | **Größen** | **Operationen** | **2. Schuljahr** |
|---|---|---|---|
| **bis 100** | **Zentimeter ablesen** | (: 2) (+) | **Frühling** |

Benötigtes Material: Für je vier Kinder ein Bandmaß aus dem Nähkasten, Tesafilm, kleine Schachtel oder Dose

Eine ganze Schulklasse drängt sich eifrig um das Bandmaß, das ich auf den Boden geklebt habe. Jetzt ziehe ich auch noch einen Schuh aus und stelle meinen rechten Fuß auf den Anfang des Bandmaßes. Wer kann ablesen? 24 cm oder 26 cm könnten abgelesen werden. (Vgl. S. 197, Fußlängen)
Handlungsorientierter wird die Sache, wenn nun jede Gruppe den Anfang ihres Bandmaßes auf den Boden klebt und jedes Kind in Strümpfen feststellt, wie lange sein Fuß ist. Dazu sollte ein anderes Kind jeweils am Anfang des Bandmaßes ein Buch senkrecht (verbalisieren!) auf den Boden stellen, damit die Ferse einen Anschlag hat und nicht übersteht.

Folgende *Tafelanschrift* für die Meßergebnisse entsteht:

| **Name** | **Fußlänge** |
|---|---|
| Christina | 22 cm |
| Stefan | 24 cm |
| Thomas | 20 cm |
| Isa | 21 cm |
| Frau Schnei | 26 cm |

Ein anderer von mir erprobter Einstieg: Ein Kind jeder Gruppe stellt einen Fuß auf ein Blatt DIN-A-4 und zeichnet den Umriss des Fußes auf das Blatt. Den Bleistift dabei senkrecht halten! Dann kann die Länge gemessen werden.
*Hefteintrag:* Zunächst aber wird die Tabelle ins Heft abgeschrieben; sie muss vier Spalten enthalten (s. u.).

Jetzt bringe ich eine geheimnisvolle Rechenmaschine ins Spiel. Sie rechnet nämlich aus, welche Schuhgröße zu diesen Fußlängen passt. Diese kleine Schachtel halte ich an die Tafel rechts neben die Angabe der Fußlänge, lasse sie etwas vibrieren – weil sie doch so angestrengt rechnen muss – und halte sie an mein Ohr. Sie flüstert mir die Schuhgröße zu. Die Tafelanschrift wird ergänzt (s. u.). Zuerst wird hier der Sachbezug zu erörtern sein. Manche Kinder widersprechen, das sei nicht ihre Schuhgröße. Meistens ist sie größer, weil vorsorgliche Eltern größer kaufen. Auch ist die Fußbreite oftmals für einen bequemen Sitz wichtig. Erst nach dieser Erörterung kann das Augenmerk auf die geheimnisvolle Rechenmaschine gelenkt werden.

Tafelanschrift:

| **Name** | **Fußlänge** | **Rechenmaschine** | **Schuhgröße** |
|---|---|---|---|
| Christina | 22 cm | | 33 |
| Stefan | 24 cm | | 36 |
| Thomas | 20 cm | | 30 |
| Isa | 21 cm | | 32 |
| Frau Schnei | 26 cm | | 39 |

**Wie hat die Rechenmaschine gerechnet?**

Zunächst stellen die meisten Kinder einfach den Unterschied fest und es entsteht die fertige *Tafelanschrift:*

| **Name** | **Fußlänge** | **Rechenmaschine** | **Schuhgröße** |
|---|---|---|---|
| Christina | 22 cm | + 11 cm | 33 |
| Stefan | 24 cm | + 12 cm | 36 |
| Thomas | 20 cm | + 10 cm | 30 |
| Isa | 21 cm | + 12 cm | 32 |
| Frau Schnei | 26 cm | + 13 cm | 39 |

Für die spätere Einsicht über die Funktion der Maschine, d. h. über die Rechenoperation, ist es günstig, möglichst gerade Zahlen für die Fußlänge auszuwählen. Jetzt versammelt sich nämlich die Klasse vor der Tafel und versucht, der Rechenmaschine auf die Schliche zu kommen. Die Vermutung, sie addiere immer 12 oder 11 ist schon widerlegt. Nach und nach entdecken die Kinder das Rechengeheimnis. Ihre Vermutung flüstern sie mir erst einmal ins Ohr, dann tauschen sie ihre Meinung untereinander aus. Schließlich steht fest:
*Die Rechenmaschine zählt immer die Hälfte dazu!*
Wir schätzen anhand der ausgelegten Maßbänder, wie lange die Füße eines Elefanten, einer Kuh oder einer Spielpuppe sind. Wenn man denen Schuhe verpassen würde, was käme da wohl raus?

| | | | |
|---|---|---|---|
| Elefant: | Fußlänge geschätzt | 40 cm | Schuhgröße 40 + 20 = 60 |
| Puppe: | Fußlänge | 4 cm | Schuhgröße 4 + 2 = 6 |

**Umkehrung der Operation**

Hier habe ich einen Babyschuh. Es ist die kleinste Größe, Schuhgröße 18.

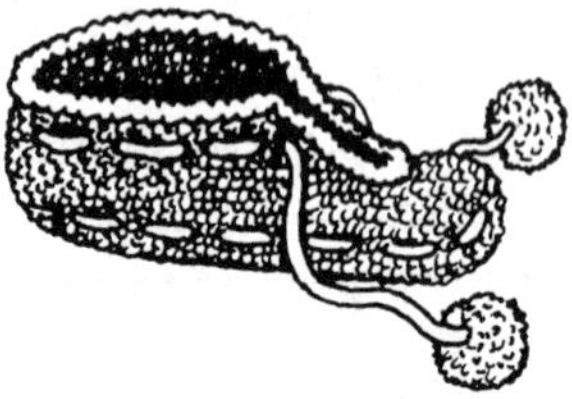

Wie groß kann der Fuß dann sein?

| | |
|---|---|
| Fußlänge? | Schuhgröße |
| | 18 |
| | 30 |
| | 24 |

Diese Umkehrung der Operation ist als Differenzierungsmöglichkeit für gute Denker geeignet. Ich konnte beobachten, dass sie durch *trial and error* zur Lösung fanden. Ausgehend von Fußlänge 10 cm erreichten sie das Ergebnis 15. Danach operierten sie mit noch kleineren Zahlen, Fußlänge 8 cm, Schuhgröße 12. So baute sich ein gezieltes Annähern an den gesuchten Wert auf.

Ob die Kinder schließlich zu Hause Mamas und Papas Fußlängen messen wollten?

Die algebraische Formel $s = l \cdot \frac{3}{2}$ wobei s = Schuhgröße l = Fußlänge ist für ihre Berechnungen völlig überflüssig.

## 8.2 Unterrichtsprojekt: Wir trocknen Apfelringe für den Winter

| **Zahlenraum** | **Größen** | **Operationen** | **3. Schuljahr** |
|---|---|---|---|
| **bis 150** | **cm, mm; g** | ⊙ | **Herbst** |

Im Rahmen einer Projektwoche über gesunde Ernährung und Verwenden von einheimischen Produkten kam auch die Konservierung ohne Tiefkühltruhe zur Sprache. Wie wurden eigentlich früher Früchte haltbar gemacht? Neben dem Dörren im Herd kannte man auch das Lufttrocknen. Im Verlaufe dieses Projektes entstand dann die Frage:

**Wie viel Wasser enthält ein Apfel?**

Man braucht dazu je Arbeitsgruppe:
Einen großen Apfel, Apfelschäler, Lochstecher, Messer, einen dünnen Stab von ca. 50 cm Länge, etwa einen Meter Schnur
Außerdem:
Eine Waage, die Gramm genau wiegen kann, nach Möglichkeit eine Balkenwaage, und einen Gewichtssatz

**Handlungseinheit: Trockenobst herstellen**

Sehr eindrucksvoll ist es, wenn die Lehrerin eines Tagen mit einer Halskette aus getrockneten Apfelringen erscheint. Diese Präsentation ist der beste Einstieg und Motivation genug. *Wie haben Sie das gemacht?*

| |
|---|
| Ein Apfel wird sauber geschält, das Kernhaus mit dem Lochstecher ausgestochen und danach wird der Apfel in sechs bis zehn Ringe geschnitten. Das Loch sollte schon ziemlich in der Mitte sein. Die geschnittenen Ringe werden später auf den Stab geschoben und zum Trocknen aufgehängt. |

Geht der Schnitt einmal ganz daneben, so werden solche halben Ringe als Abfall gern in den Mund gesteckt – auch von solchen Kindern, die nicht so gern nach einem Apfel greifen.

Demonstration:
Ich lege meine geschnittenen Apfelringe und das Geschälte und Ausgestochene auf eine Waagschale. Während die Kinder den in Stichworten festgehaltenen Vorgang abschreiben, kommt Gruppe um Gruppe heraus und wiegt meinen gesamten zerschnittenen Apfel, ohne das Ergebnis zu verraten.
Gruppe 1: 100 g + 50 g + 20 g + 20 g – 20 g + 10 g, bis die Waage stimmt.
Kopfrechenergebnis 180 g
Gruppe 2: 200 g – 200 g + 100 g + 20 g + 20 g + 50 g – 20 g + 10 g, bis die Waage stimmt.
Man einigt sich also, nachdem die letzte Gruppe selbst gewogen hat, auf 180 g.
*Tafelanschrift:* Der Apfel wiegt 180 g.
Wenn ich nur die Apfelringe auf der Waagschale liegen lasse und den Abfall theatralisch in den Bio-Abfall-Eimer werfe, entstehen ganz von selbst die Fragen:
*Tafelanschrift:* Wie schwer sind die Apfelringe allein?
Wie viel haben wir weggeschnitten?

Inzwischen biete ich aber eine seltsame Frageliste an, die schon an der Tafel steht:

1. Wie hoch war der Apfelbaum?
2. Wie schwer ist der gesamte Apfel?
3. Welche Farbe hat die Schale des Apfels?
4. Wie viel haben wir weggeworfen?
5. Wie alt ist der Bauer, dem der Baum gehört?
6. Wie schwer ist der geschälte und geschnittene Apfel?
7. Wie schwer sind die Apfelringe?

Die Kinder werden ihre, die passende, die richtige Frage entdecken und über die anderen lachen. Wir stellen fest, dass blöde oder dumme Fragen dabei sind. Es gibt aber in der Liste auch Fragen, die man gar nicht stellen muss. Die Antwort steht nämlich schon da.

| Dumme Fragen: | Unnötige Fragen: | Richtige Fragen: |
|---|---|---|
| Nr. 1 | Nr. 2 | Nr. 4 |
| Nr. 5 | Nr. 3 | Nr. 7 |
| | Nr. 6 | |

Zur Frage sieben können wir nun die Apfelringe wiegen, danach ist auch die Frage vier zu beantworten. Ergebnis: Das Gewicht der Apfelringe beträgt 150 g.

**Das Apfelschaschlik**

Nun fädeln wir alle geschnittenen Apfelringe des gewogenen Apfels auf den dünnen Stab, binden die Schnur an beiden Stabenden fest und hängen dieses Apfelschaschlik, wie meine Kinder es bezeichneten, zum Trocknen möglichst am Fenster auf. Dies sieht erstens recht schmückend aus und außerdem trocknet die aufsteigende Heizungsluft besser. Die Ringe dürfen sich gegenseitig nicht berühren, sonst schimmeln sie an dieser Stelle.

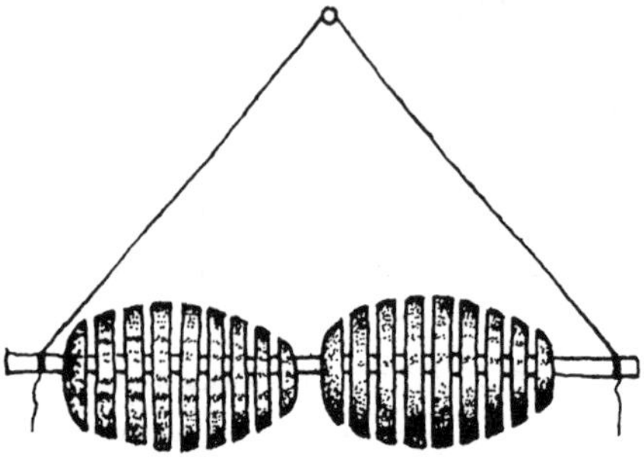

Mit Spannung warten wir am nächsten Schultag auf das Wiegen. Natürlich weiß jeder, dass die Apfelringe leichter geworden sind. Wie viel aber? Wollen wir Wetten abschließen? Schätzen? Jeder schreibt sein Schätzergebnis auf, damit er sich nicht nachher herausreden kann. – Fast alle vermuten das Gewicht der Apfelringe am nächsten Tag zu hoch. Es ist kaum vorzustellen, dass fast die Hälfte des Gewichtes schon verdunstet ist. Die Apfelringe müssen also vor dem Wiegen immer vom Stab gestreift werden, um sie auf die Waage legen zu können.

**Hier das Ergebnis einer Messreihe vom 19. bis zum 26. Oktober**

| Wochentag | Datum | Gewicht | Verlust |
|---|---|---|---|
| Donnerstag | 19. 10. | 150 g | 0 g |
| Freitag | 20. 10. | 84 g | 66g |
| Samstag | 21. 10. | | |
| Sonntag | 22. 10. | | |
| Montag | 23. 10. | 30 g | 54 g |
| Dienstag | 24. 10. | 29 g | 1 g |
| Mittwoch | 25. 10. | | |
| Donnerstag | 26. 10. | 25 g | 4 g |

Obwohl wir am Anfang des dritten Schuljahres noch nicht über 100 rechnen können, bereitet diese Aufgabe keine Schwierigkeit. Allerdings haben wir an drei Tagen nicht messen können.
In einem Schaubild zeigen wir, wie der Apfel immer weniger geworden ist. Wenn er am 19.10. einhundertfünfzig Gramm gewogen hat, so denke ich mir hier einen Apfelbrei und fülle den in ein hohes Glas. Für 150 g wäre aber ein Glas von 150 cm viel zu hoch, das könnte ich auch nicht auf ein Blatt malen. Aber auf dem Lineal findest du – ganz passend für 150 g – 150 Striche! 150 g male ich also 150 mm hoch, das sind 15 cm. Auf einem Rechenblatt DIN-A-4 mit gleich dicken Spalten für die Tage male ich also für den ersten Tag 150 mm = 15 cm hoch aus. Dies zeigt das Gewicht der Apfelringe am ersten Tag. Dieses Schaubild eignet sich auch für ungeübte Kinder besonders gut, weil die größte Zahl am Anfang steht und dadurch spätere Umrechnungen nicht nötig sind.

Schaubild über das Gewicht der getrockneten Apfelringe

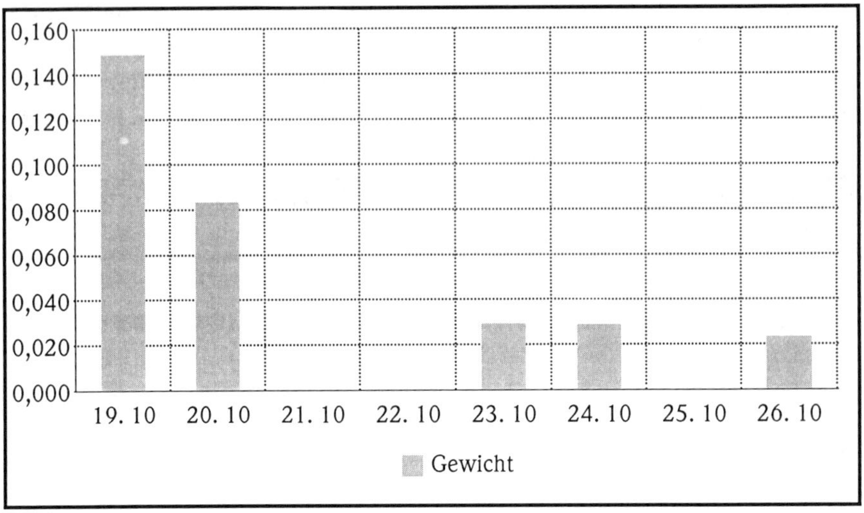


Über die ausgelassenen Messergebnisse können wir nun vermuten, wie groß sie sein können, aber auch, wie groß sie unmöglich sein können. Wir interpolieren also am Schaubild und erkennen beim Betrachten, dass in den ersten Tagen der Unterschied viel größer ist. Zurück zum Sachverhalt: Nach vier Tagen haben die Apfelringe nur noch wenig Wasserverlust, sie sind durchgetrocknet.

Unsere Apfelringe haben in acht Tagen (nach sieben Tagen!) insgesamt 125 g Wasser verdunstet und wiegen nur noch 25 g. – Wir sollten uns merken, dass nur der sechste Teil des Gewichtes übrig blieb, fünf Teile Wasser, ein Teil Apfelfleisch.

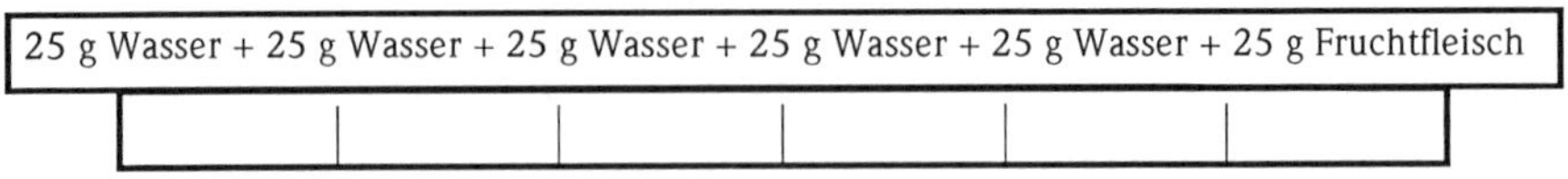

Schließlich ergab sich folgendes komplette Schaubild, indem wir die Zwischenwerte schätzten.

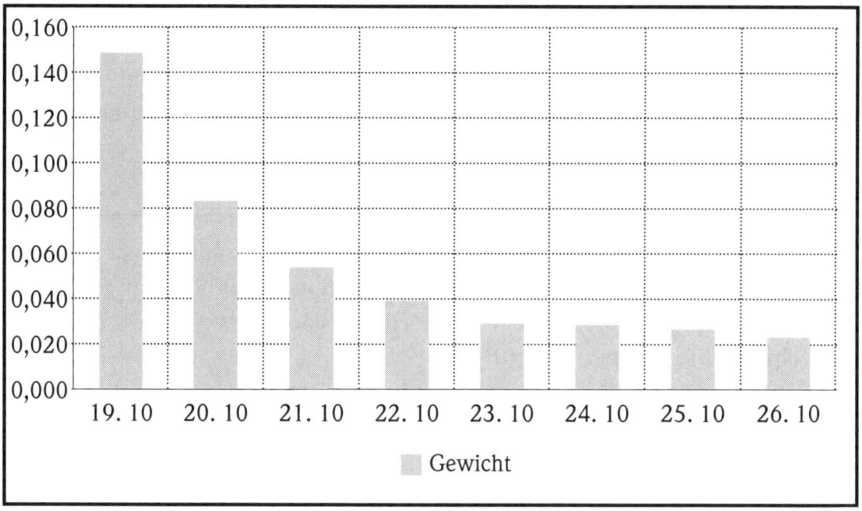


Sinnvollerweise sollte man die Werte nur auf 5 Gramm genau feststellen, dann ist das Ausmalen der Rechenkaros leichter.

## 8.3 Unterrichtseinheit: Wer hat den Teig vernascht?

| Zahlenraum bis 3000 | Größen DM, Pf; g | Operationen (+) (−) (·) (: ZE) | 4. Schuljahr Winter |
|---|---|---|---|

**Rätselhaftes Verschwinden eines Kuchenstückes**

Für meinen Apfelkuchen habe ich
300 g Mehl gesiebt und ein Päckchen Backpulver untergemischt,
danach 150 g Quark, 1 Ei (60 g), 6 Esslöffel Öl (65 g), 2 Esslöffel Milch (25 g), 70 g Zucker und ein Päckchen Vanillinzucker (10 g) vermischt.
Dieses Gemisch wird nun ins Mehl gerührt und geknetet (Sind die Hände gewaschen?), bis sich der Teig von der Schüsselwand ablösen lässt. Das Ganze lasse ich erst einmal stehen.
Ich schäle nun 10 Äpfel, zerschneide jeden Apfel in acht bis zwölf Stücke und entferne das Kernhaus. Nun wird ein Ofenblech mit etwas Butter eingefettet und der Teig mit einem Nudelholz auseinander gewalzt. Geduld – Geduld! Man muss den Teig mit den Fingern langsam in die Ecken des Bleches drücken. Jetzt belege ich den Teig mit den Apfelstücken und esse aus-

nahmsweise keines davon. Bei 220 ° C schiebe ich den Teig in die Backröhre und schaue 20 Minuten später nach. Die Äpfel brauchen noch etwas Farbe? Und der Kuchenboden ist schon braun? Also das Blech auf die oberste Schiene geschoben! Nach fünf Minuten muss der Kuchen herausgefahren werden, um mit einem Zucker-Zimt-Gemisch (30 g) eine schöne Indianerfarbe und noch mehr Duft zu bekommen. Nochmals fünf Minuten in den Ofen, bei etwas niedrigerer Temperatur.
So, jetzt kann's ans Verteilen gehen.

Während des Backens haben wir das Rezept abgeschrieben und nebenher ausgerechnet, wie schwer der Apfelkuchen sein muss. Der Kuchen kann aber auch vor dem Backen zusammen mit dem Blech gewogen werden. Das Gewicht des Bleches berücksichtigen!
Zur Kontrolle wird nach dem Backen der Kuchenberg nochmals nachgewogen, wenn er auf dem Kuchenteller liegt. Das Gewicht des Tellers wird natürlich abgezogen. Was? – Wie viel?
Nur 1710 g? Wer hat hier etwas „geklaut"? Und wie viel ist es genau, was am gebackenen Kuchen fehlt?
*Erkläre das geheimnisvolle Verschwinden.*
*Berechne den Verlust.*
*Den fertigen Kuchen schneide ich in 16 etwa gleich große Teile. Willst du auch eines? Sag mir, wie viel es ungefähr wiegt.*

**A (Angaben)** Gewicht aller Zutaten, Gewicht des gebackenen Kuchens
**F (Frage)** *Wie viel Gewicht ging beim Backen verloren?*
**Z (Zeichen)** (+) (−) (: ZE)
**R (Rechnung)**
**A (Antwort)** Beim Backen gingen .... g an Gewicht verloren.
Mein Kuchenstück wiegt ungefähr .... g.

Diese Kuchengeschichte muss in der Klasse nicht nur gerechnet, sondern auch erfahren werden. Im Sachunterricht passt dazu die Unterrichtseinheit über die Bäckerei. Es taucht die Frage auf: *Wie schwer muss der Bäcker das Brot machen, wenn es nachher beim Verkaufen genau 1 kg wiegen soll?* Oder stimmt etwa das Gewicht nicht? Sofort wird jeder zu Hause nachwiegen, wie schwer ein Brotlaib wirklich ist.
Gewichtsangaben der Zutaten:
Gleichzeitig ist auf eine gewisse Toleranz bei den Gewichtsangaben hinzuweisen. Die Gewichte der Zutaten sind sicher nur ungefähr. Um einen Durchschnittswert für das Gewicht eines Eies zu bestimmen könnten zehn Eier aufgeschlagen und gewogen werden. Genauso wären zehn Esslöffel Milch zu wiegen, um das Gewicht eines Esslöffels zu bestimmen.

**Wie teuer ist mein Apfelkuchen?**

Mit dieser Fragestellung will ich zuerst das Einholen von Informationen provozieren, also die vorbereitende Hausaufgabe, was die einzelnen Zutaten kosten. Dabei sind die Preise auf andere Gewichte bezogen, daher ist anschließend das Sachrechnen gefordert.
Nicht vergessen: Vorher schätzen lassen, wie teuer ein Stück ist, wenn ich den Kuchen in 16 Stück zerschneide.

**Apfelkuchen: Meine Einkaufs- und Preisliste**

| Zutaten | Kauf | Preis | nötig | Gewicht (g) | Preis (DM) |
|---|---|---|---|---|---|
| Mehl | 500 g | 2,49 DM | | 300 | 1,50 |
| Backpulver | 6 Päckch. | 0,49 DM | 1 Päckch. | 10 | 0,08 |
| Vanillinzucker | 6 Päckch. | 0,69 DM | 1 Päckch. | 10 | 0,11 |
| Ei | 6 Stück | 1,59 DM | 1 Stück | 60 | 0,26 |
| Öl | 1 l | 3,98 DM | 6 Esslöffel | 65 | 0,30 |
| Milch | 1 l | 1,98 DM | 2 Esslöffel | 25 | 0,05 |
| Quark | 500 g | 0,99 DM | | 150 | 0,30 |
| Zucker | 500 g | 1,98 DM | | 70 | 0,40 |
| Zucker/Zimt | | | | 30 | |
| Butter | 250 g | 2,50 DM | | 15 | 0,15 |
| Äpfel | 2 kg | 6,00 DM | 10 große | 1800 | 5,40 |
| | | **22,49 DM** | | **Summe 2535** | **8,55** |

| | | |
|---|---|---|
| **Apfelschalen** | **wegnehmen** | **- 400** |
| | **Gewicht vor dem Backen** | **2135** |
| | **Gewicht nach dem Backen** | **1710** |
| | **verschwunden** | **425** |

**Die Preisangaben** sollten wir für die Berechnung in der Klasse alle großzügig runden, da die Preise in der Wirklichkeit auch stark differenzieren können. Wenn ich den Zuckerpreis für 1 kg bei 3 DM annehme, ist das Schließen auf den Preis für 100 g ein **Zweisatz,** nämlich das Berechnen des zehnten Teiles. Der **Dreisatz** ist leicht zu durchschauen, wenn 500 g Mehl gerade 2,50 DM kosten. Wir lösen ihn wieder in der Tabelle:

| | | | | | | |
|---|---|---|---|---|---|---|
| Mehlgewicht | 500g | 100 g | 50 g | 300 g | | |
| Preis | 250 Pf | 50 Pf | 25 Pf | 150 Pf | | |
| Zuckergewicht | 1000 g | 100 g | 50 g | 10 g | 20 g | 70 g |
| Preis | 300 Pf | 30 Pf | 15 Pf | 3 Pf | 6 Pf | 21 Pf |

Rechenreihen dieser Art dienen auch für abwechslungsreiche Kopfrechenphasen zu Beginn der Unterrichtsstunde – und nehmen spätere Schwierigkeiten vorweg.
Die Mengenangabe „ein Esslöffel“ lässt sich als anschauliche Demonstration durchführen.
Wie viele Esslöffel Wasser enthält ein Liter?
Natürlich entsteht dabei wieder ein Mittelwert, denn es gibt größere und kleinere Esslöffel. Jedes Kind in der Klasse ist mit seinem Esslöffel beim Vollschöpfen (geht besser!) dabei. Mein Schöpfergebnis mit wenig gefüllten Esslöffeln: 80 Esslöffel = 1 Liter (bei Flüssigkeiten)

In der Apfelgeschichte wären also

2 Esslöffel Milch $25\ cm^3 = \frac{1}{40}\ l$

6 Esslöffel Öl $75\ cm^3 = \frac{3}{40}\ l$

Das überraschend geringe Ergebnis für den Preis des Kuchens (allerdings ohne Energiekosten) führt weiter zum Preisvergleich mit dem gekauften Stück Kuchen. Wird das gekaufte Stück ebenfalls gewogen?

**Apfelkuchen selbst gebacken – Einkaufs- und Preisliste**

| **Zutaten** | **Kauf** | **Preis** | **nötig** | **Preisanteil** |
|---|---|---|---|---|
| | wie viel | DM, Pf | | DM, Pf |
| Mehl | 1 kg | | 300 g | |
| Backpulver | | | 1 Päckch. | |
| Vanillinzucker | | | 1 Päckch. | |
| Ei | | | 1 Stück | |
| Öl | | | 6 Esslöffel | |
| Milch | | | 2 Esslöffel | |
| Quark | | | 150 g | |
| Zucker | | | 70 g | |
| Zimt/Zucker | | | 30 g | |
| Butter | | | 2 Esslöffel | |
| Äpfel | | | 10 große | |
| | | | | |

| **Einkaufspreis:** | | **Verbrauchspreis:** | |
|---|---|---|---|
| Teig ohne Äpfel | g | Gewicht vor dem Backen | g |
| Äpfel geschält | g | Gewicht nach dem Backen | g |
| zusammen | g | Unterschied | g |

## 8.4 Unterrichtseinheit: Volle und leere Gurkengläser

**Mathematischer Bezug:Vom schriftlichen Draufzählen zum Subtrahieren**

| Zahlenraum | Größen | Operationen | 3. Schuljahr |
|---|---|---|---|
| bis 1000 | g | (+) (-) | Frühling |

### 1. Unterrichtsskizze: Draufzählen

**Was wir vorbereiten müssen:**

Eine Kaufmannswaage und einen Satz Gewichte
Verschiedene Gurkengläser, die noch gefüllt sind. Sie können von den Kindern bei den Eltern aus dem Küchenregal erbeten werden.

Ich zeige ein Glas hoch und lasse ein Kind lesen, was auf dem Etikett steht.
Impuls: „Du findest auch Zahlenangaben auf dem Etikett."

| | |
|---|---|
| Kind: Einwaage 680 g | Es wird erklärt, dass damit Gurken und Saft gemeint sind. Beides ist ja genießbar. |
| Kind: Abtropfgewicht 525 g | Es wird erklärt, dass damit die Gurken gemeint sind, wenn der Saft abgetropft ist. |

*Tafelanschrift:* Einwaage 680 g Abtropfgewicht 525 g

Dann stelle ich das noch zugeschraubte Glas auf die Waage. Natürlich wollen etliche Kinder die Gewichte aufsetzen, um den Wägevorgang durchzuführen. Jedes aufgesetzte Gewicht wird laut vorgelesen, also: „Ich lege 50 g auf. Ich lege 20 g auf."
Schließlich stehen folgende Gewichte auf der anderen Waagschale
*Tafelanschrift:* 500 g + 200 g + 100 g + 100 g + 50 g + 2 g + 1 g

Das Kopfrechnen ergibt als Summe 953 g. Für dieses Gewicht ist der treffende Ausdruck zu finden. Welches Gewicht ist es? Alles zusammen? Wir nennen es also Gesamtgewicht.

*Tafelanschrift:* Gesamtgewicht 953 g
*Rechnung:*

| | |
|---|---|
| Einwaage | 680 g |
| Glas und Deckel | + ... g |
| Gesamtgewicht | 953 g |

Hier ist anschaulich zu erkennen, dass zum Gewicht der Gurken und des Saftes das Gewicht des Glases und des Deckels addiert wird.
Die Kinder überlegen bei den Einern: Null plus ? = 3
Die „3" wird ergänzt.

Die Kinder überlegen bei den Zehnern: 8 plus ? = 5, nein! Die Rechnung heißt also 8 + 7 = 15, 1 gemerkt. Bei den Hundertern sind jetzt schon 6 + 1 vorhanden. Es sind also nur noch 2 einzutragen.

Mit verschieden schweren Gläsern kann nun eine sachbezogene Übungsreihe im schriftlichen Draufzählen entstehen. Dabei ist auch folgende Form denkbar:

| | | | |
|---|---|---|---|
| Glas und Deckel | ___ g | oder Abtropfgewicht | 250 g |
| Einwaage | + 385 g | Saft | + ___ g |
| Gesamtgewicht | 680 g | Einwaage | 425 g |

**Betrachtungen zum Umweltschutz:**
Wenn sich zwei Gurkengläser finden, bei denen eines doppelt so viel Einwaage aufweist wie das andere, so ist ein relativer Vergleich möglich. Beim kleineren Glas ist nämlich der Anteil des Gewichtes für Glas und Deckel relativ höher als beim größeren Glas.
Unterscheide:
Ist die Einwaage weniger als die Hälfte des Gesamtgewichtes?
Ist die Einwaage mehr als die Hälfte des Gesamtgewichtes?
Weiter ist zu überlegen: Man sollte größere Gefäße kaufen, dann entsteht weniger Müll zum Recyceln! Hier gewinnen wir einen Gesichtspunkt zur Umwelterziehung.

## 2. Unterrichtsskizze: Wegnehmen ist Subtrahieren

**Was wir vorbereiten müssen:** Waage, Sieb, Auffangschale, Gabel

Wenn diese Form des Draufzählens gesichert ist, wird die nächste Stufe des arithmetischen Lehrganges eingeführt. Es wird tatsächlich etwas weggenommen, dem entspricht die Subtraktion. Ich verkünde: „Kinder, heute dürfen die Gurken auch gegessen werden!" Zuerst überlegen wir, um welche Rechenart es sich wohl handelt, wenn ich etwas herausnehme.
Kinder: Etwas wegtun, wegnehmen, minus rechnen.

Der Inhalt eines Glases wird auf ein Abtropfsieb geschüttet, der Saft kann auch aufgefangen werden.

| | | |
|---|---|---|
| Zur Wiederholung wird zuerst das volle Glas gezeigt und das Gesamtgewicht notiert. | 953 g | Gesamtgewicht |
| Das Herausschütten der Einwaage macht also das Wegnehmen deutlicher. | – 680 g | Einwaage |
| Was übrig bleibt sind Glas und Deckel: | g | Glas und Deckel |

Nun ist das Subtrahieren notiert. Beim Ausrechnen vollziehe ich die gleichen Gedankengänge wie oben beim Draufzählen. Das formale Vorgehen entspricht nicht mehr dem tatsächlichen Sachverhalt des Wegnehmens, also des Herausnehmens der Gurken aus dem Glas. Insofern muss das Kind auf die Abstraktionsstufe des Rechenvorganges gehoben werden: Auch wenn ich wegnehme, rechne ich so, als würde ich etwas dazugeben.

**Farben klären die mathematischen Bezüge:**

Bei den Draufzählaufgaben führe ich einen *roten Rahmen für die größte Zahl* ein, hier die Zahl für das Gesamtgewicht. Die beiden kleineren Zahlen für Verpackung und Inhalt setze ich in einen gemeinsamen grünen Rahmen. Beide Zahlen sind innerhalb dieses Rahmens vertauschbar.

Nun hat sich der grüne Rahmen verschoben, er wird wieder um die beiden kleineren Zahlen gezeichnet; obgleich die eine davon noch nicht bekannt ist. Für das Kind ist ein Hindernis, dass der grüne Rahmen über und unter dem Strich liegt. Allerdings wird der rote Rahmen für die größte Zahl sofort sicher zugeordnet und um die oberste Zahl gezeichnet.

Analoges Zahlenbeispiel: Wir bestimmen das Verpackungsgewicht bei der Konservendose. Es ist deutlich geringer als bei Glas. Wie ist es mit der Wiederverwendung?

| | Draufzählen | Wegnehmen | |
|---|---|---|---|
| Eine Dose Aprikosen | 820 g | **945 g** | die größte Zahl |
| Füllmenge 820 g | + ____ g | – **820 g** | Die beiden |
| Abtropfgewicht 480 g | = **945 g** | = ____ g+ | kleinen Zahlen |
| Gesamtgewicht 945 g | | | |

Nach dem Einzeichnen der Rahmen ist das Draufzählen vorbereitet, das mit der mittleren Zahl beginnt, anschließend zur gesuchten dritten Zahl springt. Dort kann rechts neben die Zahl ein „Plus“ geschrieben werden, um den Gedankengang zu kennzeichnen.

**Motivation:**

Zu Beginn der Rechenphase motiviere ich meine Kinder folgendermaßen: „Kinder, heute braucht ihr nur bis 20 zu rechnen! Beim schriftlichen Subtrahieren brauchen sie wie beim Addieren in der ganzen Stunde nur bis 20 zu rechnen, obgleich es sich um Zahlen bis 1000 handelt.

Hätte ich ein Bruttogewicht von 1000 g, so könnte ich die freudige Mitteilung machen: „Kinder, heute müsst ihr nur bis zehn rechnen können!

Beispiel dazu:

```
  1000 g
 – 682 g
   1 1   –
 -------
   318 g
```

**Übungsphase:**
Die gewonnenen Einsichten sollten an verschiedenen Verpackungen ausprobiert werden. Ohne die Ware aufzureißen können die Kinder aus dem gewogenen Gesamtgewicht und dem abgelesenen Inhaltsgewicht das Gewicht der Verpackung bestimmen. Sollte etwas Leckeres verpackt sein, kann man die Verpackung dann doch aufreißen ...
**Auf jeden Fall können zu Hause die Vorratsregale untersucht und zur Hausaufgabe zweckentfremdet werden.**
Mit dieser anschaulichen Unterrichtseinheit „Inhalt, Verpackung, Gesamtgewicht“ können wir die arithmetischen Probleme beim Subtrahieren bestens veranschaulichen und gleichzeitig durch die Diskussion über das Verpackungsunwesen erziehlich wirken. Die Kinder halten dabei im wörtlichen Sinne Dinge in der Hand, die das Begreifen leichter machen.

## 8.5 Unterrichtseinheit: Eine Spaghetti-Geschichte

| Zahlenraum | Größen | Operationen | 4. Schuljahr |
|---|---|---|---|
| **1 000 000** | **m, cm, mm; g; Min.** | **(· H(ZE)) (:E) (:Z) (:ZE)** | **Frühling** |

Um kritischen Äußerungen zuvorzukommen, solche erfundenen Rechengeschichten seien nicht lebensnah und an den Haaren herbeigezogen: Sie liegen näher an der Fantasie des Kindes als die von uns Erwachsenen als wichtig erachteten Aufgabentexte, die wir seitenweise vorlegen und als Mauer zwischen sinnliche Aufnahme und logische Verarbeitung bauen. Fantasievoll-Witziges haben sich Werbe-Fachleute zunutze gemacht, um an die Kinder als Konsumenten-Zielgruppe heranzukommen. Besonders Kinder, die nicht von sich aus Interesse an Zahlen und Relationen zeigen, muss ich immer wieder „verführen“, um sie über ein Vorstellungshandeln zum Mitrechnen zu bringen. Daher kann durchaus ein Zwerg Piccolus eine Nudelstraße aufessen, ob er nun Bauchweh davon bekommt oder nicht.

| Name | Datum | **AB 38** |
|---|---|---|

## Eine Spaghetti-Geschichte

m, cm, mm; Gramm; Minuten; : E : Z : ZE · HZE (Zahlenraum bis 1 000 000)

1. Aus meiner Packung Spaghetti-Nudeln will ich eine Nudelstraße für Zwerg Piccolus legen. Jede Nudel ist 22,2 cm lang und auf der Packung steht: Inhalt 500 g. Weil ich zu bequem war, alle Nudeln zu zählen, habe ich 50 Stück gewogen. Sie sind 33 g schwer.

   *Wie viele Nudeln sind in der Packung?*

2. Nun lege ich also die Nudelstraße für Piccolus: Links eine Nudel und rechts eine Nudel, dazwischen verläuft der Weg.
   *Wie lang ist der Nudelweg?*

   Schreibe die Antwort in Meter und Millimeter.

3. Natürlich müssen die Nudeln gekocht werden, etwa zehn Minuten, nicht länger. Sonst werden sie zu einem Nudelbrei. Nach dem Kochen habe ich wieder nachgemessen. Jede Nudel war auf 30,5 cm gewachsen.

   *Wie lang ist jetzt der Nudelweg für meinen Zwerg?*

4. Wir könnten auch ein Spaghettiessen veranstalten. Verteile den gekochten Nudelberg auf sechs Teller gleichmäßig.

   *Wie schwer müsste jede Portion sein?*

   Achtung: Die Nudeln haben beim Kochen auch an Gewicht zugenommen. Zehn Nudeln wiegen nun zwanzig Gramm.

5. Hier noch der Preis: Die Packung hat nur 1,98 DM gekostet.

   *Wie teuer ist eine Nudelportion?*

6. Piccolo isst inzwischen während seiner Wanderung die Nudelstraße auf. Natürlich verzehrt er nur gekochte Nudeln. Zu einem Meter Nudelstraße braucht er eine Minute. Mahlzeit! Er beginnt genau um 12.00 Uhr mittags.

   *Wann hat er sich durchgegessen?*

## Berechnung der Spaghetti-Geschichte — Kommentar

Konsequent werden hier die Lösungsschritte dargestellt: **A** (Aufgabe, Notieren der gegebenen Angaben), **F** (Frage), **Z** (Zeichen oder Zeichnung, Rechenzeichnung oder Skizze), **R** (Rechnungen) und **A** (Antwort, die wörtlich auf die Frage bezogen ist). Bei Rechnungen sind alle Größen angegeben, Nebenrechnungen ohne Größenangaben sind vermieden.

**Aufgabe 1**

**A** 22,2 cm = 222 mm; 500 g; 33 g; 50 Nudeln
**F** Wie viele Nudeln sind in der 500-g-Packung?
**Z** ? mal oder (:)
**R** 500 g : 33 g = 15 (mal) Rest 5 g
16 · 50 N = 800 N
**A** (Etwa) 800 Nudeln sind in der 500-g-Packung.

Beim Notieren der Angaben werden Größen umgewandelt. Das Enthaltensein der 33 g in den 500 g muss erläutert werden, das Ergebnis sagt aus, wie viel mal es 33 g sind. So oft sind es 50 Nudeln. Ich runde auf 16, um leichter weiterrechnen zu können.

**Aufgabe 2**

**A** 800 Nudeln; 222 mm
**F** Wie lang ist der Nudelweg?
**Z** (:)(·)
**R** 800 N : 2 = 400 N 222 mm · 400 = 88800 mm
88800 mm = 88 m 800 mm
**A** Der Nudelweg ist 88 m 800 mm lang.

Lässt man mit Bleistiften den Anfang der Nudelstraße legen, erkennt jeder, dass halbiert werden muss. 800 lässt sich gut halbieren. Die exaktere Rechnung mit 750 : 2 wäre langwieriger.

**Aufgabe 3**

**A** 30,5 cm = 305 mm; 400 Nudeln
**F** Wie lang ist jetzt der Nudelweg?
**Z** (·)
**R** 305 mm · 400 = 122000 mm
**A** Jetzt ist der Nudelweg 122 m lang.

Eine Variation der Rechnung entsteht. Das Kochen könnte man durchaus durchführen. Die analoge Rechnung ist einsichtig für alle Kinder. Die Geschichte kann bei Aufgabe 4, 5 oder 6 weitergehen.

**Aufgabe 4**

**A** 800 Nudeln; 10 Nudeln wiegen 20 g; 6 Teller
**F** Wie schwer ist jede Portion?
**Z/R**

| | | | |
|---|---|---|---|
| Nudeln | 10 | 100 | 800 |
| Gewicht | 20 g | 200 g | 1600 g |

1600 g : 6 = 266 g
**A** Jede Portion ist 266 g schwer.

Eingeschobene neue Problemstellung als Differenzierungsmöglichkeit. In Hotelküchen werden Portionen z. T. gewogen! Das Zeichnen der Tabelle ersetzt die Rechenzeichen (:) und (·), nämlich 800 N : 10 N = 80 (mal); 80 · 20 g = ?

**Aufgabe 5**

**A** 1,98 DM = 198 Pf; 6 Portionen
**F** Wie teuer ist jede Nudelportion?
**Z** (:) R 198 Pf : 6 = 33 Pf
**A** Jede Nudelportion ist 33 Pf teuer.

Eingeschobene neue Problemstellung, einfach zu lösen, analog zu Aufgabe 4. Überraschend ist, wie billig Grundnahrungsmittel sind!

**Aufgabe 6**

**A** 122 m Nudelweg; 1 m in 1 Min; 12.00 Uhr
**F** Wann hat er die Nudelstraße aufgegessen?
**Z**

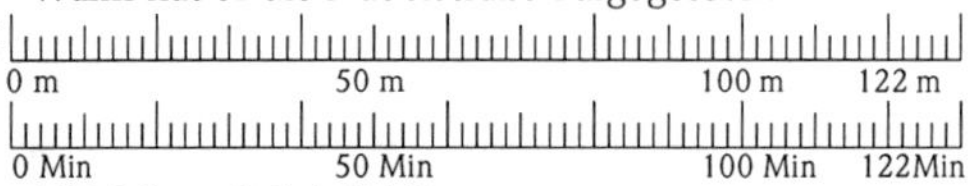


**R** 122 Min = 2 Std. 2 Min.
**A** Er hat die Nudelstraße um 14.02 Uhr aufgegessen.

Der benötigte Wert über den Nudelweg muss nun aus dem Gerechneten herausgesucht werden. Die Fantasiegeschichte geht zu Ende. Leichte Lösung durch Entsprechung von 1 m in 1 Min. Der Zwerg kann auch langsamer essen oder er holt noch einen Freund dazu.

Durch das Zerlegen der Geschichte in viele Einzelschritte ist sie leicht zu erfassen, obwohl es sich um ein komplexes Geschehen handelt. Die komprimierte Form lautete etwa:

> *Wie lang wären alle Spaghetti einer 500-g-Packung paarweise hintereinandergelegt, wenn eine Nudel 22,2 cm (ungekocht) oder 30,5 cm (gekocht) lang ist? Berechne den Preis einer Portion, wenn die Packung 1,98 DM kostet und in 6 Portionen geteilt wird. Wie viel wiegt eine Portion, wenn 10 Nudeln 20 g schwer sind?*

Für das Arbeitsblatt ergibt sich ein leichteres Rechnen, wenn man die Zahlen rundet und mit folgenden Werten arbeitet:
Nudellänge 22 cm, nach dem Kochen 30 cm; Rechnen mit Metern und Zentimetern.
Ich wiege nicht 50 Nudeln, sondern 50 g Nudeln. Dann muss die Zahl der Nudeln nur verzehnfacht werden. Beim konkreten Vorgehen können aber immer unteilbare Zahlen herauskommen.

## 8.6 Unterrichtsprojekt: Wie viele Nadeln hat unser Adventskranz?

| Zahlenraum | Größen | Operationen | | 4. Schuljahr |
|---|---|---|---|---|
| bis 1000000 | kg, g | HZE · T | THZE : E | Winter |

**Zur Sachsituation:**

Wir hatten einen Adventskranz selbst gebunden. Um im Klassenzimmer richtig zur Geltung zu kommen, musste er groß genug sein. Eine alte Fahrradfelge (28 Zoll) war das stabile Rückgrat des großen und schweren Kranzes. Kurz vor Weihnachten war er natürlich sehr unansehnlich geworden und am letzten Schultag vor den Weihnachtsferien wurde er abgenommen. Dies geschah etwas unsanft – und ein Berg von dürren Nadeln verstreute sich auf dem Fußboden. Zusammenkehren – und ab ...! Oder?
*Wie viele Nadeln sind das eigentlich?* Also sammelten wir (fast) alle Nadeln aus dem ausgeschüttelten Kranz in einen Sack. Die großen Zahlen bis zur Million werden im 4. Schuljahr eingeführt. Also können wir wohl zu zählen beginnen. Dies sollte nach den Weihnachtsferien stattfinden.

| | |
|---|---|
| Material: | Kleiner Plastiksack voll Fichtennadeln.<br>Waage (Balkenwaage oder Apothekerwaage, wenn vorhanden) |

Frage: *Wie viele Nadeln hatte unser Adventskranz?*

Schätzen: Natürlich bot es sich an, hier erst einmal zu schätzen. Es war fast wie im Lotto, von 20.000 bis 5.000.000 wurde geschätzt.

Zählen: Da müsste wohl jedes Kind 1000, 2000 oder sogar 50000 Nadeln zählen.

Problemerkenntnis: Wie können wir das Zählen vereinfachen?

Ich hole eine Handvoll Nadeln aus dem Sack und lege sie auf einen Ausstellungstisch. Daneben stelle ich eine Balkenwaage.

Die Idee: Wir wiegen die Nadeln, die auf dem Tisch liegen!
Frage: Wie viele Nadeln liegen auf dem Tisch?
Wie schwer sind diese Nadeln?

**Praktische Durchführung der Handlungseinheit:**

Zählen der Teilmenge:
Die zu zählenden Nadeln werden an die Kinder verteilt, jedes zählt sein Häufchen, es sind jeweils 50 bis 100 Stück. Schließlich werden die Zählergebnisse reihum diktiert und gleichzeitig im Heft und an der Tafel mitgeschrieben. Wenn uns die Zahlenreihe zu lang ist, können immer zwei oder drei Kinder ihre Nadelzahl gleich addieren und gemeinsam diktieren. So funktioniert die Team-Arbeit. Schließlich addieren alle eifrig.
Ergebnis: 1.538 Nadeln wurden gezählt.
Impuls: Wir könnten uns die Rechnerei erleichtern, wenn wir eine runde Zahl hätten!
Vorschlag: Also ergänzen wir auf 2 000 Nadeln.

Wiegen der Teilmenge:
Die 2.000 Nadeln werden gewogen. Großes Erstaunen! Sie wiegen nur (ungefähr) 7 Gramm. Wir merken, dass unsere Rechnung sehr ungenau wird, sind aber immer neugieriger.

Wiegen der Gesamtmenge:
Mit der Waage können wir das Gesamtgewicht zusammen mit den ausgezählten Nadeln feststellen. Natürlich enthält der Nadelberg auch kleine Zweige, aber darüber sehen wir hinweg. Auf 1000 mehr oder weniger kommt es bestimmt nicht an. Dies lässt sich jetzt bereits absehen.
Nach den bisherigen Erkenntnissen legen wir eine neue Schätzrunde ein. Es ist fast wie bei den Vorhersagen in der Politik. Die vorigen Vermutungen wer-

den (nach oben) korrigiert.
Neue Schätzung: Mindestens 200.000 Nadeln sind es, vermutlich aber über eine Million!
Ergebnis des Wiegevorganges: Gesamtgewicht 2 kg 150 g
*Frage: Wie oft ist so eine Handvoll Nadeln (von 2.000 Stück) in der Gesamtmenge enthalten?*

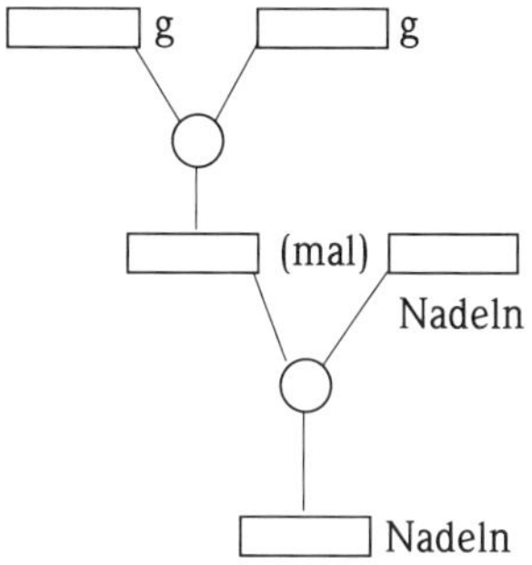


Rechnung:
2 kg 150 g = 2 150 g
2 150 g : 7 g = 307 (mal);
den Rest vernachlässigen wir.
Also haben wir 307 mal 2 000 Nadeln in der Gesamtmenge.
$307 \cdot 2000$ N = 614 000 N

Antwort: Unser Adventskranz hatte ungefähr 600.000 Nadeln. Wenn wir die nicht mitgezählten Nadeln dazurechnen, können wir auf etwa 700.000 Nadeln kommen, eine Million wird es aber nicht.

Rückbesinnung:
Wer hat mit der ersten Schätzung am nähesten gelegen?
1. Sieger ................. 2. Sieger ................. 3. Sieger .................
Wer hat mit der zweiten Schätzung am nähesten gelegen?
1. Sieger ................. 2. Sieger ................. 3. Sieger .................
Möglicherweise ist der Unterschied zwischen 614 000 und den Schätzwerten zu ermitteln, um die Sieger zu bestimmen.
Man kann auch eine Umfrage im Schulhaus starten oder bei den Eltern, die den Kranz gesehen haben. Ein Aushang im Schulhaus:

Unser Adventskranz hatte ungefähr 614 000 Nadeln oder mehr.
Die Klasse 4 a

**Analoge Projekte:**

1. Tannenzweig
   Mit geringerem Aufwand lässt sich die Zahl der Nadeln an einem kleineren Adventskranz oder an einem Tannenzweig oder Kiefernzweig feststellen. Auch ein kleines Bäumchen dürfte nicht so viele Nadeln haben wie unser Kranz.

2. Reiskörner

   Wie viele Reiskörner hat ein Kilogramm Reis?

   Schätzen – Abwiegen einer kleinen Portion – Zählen der gewogenen Körner – Wie oft ist die Portion im Kilogramm enthalten? – Hochrechnen.

3. Getreidekörner

   Wie viele Getreidekörner enthält ein Sack Getreide von 50 Kilogramm?

4. Maiskörner

   Wie viele Maiskörner hat ein Maiskolben?

   Wie viele Maiskolben hat eine Maispflanze?

   Wie viele Maispflanzen stehen in einer Reihe des Maisfeldes?

   Wie viele Reihen hat das Maisfeld?

5. Sonnenblumenkerne

   Wie viele Sonnenblumenkerne hat unsere Sonnenblume?

Alle diese Projekte des Auszählens, Abwiegens, Hochrechnens fördern mathematisches Denken auf anschaulicher Grundlage und trainieren vor allem das Problem des Enthaltenseins, also die Überlegung, wie oft die kleine Menge in der großen Menge enthalten ist. Der Begriff Portion kann für die Vorstellung dieser Operation hilfreich sein. Die Lösung dieser Mal-wie-viel-Aufgabe hat stets keine Benennung, sondern drückt nur die Funktion einer Zahl aus, nicht ihre Größe im Sinne einer Mächtigkeit. Diese Zahl – z. B. 5 (mal) – nützt im Bereich des Sachrechnens nichts, wenn sie mit „nichts" eine multiplikative Operation eingehen soll. Konkret: 5 mal ein leerer Teller ist nicht mehr als ein leerer Teller. Für das Kind bleibt nur die Vorstellung der wiederholten Handlung, des zeitlich oder räumlich abfolgenden Vorganges, mit einer (kleineren) Maßeinheit eine größere Menge zu messen.

| |
|---|
| 5 g in 880 g = ? mal → 880 g : 5 g = ? (mal)<br>25 kg in 1 t = ? mal → 1000 kg : 25 kg = ? (mal) |

Daher wird bei der Notation im Rechenplan die Bezeichnung neben das Platzhalterfeld geschrieben. Beim Anschreiben der Multiplikations – und Divisionsaufgaben wird immer auf die Regel verwiesen, es gibt eine kleine Menge und eine große Menge der gleichen Benennung und als dritte Zahl die Teilzahl oder Malzahl.

Neben der mathematischen Förderung bewirken projektorientiert geplante Unterrichtsstunden oder Unterrichtssequenzen auch eine Sozialisierung der Klasse, da oft arbeitsteilig, variabel, differenziert und demonstrierend gearbeitet wird. Jedem Kind seine passende Rolle im Verlauf des Lösungsprozesses zu ermöglichen, ist vornehmste Aufgabe beim Sachrechnen.

# 9. Leistungsmessung und Klassenarbeiten

## 9.1 Leistungsmessung bei Sachaufgaben

### Sachrechnen ist Vorhersage

Die Leistungskontrolle beim Lösen von Sachproblemen geschieht durch die Wirklichkeit selbst. Habe ich meine Berechnung für die Dauer einer Reise von Nürnberg nach Leipzig mit dem PKW auf der Autobahn falsch durchgeführt, weil ich einen falschen Parameter eingebaut oder mich einfach verrechnet habe, so komme ich zu spät oder zu früh an. Diese Tatsache überprüft meine Rechen- und Denkleistung ohne die üblichen Beurteilungskriterien des Unterrichts. Oder jemand „irrt" sich beim Immobilienkauf, weil er von einem falschen Zinssatz oder einer unrealistischen Steuerersparnis ausgeht, so wird ihm die Fehlkalkulation über sein Schuldenkonto schmerzlich ins Bewusstsein gerückt.

Folgende Kriterien sind zu erfüllen:

1. Die Vorgaben müssen stimmen.
   *Frage: Wie lange braucht man auf der Autobahn von Nürnberg nach Leipzig?*
   Die Entfernung Nürnberg-Leipzig beträgt 271 Autobahnkilometer, ich rechne bei dieser Strecke mit einer Durchschnittsgeschwindigkeit wegen vorhandener Baustellen von nur 80 km/h.
2. Die Verknüpfung dieser Vorgaben muss richtig sein. Dies gilt auch für die Unterscheidung zwischen dem Verteilen und dem Enthaltensein. In unserem Beispiel handelt es sich bei der Lösungszahl nicht um ein Teilstück mit Kilometerangabe sondern um die Zahl der Teilstücke.
   271 km : 80 km = ?
3. Die Durchführung der Berechnungen muss fehlerfrei sein.
   271 km : 80 km = 3 (Rest 31 km)
   Antwort: Ich brauche drei Stunden.
4. Die Ergebnisse sind zu überprüfen. Hat sich etwa bei der Berechnung ein Fehler eingeschlichen? Kann dies an der Wirklichkeit kontrolliert werden? Die Feststellung „Das kann nicht sein" führt daraufhin zur Fehlersuche.
5. Die verlangte Genauigkeit sollte vorgegeben werden, aber auch sinnvoll sein. Die Frage: *„Wie lange?"* ist bei der vorliegenden Aufgabe ungenau, die Antwort: „Ich brauche drei Stunden" ebenfalls. Präzise Fragen nennen die verlangte Größe, z. B. *Wie viele Stunden und Minuten ... ? Wie viele Kilometer und Meter ...? Schreibe in Mark und Pfennig ...*

Wegen der Ungenauigkeit infolge des zu großen Restes wird bei der obigen Aufgabe nach der Dauer in Minuten gefragt. Es muss also der Rest umgewandelt werden. Dadurch wird die Rechnung unübersichtlich. Rechne ich mit einer Geschwindigkeit von 90 km/h, so ist das Ergebnis ziemlich glatt, aber nicht den Tatsachen entsprechend. Ich kann allerdings die Frage auch so formulieren: *Bin ich in vier Stunden in Leipzig?* Unter den angenommenen Parametern lautet dann die Antwort: Ja. Spitzfindigkeiten denkt sich nur die Schule aus.

Die Realität ist also oft großzügiger, aber sie ist der unerbittlichste Leistungsmesser. Gerade durch das Vorausberechnen oder das fiktive Lösen eines Problems soll das böse Erwachen umgangen werden. In einfachen Beispielen kann ich die Kinder ihre Lösungsergebnisse an der Realität überprüfen lassen, indem ich eine Strecke wirklich nachmesse oder einen Geldbetrag nachzähle. Diese anschauliche Primärbestätigung führt dann auch zur Primärmotivation. Sie sollte nach Möglichkeit im Arbeitsteam erbracht werden, denn gemeinsame Erfolge können dann miteinander „bejubelt" oder Misserfolge durch gegenseitiges Helfen bewältigt werden. Mit zunehmendem Lernfortschritt wird diese Überprüfbarkeit immer weniger möglich.

## Messbare Ergebnisse bei Sachaufgaben

Nun werden allerdings Sachaufgaben in der Schule weniger zum Lösen von Sachproblemen als zur Auslese verwendet. Jedes Kind muss seine Fähigkeiten in abprüfbarer Form unter Beweis stellen. Die damit einhergehende Abstraktion oder Realitätsferne ist bereits eine Auslese, eine versteckte, überlagernde Leistungsmessung. Geprüft wird, ob ein Kind mit einer fiktiven mathematischen Situation, die es nie zu bewältigen hat, umgehen könnte. Die Lösungen müssen unnötig genau, eindeutig nachvollziehbar, vergleichbar und messbar sein. Solche Kriterien können reale Probleme nicht immer erfüllen. Daher entsteht der bekannte Kanon von Prüfungs-Sachaufgaben. Bestimmte, eng definierte Lernziele werden mit Aufgabentexten abgefragt. Diese Auslesefunktion von Sachaufgaben sollte daher möglichst lange zurückgedrängt werden. Für das Kind sind Sachaufgaben ergebnisbezogen, aber beurteilungsfrei zu erleben. Für das behutsame Heranführen ab dem 2. Schuljahr kann folgende Liste dienen:

| Anforderung/Lernziel | Lernzielkontrolle |
|---|---|
| 1 Begegnung mit Sachsituationen in Handlungen | Handlungsvorgang erfasst? |
| 2 Begegnung mit Sachsituationen in Bildern und Geschichten | Inhalte entnommen? |
| 3 Nachspielen und Nachlegen von Situationen mit Arbeitsmitteln | Übertragung richtig? |
| 4 Suchen von ähnlichen Beispielen | Analogie erkannt? |
| 5 Zuordnen von Zahlen oder Größenangaben | Sinnvoll zugeordnet? |
| 6 Zuordnen zugehöriger Rechenaufgaben | Operation erkannt? |
| 7 Finden zugehöriger Rechenaufgaben | Selbstständig gefunden? |
| 8 Beschreiben von Sachzusammenhängen anhand von Skizzen und Bildern | Formulierung treffend? |
| 9 Formulieren von Fragen | Treffend gefragt? |
| 10 Beantworten der gestellten Fragen | Fragebezogen geantworter? |
| 11 Notieren von zugehörigen Rechenaufgaben | Richtig notiert? |
| 12 Suchen und Begründen geeigneter Rechenwege | Reihenfolge erklärt? |
| 13 Finden von Möglichkeiten, die Ergebnisse zu überprüfen | Kann die Zahl stimmen? |
| 14 Erschließen ein- oder zweigliedriger Textaufgaben in entsprechender Schrittfolge | Verknüpfungen erkannt? |
| 15 Bearbeiten solcher Aufgabentexte mit und ohne Anleitung | Lösung selbstständig erreicht? |

Erst gegen Ende des zweiten Schuljahres oder im 3. Schuljahr setzt eine normierte schriftliche Leistungskontrolle bei Sachaufgaben ein. Vorher müssen Lehrerbeobachtungen anstelle von Probearbeiten die Leistungen feststellen. Aber auch bis ins vierte Schuljahr hinein sollte nach Möglichkeit nicht nur der Text als Informationsgrundlage zur Leistungsmessung angeboten werden, sondern auch Bilder, Grafiken, Tabellen oder Spielszenen.

## 9.2 Klassenarbeiten entwerfen

### Lernzielkontrolle oder Klassenarbeit?

Lernzielkontrollen sind im Rechtschreiben oder in der Arithmetik leicht durchzuführen, weil die Zielangabe „richtig schreiben“ oder „richtig rechnen“ offenkundig ist. Für Rechenfertigkeitsübungen werden daher Lernzielkontrollen häufig, gezielt und diagnostisch eingesetzt. Nach der Übung des Zehnerüberganges müssen Rechnungen wie

$5 + 7 = ?$ $8 + 8 = ?$ $9 + ? = 12$ usw.

beherrscht werden. Die Zahl der richtigen Ergebnisse in einer bestimmten Zeit (!) wird in einer Erfolgsskala gemessen. Auch die Leistungen verschiede-

ner Klassen können miteinander verglichen werden, weil letztlich der Rechenweg des einzelnen Kindes normiert ist. Leistung definiert sich hier durch die Anzahl der richtigen Lösungen in der festgelegten Zeit. Um Langsamschreiber nicht zu benachteiligen, sollten die Aufgaben größtenteils vorgedruckt vorliegen, damit durch das Abschreiben nicht unnötige Schwierigkeiten aufgebaut werden.
Lernzielkontrollen beim Sachrechnen, auch bei den Textaufgaben, werden zu oft erst in der Klassenarbeit vollzogen. Sie stehen nach dem Grundsatz „vom Leichten zum Schwierigen“ im zweiten Teil der Arbeit, sind also dem Zeitdruck von vornherein preisgegeben und eben nicht wie die vorangestellten Rechenpäckchen in Kurzarbeiten vorgeprüft. Dahinter steckt die Lernzielabfolge des amtlichen Lehrplans und die Einstellung, man könnte erst dann zu den Sachaufgaben „weitergehen“, wenn die Grundrechenarten beherrscht werden.

## Lernzielkontrollen für Sachaufgaben

Daher ist auch für das Sachrechnen eine häufige Lernzielkontrolle zu fordern. Zu einer behandelten Sachsituation oder Handlungssituation sind entsprechende Varianten zu einem Thema zu entwickeln, die wie beim Üben musikalischer Etüden gleiche oder ähnliche Schwierigkeiten wiederkehrend trainieren. Folgende Möglichkeiten zur Variation sind gegeben, immer bezogen auf die Ausgangsaufgabe:

| | |
|---|---|
| Aufgabe identisch, | veränderte Zahlen. |
| Aufgabe identisch, | veränderte Fragestellung. |
| Aufgabe analog, | veränderte Zahlen. |
| Analoge Aufgabe | |
| mit lückenhaften Angaben, | Antwort vollständig gegeben. |
| Analoge Aufgabe | mit unnötigen Ausschmückungen. |
| Aufgabe identisch, | fehlende Benennungen. |
| Angaben aus einem Bild | anstatt aus dem Text entnehmen. |

Durch die unterschiedliche Darbietung einer Aufgabe in einer Spielszene, mit Arbeitsmitteln, durch Bild oder Text lässt sich eine Lernzielkontrolle motivierend und abwechslungsreich gestalten. Das Wiedererkennen der Lösungsstruktur ist dann ein wichtiges Leistungskriterium.
Darüber hinaus kann ich zwei Textaufgabenspalten auf einer Seiten anbieten, bei denen je eine Aufgabe links und je eine Aufgabe rechts die gleiche Lösungsstruktur bei verschiedenen Sachverhalten besitzen.

(1) Ende Oktober werden die Karpfenweiher abgefischt. Ein Gastwirt bestellt 13 mittlere Karpfen. Ein Fisch wiegt etwa 3 Pfund.

(2) Solche Saurier lebten einst, als unsere Kalkgebirge entstanden.

Neun Meter war das Tier lang. Elke staunt: „Da wären ja sechs Tiere hintereinander gleich sechs Meter länger gewesen als unser Pausenhof!“
*Wie lang ist der Pausenhof?*

(3) In einem Schulgebäude liegen vier Klassenzimmer nebeneinander. Jedes ist 9 m lang. Zwischen dem ersten und zweiten Klassenzimmer befindet sich ein Treppenhaus von 4 m Breite, ebenso zwischen dem dritten und vierten.
*Wie lang ist das Gebäude ungefähr?*

(4) Vater verwendet eine alte Drachenschnur (100 m lang) für Gartenarbeiten. Er schneidet 11 Stücke zu je 4 m ab und den Rest in 8-m-Stücke.
*Wie viele Stücke hat er nun?*

(5) Rechne den Umfang dieses Hofes aus! Hier siehst du den Grundriss:

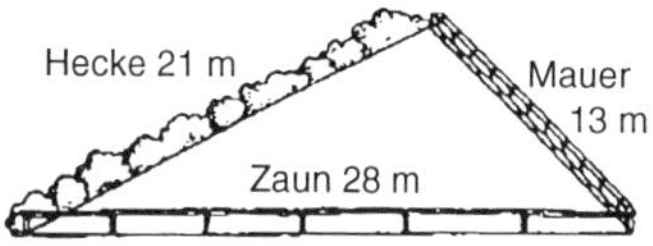


(A) Am Birkenweg stehen vier Doppelhäuser in einer Reihe. Jedes Haus ist 13 m lang. Der Abstand zwischen den Häusern beträgt immer 8 m.
*Wie weit ist es von der ersten bis zur letzten Hausecke?*

(B) Bauer Weisel verkaufte gestern 7 Sack Kartoffeln zu je 9 DM.

(C) Das Schlossgespenst von Burg Wackelstein schwebt am Turm empor, rutscht auf dem Mondschein schräg nach unten und eilt zurück zum Fuß des Turms.
*Wie weit war die nächtliche Reise des Gespenstes?*

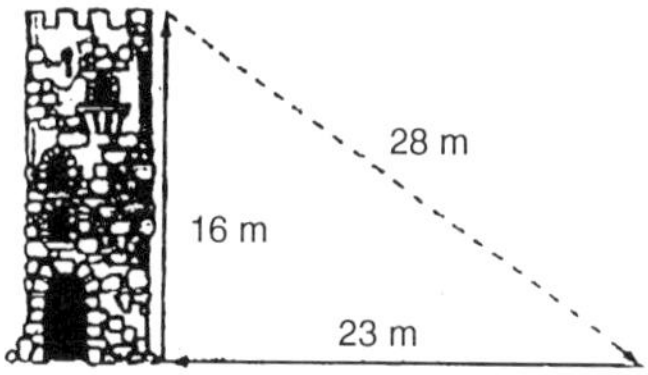


(D) Immer sechs rote Füllerpatronen werden von einer Maschine in Schachteln verpackt. Am Anfang sind vier Patronen heruntergefallen, dann hat die Maschine 8 Schachteln verpackt.
*Wie viele Patronen sind das bisher?*

(E) Opa Flick verwendet eine alte Drachenschnur (100 m lang) für Gartenarbeiten. Er schneidet 12 Stücke zu je 3 m ab und den Rest in 8-m-Stücke.
*Wie viele Stücke hat er nun?*

Für die Rechnungen in der linken Spalte kannst du 5 verschiedene Rechenpläne verwenden, für die Rechnungen in der rechten Spalte ebenfalls. Welche Rechnungen lassen sich nach dem gleichen Plan lösen?

(aus *Hans Falkner:* Rechenkiste 3. Bamberg: Buchner 1979, S. 10)

## Klassenarbeiten

Um die Aussagekraft einer Klassenarbeit zu garantieren werden immer Aufgaben aus dem arithmetischen Bereich und aus dem Bereich der Sachaufgaben gleichzeitig angeboten. Möglicherweise lässt sich auch eine geometrische Aufgabenstellung einbauen, etwa aus dem Bereich der Symmetrie, die für Sachaufgaben und Rechnungen genutzt werden kann. In zwölf dritten Klassen in der Stadt Erlangen wurde zu Beginn des dritten Schuljahres der Versuch durchgeführt, eine Klassenarbeit in einen Arithmetikteil und einen Textaufgabenteil zu zerlegen. Zwischen den Durchführungsterminen lag eine Zeitspanne von einer Woche. Dadurch sollte die Hintanstellung der Sachaufgaben beim Schreiben einer Klassenarbeit umgangen und mit frischer Konzentration der zweite Teil begonnen werden. Dieses Experiment hat die Mehrzahl der Lehrkräfte kritisiert. Man empfand die erste Arbeit als zu leicht, die zweite als zu schwierig.

Das Problem der Bewertung stellt sich schließlich bei Aufgabentexten anders als beim Rechnen. Einzelrechnungen können in beliebiger Anzahl angehäuft und abgehakt werden, jede Rechnung ist ein neuer Start. Die mathematische Verflechtung bei Sachaufgaben – erst recht, wenn sie nur als Textaufgaben angeboten werden – bringt erhebliche Probleme bei der Korrektur mit sich.

Wer zu Beginn einer Sachaufgabe aussteigt, verliert ein ganzes Punktepaket.

Wie großzügig sind Folgefehler zu ignorieren?

Wie behandeln wir analoge Fehler in verschiedenen Aufgaben?

Wie sind übersprungene Zwischenergebnisse zu bewerten?

Wie stark sind formale Gesichtspunkte wie Benennung bei allen Operationen, korrekte Antwortformulierung auf die Frage zu berücksichtigen?

Daher muss geklärt werden, wie bei der aus Arithmetik und Sachrechnen gemischten Probearbeit die Bewertungsskala auf die Notenskala übertragen wird.

## Punkteskala oder Fehlerskala

Die Darstellung der Korrekturergebnisse auf einer Punkteskala zeigt Ballungen im Leistungsgefüge auf. Dies kann auf die Leistungsfähigkeit der Klasse hindeuten, aber auch auf eine gewollte oder ungewollte Schwierigkeitsnivellierung bei der Aufgabenstellung. So ist für mich immer wieder eine Rückbesinnung und Deutung des Leistungsprofils der Klasse möglich.

Die Fehlerskala bei Nachschriften oder Diktaten legt die Richtung in der Weise fest, dass links oder oben die bestmögliche Lösung steht und nach rechts oder unten die fortlaufend schlechteren Leistungen.

| | | |
|---|---|---|
| Diktat oder Nachschrift<br>**Fehler 0  2  4  6  8  10  12**<br>→→→→→→→→→→→→→→→→ | | Das Ende der Skala wird durch die Anzahl der verschiedenen Wörter festgelegt. |

Auch beim Zuteilen von Punkten für je einen richtigen Lösungsschritt sollte die beste Lösung daher am Anfang, also links oder oben, stehen. Die maximale Punktzahl eröffnet also die Skala, die minimale Punktzahl beschließt sie rechts oder unten.

Die übliche Zuordnung zu den Noten- oder Leistungsstufen ist demgegenüber weniger aussagekräftig.

| | | |
|---|---|---|
| Note 1 ... bis ... Punkte | 3 Kinder | Diese Zuordnung garantiert nur die richtige Berechnung des Notendurchschnittes, zeichnet aber das Leistungsprofil ungenau. |
| Note 2 ... bis ... Punkte | 6 Kinder | |
| Note 3 ... bis ... Punkte | 7 Kinder | |
| Note 4 ... bis ... Punkte | 8 Kinder | |
| Note 5 ... bis ... Punkte | 4 Kinder | |
| Note 6 ... bis ... Punkte | 1 Kind | |

### Von den Bewertungspunkten zu den Noten

**Halbe Punktzahl ≙ (noch) ausreichend**

Dies ist ein gutes Kriterium für das Erreichen eines Lernzieles. Ich muss mir dieser Grenze aber bereits bei der Erstellung der Arbeit bewusst sein und entsprechend leichte Aufgaben anbieten, meist aus dem Bereich der Rechenfertigkeit.

**Ein Drittel der erreichbaren Punktzahl ≙ Grenze zwischen Note 5 und 6**

Dieser Wert kann ebenfalls zur Gliederung der Skala verwendet werden, wenn ich mir dieser Grenze schon beim Erstellen der Aufgaben bewusst bin. Die Note 6 wird also nicht nur erteilt, wenn keine Leistung erbracht ist, sondern auch, wenn die Leistung zu gering ist. In der gemischten Klassenarbeit bedeutet dies, auch das formale Rechnen ist noch fehlerhaft.

Eine weitere Notengrenze kann sein:

**Die Durchschnittspunktzahl ≙ Grenze zwischen Note 3 und Note 4**

Wenn sich durch diese Grenzen zwischen Note 5/6, Note 4/5 und Note 3/4 eine ausgewogene Skala ergibt, hat die Schwierigkeit der Arbeit den gegebenen Voraussetzungen bei den Kindern entsprochen. Liegt die Durchschnittspunktzahl dicht an der Hälfte der Punktzahl, so ist der Misserfolg zu groß oder anders ausgedrückt, der Lernzuwachs war noch zu gering oder die Anforderungen waren nicht angemessen gestellt.

**Die Grenzen zwischen den Noten 1 und 2 und den Noten 2 und 3** können im Bereich zwischen maximaler Punktzahl und Punktedurchschnitt etwa gleichmäßig eingeteilt werden. Eine nicht belegte Punktezahl ist als Notengrenze günstig.

**Mögliche Punkte-Noten-Zuordnung bei im Durchschnitt 21 Punkten von maximal 30.**

| Maximum | | über Durchschnitt | Halbe Punktzahl | Drittel Punktzahl | Minimum |
|---|---|---|---|---|---|
| 30 29 28 | 27 26 25 | 24 23 22 21 | 20 19 18 17 16 15 | 14 13 12 11 10 | 9 8 7 6 5 4 3 2 1 0 |
| sehr gut | gut | befriedigend | ausreichend | mangelhaft | ungenügend |
| 0 bis 2 | 3 bis 5 | 6 bis 9 | 10 bis 15 | 16 bis 20 | über 20 Fehler |

Diese Zuordnung wird vielleicht als zu streng befunden. Kritiker sind meist den Unterricht in höheren Jahrgangsstufen, auch an Gymnasien, gewohnt. Ich gehe vom Gedankengang aus, dass die Wahrscheinlichkeit Fehler zu machen, im Laufe des Lehrplanaufbaues zunimmt.

Daher erscheint später die **lineare Verteilung** angebracht.

| | | | | | |
|---|---|---|---|---|---|
| 30 29 28 27 26 | 25 24 23 22 21 | 20 19 18 17 16 | 15 14 13 12 11 | 10 9 8 7 6 | 5 4 3 2 1 0 |
| sehr gut | gut | befriedigend | ausreichend | mangelhaft | ungenügend |
| 0 bis 4 | 5 bis 9 | 10 bis 14 | 15 bis 19 | 20 bis 24 | 25 bis 30 Fehler |

In der Grundschule werden aber derart elementare Kenntnisse vermittelt, dass wir weniger als die Hälfte der erreichbaren Leistungen nicht als ausreichend bezeichnen können. Defizite in diesem Lernbereich vervielfältigen sich in die späteren Unterrichtsinhalte hinein. Dies gilt besonders für die Rechenfertigkeit, aber auch für das Sachrechnen der Grundschule. Sachrechenaufgaben bestehen ja mindestens zur Hälfte aus den elementaren Rechenfertigkeiten, die unverzichtbar sind. Außerdem werden formale Punkte gegeben, die etwa nur das Übertragen der Angaben des vorgegebenen Textes oder Sachverhaltes ins Arbeitsblatt werten oder die Niederschrift der Anwort aus den Wörtern der Frage punkten, ohne auf die Richtigkeit der Lösungszahl abzustellen. Somit ist auch bei Sachaufgaben für ausreichende Leistungen die halbe Punktzahl anzusetzen.

## Punktewertung einer Sachaufgabe

### Beispielaufgabe aus der Unterrichtssituation

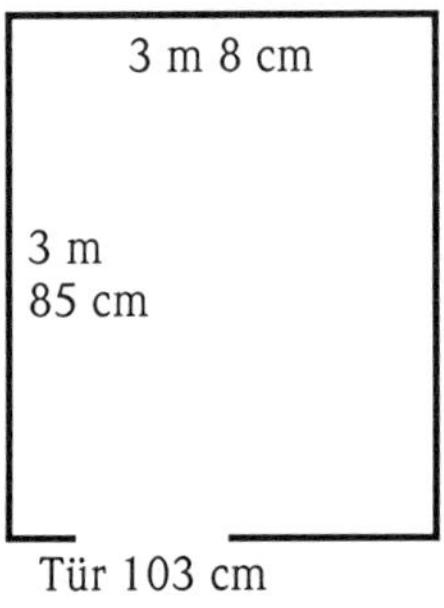


Igitt, eine Schnecke ist ins Zimmer gekrochen! Sie kroch an einem Türpfosten herein und an der Bodenleiste um das ganze Zimmer herum, bis sie wieder zur Tür hinausfand.

*Wie lang war ihre Schleimspur?*
Das Zimmer ist 3 m 85 cm lang und 3 m 8 cm breit. Die Tür ist so breit wie unsere Klassenzimmertür.
Zuerst wird also die Klassenzimmertür gemessen, anschließend entsteht eine Skizze an der Tafel. Die „schleimige“ Einführung hat natürlich bei einigen Kindern Kommentare hervorgerufen, aber die gesamte Klasse war sozusagen affektiv beteiligt. Der Begriff „Schleimspur“ war für die Klärung des Sachverhaltes eindeutig. Kein Kind wies darauf hin, dass die Schnecke vielleicht anders gelaufen ist. Es war so gut vorstellbar.

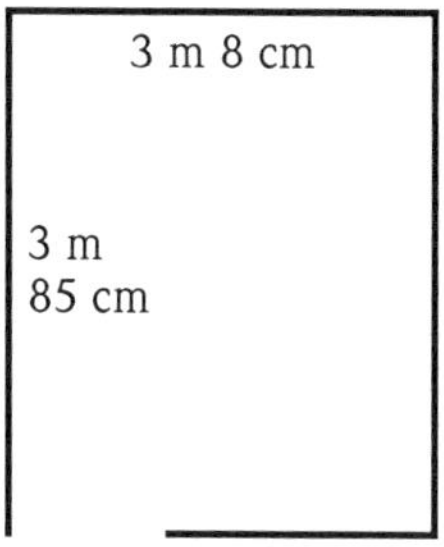

Tür 103 cm zum leichteren Rechnen an der Ecke

Als Differenzierungsaufgabe für die Schnellrechner bot ich an:
2. Schneckengeschichte: Dieses Mal ist das Zimmer ein Quadrat mit dem Umfang 12 m 92 cm. Wir denken uns die Tür wieder in der Ecke. Welche Strecke hat die Schnecke an der Türseite zu kriechen, bevor sie verschwindet? Plötzlich mussten die Operationen umgedreht werden. Es handelte sich also um eine (unbemerkte) Lernzielkontrolle für leistungsstarke Denker. Die Rechnung

$$12 \text{ m } 92 \text{ cm} : 4 = 3 \text{ m } 23 \text{ cm}$$

war so einfach. Danach musste man nur noch 103 cm abziehen:

$$323 \text{ cm} - 103 \text{ cm} = 220 \text{ cm}.$$

Auf der Basis der ersten Schneckenaufgabe wurde in der nächsten Probearbeit folgende Aufgabe zur Lernzielkontrolle vorgelegt:

> Frau Krauses Arbeitszimmer ist 4,78 m lang und 4 m 5 cm breit. Sie klebt am Rand einen Kunststoffstreifen fest. Die Tür zum Gang ist 1 m 6 cm, ebenso die Tür vom Arbeitszimmer zum Kinderzimmer.
> *Wie lang muss der Streifen sein?*

Aufgabe: 478 cm; 405 cm; 106 cm; zwei Türen.
Frage: *Wie lang muss der Streifen sein?*
Zeichnung: (Entweder nur die Rechenzeichen oder eine Skizze. Hier eingetragene Werte können schon gepunktet werden, wenn die nachfolgende Rechnung dazu fehlt.)

**Rechnung A:**

| | | |
|---|---|---|
| 405 cm | Richtig anschreiben | (1/2 P) |
| 405 cm | Verdoppeln 2 mal | (1/2 P) |
| 478 cm | | |
| 478 cm | Addition erkannt | (1/2 P) |
| 1766 cm | richtiges Ergebnis | (1/2 P) |

**Rechnung B:**

| | | |
|---|---|---|
| 405 · 2 = 810 mit Lösung | | (1/2 P) |
| 478 · 2 = 956 mit Lösung | | (1/2 P) |
| 956 + 810 | Erkennen | (1/2 P) |
| = 1766 | Ergebnis | (1/2 P) |

Für das gleiche Ergebnis muss die gleiche Punktzahl zugesprochen werden; obgleich die Zahl der Rechenschritte verschieden ist. Das Ergebnis 1766 cm bringt also zwei Punkte.
Wird eine Leistung nicht erbracht, ziehe ich einen halben Punkt ab. Wer also mehrere Rechenschritte macht und umständlicher rechnet, hat ein höheres Fehlerrisiko. Elegante Lösungen werden dadurch honoriert.
Wie wirken sich Fehler bei den verschiedenen Rechenwegen aus?

| | |
|---|---|
| A verrechnet sich beim Addieren | B verrechnet sich beim Multiplizieren mit 2 und beim Umwandeln |
| → 1/2 Punkt Abzug | → 1/2 Punkt Abzug. |
| Für einen Fehler einen halben Punkt Abzug. | Für zwei Fehler einen halben Punkt Abzug. |

Diese Punktezuteilung muss vor der Klassenarbeit festgelegt sein. Sie stellt dennoch immer eine Gewichtung einzelner Leistungen dar. Es muss geklärt sein, ob das Punktesystem durchgängig so angewendet wird wie in diesem Beispiel. Bestimmte Zwischenergebnisse, die unumgänglich sind, werden mit der gleichen Punktzahl honoriert.

**Rechnung A** (Fortsetzung):

| | | |
|---|---|---|
| 106 cm | richtiges Anschreiben | (1/2 P) |
| + 106 cm | | |
| 212 cm | Addition lösen | (1/2 P) |
| 1766 cm | | |
| – 212 | Subtraktion erkennen | (1/2 P) |
| 1554 | richtiges Ergebnis | (1/2 P) |

**Rechnung B** (Fortsetzung):

| | |
|---|---|
| 1766 cm | 1660 cm |
| – 106 cm | – 106 cm |
| 1660 cm | 1554 cm |

Subtraktion: Anschreiben je (1/2 P)
Richtiges Ergebnis je (1/2 P)

| Punktegleichstand für Rechnung A und B → 4 Punkte |
|---|

Anwortsatz: *Der Streifen muss 1544 cm lang sein.* Fragebezogener Satz (1/2 P)
Richtiges Übernehmen der Lösungszahl mit Benennung (1/2 P)

| Punktegleichstand für Rechnung A und B → 5 Punkte |
|---|

Natürlich kann jede Rechnung auch mit zwei Punkten gewertet werden, einen für das richtige Notieren und einen Punkt für die Lösung. Dann hätte diese Aufgabe 10 Punkte. Sie würde im Verhältnis zu Rechenpäckchen mehr Gewicht bekommen, dies ist zu bedenken!
Anmerkungen:
1. Die Rechnungen dürfen auch als Nebenrechnungen ohne Benennung durchgeführt werden.

2- Zwischenergebnisse sollen gekennzeichnet (unterstrichen, eingerahmt) sein.
3. Eingebrachte Kopfrechenergebnisse sind mit Punkten zu werten, wo sie als notiert auftreten. Die Kinder sind immer wieder auf das Risiko aufmerksam zu machen, das sie bei fehlender Notation eingehen.
4. Für übersichtliche Darstellung können ein oder zwei Sonderpunkte gegeben werden.
5. Das Erkennen der Operation muss immer honoriert werden. Das Lösen einer nicht adäquaten Operation dagegen wird nicht honoriert. Dadurch ist das Rechnen ohne Erkennen wertlos.

## Leistungsdiagnose für die Klasse und für einzelne Kinder

Wird bei der Kurzarbeit die Leistungskontrolle eines engen Leistungsbereiches abgefragt, so ist die Anforderung bei der Klassenarbeit gestreut. Eine Auswertung nach der in der Klasse erreichten Punktzahl je Aufgabe kann offenbaren, wo noch Übungsbedarf besteht.

**Aufgabe 1**
Punkte 6 Schüler 25 Erreichte Punkte 108 Erreichbare Punktzahl 150 (72 %)
**Aufgabe 2**
Punkte 4 Schüler 25 Erreichte Punkte 46 Erreichbare Punktzahl 100 (46 %)

Im folgenden Beispiel wurden in einer Probearbeit im November des 4. Schuljahres verschiedene Lernziele abgefragt, um eine umfassende Leistungsaussage zu erhalten. Alle neun Rechnungen waren innerhalb der vorangehenden drei Wochen geübt, die Aufgabe Nr. 7 nur ganz kurz. Die Anforderungsstufen 1. Reproduktion, 2. Reorganisation, 3. Transfer, 4. Problemlösendes Denken waren vorhanden, die Stufe vier nur bei der Aufgabe Nr. 7. Zur Probearbeit selbst siehe Kapitel 9.3! (Siehe S. 292)

**4. Schuljahr, November (Zahlenraum bis 5000)**
**Addieren HZE + HZE; Malnehmen HZE.E; Teilen THZE : E; Zeitspannen in Std. und Min. berechnen; Preistabellen lesen; Maßeinheiten m und cm mit Komma;**

Lernzielinhalte:
Aufgabe 1 Multiplizieren HZE · E mit „Probe“, also Umkehraufgabe
Aufgabe 2 Zeitspannen von Uhrzeiten berechnen
Aufgabe 3 Zahlen aus Verkehrsplänen entnehmen, Addieren, Tabelle lesen
Aufgabe 4 Aus einer Zugabfahrtstafel Fahrzeiten entnehmen, Fahrtdauer berechnen

| | |
|---|---|
| Aufgabe 5 | Dividieren THZE : E |
| Aufgabe 6 | Angaben in Metern und Zentimetern, teilweise mit Komma, addieren |
| Aufgabe 7 | Eingekleidete Aufgabe, Suchen von Zahlen |
| Aufgabe 8 | Umfangsberechnung mit Metern und Zentimetern |

Zu der Probearbeit wurde eine Tabelle erstellt, aus der sowohl die Leistung des einzelnen Kindes ersichtlich ist als auch die Erfolgsquote jeder einzelnen Aufgabe. Im Diagramm 1 ist diese Quote dargestellt. Erwartungsgemäß ist Aufgabe sieben am wenigsten gelöst worden, da sie als einzige problemlösendes Denken fordert. Aufgabe drei dagegen ist recht erfolgreich bearbeitet worden, dieses Lernziel ist in der Klasse offenbar gut erreicht.

Auch für das einzelne Kind ist die Darstellung der Ergebnisse in einem Schaubild aufschlussreich. Sie kann auch leicht angefertigt werden, da es sich um vier bis neun Punkte je Aufgabe handelt und diese in einem Schaubild durch ausgemalte Quadrate leicht darstellen lassen. Eine Auswertung für Kind Nr. 8 zeigt das zweite Diagramm.

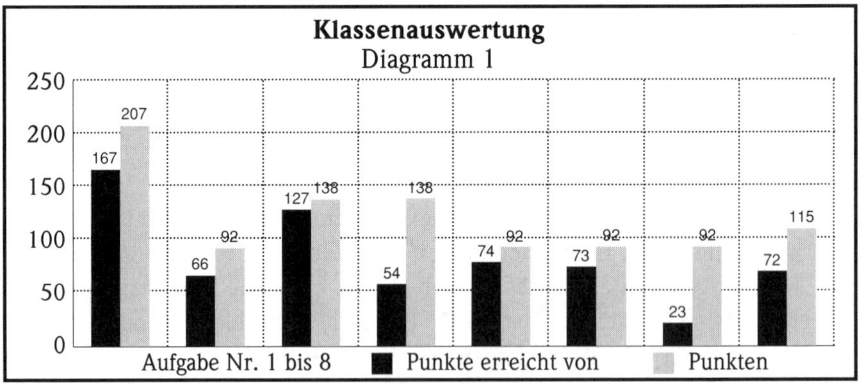


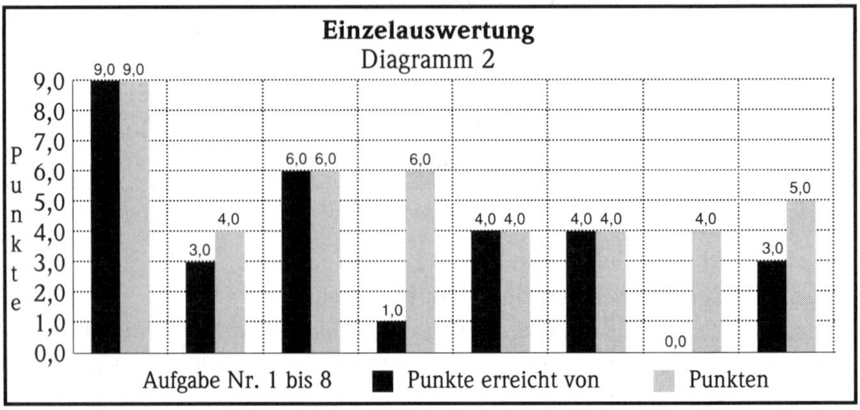

Klassenarbeit Mathematik am 15. 11. Klasse 4 b Erreichte Punktzahl

| | A | B | C | D | E | F | G | H | I | J | K | L |
|---|---|---|---|---|---|---|---|---|---|---|---|---|
| **1** | 8,0 | 2,0 | 4,0 | 2,0 | 4,0 | 3,0 | 1,5 | 4,0 | 28,5 | | Note | 3 |
| **2** | 7,0 | 4,0 | 6,0 | 1,0 | 4,0 | 4,0 | 2,0 | 2,0 | 30 | | Note | 3 |
| **3** | 8,0 | 3,0 | 6,0 | 1,0 | 3,0 | 2,0 | 1,0 | 3,0 | 27 | | Note | 3 |
| **4** | 3,0 | 4,0 | 6,0 | 1,0 | 0,0 | 2,0 | 0,0 | 0,0 | 16 | | Note | 5 |
| **5** | 9,0 | 4,0 | 6,0 | 6,0 | 4,0 | 3,5 | 0,0 | 4,5 | 37 | | Note | 1 |
| **6** | 3,0 | 0,0 | 5,0 | 2,0 | 0,0 | 2,5 | 0,0 | 4,0 | 16,5 | | Note | 5 |
| **7** | 8,0 | 4,0 | 5,0 | 3,0 | 3,0 | 3,0 | 0,0 | 1,5 | 27,5 | | Note | 3 |
| **8** | 9,0 | 3,0 | 6,0 | 1,0 | 4,0 | 4,0 | 0,0 | 3,0 | 30 | | Note | 3 |
| **9** | 9,0 | 4,0 | 6,0 | 2,0 | 4,0 | 4,0 | 3,0 | 5,0 | 37 | | Note | 1 |
| **10** | 6,0 | 2,0 | 6,0 | 0,0 | 4,0 | 4,0 | 0,0 | 3,0 | 25 | | Note | 4 |
| **11** | 5,0 | 3,0 | 6,0 | 5,0 | 3,0 | 4,0 | 3,5 | 4,0 | 33,5 | | Note | 2 |
| **12** | 9,0 | 4,0 | 6,0 | 5,0 | 4,0 | 4,0 | 1,0 | 5,0 | 38,0 | | Note | 1 |
| **13** | 9,0 | 3,0 | 6,0 | 1,0 | 4,0 | 1,5 | 0,0 | 2,0 | 26,5 | | Note | 3 |
| **14** | 9,0 | 0,0 | 6,0 | 1,0 | 4,0 | 3,0 | 0,0 | 3,5 | 26,5 | | Note | 3 |
| **15** | 9,0 | 0,0 | 6,0 | 2,0 | 4,0 | 3,5 | 1,0 | 1,5 | 27 | | Note | 3 |
| **16** | 5,0 | 1,0 | 3,0 | 0,0 | 4,0 | 3,5 | 0,0 | 4,5 | 21 | | Note | 4 |
| **17** | 9,0 | 4,0 | 6,0 | 5,0 | 4,0 | 3,5 | 4,0 | 5,0 | 40,5 | | Note | 1 |
| **18** | 8,0 | 4,0 | 6,0 | 3,0 | 4,0 | 2,5 | 0,0 | 2,0 | 29,5 | | Note | 3 |
| **19** | 6,0 | 4,0 | 6,0 | 6,0 | 2,0 | 3,5 | 1,0 | 4,5 | 33 | | Note | 2 |
| **20** | 8,0 | 2,0 | 4,0 | 0,0 | 3,0 | 3,0 | 0,0 | 1,5 | 21,5 | | Note | 4 |
| **21** | 9,0 | 4,0 | 6,0 | 2,0 | 4,0 | 3,0 | 1,0 | 4,0 | 33 | | Note | 2 |
| **22** | 5,0 | 4,0 | 6,0 | 5,0 | 4,0 | 3,5 | 4,0 | 4,5 | 36 | | Note | 2 |
| **23** | 6,0 | 3,0 | 4,0 | 0,0 | 0,0 | 2,0 | 0,0 | 0,0 | 15 | | Note | 5 |
| **24** | **9,0** | **6,0** | **6,0** | **4,0** | **4,0** | **4,0** | **4,0** | **5,0** | **655,5** | **Punkte** | | |
| **25** | ***167*** | ***66*** | ***127*** | ***54*** | ***74*** | ***73*** | ***23*** | ***72*** | ***655,5*** | ***erreicht*** | | |
| **26** | **207** | **92** | **138** | **138** | **92** | **92** | **92** | **115** | **966,0** | **möglich** | | |
| **27** | Punktedurchschnitt für alle 23 Schüler | | | | | | | | 28,5 | | Note | Anz. |
| **28** | Notendurchschnitt für alle 23 Schüler | | | | | | | | 2,87 | | 1 | 4 |
| **29** | Feld A 1 bis 23 H enthalten die erreichten Punkte | | | | | | | | | | 2 | 4 |
| **30** | Zeile 1 bis 23 geben die Kinder an | | | | | | | | | | 3 | 9 |
| **31** | Spalte A bis H geben die Aufgaben 1 bis 8 an | | | | | | | | | | 4 | 3 |
| **32** | Zeile 24 nennt die erreichbaren Punkte je Aufgabe | | | | | | | | | | 5 | 3 |
| **33** | Zeile 25 nennt die erreichte Punktsumme je Aufgabe | | | | | | | | | | 6 | 0 |
| **34** | Zeile 26 nennt die erreichbare Punktsumme je Aufgabe | | | | | | | | | | | |
| **35** | | | | | | | | | | | | |
| **36** | Note | 1 | | 2 | | 3 | | 4 | 5 | | | 6 |
| **37** | Punkte | 42 – 37 | | 36 – 32 | | 31 – 26 | | 25 – 19 | 18 – 13 | | | 12 – |
| **38** | Zahl | 4 | | 4 | | 9 | | 3 | 3 | | | 0 |
| **39** | **Beispiel für ein Leistungsdiagramm** | | | | | | | | | | | |
| **40** | **9,0** | **3,0** | **6,0** | **1,0** | **4,0** | **4,0** | **0,0** | **3,0** | **erreicht von Kind Nr. 8** | | | |
| **41** | **9,0** | **4,0** | **6,0** | **6,0** | **4,0** | **4,0** | **4,0** | **5,0** | **erreichbare Punkte** | | | |

## 9.3 Beispiele für Klassenarbeiten

**Leistungsprofil zu Beginn des 3. Schuljahres** (Zahlenraum bis 100)

Zu Beginn des 3. Schuljahres soll eine Leistungskontrolle über den Stand der Klasse und das Leistungsprofil informieren. Die Abfrage muss die richtige Trennschärfe zwischen dem arithmetischen Bereich und dem Sachrechnen besitzen. Daher habe ich zwei Aufgabenblöcke entwickelt, Arithmetik und Sachrechnen. Das Sachrechnen muss sich auf kindgemäße Situationen in der Textvorlage stützen, könnte aber auch als erzählte Geschichte angeboten werden. Die Durchführung wird nicht als „Klassenarbeit" bezeichnet, um ängstliche Kinder nicht dem Leistungsdruck auszusetzen.

**1. Teil: Arithmetik**
Zehn Aufgabenblöcke mit je sechs Lösungen sind zu bearbeiten. Die verschiedenen Rechenfertigkeiten sind dabei gleich gewichtet. Eine regelmäßige Kopfrechenphase zu Beginn der Mathematikstunden fördert die Lösungssicherheit bei diesen Aufgaben. Die Bearbeitungsdauer ist genau 15 Minuten. Die Arbeit wird etwa eine bis zwei Wochen nach Beginn des 3. Schuljahres geschrieben, nachdem die Lerninhalte wiederholt, aber nicht vertieft geübt worden sind. Die Anforderungen bleiben im Bereich der Reproduktion und Reorganisation. Die diktierten Zahlen der Nr. 1 heißen 36, 67, 48, 84, 95, 59.

**2. Teil: Sachaufgaben**
Sechs Aufgaben in den verschiedenen Anforderungsstufen Reproduktion, Reorganisation und Transfer werden in Textform vorgelegt. Der jeweilige Text kann durch eine pantomimische Darstellung unterstützt oder als Spielhandlung von mir vorgeführt werden.

Aufgabentext:
Von einem Meter Klebeband schneidet die Lehrerin 37 cm, 28 cm und 23 cm ab.
*Frage: Wie viel von dem Band ist noch übrig?*

---

Spielhandlung:
Ich nehme den an der Tafel liegenden Meterstab und halte ein abgerolltes Stück Klebeband daneben. Jedes Kind sieht, dass Meterstab und Band gleich lang sind. Nun klebe ich das Band am oberen Ende lose an die Tafel, hole mit etwas theatralischen Gesten eine große Schere und deute das Abschneiden an. Daneben schreibe ich „37 cm". Den Einschnitt mache ich nur kurz, das Band wird also nicht durchgetrennt. Nun deute ich ein zweites und drittes

Abschneiden an. Neben das Band schreibe ich jeweils die Länge der Abschnitte, 28 cm und 23 cm. Nach dem dritten Abmessen schneide ich tatsächlich ab und zeige das Reststück.
Ziemlich sicher finden die Kinder nun – durch meine Gestik unterstützt – die Frage selbst. In diesem Falle schreibe ich nur „Frage:" an die Tafel und lasse mir dann deren Formulierung diktieren. Leichter, aber weniger fruchtbar ist natürlich eine vorgegebene Tafelanschrift: *„Wie viel von dem Band ist noch übrig?"*

Für die Klassenarbeit mit den Sachaufgaben wird wegen der möglichen Spielunterbrechungen keine Bearbeitungsdauer festgelegt. Ich gehe nach der Faustregel: *Arbeitszeit so lange, bis drei Viertel der Kinder fertig sind.* Wenn die Kinder nur nach der Textvorlage arbeiten, ist eine Verteilung auf zwei Tage zu erwägen.
Die Durchführung der Probearbeit mit den Sachaufgaben erfolgt etwa drei bis vier Wochen nach Schuljahresbeginn. Eine genaue Vorübung aller Aufgaben würde diese auf die Stufe der Reproduktion herabmindern. Daher muss ich mir von vorneherein im Klaren sein, welche Aufgaben nicht genau vorbehandelt sind.

**Menü aus Rechen- und Sachaufgaben**

Schließlich kann man mixen, d. h. man wählt jeweils einige Rechenaufgaben und einige Sachaufgaben aus, die an einem Tag zu bearbeiten sind. Diese müssen dann herauskopiert und jeweils separat vorgelegt werden. Die Ergebnisbewertung unterscheidet aber dennoch genau nach Rechenaufgaben und Sachaufgaben. Daher ist eine Notengebung nicht anzuraten.

| Name | Datum | **AB 39** |
|---|---|---|

## Rechnen bis 100 + – > < · :

Anfang des 3 Schuljahres (Zahlenraum bis 100)

1. Schreibe die Zahlen auf. ____, ____, ____, ____, ____, ____, 6 Punkte

2. Wie heißen die Vorgänger und Nachfolger? 6 Punkte (12 halbe P.)

   ____, 25, ____ ____, 68, ____ ____, 91, ____

   ____, 44, ____ ____, 79, ____ ____, 30, ____

3. Rechne.

   40 + 35 = ____ 24 + 33 = ____ 56 + 42 = ____

   21 + 66 = ____ 38 + 42 = ____ 17 + 23 = ____ 6 P.

4. Rechne.

   86 – 26 = ____ 57 – 15 = ____ 43 – 22 = ____

   65 – 55 = ____ 93 – 32 = ____ 39 – 35 = ____ 6 P.

5. 26 + 26 = ____ 38 + 14 = ____ 17 + 35 = ____

   52 + 39 = ____ 26 + 65 = ____ 45 + 46 = ____ 6 P.

6. 100 – 33 = ____ 88 – 19 = ____ 66 – 28 = ____

   75 – 37 = ____ 91 – 65 = ____ 82 – 73 = ____ 6 P.

7. ⊕ oder ⊖

   20 ◯ ☐ = 35 57 ◯ ☐ = 40 63 ◯ ☐ = 36

   55 ◯ ☐ = 81 ☐ ◯ 75 = 100 ☐ ◯ 24 = 48 6 P.

8. > oder <

   17 + 14 ☐ 30 24 + 49 ☐ 80 63 – 19 ☐ 40

   5 · 8 ☐ 42 3 · 5 ☐ 16 9 · 8 ☐ 80 6 P.

9. 8 · 5 = ____ 8 · 2 = ____ 7 · 8 = ____

   9 · 4 = ____ 6 · 4 = ____ 8 · 10 = ____ 6 P.

10. 32 = ____ · ____ 24 : 4 = ____ 48 : 8 = ____

    55 = ____ · 5 64 : 8 = ____ 28 : 4 = ____ 6 P.

60 Punkte

| Name | Datum | **AB 40** |
|---|---|---|

## Sachaufgaben + – · : DM, Pf, m, cm

Anfang des 3. Schuljahres — Zahlenraum bis 100

**1** Birgit hat zum Geburtstag 55 DM bekommen. Sie kauft sich von dem Geld eine CD für 22 DM.

*Frage:* ______________________________

Rechnung: ______________________________

Antwort: ______________________________

6 P.

**2** Katja hat ein neues Heft mit 32 Blättern.

*Frage: Wie viele Seiten hat dieses Heft?*

Rechnung: ______________________________

Antwort: ______________________________

4 P.

**3** Markus kauft eine Briefmarke zu einer D-Mark. Er zahlt zum Spaß nur mit 5-Pf-Stücken.

*Frage: Wie viele Geldstücke braucht er?*

Rechnung: ______________________________

Antwort: ______________________________

4 P.

**4** Setze die Sätze richtig zusammen:

| | |
|---|---|
| 1. Christines Anorak | a kostet 3 Pfennig. |
| 2. Mein Schreibheft | b hat 16 DM gekostet. |
| 3. Walters Fingernagel | c ist 4 m lang. |
| 4. Richards Schulfüller | d war 69 DM teuer. |
| 5. Claudias Zimmer | e ist 1 cm breit. |
| 6. Ein Blatt Papier | f ist 31 cm lang. |
| 7. Sabines Lineal | g hat 80 Pf gekostet. |

6 P.

Lösungen: 1d /2 /3 /4 /5 /6 /7

Auf der nächsten Seite geht es weiter.

| Name | Datum | **AB 41** |
|---|---|---|

(5) Von einem Meter Klebeband schneidet die Lehrerin 37 cm, 28 cm und 23 cm ab.

*Frage: Wie viel von dem Band ist noch übrig?*

Rechnung: (Nutze den Rechenvorteil.)

______________________________________________

______________________________________________

______________________________________________

Antwort: ______________________________________

5 P.

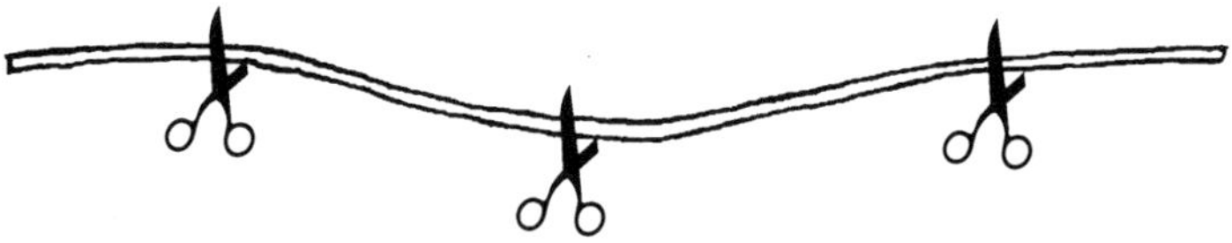

(6a) Die Klasse 3 b hat 21 Schüler. Alle besuchen ein Puppentheater. Für jedes Kind kostet der Eintritt 3 DM. – Der Lehrer bezahlt für alle Schüler.

*Frage:* ______________________________________

Rechnung: ____________________________________

Antwort: _____________________________________ 6 P.

(6b) Der Lehrer hat die Münzen der Kinder gewechselt. Er bezahlt mit vier Zwanzigmarkscheinen.

*Frage: Wie viel Geld bekommt er heraus?*

Rechnung: ____________________________________

Antwort: _____________________________________

5 P.

Summe aus beiden Seiten: Erreicht hast du ______ Punkte von 36 Punkten.

 

**Lösungen und Punktezuteilung zu den beiden Arbeiten Anfang des 3. Schuljahres**

Rechnen bis 100

① 36, 67, 48, 84, 95, 59 Je richtig geschriebene Zahl einen Punkt.

② 24 ... 26 67 ... 69 90 ... 92 Je richtig geschriebene Zahl 1/2 Punkt.
43 ... 45 78 ... 80 29 ... 31

---

| | | | |
|---|---|---|---|
| ③ 75, 57, 98 | ④ 60, 42, 21 | ⑤ 52, 52, 52 | ⑥ 67, 69, 38 |
| 87, 80, 40 | 10, 61, 4 | 91, 91, 91 | 38, 26 ,9 |

---

⑦ ____ + 15 ____ ____ – 17 ____ ____ – 27 ____
____ + 26 ____ 25 + ____ 24 + ____
Rechenzeichen und Zahl je einen halben Punkt

---

| | | |
|---|---|---|
| ⑧ > < > | ⑨ 40, 16, 56, | ⑩ 8 · 4 (2 · 16), 6, 6 |
| < < < | 36, 24, 80 | 11, 8, 7 |

---

Sachaufgaben

---

① Fragesatz (1 P), Verwendung von „DM“ oder „Geld“ (1 P zusätzlich); *Wie viel DM hat Birgit noch?* Erkennen der Subtraktion (1 P), Lösung 55 DM – 22 DM = 33 DM (1 P), Antwortsatz auf den Fragesatz bezogen (1 P), mit richtig übernommener Lösungszahl und DM (1P), auch, wenn die falsche Lösungszahl richtig übernommen wurde.

② Erkennen der Multiplikation (1 P), Lösung 32 · 2 = 64 (1 P), Antwort „Dieses Heft hat ... Seiten“ (1 P), richtig übernommene Lösungszahl (1 P).

③ Umwandeln der Mark in 100 Pf, also für das Einsetzen der Zahl 100 (1 P), Erkennen der Operation · ? oder : (1 P), Lösung 20 · 5 = 100 oder 100 : 5 = 20 (1 P), vollständiger Antwortsatz (1 P): Er braucht 20 Geldstücke.

---

④ Lösungen: 1 d | 2 g | 3 e | 4 b | 5 c | 6 a | 7 f

---

⑤ Umwandeln 1 m = 100 cm (1 P).
Addieren erkennen (1 P), Lösung 88 cm (1 P), Subtrahieren mit Lösung 12 cm (1 P) – oder – dreimaliges Subtrahieren bis zur Lösung 12 cm (je 1 P).
Vollständiger Antwortsatz (1 P): Von dem Band sind noch 12 cm übrig.

6a Fragesatz: *Wie viel kostet es?* (1 P): ..... *zusammen? Wie viel bezahlt der Lehrer?* (1 P zusätzlich), Erkennen der Operation (1 P), Lösung 21 · 3 DM = 63 DM (1 P), Antwortsatz fragebezogen (1 P), mit richtig übernommener Lösungszahl und Benennung (1 P zusätzlich).

6b Diese Aufgabe wird weniger gewichtet, da sie Folgeaufgabe von 6 a ist. Erkennen der Multiplikation (1 P), Lösung 4 · 20 DM = 80 DM (1 P), Erkennen der Subtraktion (1 P), Lösung 80 DM – 63 DM = 17 DM (1 P), Antwortsatz (1 P): Er bekommt 17 DM heraus.

Anmerkung: Auf die Verwendung der Größen in der Rechnung kann verzichtet werden. Wird sie ausdrücklich verlangt, so erhält die Lösungszahl ohne Benennung keinen Punkt. In der Antwort muss die Lösungszahl eine Benennung haben, z. B. Geldstücke, DM, Seiten.

**Lösungsdiagnose zu den beiden Klassenarbeiten „Anfang des dritten Schuljahres"**

## 1. Klassenarbeit mit den Rechenaufgaben – empirische Ergebnisse

Auswertung auf der Basis von 223 Personen
Erfasst wurde, wie viele Aufgaben jeweils vollständig, also mit allen Punkten, gelöst wurden.

| Aufgabe Nummer | 1 | 2 | 3 | 4 | 5 | 6 | 7 | 8 | 9 | 10 |
|---|---|---|---|---|---|---|---|---|---|---|
| vollständig gelöst in % | 92 | 82 | 67 | 61 | 65 | 27 | 22 | 55 | 48 | 41 |

## 2. Klassenarbeit mit den Sachaufgabentexten – empirische Ergebnisse

Auswertung auf der Basis von 228 Personen
Erfasst wurde, wie viele Aufgaben jeweils vollständig, also mit allen Punkten, gelöst wurden.

| Aufgabe Nummer | 1 | 2 | 3 | 4 | 5 | 6a | 6b |
|---|---|---|---|---|---|---|---|
| vollständig gelöst in % | 68 | 49 | 31 | 39 | 21 | 39 | 22 |

| **3. Schuljahr** | **Juni/Juli** | **(Zahlenraum bis 5000)** |
|---|---|---|

Größen DM, Pf; km, m; m, cm; t, kg; kg, g;
Kommaschreibweise, Grundrechnungsarten ⊕ schriftlich ⊖ schriftlich
HZE ⊙ E (halbschriftlich) HZE (:) E (halbschriftlich)

Zu den Aufgaben der Klassenarbeit werden im Unterricht analoge Handlungssituationen entwickelt. Daher kann die Frage weitgehend von den Kindern gefunden werden. Außerdem ist am Ende des 3. Schuljahres die Verwendung von Rechenplänen geübt. Mit Bleistift werden dort die Zahlen und Operationen eingetragen, um den Verlauf des Lösungsweges sichtbar zu machen. Wenn ich eine Zwischenstunde habe und einen kleinen Einkauf besorgen kann, muss ich nur die Waren aus dem Korb nehmen, ihre Preise von den Kindern vorlesen und mitschreiben lassen und das Rückgabegeld auf den Tisch legen. Na, welchen Geldschein habe ich hingegeben? Schon ist eine Aufgabe entstanden. Die Aufgabenstellung muss also nicht nur „auf dem Papier" geschehen.

| Name | Datum | **AB 42** |
|---|---|---|

# Mathematik

3. Schuljahr — Juni/Juli — (Zahlenraum bis 5000)

**1** Schreibe mit Komma. 8 P.

| | | |
|---|---|---|
| 250 Pf = ______ | 360 l = ______ | 475 cm = ______ |
| 1234 g = ______ | 1020 mm = ______ | 95 m ______ |
| 937 kg = ______ | 4321 Pf = ______ | |

**2** Schreibe ohne Komma. 8 P.

| | | |
|---|---|---|
| 8,50 DM = ______ | 1,4 hl = ______ | 1,42 m = ______ |
| 0,40 DM = ______ | 3,5 t = ______ | 2,3 km = ______ |
| 0,625 kg = ______ | 0,5 m = ______ | |

**3** Kinder, ich habe vorhin in der Bäckerei für 6 Stück Kuchen elf Mark vierzig bezahlt. 6 P.

*Frage:* ______________________________

Rechenzeichen: ◯

Rechnung:

Antwort: ______________________________

**4** Wir verkaufen bei unserem Sommertheater 42 Theaterkarten für Erwachsene zu je 6,– DM und 38 Karten für Kinder zum halben Preis.

*Frage:* ______________________________

Rechenzeichen:

Rechnung: 6 P.

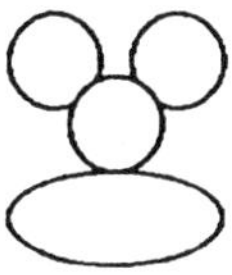

Antwort: ______________________________

| Name | Datum | AB 43 |
|---|---|---|

# Mathematik

3. Schuljahr Juni/Juli (Zahlenraum bis 5000)

5 Ein Pkw wiegt leer 980 kg, das zulässige Gesamtgewicht beträgt 1 t 295 kg. 8 P.
Das Auto ist mit drei Personen zu je 75 kg besetzt.

*Frage:* ______________________________

Rechenzeichen: Rechnung:

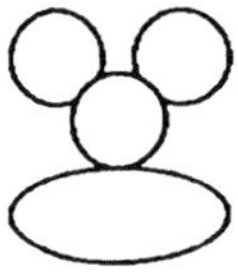

Antwort: ______________________________

6 Herr Flitz unternimmt eine Rundreise. Am 1. Tag fährt er 280 km, am 2. Tag 195 km, am 3. Tag 310 km, am 4. Tag macht er die 1000 km voll. 8 P.

*Frage a) Wie viele Kilometer fuhr er am 4. Tag?*
*Frage b) Wie viel fuhr er im Durchschnitt am Tag?*

Rechenzeichen für beide Aufgaben: (:) (−) (+) (+)

Rechnung:

Antwort a) ______________________________

Antwort b) ______________________________

Summe aus beiden Seiten: Erreicht hast du _______ Punkte von 44 Punkten.

**Lösungen und Punktezuteilung (Die Arbeit kann auf zwei Tage verteilt werden)**

① Je Lösungszahl mit Komma und Benennung 1 Punkt.
2,50 DM • 3,60 hl • 4,75 m • 1,234 kg • 1,020 m • 0,885 km • 0,937 t • 43,21 DM •

② Je Lösungszahl ohne Komma und richtiger Benennung 1 Punkt.
850 Pf • 140 l • 142 cm (1420 mm) • 40 Pf • 3500 kg • 2300 m • 625 g • 50 cm (5 dm, 500 mm) •

③ • *Frage: Wie viel kosten (kosteten) die sechs Stück Kuchen? Wie viel hat es zusammen gekostet? Wie viel haben Sie bezahlt? (Wie viel kostet es?* Nur 1/2 P)

- Rechenzeichen (:) 1 Punkt, auch wenn falsche Zahlen verwendet wurden. Auch die Schreibweise 6 · ? = 11,40 DM ist anzuerkennen, denn es wurde richtig gedacht.
- Richtiges Anschreiben: 1140 Pf oder auch 11,40 DM, wenn dies eingeführt ist.
- Lösen der Division: 190 (Pf)
- Antwortsatz: Die Formulierung muss der Frage entsprechen. Wird auf die Frage: „Wie viel hat es zusammen gekostet?" die Antwort so formuliert: „Sie haben ..... bezahlt.", so rechne ich nur 1/2 Punkt, da festgelegt ist, dass die Antwort die Wörter aus der Frage aufnimmt.
- Lösungszahl: 1,90 DM oder 190 Pf, wobei die Benennung verlangt wird. Für die richtig übernommene Lösungszahl 190 gebe ich nur 1/2 Punkt.

④ • Frage: *Wie viel haben wir eingenommen? Wie viel war es zusammen?*
Das Eintragen der Rechenzeichen im Rechenplan hilft zur Übersicht über den Lösungsverlauf. Folgt keine weitere Ausrechnung, so wird jedes eingetragene Rechenzeichen mit 1/2 Punkt bewertet.

Rechenplan für Nr. 4 oder 5

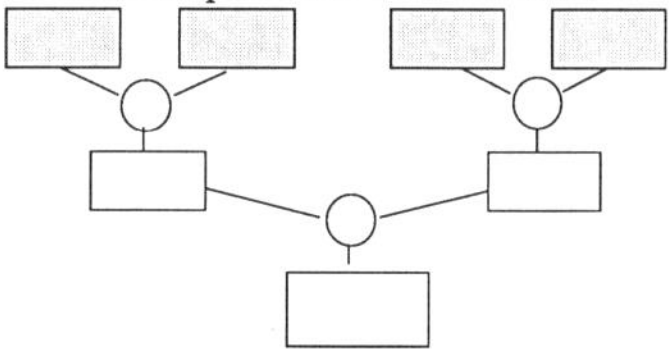

Rechenzeichen in Nr. 4

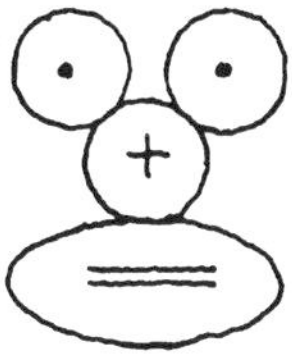

Rechenzeichen in Nr. 5

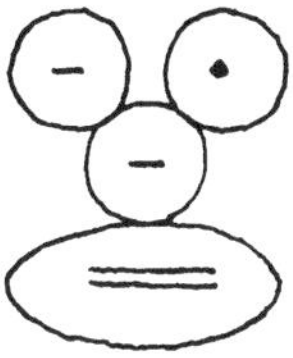

• 42 · 6 DM = 252 DM Rechenzeichen (1/2 P), Lösung (1/2 P)
• Halber Preis 3 DM
•• 38 · 3 DM = 114 DM (w. o.) 252 DM + 114 DM = 366 DM (w. o.)
• Antwort: Wir haben zusammen 366 DM eingenommen.

⑤ • Frage: *Wie viel darf noch eingeladen werden?*
•• Subtraktion richtig notieren (1 P), Lösung 315 kg (1P)
•• Multiplikation erkennen (1 P), Lösung 225 kg (1 P)
•• Subtraktion erkennen (1 P), Lösung 90 kg (1 P)
• Antwort: Es dürfen noch 90 kg eingeladen werden. (1 P)

(6a) •• Addition erkennen und notieren (1 P), Lösung 785 km (1 P)
••• Subtraktion erkennen (1 P), Lösung 215 km (1 P), Antwort (1 P)

(6b) • Zahl 1000 km verwenden (1 P),
•• Dividieren erkennen (1/2 P), Lösung 250 km (1/2 P), Antwort (1 P)

| Name | Datum | AB 44 |
|---|---|---|

**DM und Pf; Subtrahieren von Kommazahlen; THZE · E; ZE : E**

4. Schuljahr Oktober (Zahlenraum bis 5000)

(1) Eine Klasse hat 28 Kinder. In jeder Gruppe sitzen vier Kinder. Jedes Kind soll 3,85 DM für ein Klassenbild bezahlen.

*a) Wie viel Geld muss jede Gruppe einsammeln?*
*b) Wie viel zahlt die ganze Klasse an die Lehrerin?* 10 P.

(2) Rechne.

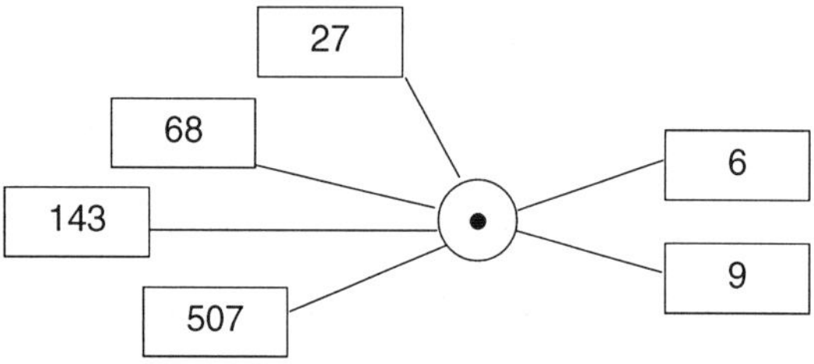


8 P.

(3) Monika spart acht Wochen lang jede Woche 7 DM 45 Pf, Marc spart neun Wochen lang jede Woche 6 DM 65 Pf.
*a) Wer hat mehr gespart? b) Wie groß ist der Unterschied?* 10 P.

28 Punkte

(A) Eine Schulklasse hat in jeder Gruppe sechs Kinder, insgesamt sind es 30 Schüler. Jedes Kind soll 4,75 DM für ein Klassenbild bezahlen.

*a) Wie viel Geld muss jede Gruppe bezahlen?*
*b) Wie viel zahlt die ganze Klasse an die Lehrerin?* 10 P.

(B) Rechne.

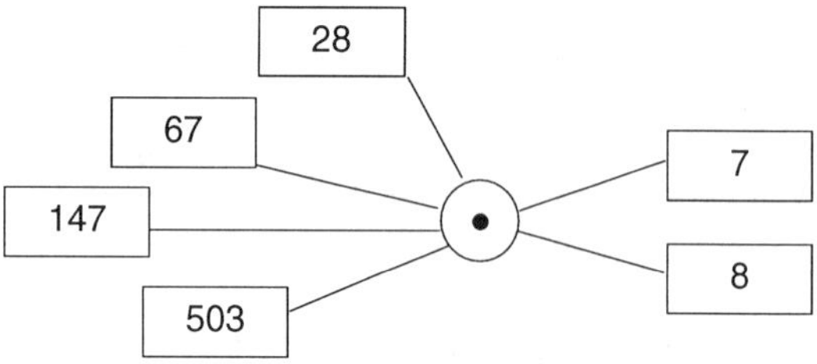


8 P.

(C) Max spart acht Wochen lang jede Woche 6 DM 85 Pf, Natascha spart sieben Wochen lang jede Woche 7 DM 85 Pf.

*a) Wer hat mehr gespart? b) Wie viel hat das eine Kind mehr?* 10 P.

28 Punkte

**Lösungen und Punktezuteilung**

| Aufgabe ① | Punkte |
|---|---|
| A 28 Kinder; 4 Kinder; 3,85 DM | ● |
| (Auch wenn der Text vollständig abgeschrieben wurde.) | |
| F (Abschreiben der beiden Fragen ohne Punkte, ein Auslassen wird also nicht geahndet.) | |
| Z ⊙ ⊙ (Erkennen der 1. Multiplikation) | ● |
| (Erkennen der 2. Multiplikation mit dem Ergebnis der ersten) | ● |
| R 385 · 4 = 1540 (Richtiges Ergebnis) | ● |
| ? · 4 = 28; 28 : 4 = 7 (Verwenden der Zahl 7) | ● |
| 1540 · 7 = 10780 (Richtiges Ergebnis) | ● |
| A a) (Umgewandelte Zahl mit richtiger Benennung) 15,40 DM | ● |
| (Notieren des Satzes) | ● |
| b) (Umgewandelte Zahl mit richtiger Benennung) 107,80 DM | ● |
| (Notieren des Satzes) | ● |
| (Die Aufgabe hat 10 Punkte) | |

Aufgabe ②

| ● | ● | ● | ● | ● | ● | ● | ● | |
|---|---|---|---|---|---|---|---|---|
| 162; | 408; | 858; | 3042; | 243; | 612; | 1287; | 4563; | (Die Aufgabe hat 8 Punkte) |

| Aufgabe ③ | |
|---|---|
| A Acht Wochen; 7 DM 45 Pf; neun Wochen; 6,65 DM | ● |
| F (Abschreiben der beiden Fragen ohne Punkte, ein Auslassen wird also nicht geahndet.) | |
| Z ⊙ ⊙ (Erkennen der beiden Multiplikationen) | ●● |
| ⊖ (Subtraktion aus den beiden Ergebnissen) | ● |
| R 745 · 8 = 5960 665 · 9 = 5985 (Richtig multipliziert) | ●● |
| 5985 – 5960 = 25 (Richtig subtrahiert) | ● |
| A a) („Marc“; auch der Name allein genügt) | ● |
| b) (Richtige Benennung 25 Pf oder 0,25 DM) | ● |
| (Notieren des Antwortsatzes) | ● |
| (Die Aufgabe hat 10 Punkte) | |

**Parallelarbeit:**

| Aufgabe Ⓐ | |
|---|---|
| A 30 Kinder; 6 Kinder; 4,75 DM | ● |
| (Auch wenn der Text vollständig abgeschrieben wurde.) | |
| F (Abschreiben der beiden Fragen ohne Punkte, ein Auslassen wird also nicht geahndet.) | |
| Z ⊙ ⊙ (Erkennen der 1. Multiplikation) | ● |
| (Erkennen der 2. Multiplikation mit dem Ergebnis der ersten) | ● |
| R 475 · 6 = 2850 (Richtiges Ergebnis) | ● |
| ? · 6 = 30; 30 : 6 = 5 (Verwenden der Zahl 5) | ● |
| 2850 · 5 = 14250 (Richtiges Ergebnis) | ● |
| A a) Umgewandelte Zahl mit richtiger Benennung) 28,50 DM | ● |
| (Notieren des Satzes) | ● |
| b) Umgewandelte Zahl mit richtiger Benennung) 142,50 DM | ● |
| (Notieren des Satzes) | ● |
| (Die Aufgabe hat 10 Punkte) | |

Aufgabe Ⓑ

● ● ● ● ● ● ● ●

196; 469; 1029; 3521; 224; 536; 1176; 4024;

Die Aufgabe hat 8 Punkte)

---

Aufgabe Ⓒ

A Acht Wochen; 6,85 DM; sieben Wochen; 7,85 DM ●

F (Abschreiben der beiden Fragen ohne Punkte, ein Auslassen wird also nicht geahndet.)

Z ⊙⊙ (Erkennen der beiden Multiplikationen) ●●

⊖ (Subtraktion aus beiden Ergebnissen) ●

R 685 · 8 = 5480; 785 · 7 = 5495; (Richtig multipliziert) ●●

5495 – 5480 = 15 (Richtig subtrahiert) ●

A a) (Richtige Benennung 15 Pf oder 0,15 DM) ●

(Notieren des Antwortsatzes) ●

b) („Natascha“; auch der Name allein genügt) ●

(Die Aufgabe hat 10 Punkte)

## Auswertung und Zuordnung der Noten zu den erreichten Punkten

| Punkte | 28 | 27 | 26 | 25 | **24** | 23 | 22 | 21 | **20** | 19 | 18 | 17 | 16 | 15 | **14** | 13 | 12 | 11 | 10 | **9** | 8 | 7 | 6 | 5 | 4 | 3 | 2 | 1 | 0 |
|---|---|---|---|---|---|---|---|---|---|---|---|---|---|---|---|---|---|---|---|---|---|---|---|---|---|---|---|---|---|
| erreicht | X | X | X | X | X | X | X | X | X | X | | X | X | X | | | | | X | | | | | | | | X | | |
| | | X | X | | | | | | X | X | | | | | | | | | X | | | | | | | | | | |
| | | X | | | | | | | X | | | | | | | | | | | | | | | | | | | | |
| | | X | | | | | | | | | | | | | | | | | | | | | | | | | | | |
| Summe | 28 | 108 | 52 | 25 | 24 | 23 | 22 | 21 | 60 | 38 | | 17 | 16 | 15 | | | | | 20 | | | | | | | | 2 | | 471 |
| | | Alle Aufgaben vorgeübt, alle 23 Schüler teilgenommen | | | | | | | | | | | | | | | | | | | | | | | | | | | |
| | | **Durchschnitt 20, 47 Punkte** | | | | | | | **Halbe Punktzahl = Grenze zwischen Note 4 und 5** | | | | | | | | | | | | | | | | | | | | |
| | | | | | | | | | **Drittel der Punktzahl = Grenze zwischen Note 5 und 6** | | | | | | | | | | | | | | | | | | | | |

| Punkte | 28 | **27** | 26 | 25 | **24** | 23 | 22 | 21 | **20** | 19 | 18 | 17 | 16 | 15 | **14** | 13 | 12 | 11 | 10 | 9 | 8 | 7 | 6 | 5 | 4 | 3 | 2 | 1 | 0 |
|---|---|---|---|---|---|---|---|---|---|---|---|---|---|---|---|---|---|---|---|---|---|---|---|---|---|---|---|---|---|
| | Note 1 | | Note 2 | | | Note 3 | | | | Note 4 | | | | | | Note 5 | | | | | Note 6 | | | | | | | | |
| Anzahl | 5 | | 4 | | | 6 | | | | 5 | | | | | | 2 | | | | | 1 | | | | | | | | |
| Wert | 5 | | 8 | | | 18 | | | | 20 | | | | | | 10 | | | | | 6 | | | | | | | | 67 |
| | | **Durchschnittsnote 2,91** | | | | | | | | | | | | | | | | | | | | | | | | | | | |

Diese Kurzarbeit zur Lernzielkontrolle des Malnehmens mit Einern soll mir Gewissheit verschaffen, ob das angestrebte Lernziel erreicht ist. Nur drei Kinder von 23 haben weniger als die Hälfte der Punkte erreicht. Die reine Rechenleistung der Aufgaben 2 oder B wird als ungenügend eingestuft. Allerdings genügt wenigstens ein weiterer Punkt aus den Aufgaben 1, 3, A oder C, um diese Notenschwelle zu überspringen. Anders betrachtet: Bei den beiden Aufgabentexten kann das Kind durch das Niederschreiben der Angaben und das Aufschreiben der Antwort ohne die Lösungszahl bereits vier Punkte gut schreiben. Diese vier Punkte bringen zusammen mit den acht Punkten der Rechenfertigkeit die halbe maximale Punktzahl und quittieren damit *noch ausreichende* Leistungen.

**4. Schuljahr November** (Zahlenraum bis 5000)

Addieren HZE + HZE; Malnehmen HZE · E; Teilen THZE : E; Zeitspannen in Std. und Min. berechnen; Preistabellen lesen; Maßeinheiten m und cm mit Komma;

Arbeitsmittel:

1. Streckenkarte mit Bahnkilometern für deutsche Großstädte; es müssen die beiden Strecken Nürnberg – Würzburg, Würzburg – Frankfurt, Würzburg – München aus der Streckenkarte herausgesucht werden. Alternativ ist auch das Herauslesen aus einer Entfernungstabelle möglich, dann ist das Addieren hinfällig.
2. Die gerade gültige Zuordnungstabelle Fahrkilometer – Fahrpreise, kann aus Kurzfahrplänen kopiert werden. Wegen der wechselnden Fahrpreise und Zuggeschwindigkeiten können zu den Aufgaben 3 und 4 keine Lösungszahlen angeben werden.
3. Ausschnitt aus der Abfahrtstafel eines Bahnhofes (hier: Würzburg). Diese kann auch aus einem Kurzfahrplan kopiert werden. Eine richtige, gelbe Abfahrtstafel sollte man sich von einem Bahnhof besorgen, um Sachrechnen konkret üben zu können. Die originale Begegnung ist für das Sachrechnen kennzeichnend und verlangt entsprechende Arbeitsmittelbeschaffung.

Hinweis: Alle drei Arbeitsmittel sind im Schülerbuch Rechenfuchs 4, Bamberg, 1. Auflage 1992, S. 88/89 abgedruckt.

Hinweis: Die Arbeit wurde für das Leistungsprofil der Klasse genau ausgewertet. Siehe (Kap. 9.2, S. 274 ff). Alle Aufgaben waren analog geübt, Aufgabe 7 nur kurz in der Form: Welche Zahlen liegen zwischen den Ergebnissen von 5 mal 6 und 6 mal 6? Bearbeitungszeit 60 Minuten. Die Aufgaben können nicht als Arbeitsblatt verwendet werden, da die Arbeitsmittel nicht genau entsprechen.

## Mathematik

4. Schuljahr | November | (Zahlenraum bis 5000)

1 Mache die Multiplikation. 136 · 7  245 · 9  807 · 6 (3 P)
Mache überall zur Probe die Gegenrechnung. (6 P)

2 Rechne die Zeit aus.
Von 8.25 Uhr bis 12.00 Uhr
Von 11.17 Uhr bis 16.05 Uhr (4 P)

3 Berechne die Fahrpreise 2. Klasse für einen Erwachsenen von
a) Nürnberg bis Frankfurt b) Frankfurt bis München (6 P)

4 Wie lange fährt der „Veit Stoß" von Würzburg bis Nürnberg?
Abfahrt: ______ Ankunft: ______ Dauer: ______
Wie lange fährt der E 3106 von Würzburg bis Frankfurt?
Abfahrt: ______ Ankunft: ______ Dauer: ______ (6 P)

5 Rechne 1264 : 8 = ?  1078 : 7 = ? (4 P)

6 Wandle die Maße um und addiere.
208 cm; 74 m; 1,16 m; 10 m 5 cm; 800 cm; 7 m 38 cm. (4 P)

7 Die Gewinnzahlen von meinem Lotto sind kleiner als die Summe aus 397 und 529 und zugleich größer als der Unterschied zwischen 1000 und 78. (4 P)

8 Herrn Merkels Wohnzimmer ist 5,85 m lang und 5 m 3 cm breit.
Er klebt am Rand einen Kunststoffstreifen fest.
Die Tür ist 1 m 8 cm breit, die Balkontür ebenfalls.
*Wie lang muss der Streifen sein?*
Eine Zeichnung kann dir helfen. (5 P)

| Name | Datum | **AB 45** |
|---|---|---|

# 1. Arbeit: Mathematik

4. Schuljahr Juni/Juli (Zahlenraum bis 1 000 000)
Arbeitszeit 45 Minuten für Aufgabe Nr. 1 bis 3 20 Punkte

**1** a) Berechne: 62 597 + 1 438 + 412 796

b) Berechne: 324 258 : 51

c) Berechne und gib das Ergebnis in Litern an:
98 hl 1 l – 65 hl 12 l + 340 l =

d) *Wie viel ist die Hälfte von 7 Std. 25 Min. 38 Sek.?*

e) Berechne und gib das Ergebnis in Kilometern und Metern an:
1 km 25 m - 590 dm + 2 163 m =

**2** Ein Liter Benzin wiegt 720 g und kostet 1,60 DM.
Das Auto von Herrn Schmal hat einen Tank mit 65 Litern.
Es verbraucht 8 Liter auf 100 Kilometer.

*a) Um wie viel wird das Auto von Herrn Schmal schwerer, wenn er den leeren Tank mit Benzin ganz auffüllt? (Ergebnis in kg, g)*

b) Herr Schmal fährt mit vollem Tank los.
Nach 50 km lässt er wieder volltanken
*Wie viel muss Herr Schmal bezahlen?*

**3** Philipp bezahlt für einige Tonbandkassetten 15,80 DM.
Miriam kauft drei Kassetten mehr als Philipp und bezahlt insgesamt 27,65 DM.
*Wie viel kostet eine Kassette?*

**Punktezuteilung 1. Arbeit:**

1 a) 1 P; Lösung: 106 831

1 b) 1 P; Lösung: 6 358 Rest 0

1 c) 2 P; 1 P Anschreiben
1 P Lösung 16 653 l

1 d) 3 P; je 1 P für Std., Min., Sek.,
Lösung: 3 Std. 42 Min. 49 Sek.

1e) 3 P; 1 025 m (1/2 P) Umwandeln
– 59 m (1/2 P) Umwandeln
= 966 m (1 P) Lösung
Addition notieren (1/2 P),
Lösung 3 129 m (1/2 P)

2a) 3 P; Erkennen der Multiplikation mit den richtigen Zahlen, Lösung, Antwort:
Das Auto wird um 46 kg 800 g schwerer.

2 b) 4 P; 6 · 8 l = 48 l (1P);
8 l : 2 l = 4 l;
48 l + 4 l = 52 l (1 P); 52 · 160 Pf = 8320 Pf (1 P); Antwort (1 P)

3) 3 P; 27,65 DM 1185 : 3 = 395 (1 P)
– 15,80 DM
11,85 DM (1P)
Eine Kassette kostet 3,95 DM. (1 P)

Diese Klassenarbeit am Ende des vierten Schuljahres stammt aus dem Probeunterricht des Gymnasiums und muss daher die Anforderungen streuen, um eine möglichst fundierte Leistungskontrolle zu ermöglichen. Die Aufgabenstellungen dürfen nicht alle aus einem Sachgebiet sein und widersprechen damit der Intention des Sachrechnens, zu *einer* Sachbegegnung die verschiedenen mathematischen Aspekte zu untersuchen. Die nachfolgende 2. Arbeit wurde am folgenden Tag vorgelegt.

**Punktezuteilung 2. Arbeit:**

4 a) 3 P; Erkennen der Subtraktion (1 P), Lösung 58 679 (1/2 P); Erkennen der Division 1 P, Lösung 78 (1/2 P)

4 b) 3 P; Multiplikation Lösung 391 (1 P), Division Lösung 609 (1 P)
Subtraktion Lösung 218 (1/2 P),
Lösungszahl 217 (1/2 P)

4 c) 2 P; je zwei Ziffern 1/2 P
2, 8, ...... 106, 212 (1 P)
28, 35, ...... 55, 56 (1 P)

5a) 4 P; 8000,00 DM — Jede richtige Zahl (1/2 P)
1250,00 DM
400,00 DM
50,00 DM
16,00 DM
1,50 DM
9717,50 DM — Lösung (1/2 P)
Antwort: Er hat ...... (1/2 P)

5 b) 3 P; Addition Lösung 9498,50 DM (1 P)
Subtraktion erkennen ( 1 P), Lösung 219,00 DM (1/2 P), Antwort (1/2 P)

6) 3 P; Rechnung 8 m – 5 m = 3 m (1 P)
500 cm : 2 = 250 cm (1P) Antwort (1 P)

| Name | Datum | **AB 46** |
|---|---|---|

## 2. Arbeit: Mathematik

Arbeitszeit 45 Minuten für Aufgabe Nr. 4 bis 6 — 18 Punkte

**4** a) Berechne in dem abgebildeten Rechenplan die fehlenden Zahlen.

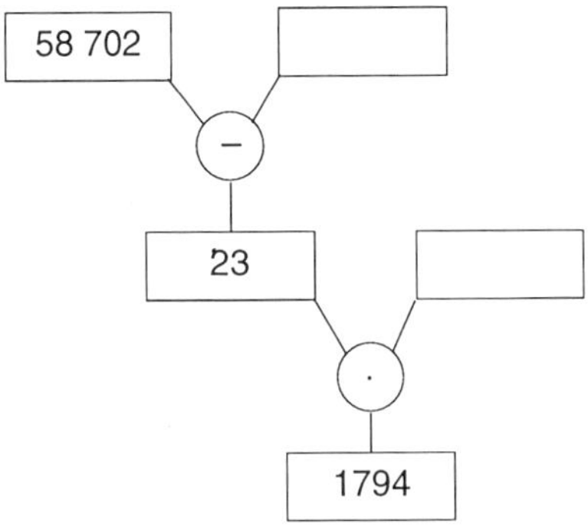


b) Schreibe in das leere Kästchen die größte Zahl, die richtig ist.

$$23 \cdot 17 + \square < 5481 : 9$$

c) Füge beiden Zahlenfolgen die fehlenden Zahlen hinzu.

____; ____; 16; 22; 44; 50; 100; ____; ____;

____; ____; 41; 46; 50; 53; ____; ____;

**5** Der Geldbote eines Kaufhauses muss vier Rechnungen in Höhe von 1064 DM, 413,75 DM, 2146,50 DM und 5874,25 DM bar ausbezahlen. In einem Geldkoffer nimmt er 80 Hundertmarkscheine, 25 Fünfzigmarkscheine, 20 Zwanzigmarkscheine, 10 Fünfmarkstücke, 16 Einmarkstücke und 30 Fünfpfennigstücke mit.

a) *Wie viel Geld hat er in seinem Geldkoffer?*
b) *Wie viel Geld bleibt ihm übrig, wenn er alle Rechnungen bezahlt hat?*

**6** Eine acht Meter lange Fahnenstange ist umgeknickt. Die Spitze hängt nun drei Meter über dem Boden.

*Wie hoch reicht die Fahnenstange jetzt noch?*
*Fertige eine Zeichnung an.*

**Sachrechnen statt Textaufgaben**

Textaufgaben werden hier als Leistungsprüfung verwendet und sind nicht als Sachrechnen zu bezeichnen. Grundlage für ihren Lösungsweg können aber Sachaufgaben sein; die im Unterricht anschaulich vollzogen wurden, wenn z. B. mit Geldscheinen gehandelt, an Skizzen gerechnet oder mit Dezimetern wirklich gemessen wurde. Daraus ergibt sich eine gewisse Rechtfertigung, dass mit fortschreitendem Mathematiklehrgang die Nähe zur anschaulichen Sache und zum konkreten Zugang immer geringer wird und sich schließlich das Sachrechnen in Berechnungen begibt, die nur auf schriftlichen oder mündlichen Mitteilungen beruhen und somit keine Sachbegegnungen mehr darstellen. Mathematik ist darauf angelegt, Handeln durch Denkprozesse zu ersetzen, deren Primärinformationen so nahe wie möglich an sachlichen Gegebenheiten erfasst wurden, die sich aber immer weiter von diesen entfernen und schließlich nur noch mit vorgestellten Größen spielen und diese verknüpfen. Dann aber verlassen wir das Sachrechnen der Grundschule.

Ergebnis der Beschäftigung mit dem Sachrechnen ist einerseits der prüfbare Erfolg, der sich in den Schulleistungen ausdrückt, andererseits aber auch die Einstellung, sich an eine Problemlösung heranzuwagen, selbst dann, wenn man nur ein Stück des Weges vorankommt. Sachrechnen soll das Vertrauen schaffen, Probleme wenigstens zum Teil in den Griff zu bekommen. Wir sind aufgerufen, Lust zu machen, selbst zu denken und Zufriedenheit mit kleinen Denkfortschritten zu signalisieren. Wir können Selbstbewusstsein und Eigenständigkeit ein wenig vorantreiben – und geisttötende Übungsreihen ohne Erkenntniszuwachs verbannen, denn das Denken ist unseren Kindern mitgegeben. Vor Stumpfsinn sollten wir sie bewahren.

Ich höre mit einer Episode auf, die mich einst mit großer Zuversicht erfüllte: Ein Lehrer war für eine Woche zu einer Dienstreise abwesend und verschiedene Kolleginnen und Kollegen mussten diese vierte Klasse mit damals 36 Schülern mitführen, auch im Sport. Offenbar gab es dabei Schwierigkeiten mit der Disziplin. Die Kinder stritten bei der Mannschaftsbildung und der Vertretungslehrer war ungehalten. Er drohte, wenn nicht endlich Ruhe einkehre, würde er die Klasse zur Strafe von der Turnhalle ins Klassenzimmer führen und Mathe machen lassen.
Prompt kam die Antwort: Gut, gehen wir, machen wir lieber Mathe!

Es liegt an uns, das Interesse am Denken und Knobeln, am Bohren und Suchen aufrechtzuerhalten, zu pflegen und gegen gesellschaftliche Leistungsmaßstäbe zu verteidigen.

**Sachrechnen bedeutet für uns in der Grundschule:**
**Wir müssen die Kinder fit machen, damit sie mit Allem rechnen können.**

| Name | Datum | **AB 47** |
|---|---|---|

**Einfache Rechenpläne * Rechenplan 1**

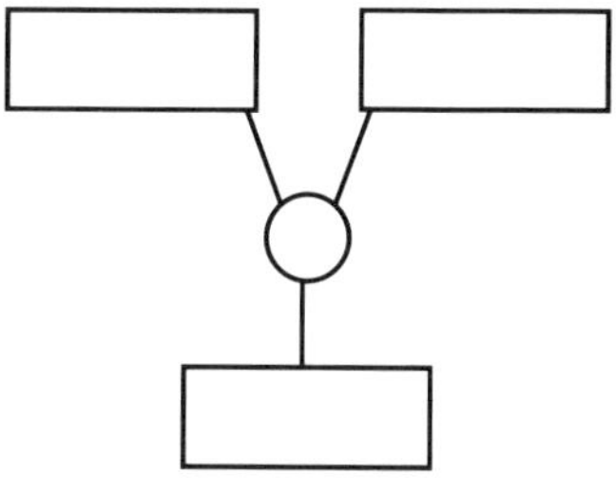

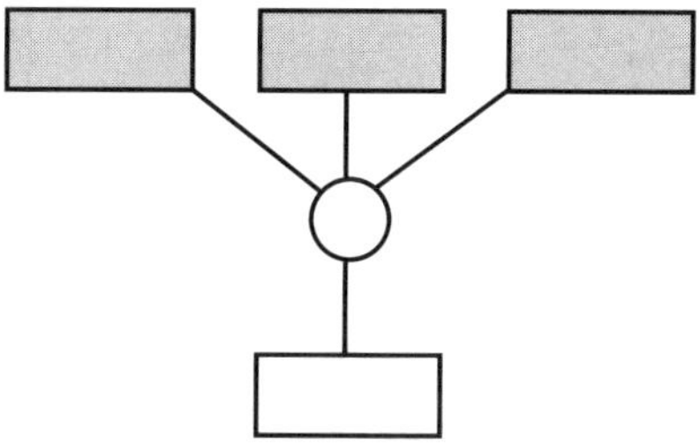

**Zusammengesetzte Rechenpläne * Rechenplan 2**

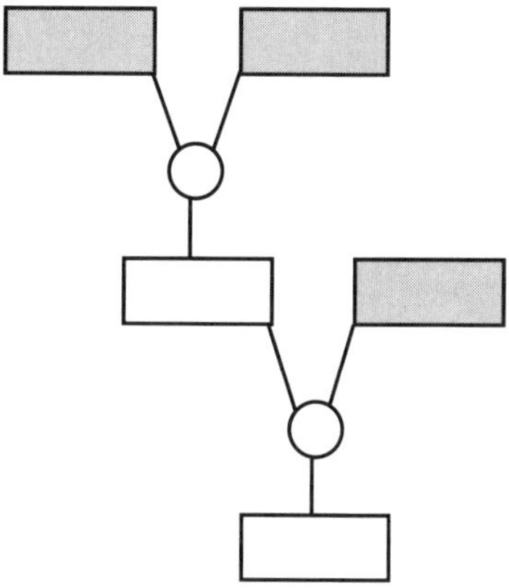

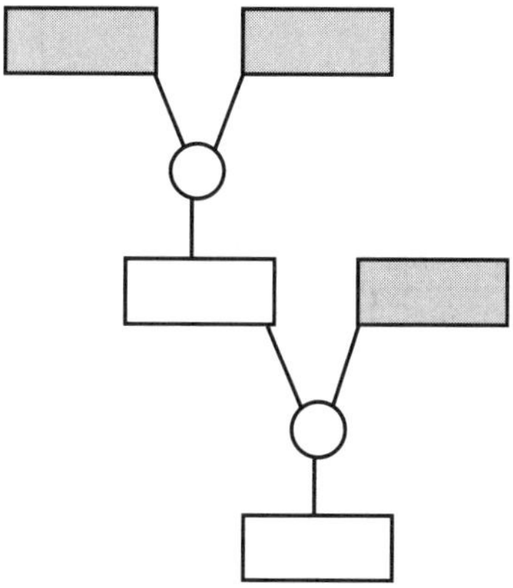

**Zusammengesetzte Rechenpläne * Rechenplan 3**

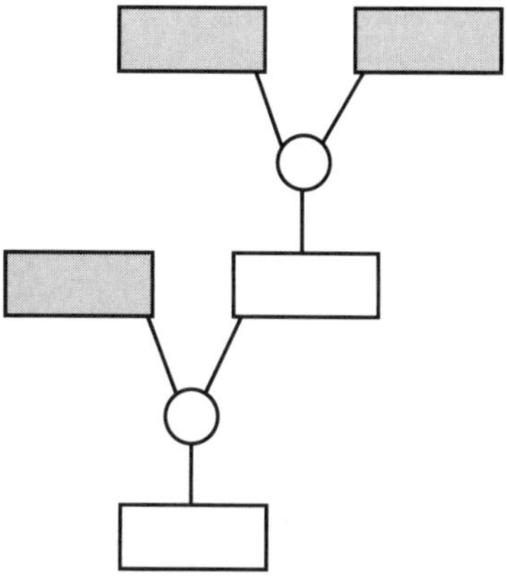

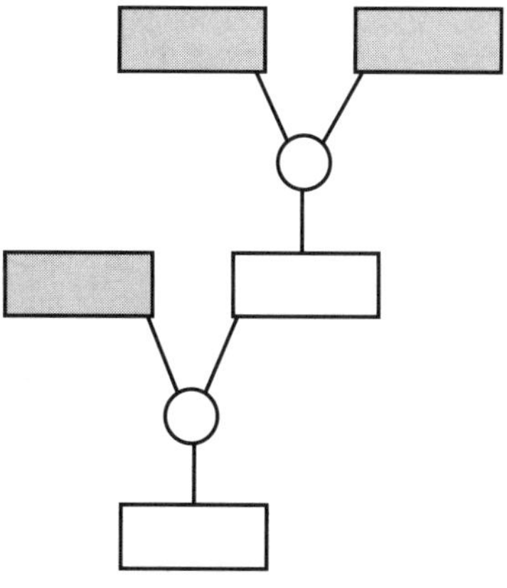

| Name | Datum | **AB 48** |
|---|---|---|

**Zusammengesetzte Rechenpläne * Rechenplan 4**

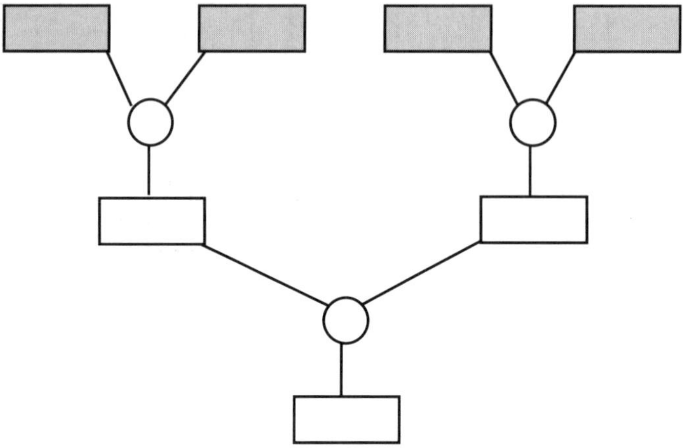

**Zusammengesetzte Rechenpläne * Rechenplan 5**

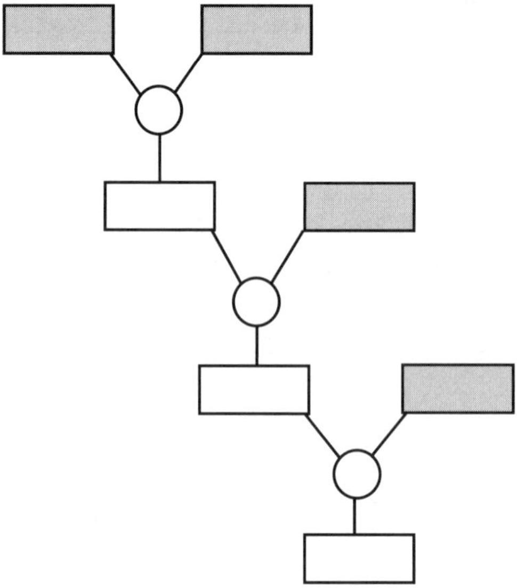

Trage in die grauen Kästchen die bekannten Zahlen ein, mit denen du rechnen sollst. Die weißen Kästchen sind für die Ergebnisse gedacht. Du kannst sie rot einrahmen.

# Grundlagenliteratur

*Anselm, Hans,* Vom Rechenunterricht zum elementaren Mathematikunterricht, Auer Verlag. Donauwörth 1971

*Baireuther, Peter,* Konkreter Mathematikunterricht, franzbecker, Bad Salzdethfurth 1990

*Bönig, Dagmar,* Schwierigkeiten ... Darstellungsformen, in: Die Grundschule 6/93, S. 29 f., G. Westermann, Braunschweig 1993

*Borneleit, Peter,* Vom Text zur Gleichung, in: Mathematiklehren, Heft 51, Friedrich Verlag, Seelze 1992

*Bosch, Brigitte,* Umgang mit Geld und Gewicht, in: Praxis Grundschule 2/94, S. 5ff., G. Westermann, Braunschweig 1994

*Breitenbach, W.,* Methodik des Mathematikunterrichts, Schroedel Verlag, Hannover 1969

*Bremer/Dahlke,* Schwierigkeiten im Prozess des Lösens von Sachaufgaben, in: Vollrath, Sachrechnen, S. 7 ff., Klett Verlag, Stuttgart 1980

*Brügelmann, Hans,* Straßenmathematik und Schulmathematik in: Die Grundschulzeitschrift, Heft 74, S. 37 ff., Friedrich Verlag, Seelze 1994

*Clausen, Claus,* Mit Geldbeträgen rechnen, in: Praxis Grundschule 2/94, S. 26 ff., G. Westermann, Braunschweig 1994

*Dröge, Rotraut,* Kann es Sachaufgaben geben, bei denen ..., in: Praxis Grundschule 2/94, S. 20 f., G. Westermann, Braunschweig 1994

*Erichson, Christa,* Von Lichtjahren, Pyramiden und einem regen Wurm, Verlag für pädagogische Medien, Hamburg

*Falkner, Hans,* Rechenkiste 3 + 4, Buchner Verlag, Bamberg 1979 + 1980

*Flachsel, E.,* Hundertfünfzig MatheRätsel, Klett Verlag, Stuttgart 1982

*Floer, Jürgen,* Arithmetik für Kinder, Arbeitskreis Grundschule, Frankfurt a. M. 1985

*Freudenthal, Hans,* Mathematik – eine Geisteshaltung, in: Die Grundschule 4/82, S. 140 ff., G. Westermann, Braunschweig 1982

*Fuchs, Walter u. a.,* Rechenfuchs 4, Buchner Verlag, Bamberg 1992

*Geiling, Heinrich,* Textaufgaben leicht gemacht, 4. Jgst., R. Oldenbourg Verlag, München 1978

*Gorgosch, Josef,* Das Schulbuch – Störfaktor oder Hilfe beim Mathematiklernen? in: Die Grundschule 4/82. S. 165, G. Westermann, Braunschweig 1982

*Griesel, Heinz,* Die neue Mathematik für Lehrer und Studenten, Schroedel Verlag, Hannover 1971

*Guder, Rudolf,* Zahlentüfteleien, in: Die Grundschule 10/1994, S. 52 ff., G. Westermann, Braunschweig 1994

*Hagstedt, Herbert,* Kann die Mathematikdidaktik so frei sein? in: Die Grundschulzeitschrift Heft 74, S. 7 ff., Friedrich Verlag, Seelze 1994

*ders.,* Der Sand hat keine gerade Oberfläche ..., in: Die Grundschulzeitschrift Heft 74, S. 30 ff., a.a.O. 1994

*ders.,* Mathematik ist überall. in: Die Grundschulzeitschrift Heft 92, a.a.O. 1996

*Heitmann, Friedhelm,* Mathe mit Witz und Grips, Freiarbeit Verlag, Lichtenau 1994

*Hohmann, Gerhard,* Mathespiele mit Größen, in: Praxis Grundschule 2/94, S. 10 ff., G. Westermann, Braunschweig 1994

*Jestel, Jean,* Vorsicht Falschgeld, in: Die Grundschulzeitschrift Heft 72, S. 17 ff, a.a.O.

*Jeziorsky, Walter,* Heute verkaufen wir Mandarinen, in: Die Grundschule 4/82, S. 147 f., G. Westermann, Braunschweig 1982

*Jost, Dominik,* Mit Fehlern muss gerechnet werden, Sabe Verlag, Zürich 1992

*Kaeseler, Peter,* Von den „logischen Blöcken“ der 70er Jahre..., in: SMP Heft 8/91, S. 348, Aulis Verlag, Köln 1991
*Kempf, Gerhard,* Textaufgaben für die 3. Grundschulklasse, Manz Verlag, München 1979
*Köhler, Hartmut,* Über Relevanz und Grenzen von Mathematisierungen, Polygon Verlag, Buxheim/Eichstätt 1992
*ders.,* Gedanken zu lebendigem Mathematikunterricht, in: Mathematiklehren Heft 64, Friedrich Verlag, Seelze 1994
*Lauter, Josef,* Methodik der Grundschulmathematik, Verlag Ludwig Auer, Donauwörth 1979
*Le Pohec, Paul,* Der freie mathematische Text – die natürliche Methode, in: Die Grundschulzeitschrift Heft 74, S. 15 ff., Friedrich Verlag, Seelze 1994
*Leppig, Manfred,* Wie sinnvoll ist das Päckchenrechnen? in: Die Grundschule 4/84, S. 59 ff., G. Westermann, Braunschweig 1984
*Maier/Voigt,* Interpretative Unterrichtsforschung, „Lebensweltliche Inszenierungen“, S. 79 – 116, Aulis Verlag, Köln 1991
*Müller/Wittmann, Gerh. Eric,* Der Mathematikunterricht in der Primarstufe, Vieweg Verlag, Braunschweig 1984
*Naudersch, Hans,* Sachrechnen in der Grundschule, R. Oldenbourg Verlag, München 1992
*Neumann, Harald-M.,* Zur Öffnung von Unterricht, in: Mathematiklehren Heft 65, S. 65 ff., Friedrich Verlag, Seelze 1994
*Oberdorfer, Gerd,* Phänomenale Mathe-Magie, Experimente aus dem Bereich der Mathematik, Zytglogge Verlag, Bern 1994
*Raddaz/Schipper,* Handbuch für den Mathematikunterricht an Grundschulen, Schroedel Verlag, Hannover 1983
*Regelein, Silvia,* Lernspiele im Mathematikunterricht, R. Oldenbourg Verlag, München 1994
*dies.,* Lernspiele im Mathematikunterricht, a.a.O. 1988
*Regelein, S./Hagen, M.,*Der gesamte Mathematikunterricht im 3. Schuljahr, R. Oldenbourg Verlag, München 1994
*dies.,* Der gesamte Mathematikunterricht im 4. Schuljahr, a.a.O. 1994
*Schiestl, Peter,* Rechengeschichtenkartei, in: Praxis Grundschule 2/94, S. 16 ff., G. Westermann, Braunschweig 1994
*Schipper/Hülshoff,* Wie anschaulich sind Veranschaulichungshilfen? in: Die Grundschule 4/84, S. 55 ff., G. Westermann, Braunschweig 1984
*Schlagbauer, Albert,* tema 3, Verlag Ludwig Auer, Donauwörth 1974
*Schmassmann, Margret,* Lernstörungen im Bereich Mathematik, in: Die Grundschule 6/93, G. Westermann, Braunschweig 1993
*Sorger, Peter,* Zur Schreibweise der Division mit Rest, G. Westermann, Braunschweig 1984
*Sprockhoff, Wolfgang,* Wieder Rechnen statt Mathematik in der Grundschule? in: Die Grundschule 4/82, S. 143 ff., G. Westermann, Braunschweig 1982
*Tiedemann, J./Faber, G.,* Ist Mathe nichts für Mädchen? in: Die Grundschulzeitschrift Heft 74, S. 33 ff., Friedrich Verlag, Seelze 1994
*Vollrath, Hans-Joachim,* Sachrechnen; Didaktische Materialien für die HS, Klett Verlag, Stuttgart 1980
*Winter, Heinrich,* Entdeckendes Lernen im Mathematikunterricht, Vieweg, Braunschweig 1989
*ders.,* Entdeckendes Lernen im Mathematikunterricht, in: Die Grundschule 4/84, S. 26 ff., G. Westermann, Braunschweig 1984